云烟未散

记忆与反思

Cloud and Smoke Undispersed

Remembering and Reflecting

宋书星 著

Shuxing Song

美国华忆出版社

Remembering Publishing, LLC. USA

Copyright © 2021 by Remembering Publishing, LLC. USA

Cloud and Smoke Undispersed:
Remembering and Reflecting
Shuxing Song

ISBN:　　978-1-951135-72-0（Print）
　　　　　978-1-951135-73-7（Ebook）

Remembering Publishing, LLC
9600 S IH-35, C600
Austin, TX 78748
RememPub@gmail.com

云烟未散：记忆与反思

宋书星　著

出　版：　美国华忆出版社　奥斯汀·得克萨斯州
版　次：　2021 年 4 月第一版，第一次印刷
字　数：　313 千字

美国国会图书馆编目号码 LCCN：2021 905830

All rights reserved.
No part of this book may be reproduced in any form or by any electronic or mechanical means including information storage and retrieval systems, without permission in writing from the publisher. The only exception is by a reviewer, who may quote short excerpts in review.

作品内容受国际知识产权公约保护，版权所有，侵权必究

邪恶盛行的唯一条件,是善良者的沉默。

——埃德蒙·柏克

讲真话,把心交给读者。

——巴 金

序

  开国领袖毛主席亲自发动的那场政治运动距今已经整整四十年了;"总设计师"邓小平钦命制定的彻底否定它的《历史决议》也将近二十五年了。

  它历时三年、肯定与否定反复较量七年,从实践到理论上彻底否定又经历了五年又七个月。这十五年又七个月的历史一页啊!承载了多少中国人的热泪、鲜血、终生厄运乃至宝贵生命?

  对待历史的态度问题,历来是鉴别一人、一党、一政府、一国家文明水平和素质品位的试金石。每个炎黄子孙尤其政界"肉食者"和学界"劳心者"都应当扪心自问:对于亿万人民群众用血泪和生命谱写的这页历史,究竟应当采取怎样的态度?是信口雌黄、诋毁谩骂之后又不负责任地信手翻过,甚至挥舞政治权力的刀笔肆意篡改或彻底删除?还是用心披阅、认真研究、扬弃糟粕、吸取精华?

  政界当权派与学界主流派对它早已做出了历史结论,似乎"铁案如山,不容置疑"了。然而,靠强权支撑着的"历史定论"究竟有多少真实性、科学性和可信度?实在值得怀疑和追问:难道拳头大就有理吗?难道大权在握就能指鹿为马、颠倒黑白吗?正是基于这些困惑和追问,笔者写作了本书。

  它分为上、中、下三部,上部《前文革时代》和中部《峥嵘岁月》侧重于往事追忆,下部《反思》侧重于问题思考。

  本书不是"传"。像那个时代的众人一样,笔者虽然有幸赶上并认真参加了那场政治运动,但是一个二十来岁的在校学生连正式的"民"都算不上,距离入传资格何其遥远,更没有足够的自信和勇气自传。

本书也不是"史"或"志"。它既无完整的编年体制和事件过程，也无严格的史料考证，充其量仅仅是一个"以跟随党中央之名，行反党夺权之实"的红卫兵——"十年文革，十三年遭劫"的"文革犯"——之亲历、见闻和反思。

本书更不敢妄称"研究"。它既无深奥义理的发微，也无引经据典的论证，更无规范的逻辑架构，充其量仅仅是一个"文革过来人"和社会科学门外汉兴之所至的随想。

尽管如此，它在真、善、美三个基本点上同样不敢敷衍马虎。笔者可以保证：它不乏真的事实、善的动机和美的追求。亦即，以与人为善、利国利民的道德理性为立足点和出发点，以"位卑未敢忘忧国"的忧患意识和拳拳报国之心为动因和动力，将十多年亲历见闻的史实和数十年探问思考的真实思想奉献给世人，以期为中国社会改革和民族复兴尽一点"文革一代"的责任。

世界是多样化丰富多彩的，任何事物都有多层面的结构、多向度的张力或发展趋势，曾经席卷举国上下的文化大革命更是如此。任何人对它的直接经验和思想认识，只能是在某个特定的时间和环境中，从特定的立场、观点和视角出发，经由个性化的生活道路和心路历程所获得的一孔之见，其客观真实性只能是相对的。对本书所涉及的人物、事件（尤其是见闻而非亲历者）以及由此形成的知见，笔者同样也无力保证绝对的客观真实性，只能保证绝对的主观真实性和相对的客观真实性。亦即，绝不会为了计较个人名利得失而有意演绎夸大或隐瞒篡改。

像一切有良知的成年学人一样，笔者"铁肩担道义"的豪情和"指点江山"的气概早已磨灭殆尽，但是"苟利国家生死以，岂因祸福避趋之"的古训却未敢或忘。既不必像"人民公仆"那样，因顾及公众形象和个人进退而套话连篇；又无须像"学术权威"那样，因爱惜清誉和英名而字斟句酌；也用不着像御用文人那样，为图解美化政府政策而讳言粉饰；更不屑于像文墨商人那样，为经济效益而趋附时尚合乎流俗。它只是无求无待地如实道来、平心而论罢了。

还要特别声明，本书的写作初衷是：回答笔者自己数十年的疑问困惑。若能为严肃的文化大革命历史研究奉献管窥蠡测的一孔之见，那就更喜出望外了。祈盼读者诸君也能严肃认真对待它，通过深入思考化腐朽为神奇，从一个平凡人的所经所历所思所想中提炼出人生智慧；或者以史为鉴举一反三，从曾经有过的历史真实中求证出中国未来发展的应然方向和必由之路。

作　者
2005 年 11 月

目 录

序 I

上部 "前文革时代"——文革起源 （1949—1965）............ 1

第一章 建国与"土地改革"运动.. 3
第一节 建国之初：任人唯贤，还是任人唯亲................ 3
第二节 土地改革运动.. 4
第三节 翻身农民："从人家身上割下的肉
　　　　贴不到自个儿身上"...................................... 6

第二章 "三反"和"新三反"运动
　　　　——第一次向官僚主义当权派开刀........................ 8
第一节 "三反"运动.. 8
第二节 儿时记忆中的政治运动.. 9
第三节 父亲成了运动对象.. 10

第三章 "农业合作化"运动
　　　　——两条路线的第一次摩擦.................................. 12
第一节 共和国最早的两条道路两条路线摩擦.............. 12
第二节 突飞猛进的合作化运动...................................... 14
第三节 父亲又成了运动对象.. 15
第四节 "合作化运动"反思.. 16

第四章 从"整风"到"反右"
　　　　——对群众批评监督，是欢迎还是镇压.............. 22
第一节 《关于正确处理人民内部矛盾的问题》............ 22
第二节 从"开门整风"到"反右斗争"........................ 23
第三节 算术老师成了"戴帽儿右派"............................ 26
第四节 高小生——听说"反右斗争"............................ 27
第五节 笔者与二姐"大分化".. 30

第五章　大跃进中的"五凤"
——是为民谋福利，还是为官造政绩 ... 32
第一节　大跃进的异化 ... 32
第二节　"大跃进"——"一天等于二十年" ... 34
第三节　干部决定一切："我就是玉皇，我就是龙王！" ... 36
第四节　农民都傻了，嘻嘻哈哈挺开心 ... 38
第五节　学校被大跃进扭曲了 ... 39
第六节　《石壕吏》"新传" ... 40

第六章　漫长的"三年自然灾害"
——"1962 年的右倾" ... 43
第一节　经济困难与政治危机 ... 43
第二节　父亲挺不住病倒了 ... 45
第三节　母亲与小妹成了"末等公民" ... 47
第四节　豆青狗"摇摇儿"饿疯了 ... 48

第七章　饥寒交迫求学路 ... 50
第一节　"白专道路"烦恼无限 ... 50
第二节　最难熬的还是饥饿 ... 52
第三节　两难选择——考文科还是考理科？ ... 53

第八章　"四清运动"
——"1964 年形'左'而实右的错误倾向" ... 56
第一节　"社教"运动——阶级斗争与继续革命复活 ... 56
第二节　文革前的"阶级斗争教育" ... 57
第三节　大学的"阶级斗争教育" ... 58
第四节　"社教运动"——运动群众 ... 60
第五节　大学生"四清工作队" ... 62

第九章　"山雨欲来风满楼" ... 65
第一节　"合二而一"与"一分为二" ... 65
第二节　政治斗争导致学术理论价值异化 ... 66
第三节　"时代精神汇合论"与阶级斗争理论 ... 67
第四节　学术就是学术，政治就是政治 ... 69

第五节　思想认识无法改变阶级属性 70

中部　峥嵘岁月（1966—1982）............ 71

第一章　中央的文革　（1965.11—1966.5.16）............ 73

第二章　党委领导的文革　（1966.5—1966.8）............ 78
第一节　批判"反动学术权威" 78
第二节　工作组——镇压群众 81
第三节　向"非当权派"民众开刀 84

第三章　民众自治的文革　（1966.8—1967.2）............ 91
第一节　大串联 91
第二节　鲁迅大学毛泽东主义红卫兵 93
第三节　红卫兵山东指挥部 103
第四节　筹备"夺权" 113

第四章　革委会领导的文革　（1967.2—1969.9）............ 120
第一节　"二·三夺权" 120
第二节　"主义兵二线人物" 128
第三节　与"主义兵"老战友共渡难关 132
第四节　鲁迅大学毛泽东思想红卫兵 138
第五节　第一届"校革委会" 140
第六节　"逆流"与"反逆流" 142
第七节　鲁迅大学"闹平反"狂潮 148
第八节　"红代会"生涯 152
第九节　"八·二九"事件 155
第十节　张子石"省革委工作组" 164
第十一节　军训团（第二届军宣队）............ 174
第十二节　第二届校革委 181
第十三节　工宣队 187
第十四节　"九大"与"红十条" 194
第十五节　革命委员会的功与过 202

第五章　军人当政的文革　(1969.4—1973.8) 208
　　第一节　"一打三反"运动 209
　　第二节　清查"五一六"运动 213
　　第三节　"赴京上访" 218

第六章　"二次革命"　(1973.8—1976.10) 225
　　第一节　北京"批林批孔汇报会" 225
　　第二节　山大"批林批孔"运动 229
　　第三节　"批林批孔运动"喜与忧 231
　　第四节　"反击右倾翻案风" 234

第七章　宫廷政变与过渡政府　(1976.10—1978.12) 239

第八章　彻底否定，全面复辟　(1978.12—1981.6) 245

下部　反思：中国的社会矛盾与文化大革命 250

第一章　中国社会结构和阶级分析 251
　　第一节　"金字塔式"等级化社会结构 251
　　第二节　共和国的"五大矛盾" 262
　　第三节　文化大革命——阶级矛盾总爆发 267
　　第四节　官僚化——共和国的黑暗面 277
　　第五节　新官僚阶级——文化大革命之因 281

第二章　毛主席——文化大革命总导演 290
　　第一节　不断革命论"信者"与"行者" 291
　　第二节　双重社会职责和历史使命 294
　　第三节　对"苏联模式"继续革命 298
　　第四节　个人崇拜与崇拜个人 309

第三章　红卫兵：文化大革命先锋 314

第四章　文革分析——阶级、派别及矛盾 325
　　第一节　文革的阶级和派别 326
　　第二节　文革的阶级、派别矛盾 334

第五章　阶级矛盾和阶级斗争.....346
第一节　阶级斗争现实无法掩盖.....346
第二节　阶级斗争理论无法否定.....355
第三节　"苏联模式"阶级斗争传统理论批判.....365
第四节　阶级斗争"新说".....371

第六章　文革之败.....385
第一节　文革被彻底否定.....385
第二节　文革失败的根源.....394
第三节　社会主义制度被颠覆
——彻底否定文革的恶果　之一.....406
第四节　腐败法制化与官僚资本化
——彻底否定文革的恶果　之二.....413
第五节　"中美国"的崛起
——彻底否定文革的恶果　之三.....431
第六节　文革的历史意义.....438

后　记.....442

上 部

"前文革时代"——文革起源

（1949—1965）

没有什么能比攀登于真理的高峰之上俯视来路上的层层迷雾、烟障和曲折更愉快的了。

——卢克莱修

马克思曾经说过：人在出生以前，社会就为他安排好了一切。这或许是最彻底的历史唯物主义了。俗语也说："万般天注定，半分不由人。"此处之"天"即"天道"或客观规律。个体人如此，民族或国家群体人又何尝不是如此？若将文化大革命看作中华民族文明进化过程中的一个节点或驿站，那么，文革前所做的一切似乎都是在为它做准备，都是在为走向它而铺路架桥。如果，将文化大革命比作历史发展的业与果，那么，文革前所经历的一切似乎都是因与缘，都是在为它的成长成熟而培土浇水。因此，共和国建国后至文革前的十七年可以定义为"前文革时代"。

文化大革命不是任何个人（包括毛主席）规划设计与操控的结果，而是社会矛盾和阶级斗争自然演进的必然结果，是历史"早已安排好了的"不以任何个人意志为转移的，是各个阶级阶层的人们按照不同方向追求各自的目标而形成的"合力"所致。文革前的人们，谁也不会预见到历史在不自觉中不由自主地一步步走向了文化大革命。

为了终止一盘散沙的积弊，共和国只能摈弃自由化社会制度和民主化政治制度，实行"苏联模式"严密控制的社会主义制度。如此一来，各种社会矛盾不能得到认真揭露，更不能得到及时有效地疏导、调整和化解。只能在"铁幕"或"竹幕"掩盖下不断回旋加速、震荡放大，日益霉变化脓。最终，不得不依靠政治运动来切除"社会毒瘤"。

然而，延续了两千多年的官本主义积弊根深蒂固，民众的自主权、民主监督权及其民主精神、自主能力极度萎缩，社会整体的生命活力和抗病防病免疫力退化。结果，"旧毒瘤"切除了，又转移到其他部位（领域）形成了"新毒瘤"。以至于，政治运动一茬接一茬，连环套似的走向了文化大革命——病态化社会阶级矛盾破坏性冲突总爆发。

第一章　建国与"土地改革"运动

共和国建国之初，是从封建主义旧社会向社会主义新社会的转轨时期，也是百废待兴、除旧布新的年代，新旧各种社会矛盾错综复杂，政治运动也接连不断。

第一节　建国之初：任人唯贤，还是任人唯亲

在共和国之初的政府组建上，毛主席遵循"权利共享，责任共担"的社会主义原则，坚持实行陕甘宁边区的"三三制"（共产党员、人民代表、民主党派或社会贤达各占三分之一），组织召开了"新政治协商会议"，并选举组建了第一届中央人民政府。在此过程中，毛主席与他的老战友——共产党新贵——发生了第一次分歧。

他认为：政府官职官位乃国之重器，而非个人（包括国君）或某一党派的私有财产，只能选择德才兼备的贤者来担当，不能论功行赏赐予本党同志和亲朋好友。然而，在共产党新贵们看来：天下是我们打下来的，坐天下的也理应是我们！

这种思想分歧又导致了他们对于毛主席"不念旧情，胳膊肘儿向外拐"的用人政策愤懑不平。一句顺口溜不胫而走迅速蔓延开来："早革命不如晚革命，晚革命不如不革命，不革命不如反革命！"

面对一些高级干部跑官、要官、闹官的纠缠，毛主席拍案而起："有战功的才能当官？把我拿掉好了！我从来就没立过什么战功，连枪都很少摸过！"他凭借在革命斗争中形成的超常胆略和权威，通过一哄二抚三批评，很快就平复了这股怨气。

但是，共产党新贵政要与最高领袖（国家法人代表）之间矛盾的

根源，却没有也不可能就此消失。它与共和国同时产生同步发展，成为日后路线分歧和阶级矛盾产生的根源。

第二节　土地改革运动

共和国成立时，家乡的老百姓很少像北京、上海等大城市的人们那样热血沸腾欢欣鼓舞。原因或许有二：一是早在抗战胜利时就获得了解放，其后再没受国民党反动派和地主还乡团的二茬罪。二是国家不论称"民国"还是称"人民共和国"，老百姓不论是做"朝廷子民"还是当"国家主人"，反正都是种地纳粮。收成如何"天老爷"说了算；缴税纳粮"官老爷"说了算，"人家咋活，咱也咋活呗！"

真正称得上社会震荡而在老百姓中激起死水微澜的当属"土地改革"运动。它改变了农村经济基础层面的生产关系，是名副其实的社会革命。

1. 地主——"矬子里面拔将军"

笔者家乡北辛村定了四户地主：常姓两户（常延祥、常洪修），刘姓一户（刘朋云），宋姓一户（宋席珍）。

他们各家大约有三、五十亩土地，在本村儿算得上富户了，但与当地的富裕村相比实在算不了什么，是典型的"矬子里面拔将军""贫困村里的富裕户"。

其一，他们各家成年男人都常年参加生产劳动，常洪修家更是舍不得顾"打短儿的"，农忙时全家娘们儿孩子齐上阵。宋书照（宋席珍独子），也是村里有名的种地高手或农活儿巧手，直到公社化后，他家的自留地仍然是全村儿的"样板儿田"。

其二，他们的家庭主妇也大都"过日子仔细"，会精打细算勤俭持家，邻里关系也处得挺好"人缘儿不错"，没有谁家是那种"关死门子吃，开开门子拉"的户儿。

其三，农忙时他们各家大都请"打短儿的"（短工），到劳动力过剩的庄乡邻居家"问人"求告,好吃好喝好待承。人丁不旺劳力不足的人家,则出租部分土地,收成分配一般是"三七"或"四六":地主三或四,佃农七或六。只有关系不错的家庭之间,才能形成租佃关系。

其四,他们的生活水平与庄乡邻居并无多少差别,也是"萝卜条子酱碗家常饭",甚至比贫穷人家过日子还细。真正的奢侈品,只有宋席珍那辆马拉木轮蓝布罩的"轿车子"——民国县政府"书办"的代步。

2. 亲兄胞弟,下场迥异

听父亲说:刘朋云兄弟俩分家时,田亩与胞弟一样多,为了让两个儿子以后"过得下去",又省吃俭用买了一些地。结果,不多几年就赶上了土改运动成了地主。而刘朋祥,几个闺女出嫁后就成了"老绝户",一是没有"未来希望"过得没劲,二是年龄渐老操持不过来,土改前陆续卖了一些地。结果,坏事变好事,不仅没成为地主,反倒当了多年"劳动模范"。

宋席珍与其兄分家时,人均土地也一样多。其后,家庭人口发展却大不相同,他家三代单传只有五口人;他侄儿(笔者同辈儿人称"聋子大哥")却一妻一妾儿孙成群,且"四世同堂"多达十六、七口人。结果,土改运动时,宋席珍家成了地主;"聋子大哥"家三户都成了贫下中农,娘们儿汉子一大帮都成了"土改积极分子"。斗争地主的诉苦大会也成了他们自家人的"历史旧账清算会"。到了悲愤处,他们不敢对"亲二爷爷"宋席珍大不敬,对"亲叔伯小叔"宋书照则难免"暴风骤雨"。不久,宋席珍被县政府枪毙了,原因也不是"地主残酷剥削农民",而是"民国县政府书办操纵诉讼、民愤极大"。

这次诉苦大会,并未激起贫下中农"强烈的阶级仇恨"。母亲和书味嫂等人私下里当笑话儿说,还大不以为然:"有吗理儿可说?自家大吃大喝过得掉腚三尺,反过头儿来抓破腚赖着人家,不就是仗着人多有势力吗?欺负人!"

3. "地主鸡"下了两个"革命蛋"

当时的"划成分"是非常公平的：严格以人均土地数量为标准，共产党干部家庭也毫不例外。例如，常延祥有两个儿子，一个是共产党"南下干部"，一个是八路军"革命烈士"，真可谓"地主鸡下了两个革命蛋"。但是，他却未能因为"下了两个革命蛋"而甩掉地主帽子。

这足以证明：当时的共产党官员还是相当清正廉洁的，非常注重客观精神和公平原则。不仅开国领袖毛泽东实事求是地给自己家定为地主，而且，最基层的农村干部也严格遵守公平公正原则；即使当事人党政干部，也少有以权谋私干扰或操纵"土改运动"者。

正是从故乡故事中，笔者解读出"共产党是伟大光荣正确的党"。

第三节 翻身农民："从人家身上割下的肉贴不到自个儿身上"

人们都自觉或被迫投入到了土改运动中，先是日夜忙着用"叉子"丈量土地、定田亩、划地界、"造册子"，将没收地主的土地分给少地的贫下中农；后又召开诉苦大会斗争恶霸地主。

1. 不少人拒绝土改运动"胜利成果"

笔者家五口人仅有八亩半地，其中还有三亩只生长马齿菜的"油碱地"，是标准的贫农。但是，父母却坚决"不要人家的东西儿"，理由是："从人家身上割下来的肉贴不到自个儿身上""日子是个人过的，要来的饭不能饱一辈子！"弄得村干部没办法，只得把刘家闲置了多年的两间园屋连同四分园地分到笔者家名下。

2. 更多人拥护"共产主义"

更多人愿意"要别人家的东西儿"，不仅土地，连不属于没收范围的浮财也被"共产"了,当时称作"把地主扫地出门"。俗话说:"财帛来得容易去得也快。"不少人家分得了地主的土地,却没有学到他们勤俭持家"会过日子"的习惯,不是"算了吃",而是"吃了算"。因而,大都并未能真正走上富裕路。例如三叔家,他与笔者父亲分家时,祖母随他家生活,分到的土地既多又好;土改时又分得了好几亩良田。然而,祖母与三婶子都大手大脚不过日子,"不哧啦锅不吃饭";还经常下来新粮换烧饼馃子吃,实在过不下去了就典当甚至卖地,成了老困难户儿年年"吃救济"。

3. 勤俭持家的传统美德被抛弃

土改运动对艰苦奋斗勤俭持家的传统观念,形成了不小的冲击,不少人的生活观念也悄悄发生着改变。例如,母亲与妯娌姑嫂们聊天儿时常常发牢骚:"个人吃了喝了是赚的,省了细了是给人家预备的!"同时,"越穷越革命"的理论悄悄演变成了"越穷越光荣"的社会观念:过富了是罪过甚至灾难,"吃救济"的困难户成了"有头有脸儿的光荣户";日子富裕的却藏着掖着不敢显财露富,甚至哭穷叫街。只有当媒婆子上门儿给儿子说媳妇儿时才敢实话实说。

第二章 "三反"和"新三反"运动
——第一次向官僚主义当权派开刀

共和国建国之初,为了遏制日益严重的党政官员蜕化变质趋势和官僚主义风气相继开展了"三反五反"和"新三反"运动。

第一节 "三反"运动

共和国建国后,许多党政官员新贵私有观念和利己欲望与社会地位一起急剧膨胀,利用手中的政治特权,贪污公款、鱼肉百姓,大肆侵夺社会公产和百姓血汗;甚至与工商业主内外勾结,强强联手、权钱交易,贪污盗窃国家财产,刘青山、张自善只是其中的代表而已。

对此,继续革命者毛主席无法容忍!尤其是,正当志愿军将士在朝鲜战场上流血牺牲、全国人民节衣缩食为子弟兵捐款捐物时,一些号称共产党员的官僚新贵竟然利用抗美援朝战争之机,与不法资本家沆瀣一气大发国难财。这更加令毛主席切齿痛恨、怒不可遏,于1951年12月断然发动了"三反"(反对贪污、浪费、官僚主义)运动,"要来一次全党的大清理"。(毛泽东《关于"三反""五反"的斗争》)

至1952年10月查明:全国县以上党政机关贪污千元以上者计10.8万人,为参加运动总人数的2.8%。其中,以中小贪污人员为绝大多数,受行政处分的占20.8%,免受处分的占75.56%;贪污万元以上受到刑事处理的大贪污分子占3.64%,其中,被判处有期徒刑的9942人,无期徒刑的67人,死刑立即执行的42人,死刑缓期执行的9人。建国才两年啊！可见官僚化趋势何等强劲猖獗。

毫无疑问，"三反"和其后的"新三反"（反官僚主义、反命令主义、反违法乱纪）运动，所惩治的对象无一不是官僚化在思想和行动上的表现。它第一次将阶级斗争矛头指向了共产党新政权当权派，而非已经被推翻的旧剥削阶级"外部敌人"，是无产阶级专政下继续革命实践的前奏或序幕。

第二节　儿时记忆中的政治运动

也许是因为政治运动太频繁了，在笔者这样"光腚溜子"孩子心目中，什么这运动那运动，根本看不懂，更说不清谁是谁。后来才知道，当时母亲与老娘们儿、小媳妇儿偷偷议论的"谁谁的表大伯是'一贯道'，被枪毙了"，可能说的是"镇反"运动；"谁谁的三妗子做棉军装时往里头掺沙土，把人家的好穰子（棉絮）昧下，被抓走了"，可能说的是"三反五反"运动。

不过，政治运动还是在笔者幼小心灵里第一次留下了终生难忘的印象。一天夜晚，笔者睡梦中被尿憋醒了，见母亲还在豆粒儿般的油灯下与人密谈。书味嫂俯下身子凑近母亲低声说："听说又要运动了……"果然，几天后的一个晚上，锭杆李乡乡长张连祥带着一帮人闯进我家。他穿一身黑制服，左肩斜挎着盒子枪，外面披扇着黄呢子大衣，戴一副墨镜。这就是当时笔者所见到过的共产党最大的官儿了。

父亲被带走了，虽然后半夜就回来了，但是，家里的生活从此变了样儿。父亲隔三岔五地被连夜带走，到鸡叫以后才回来，很少再有闲心长篇大论地教训我们，眉头紧皱和唉声叹气却多了起来；母亲的不眠之夜也越来越多了。两个姐姐常常裹着被窝坐在炕头上，陪着母亲一直等到父亲回来。我虽然不懂事，只知道胡吃海睡，但是，每当这时也平添了几分惊恐，吓得睡不着觉，害怕父亲"回不来了"……

第三节　父亲成了运动对象

父亲因为穷而未能上学读书，十二岁时，本村儿老中医兼私塾先生"王希龄二爷"爱才如命，觉得父亲可惜了儿的，便不顾祖母吵闹坚持免书修将他收入家塾中，并赐字"延寿"。勉强坚持了一年半，最终还是被祖母强行拽回了家。父亲一气之下，离家出走到了县城，时年不满十四虚岁。先在洋布铺子里当伙计，给老板的孩子崴屎端尿、洗"尿接子"；后又考入县电话局当查线员，并得以与母亲相识成亲。其后，又与母亲一起陆续把我们姐弟四人"从苇子湾里捡了回来"。

"七·七事变"后，家乡闹起了抗日活动，父亲参加了秘密抗日组织，最终擅离职守与日伪政权打起"游击"来，当过"区文教助理"等。1942 年日寇"五一大扫荡"时，抗日游击队被打散了。父亲回家躲避，被族侄宋书典带领汉奸队儿抓进了汪万楼村据点，临走还抢走了我家唯一值钱的一块银壳怀表。二姑父找到了父亲的老领导王景森（以前的八路军区长，当时的伪区长）要求保释。王出主意说："先到我这里（西段伪区公所）干几天，我再想办法。否则，不好办。"父亲应诺在他那里当了四个月零二十三天的"庶务"（伙房司务长）。被释放后重新找到地下抗日组织，当上了县民政科员。平津战役后，共产党组建了"沧州盐业公司"，父亲被调往该处任会计主任之类的工作。

抗战胜利后，父亲自然成了"革命干部"，除了土地由村里"代耕"，祖母、母亲和两个姐姐还能经常领到一百多斤小米儿贴补家用。所以，母亲一个人领着孩子们在家"过得还挺有滋有味儿的"。

然而，好景不长，乡长和村长说：父亲在外面儿"不是干革命，而是开公司做买卖。"从此，我家被清除出"烈军工属队伍"，土地无人"代耕"了，小米儿补贴也没有了。母亲一人带着三个孩子，最大的不满十岁，还得耕种八亩半地。自己"问人"帮忙，祖母又挑唆三叔领着"打短儿的"到我家吃饭到他家地里干活儿。母亲实在受不了了，整天与父亲打仗寻死觅活闹离婚，立逼着他回家。说来母亲也实在不易，出身名门大户，儿时虽然父死母嫁，但是济南"洋学堂"毕业的伯父却视若己出爱如掌珠；虽专心女红不喜诗文，却通情达理生性要强，从来不让人家"当面说半个不字儿背后撇嘴角子"，何曾受过这等磨难和屈辱？

父亲作难了，看看八九岁的长女天天背着三四岁的弟弟上学，回家来还要推碾子捣磨、烧火做饭，农忙时更得帮母亲耕种收割，上学一年多却根本认不了几个字儿；五六岁的次女也常被强行拽回家，上地干活、打草放羊，眼看就要濒临辍学了。……为了子女的未来，他也只能忍痛自我牺牲放弃"南下"机会解甲归田了。

最终，落了个"先当汉奸，又当逃兵"，成了"有严重历史问题"的政治运动对象。由此也决定了，他自己和全家人除了忍受同时代人共同的贫穷和艰辛以外，也饱尝了更多的动荡和磨难。

第三章 "农业合作化"运动
——两条路线的第一次摩擦

如果说，土地改革以后的政治运动主要是政府官员对少数运动对象的运动、广大农民只是旁观者或呐喊助威者的话；那么，1956年的农业合作化运动则像土地改革运动一样，是全体农民都被囊括其中的"全民运动"了。然而，两者却有着天壤之别：土地改革运动的结果是，除少数地主以外的广大贫苦农民获得了土地使用权，而合作化运动的结果却是，个体农民的土地使用权被集体化，是将土地的个人使用权转变为集体使用权。然而，当民主制度不健全时，这种集体使用权的主体，只能是各级政府官员和社队干部等少数人，而非社员——农业生产劳动者自己。因此，他们在两次运动中的心情和态度也大相径庭。

第一节 共和国最早的两条道路两条路线摩擦

共和国建国后，中国究竟要往何处去？

毛主席是彻底革命者，既是领导工农大众求解放的伟大领袖，又是"以人类彻底解放为己任"的圣贤。他的理想追求，没有也不会因为"坐天下"而有所改变，所改变的仅仅是其社会角色：由"共党匪首"变为共和国领袖，继续革命者和最高统治者集于一身。"夺取全国胜利，这只是万里长征走完了第一步，今后的路更长，更艰巨，更伟大。"这不仅是他对全党的告诫，更是他自己坚定不移信守并奉行的继续革命信念。所谓"今后的路"，就是社会主义革命和建设之路。

然而，作为新政权统治者，共产党各级官员成了最大的既得利益者，他们虽然组织上入了党，但是思想上并没有完全入党或完全没有入党，"为共产主义奋斗终生"仅仅停留在誓词或口号中。他们把"打天下，坐天下"当成革命的最终目的，一旦成了新官员"人上人"，就"船到码头车到站"该"享受来之不易的胜利果实"了，不想再继续革命了。

那些身为民主党派代表和社会贤达新官员们就更不用说了，作为原来的有钱人或上流社会"文明人"，一旦由在野的"士"跻身于当权者"仕"，就更不想继续革命了。

更严重的是，不想或不愿意（当时还尚未发展到自觉反对）继续革命的思想，不仅普遍存在于新官员既得利益者中，而且普遍存在于共和国决策层中，刘少奇就是代表之一。早在1949年4月，他就提出了一个纲领性口号——"巩固民主主义新秩序"，并利用一切会议或各种场合，多次宣扬"剥削有功论"，说什么："现在剥削是救人""不准剥削是教条主义""现在必须剥削，要欢迎剥削""剥削越多，功劳越大"等等。进而形成了理论：新中国的主要矛盾是"先进的社会主义制度同落后的社会生产力之间的矛盾"。解决矛盾的途径只能是"大力发展社会生产力"，而要发展生产力，不能靠革命，只能靠建设。后来，"邓式改革开放"，要"以发展经济为中心""告别革命"等口号，绝非什么"理论创新"，而是捡食了刘少奇数十年前的唾余和牙惠。

毛与刘的思想分歧公开化是在农业合作化问题上。它是建国后中共决策层第一次两条道路两条路线的摩擦。1951年山西省委面对农村日益严重的"穷者愈穷，富者愈富"两极分化问题，进行了由"互助组"提高为"合作社"的试点，引发了党政官员内部的争论。显然，山西省委的做法违背了"巩固民主主义新秩序"主张，刘少奇公开批评他们"是一种错误的、危险的、空想的农业社会主义思想"，并支持华北局对他们进行系统的批判和清算。毛主席却明确支持山西省的实验，并专门召开了"全国互助合作会议"。他坚信："分散的个体生产，就是封建统治的经济基础，而使农民自己陷于永远的穷苦。克服这种状况的唯一办法，就是逐渐地集体化；而达到集体化的唯一出路，依据列宁所说，就是经过合作社。""这是人民群众得到解放的必由之路，是由穷苦变富裕的必由之路。"（毛泽东《组织起来》1943年11月29日）

刘少奇为了保住"中共副主席"地位，来了个一百八十度大转弯，对"国君"毛泽东投其所好，从极右跳到极"左"，从反对、压制合作化道路，一跃成为"合作化运动"积极推行者。各省地方大员们同样惯于唯上唯命是从。于是，"合作化运动"像一阵飓风席卷了全国。

第二节　突飞猛进的合作化运动

土地改革以后，广大无地或少地的贫困农民，获得了土地（劳动对象）使用权。但是，许多人因缺乏大牲畜（能源）和大型农具，仍然不能开展有效或高效的农业生产，新的两极分化依然存在。有的农民便自发组织起来，通过互助合作互通有无，实现人力、畜力和农具整合互补。作为乡村"土秀才"，父亲最早理解并学习引进了这种互助合作道路，动员三叔和"大井上"四兄弟，组成了全村乃至方圆十余里第一个互助组。他黑天白日地忙乎了好多天，制定"互助合作章程"和"换工办法"；并用竹片儿和木板儿做成"代工牌儿"。谁若请人帮工、借用大型农具和牲畜、用人家的井水浇地等等，都要商量作价支付"代工牌儿"，年终相互冲抵；"负债者"对"债主"要支付一定的报酬。如此，既解决了我家和三叔家无水井、无大农具和大牲畜的困难，又不像原来那样凭本家子或乡亲关系无偿使用人家的。双方六家人都挺乐意。

然而，没过几个月就被官办的农业合作化浪潮冲击得无影无踪了。在各级政府组织领导下，北辛村很快成立了村东头儿宋氏家族、村西头儿常氏家族和村中间杂姓三个"小社"。不久，全村儿又合并为一个"初级社"，原来的"小社"成了生产队。后来，"初级社"又不跟形势了，"红光农业生产高级联社"应运而生，官方称"高级社"，老百姓称"大社"。它由北辛家、小胡家、东汪家、西汪家和马家柳行等五个村儿联合组成，总部设在北辛村。父亲被推选为主管会计，报酬是整劳力的平均工分儿。他除了完成"大社"的财务会计工作，还主动带了好几个徒弟，为每个"小社"培养了一个合格会计，如小胡家的马延芳、马家柳行的马学儒等。他凭着自己的德性品行、学识能力和工作成绩，赢得了前后两庄儿老少爷们儿的尊重和赞扬。自笔者记事以来，这是父亲最春风得意的时期，虽然历时短暂，记忆却特别美好而深刻。

辉煌的"大社"仅维持了一年多，最后又被汹涌澎湃的"公社化"浪潮冲垮了。北辛村也变成了"山东省乐陵县城关公社北辛大队"，下设三个生产队，即原来的三个"小社"。

正是凭借儿时朦胧的记忆和体验，笔者认为：如果说合作化急躁冒进脱离实际的话，那么，这个"合作化"绝不是毛主席指引的社会主义"合作化道路"，而是各级官僚新贵们刮起的"合作化运动"飓风。其根源则在于，他们已经从"革命党"变成了"执政党"，已经不再与广大农民同呼吸共命运休戚与共，而是拥有了凌驾于群众利益之上独立于国家利益之外的特殊利益（当时主要还是政治利益和特权利益）。为了保住官位并得到提拔以巩固特权利益，他们将"上有所好，下必甚焉"、宁"左"勿右等信条发挥到了极致，却将国计民生抛到九霄云外。从"合作化运动"开始，以后的历次运动莫非如此。

第三节　父亲又成了运动对象

合作化以后，很少有丰产又丰收的年景，农民的粮食越来越不够吃了。各级当官儿的却依然戴着鸡翎推碾子——威风一圈儿是一圈儿，一边高喊"形势大好"谎报粮食产量（政绩），一边将上级的压力向下转移。"权力重心上移"必然导致"经济负担下嫁"，最终全都转嫁给了农民。每年两季"报产量"时，都是整宿整宿地开会，县官儿逼社官儿，社官儿逼村官儿，村官儿逼队官儿，凑不够上级指令的"任务数"就休想散会。弄到最后，只能逼迫老百姓"从肠子里往外挤粮食"。

在庄乡爷们儿心目中，父亲是识文撰字走南闯北的人，一些村官儿、队官儿常常找他拉呱儿诉说烦恼。开始时，父亲还讲古比今地哄人家；最后，架不住犟眼子们的批驳，无奈地说：走？往哪走？下关东？"普天之下，莫非王土"，到哪里都一个样儿；"卖盐的老婆喝淡汤"，自古以来就这样儿！当时，父亲是第二生产队会计（队长、会计、保管员"三驾马车"之一）。面对日益严重的粮荒，他也不得不与队长和保管一起策划，将生产队里一部分"公积粮"分给了社员，理由是："不能让社员守着粮食挨饿！肠子闲着半截咋干活儿？"结果，"法网恢恢，疏而不漏"成了"瞒产私分"的典型，又一次成了"反右倾，反瞒产私分"的运动对象。经过多次批斗，最终被罢"官"，结束了他一生的"革命工作"。

对此，作为刚懂事儿的小学生，笔者心中的困惑和烦恼是大人们无法理解的：不要说书上讲的，歌儿里也天天唱啊，"共产党像太阳，照到哪里哪里亮"。共产党毛主席的阳光咋着老是照不到我们这里呢？

第四节　"合作化运动"反思

笔者根据儿时的记忆认为：毛主席指引的合作化道路既符合社会主义大方向，也符合中国大多数农村的实际，更符合广大农民的愿望和要求。

如果说，他"脱离实际犯了操之过急的极左错误"的话，那么，他所脱离的并非农村和农民的实际，而是党政新官僚权贵的实际，是官僚专制政治体制尤其是官员任命制的实际。正是自上而下的任命制，造成了诸多致命的弊端：各级官员大都只为上司负责，无条件地执行上级指示，没有几个人从当地农村实际出发，更少有人真心实意尊重农民的愿望和要求。

再者，"下级服从上级，全党服从中央"，是共产党一贯坚持的组织原则，毛主席本人也反复强调过多次，刘少奇更有"宁犯政治错误，不犯组织错误"，在这种组织原则约束下，有谁敢于拿自己的政治生命开玩笑？又有几个人敢于实事求是从本地实际出发拒不执行中央和上级指示？

如此党政领导所操作的"合作化运动"，必然是"一刀切，一阵风"，不可能有任何例外和特殊。他们无视农民的自觉性和主动性，排斥自愿自主的组织原则，排斥民主决策和民主管理，致使集体化与民主化相脱离，沦为"官僚专制集体化"，不仅未能成为农民积极性和创造性的放大器，反倒成了政府强加给农民的组织牢笼，挫伤了农民的主动性、积极性和创造性，破坏了农业生产力，延迟了农村的发展速度。

其后，毛主席所有社会主义革命的实践探索，之所以表面轰轰烈烈实际收效甚微，究其根源盖在于此。

1. 新官僚化的"合作化运动"脱离农村客观实际

农民是农业的主体，农业生产方式应当由农民自主，根据生产工具等物质条件和客观需要进行自主选择。然而，当时的合作化运动却是"领导决定一切"由当官儿的说了算，以官员的行政干预取代农民的自主选择，以行政命令取代典型示范。广大农民像羊群一样被轰赶到了一起，圈禁在农业社的"羊圈"里。尤其是，从个体到互助组、初级社、高级社直至人民公社，在不到三年的时间里连蹦四级，真可谓一日千里。

如此"飞速发展"，使集体化生产组织形式和组织规模像"吹气儿"似的恶性膨胀，完全超出了农民的实际接受能力和适应能力。他们根本来不及消化吸收，哪里还有时间体验什么优越性？"合作化"成了农民外在的异己力量，成了严重束缚他们主动性、积极性和创造性的桎梏。正如乡亲们所抱怨的那样："当官儿的想咋摆弄就咋摆弄呗！"农民根本不可能在适应的基础上主动创造。结果，脱离了农村和农民的客观需求，造成了集体组织与个体成员的脱离和对立。

2. 生产资料所有制——农民的土地使用权被剥夺

农民世世代代赖以生存的土地使用权都被充公了。土地所有权归国家所有，管理权归各级政府官员所有，农民只是农业社的"打工者"，甚至像牛马一样的"种地工具"。整个农村社会形成了如下格局：国家成了全国唯一的"地主"；党委和政府充当了各级"田庄经理"和"征粮队"，农民则像他们自称的那样"是给共产党扛活的"。村里一些晒太阳的犟眼子老头儿常说："这下子可好了，咱也成了地主了，地都被没收充公了还不算完，光等着扫地出门了！"农民的土地使用权被剥夺了，农民与土地的分离对立势必导致集体与个人、政府与农民、国家与农民的矛盾对立。

3. 生产关系——农民既无权更无利

农民对于农业生产毫无发言权，完全听凭队长、社长按照上级或上级的上级——远离生产实际却大权独揽的官儿们——的指示和命令来铺排。农业生产的决策管理与劳动者和生产活动越来越相距遥远而相互对立。尤其是，在农产品（农民劳动成果）的分配上，劳动者农民更无发言权，全凭政府开恩赏赐。各级父母官，为了政治地位安全，又大都是"先国家，后集体，再干部，最后才是社员"；社员们只能"剩多多吃，剩少少吃，剩不下不吃"。以至于，干活儿的没饭吃，"大吃八喝"的不干活儿；政府对农民，更是"既要马儿拼命跑，又要马儿不吃草"。如此生产关系，严重挫伤了农民的劳动热情和积极性，消极怠工普遍存在且愈演愈烈："包工戳，日工磨，自留地里出好活""七点上工八点到，到了地头儿睡一觉；队长来了撒撒欢儿，队长走了抽袋烟儿"……

4. 生产方式——泛政治化运动群众

合作化进程和农业生产活动一律按政治运动模式操作，官员的经济管理、农民的生产活动乃至日常生活无不"泛政治化"；对管理体制和生产活动的态度、意见乃至一言一行无不是"严重的政治问题"。在上级任命的政治体制和人事制度下，各级官吏的岗位或职位无不来自上级领导的恩赐。大小官吏们，大都把岗位或职位看作"混事儿"谋生的身份地位,而非"干事儿"的职务职责,谁肯拿自己的政治前途和身家性命闹着玩儿?于是,各级政府官员对上唯命是从,对下不顾广大农民的呼声和死活,成了典型的"运动群众"。他们只顾"政治效益",谁还顾得上事关国计民生的社会效益和经济效益?更不可能按照经济规律组织生产,让广大农民主动创造并从中获得实际利益。至于乡亲们的日子咋过,"谁有闲心管那些闲事儿?"

5. 生产管理——外行瞎指挥内行

在批判和警惕"富农路线"和"富裕中农路线"的政治原则下,即使像生产队长那样芝麻粒儿大的官儿,其选拔任命也要把出身成分和政治条件摆在首位。许多有能力会过日子且真心为大伙儿办事儿的优秀农民,被排斥于生产管理层之外。大小官吏们又大都鄙视农业劳动,离生产"一线"越远越好,因而大都成了农业生产的外行。然而,他们却放弃公共事务管理的本业,放弃为农民生产活动服务的责任,越俎代庖不务正业,强行干预农民的生产活动,以行政干预取代生产管理,进而又异化为强迫命令瞎指挥的胡作非为。正像老少爷们儿所说:"大呼隆,穷折腾;胡操蛋,瞎胡乱!"如此,还谈什么生产效率和经济效益?对此,父母经常抱怨:"自个儿那几口人的日子都过得掉腚三尺、提不起裤裆来,全村儿好几百口人的日子要能过好那才怪呢!"

事实正是如此,在公社化后的一个时期内,出现了一种颇具讽刺性的怪现象:有"政治地位"的社员"日子越过越紧巴儿";因出身不好政治不合格儿而不准"入社"的地富反坏和富裕中农"小日子儿却越过越滋润"。

6. 劳动力——农民的人身自由丧失殆尽

农业户口和非农业户口分立制度的严格限制,使农民连自主选择居住地的权利和人身自由也被彻底剥夺,被牢牢钉死在固定地域、固定村落、固定位置上,成了名副其实的螺丝钉。更有甚者,脱离民主化的集体化难免导致非人人性化的"圈禁"：农民不准自由流动，只能在出生地死靠干耗，无异于由自耕农退化成了"准农奴"或"准奴隶"。

如此一来，他们的生活来源就只有终身"在社队打工"这一条路了。经济收入和生存质量，除了取决于祖宗定居地的自然条件和天老爷恩赐，就只能取决于"土地爷"（当地官吏）的人性、德行和能力了，自己却毫无自主选择和自为创造的空间与可能性。生产和生活的自主性、能动性以及经济独立性完全丧失了，人身自由也随之丧失殆尽，更谈何经济民主权利？连最起码的经济民主权利都没有，又谈何对社会公事和国家大事的政治民主权利？他们除了对当官儿的点头哈腰对政府"山呼万岁"，还能咋样？正像乡亲们抱怨的那样："小命儿都攥在人家手心儿里，谁还敢说半个不字儿？"连地里种什么、活儿咋干都说了不算毫无自主权，还侈谈什么"国家主人"？唯一的出路就只有消极怠工一条路了："为了省点儿气力儿，吃饭时省口糠窝头，只能少干点儿活儿，在一边儿甦醒着了"。农业劳动力既如此，谈何发展农村生产力？

7. 一线希望——逃离"九地之下"

农民积极性被束缚，农业发展止步不前。到 20 世纪七十年代末，乐陵县人口增长了一倍多，粮食产量却与 1949 年基本持平。梁漱溟先生所说"农民在九地之下"的状况愈演愈烈。种豆南山、采菊东篱等农村田园诗式的恬淡宁静也渐行渐远，成了各种政治运动和政治斗争落魄者的发配去处。对城市人而言，"下放农村"成了比"劳改劳教"更严厉的惩罚。不少刑满释放农民哀求监狱给自己加刑以便赖在劳改队不走。因为，"劳改犯，吃饱饭"总比自由自在地受穷挨治、吃糠咽菜强得多。

农民唯一的指望就是子孙后代好好念书，"考出去"混个"吃国家饭儿"的非农业户口。所有家长都教育孩子："好生儿念书，将来进城当工人吃饽饽！要不然就一辈子掏大粪在土坷垃堆里刨食儿吃！"如此，造成的直接后果是，农村的人才资源、智能资源和文化基因大量流失。进而陷入了恶性循环：越穷就越留不住人，越留不住人就越穷。间接后果则是，广大农民对社会主义乃至国家越来越失望、怀疑和不满。他们虽然不敢乱说乱动，但是，内心的失望和冤、怨、怒"三气"以及由此导致的普遍消极怠工，对国家发展的负面影响更加可怕。

8. 农民倒邪霉，"农官儿"还有好儿吗？

"三农"贫穷落后直接影响到农村干部队伍和基层政权的品质，导致了三种恶果。其一，农民贫穷，基层干部也富不起来；即使富起来了，也风光不起来。以至于陷入了恶性循环：贫穷导致管理人才流失，管理人才流失又加剧了贫穷。正像乡亲们所说："只要有条韭菜叶儿宽的缝儿"，就会村官儿往乡里钻、乡官儿往县里钻、县官儿往大城市钻。好人、能人都远走高飞了，距离"三农"越远越好。结果，农业带头人儿只剩下些"尖巴残子"。其二，优秀人才和文化基因大量流失，不仅影响了基层干部的政治素质和农民收入，而且直接影响到他们的公众形象。时至今日，在城里人眼中，村支书、公社书记、乡镇干部等依然是"土老帽儿""土皇帝""有权势，无教养"的代名词，并常常被用来贬低或取笑对方。如此，谁还有心思为农业发展做贡献？谁不想赶快"搂一把"做个"土财主"？虽然不风光倒也挺实惠。其三，各级"农官儿"为了逃离"暴土窝儿"远走高飞，或为了保住虽不风光、倒挺实惠的地位，又大都是"对下横征暴敛，狠刮地皮三尺深；对上阿谀逢迎，多交一分是一分"。少数为民请命或为群众谋利益的农村干部不是被罢官，就是在上级领导"耐心教育"和"政治运动长期锻炼"下痛改前非了。

各级政府和与农民之间的矛盾冲突日趋对抗化激烈化了，广大农村基层组织和基层干部也被推到了风口浪尖上。农民虽然不敢冒险公开反抗他们，但是，一旦有说话机会，积压在心头的冤、怨、怒"三气"，就会疾风暴雨般发泄到身边的"农官儿"身上。这或许就是为什么文革在农村同样获得了空前普遍而强烈响应的原因。

第四章　从"整风"到"反右"
——对群众批评监督，是欢迎还是镇压

面对共和国日益尖锐的各种社会矛盾，毛主席的思想认识也逐步形成了"无产阶级专政下继续革命"的思想，相继发表了《论十大关系》和《关于正确处理人民内部矛盾的问题》。其核心思想是：面对初露端倪而又日益尖锐的十大社会矛盾，在对经济基础进行计划性有序化控制的同时，也不断改革"苏联模式"不合理的上层建筑，坚持党政官员自身的继续革命，通过"批评与自我批评""正确处理人民内部矛盾"，尤其要正确处理官与民、领导与群众之间的矛盾。

第一节　《关于正确处理人民内部矛盾的问题》

本文是毛主席继续革命思想重大发展的里程碑，主要表现为如下两种论断：其一，过去许多被误认为"反党、反人民、反社会主义的阶级敌人复辟阴谋"，其实是人民内部不同思想意见、不同利益要求的正常分歧，应当"兼容共存"、正确处理。其二，超越了"共产党是革命的党，新政权是人民当家作主的，是为人民谋幸福的，是代表人民群众根本利益的"等概念化说教，指出："人民政府"与人民群众之间同样存在着矛盾，虽然属于"人民内部矛盾"，但是，存在着"矛盾转化的可能性"。如果不注意，任由政府官员的官僚主义、命令主义、违法乱纪和贪污腐化泛滥下去，就"有可能转化为对抗性敌我矛盾"。上述两种思想，无疑是一个划时代的重大进步，是对"苏联模式"马列主义传统理论的颠覆性突破。

基于上述两种思想，毛主席又提出了三种执政理念：

其一，思想文化领域，要坚持"百花齐放，百家争鸣；长期共存，

互相监督"的"适度自由化"方针；反思并批判了"利用行政力量，强行推行一种风格、一种学派，禁止另一种风格、另一种学派"的舆论一律"一言堂"，倡导各种文化和思想"兼容共存"的多元化原则。

其二，"少数人闹事"的主要原因是"领导上存在官僚主义、主观主义，在政治或经济政策上犯了错误"；强调"游行示威自由"是宪法规定的民主权利，"罢工并不违反宪法"等。过去对人民群众不满情绪和反抗行为，动辄定为"阶级敌人的复辟阴谋和破坏活动"并予以坚决镇压、彻底消灭。与之相比这无疑是一种民主理念大飞跃。

其三，对政府和上层建筑改革，提倡"厉行节约，勤俭建国"，并提出"精简机关，下放干部，使相当大一批干部回到生产中去"，以保证他们不脱离群众、不蜕化变质，并减轻社会基础和工农民众的负担。这充分证明：他对共和国新官僚权贵与平民大众、上层建筑与社会基础之间的矛盾，已经有了相当深刻的认识。

所有这五个方面，都是对"苏联模式"官僚专制社会主义制度的否定、矫正和超越，被当时的苏共领导人赫鲁晓夫公开指责为"鼓吹资产阶级自由化"。并遭到几乎全部中共"大官"们（周总理除外）的反对。（[美]麦克法夸尔《文化大革命的起源》）

第二节　从"开门整风"到"反右斗争"

毛主席既然对社会矛盾有了新的理论认识，只争朝夕的个性促使他立即付诸实践，开展了"开门整风"运动，发动群众（包括民主党派）"大鸣大放"，揭露中共官员的官僚主义作风和违法乱纪行为。从而，引发了共和国君臣之间空前尖锐激烈的矛盾冲突。矛盾本质：是继续革命，还是"维护党的绝对领导、彻底巩固新政权"？这次运动，不论是预期目标和运动方式，还是运动过程和最终结局，都堪称文化大革命的预演。

1."开门整风，大鸣大放"

许多年轻人误以为，"四大"（大鸣、大放、大辩论、大字报）是

1966年文化大革命的创造。其实不然，它是1957年"开门整风，大鸣大放"运动中"右派"的首创。当年10月，在中共中央八届三中全会上，毛主席对群众所创造的"四大"斗争形式给予了充分肯定："今年这一年，群众创造了一种革命形式，群众斗争的形式，就是大鸣，大放，大辩论，大字报。现在我们革命的内容找到了它的很适合的形式。""大字报，座谈会和辩论会，是揭露和克服矛盾，推动人们进步的三种好形式。""'四大'这种形式，最适合发挥群众的主动性，提高群众的责任心。""新的革命内容，它要找到新的形式，现在的革命是社会主义革命，是为了建设社会主义国家，它找到了这种新形式。这种形式，可以很快普及，很快学会，几个月就可以学会""（四大）归根结蒂，对无产阶级有利，对资产阶级不利。原因是，百分之九十的人不愿意国家乱，而愿意建成社会主义。"

毛主席满怀激情地高度赞扬人民群众的创造："大字报是一种极其有用的新式武器，城市、乡村、工厂、合作社、学校、部队、街道，总之一切有群众的地方，都可以使用。已经普遍使用起来的，应当永远使用下去。清人龚自珍诗云'九州风气恃风雷，万马齐喑究可哀，我劝天公重抖擞，不拘一格降人才'。大字报把万马齐喑的沉闷空气冲破了。"然而，正当毛主席为找到了继续革命的形式而欢欣鼓舞时，"大鸣大放"运动却出现了一股逆流。章伯钧、罗隆基等一些民主党派领导人竟然"要共产党下台"，实行"轮流坐庄"的资产阶级民主制。原本就对"大鸣大放"运动消极抵触的大官新贵们，终于找到了翻盘的借口。一时间，党政官员像炸了营一样，群情激愤、摩拳擦掌，要为"保卫新政权"血战到底。

空前激化的社会矛盾将毛主席逼进了前所未遇的两难选择死胡同：要么继续履行"继续革命者"的社会责任，坚持推动"开门整风，大鸣大放"运动，为此，不惜涉险犯难，任由中共政权被推翻，拟或自己成为"中共叛徒"而被废黜。要么履行"最高统治者"的社会责任，及时扭转运动大方向，反击"右派闹事"，以稳定新政权，为此，不惜将"大鸣大放"运动的依靠力量——帮助党整风的"右派"——逆向转化成运动对象。

作为一向善于审时度势"打不赢就走"的智者,毛主席痛苦地选择了后者。因为,他深知生存与发展的辩证关系:既要推动继续革命以谋发展,又要维护国家稳定以求生存。当时,新政权立足未稳,不仅国内被推翻的反动阶级"人还在,心不死"极尽破坏捣乱,而且,列强"亡我之心不死"蠢蠢欲动。一旦天下大乱,共和国难免陷于内外夹攻的困境。同时,民主革命的历史经验早已证明:除了他和共产党,没有任何个人和政党能够担当起"改造中国,改造世界"的大业。

一夜之间,"开门整风"运动惊天大逆转,变成了"反击右派猖狂进攻"的"反右斗争"。尽管毛主席与周总理"迷途知返",被迫暂时放弃继续革命路线,向刘、邓、彭(真)"铁三角"的"彻底巩固路线"妥协靠拢,依然未能逃脱"纵容自由化"的罪责,并为此付出了沉重的政治代价。

2. 新官僚权贵拼死反抗

各级党政官员原以为,"开门整风"也会像以往那样"走走过场"来一阵自我批评的"毛毛雨"或相互批评的"急急风"就过去了,不料却成了一场地动山摇大厦将倾的暴风骤雨。人民群众的愤怒情绪和干政热情,使他们感受到前所未有的严重威胁。以往的运动都是他们整别人,现在却是如此众多被自己领导或被自己运动过的"外人"乃至"敌人"杀将了过来。这不是"反党、反社会主义、反对新政权"从而"反人民"还能是什么?

刘、邓、彭"铁三角"是整个新官僚阶级的政治代表,是"维护党的绝对领导,彻底巩固新政权"的真正领袖和斗士,他们群策群力、砥柱中流、力挽狂澜,终于迫使毛泽东扭转了运动大方向。这真是新官僚阶级的天赐良机!为了"彻底巩固新政权",从而彻底巩固自身的特权地位和既得利益,他们以"百倍的仇恨,疯狂的热情",奋起反击、尽情报复;加倍反攻倒算,彻底清除异己。他们手中的权力杠杆或专政工具,更使这种反攻倒算"雨借风势,风助雨威",往复振荡、无限放大,势如破竹、摧枯拉朽。……不论是利令智昏狂妄自大的"右派",还是目无尊长不服管教的"刁民";不论是一贯仇恨官僚主义的"三反"和"新三反"运动积极分子,还是"惯于以理压人、得理不饶人、吹毛求疵的小资产阶级"文化人,都无一漏网最终受到了"无产阶级专政铁拳"的严厉镇压。

如此,当权派们仍嫌意犹未尽怒火难平,于是又开展了党内"反自由化倾向"运动("反右补课"),其目的就是要彻底肃清毛、周"纵容自由化"的流毒。所有恃才傲物与领导离心离德的"清流"干部害群之马、"混入革命队伍的异己分子"无一幸免,大都被狠狠横扫了一通:该批斗的批倒批臭,该罢官的一撸到底",该开除的彻底清除出党,该劳改的流放劳改,该抓捕的"绳之以法。毛、周也受到"应有的"教训,并为此付出了相当的政治代价。……最后,便是"热烈欢呼反右斗争的伟大胜利"了。

关于"抓右派"的人数问题,在一次会议上,毛主席伸出一个巴掌说:全国估计有5千。然而,以刘、邓、彭"铁三角"为首的各级当权派,利用对运动的实际操控权力,强行"定比例,下指标"层层加码,一口气抓了55万,是毛主席估计的110倍。例如,笔者就读的小屯儿高小,六个老师一个炊事员就分摊了一个"戴帽儿右派",占教工总数的百分之十还多……

第三节 算术老师成了"戴帽儿右派"

笔者求学的"小屯儿高小"有五、六两个年级,离家较远的学生中午带饭,伙房里无偿热饭并提供"笼锅水"。麦秋放假前,在伙房门前吃午饭时,"大哈哈"张老师通知说:"放假后都别来了,老师们都去城里开会。"有学生问:"开么会?"他答道:"帮助领导整风,就是给领导提意见。"十二三岁的毛孩子懂什么整风整雨的,谁又认得"领导"是张三、李四、王二麻子?对这种碍不着个人疼痒的闲事儿谁也没往心里去。二十多天后开学了,好几天都不见算数郭老师。吃饭时笔者问"大哈哈"张老师:"俺郭老师上哪去了?"他一改往日嘻嘻哈哈,满脸严肃中带着几分怯意,低声说:"打成右派了……"我也低声问:"你不是说给领导提意见吗?咋着他成了右派呢?"他低声答:"谁知道呢,小孩子别管那么多闲事儿!"我又困惑了。

在笔者心目中，郭老师是仅次于语文梁老师的"第二好"老师。他教我们特别认真，从来不哄着孩子玩儿；讲课又特别"好玩儿"：把分割符"，"叫"蛤蟆蝌蚪儿"；谁要是把小数点儿点错了，就说"你这颗麻子长错地方儿了！"当然，正因为他"较真儿"，对不认真学习的也生真气儿。但是，从不大声训人，而是总爱说些曲里拐弯儿的蹭话儿"刺恼人"，让人心里难受久久忘不了。不过，笔者学习还行，从没挨过他刺恼，所以一直挺尊重他。也许是他把"太较真儿"和"爱刺恼人"的习惯错误地用到"党的领导"身上了？反正是最终成了"戴帽儿右派"。

当时，学校还有个"大少爷"赵老师，整天皮鞋擦得锃亮，头发梳得像猫儿舔的，天底下谁也不如他"能"，谁也不如他"有觉悟儿"，守着领导"净充那仨蛋的"，小嘴儿说话叭叭儿的。领导不在时，却净爱跟什么红什么兰的"小妇女儿"乱哄哄。他不仅没成"右派"，听说还成了"反右积极分子"。不久，郭老师回来了，还是教我们算数。但是，明显地没精神儿了，态度也绵软了好多，再也不刺恼人了，对不认真学习的学生也变得和蔼可亲宽容大度多了。然而，讲课却远不如以前那么生动活泼了，一本正经的枯燥乏味，让人直打哈欠……"好老师"弄得不好了，"坏老师"更没有个老师样儿了，只隔了二十多天麦秋假，咋着就弄成这个样儿了？这到底儿是咋着弄的？

第四节　高小生——听说"反右斗争"

此时，二姐已是乐陵一中的中学生了，回家后陆陆续续向我讲了许多她们学校"反右斗争"的奇人趣事。真是闻所未闻（更不用说见了），太新鲜了！也许笔者骨子里的"邪气儿"太重了，对她讲的那些事记忆特别深刻。大概还有个原因：她从小"挺抠，不吃屈儿"，每当我被大孩子欺负吃了亏时，她常常充当我的"保护伞"。笔者虽然经常不买她的账、与她犟嘴，故意"气死她不偿命"，那主要是因为她上学后总是考第一，父亲又经常夸奖她而把我贬得一文不值骂个狗血喷头。弄得我精神压力挺大，捞不着无忧无虑地好好玩儿。因而，在潜意识中形成了对父亲的对抗情绪和报复心理，企图通过打击他的"好典型"来反抗他的"不公道"。其实，我心里一直挺佩服二姐像父亲那股不要命的劲头儿，也一直把她当成"学习榜样"努力追赶。从高小儿追到中学，从中学追到大学。不管咋说，反正对她讲的那些"抓右派"的事儿印象特别深刻。

1. 两个"右派"老师

乐陵一中是周边好两三个县的最高学府，大概已经具有开展政治运动"独立单位"的资格了。不论是"开门整风"还是"反右斗争"，都是"上级指示与本单位实际紧密联系"，因而运动也相当激烈。一些走出学校门儿不久涉世未深的年轻教师，头脑中装着太多理想化的是非标准和愤世嫉俗的"小资产阶级情调"，距离社会现实和"领导"要求差得远了去了，简直是格格不入。他们只知道"凭良心教书，凭本事吃饭"，不懂得"会干的不如会演的，会演的不如会舔的"，更不懂得"爱护领导就是爱护自己"的道理。平时只顾认真教书绝不误人子弟，对领导却自视才高八斗绝不同"舔腚溜沟子"，甚至恃才傲物目空一切"拿领导不当块咸菜"，常常鸡蛋里头挑骨头。"开门整风"会上给学校党支部书记提了不少意见，实质是"恶毒攻击党的领导，阴谋要共产党下台"。这样的人不是"右派"谁还能是"右派"？

在批斗"李右派"的会上，积极分子质问："你为什么对党支部领导不满？是什么思想？"他高声答道："共产主义思想！"在历数了他反对党支部书记的"罪行"后又质问："你除了要共产党下台还能是什么主意（企图）？"他更高声回答："爱国主义！"……可见，"右派分子"是何等猖狂，阶级斗争又是何等激烈！（笔者听得出，二姐的话儿中对她的老师颇有几分同情和敬佩）。结果，他成了"极右派"，劳改后不知发配到哪里去了，反正是到笔者上高中时一直无缘得见。

还有一个叫×国良的语文老师也被打成了"右派"，原因是：他在课堂上讲授《杜十娘怒沉百宝箱》，讲到杜十娘怒斥孙福和李甲后含恨投河自尽时，已是热泪纵横泣不成声，竟振臂高呼："杜十娘万岁！"这还了得！只有共产党毛主席才能"万岁"，喊杜十娘万岁岂不是把共产党毛主席和妓女弄到一块去了吗?太恶毒了,十足的"右派"!

也许是他在运动中不太猖狂吧,到笔者念高中时,他劳改期满后又回到一中继续教语文。然而,像二姐所说的那种激情却荡然无存了,他在课堂上四平八稳一身庄重,目不斜视满脸神圣,充满了"冷静理性的光辉",却干巴得像根"柴禾棍子"。结果,只上了两三堂课,就被同学们强烈要求"下课了"。笔者更是由失望化为恼恨:"活该!这样的人就应该是右派?"长大后才渐渐明白:这或许就是"在党和政府的教育挽救下通过劳动改造脱胎换骨重新做人了"吧?

2. 老校长成了"老右倾"

从"反右斗争"开始,学校领导也急剧分化了。乐陵一中的前身是中共渤海区的"渤海一中",其实是"干部培训班儿"。自从老校长王耀华主教后,逐渐正规化成了山东省重点中学。他是个慈祥和蔼却不苟言笑的老头儿,对学生特别好,对老师却特别"厉害"。谁要是不好好儿教书或"没有个老师样儿",叫他逮着了就没完没了决不轻饶。他还培养了一个"白专干将"任万善(不知道当时是什么职务),二姐称他"任老师";到笔者上高中时学生都称他"任主任",反正教导处主要是他管事儿。至于"老头儿王主任",平常很少见他,只有在新学期开学典礼上才给我们讲"学而时习之,不亦说乎……"

这样的校长和主任自然是爱才如命,难免"不突出政治,走白专道路"。以至于,在你死我活的阶级斗争面前,"立场不坚定包庇右派分子"或"对右派分子恨不起来"。因而,他们后半生几乎都没有任何"进步儿"。老校长成了全县有名的"老右倾",终老于离休前的校长职位上。"任主任"也从此谨小慎微小心翼翼,虽然忠于职守、狠抓教学、成绩显著(升学率领先),却一生"运交华盖"官运不畅。尤其是,因为培养出了笔者这样一个"四人帮爪牙,造反派儿坏头头儿",文革后的仕途就越发举步维艰了。

有人在其位不谋其政、多拿薪水少干事、不干好事干坏事,有人却把自己的社会责任太当回事儿了,总是"没事找事干"以无愧于

"人"（包括党员、干部、教师等"社会人"）的称号。"任主任"就属于后一种人。真不幸！他也有意无意地把这种"没事找事干"的坏毛病传染给了他的学生，本书或许也是受他"不良影响"的产物吧。

同期，还有两个"书记"，一个是党支部书记，一个是团委书记。他们当然是"反右斗争"的中流砥柱了，在大是大非面前，"立场坚定，旗帜鲜明"，对"右派分子"和"类右派分子"坚决斗争。不久，党支部书记成了县委副书记；团委书记在以后的运动中"继续发扬革命传统，经受住了阶级斗争的严峻考验"，一步一个台阶儿步步高升，最后成了党的市委副书记。当然，笔者只是记录一种社会现象，绝无丝毫毁师谤祖之意，而且，对所有混出个人样儿来的老师们，都由衷地庆幸和祝福。在学生心目中，老师是"精神父母"，即使居官也理应是最好的，起码是比那些无德无才、无知无能却后台坚挺的官儿们好得多吧？

第五节　笔者与二姐"大分化"

对于文化教育界和知识分子乃至整个国家而言，"反右斗争"具有名副其实的"划时代伟大意义"：它使穷酸秀才们终于懂得了"夹起尾巴做人"虚心向工农兵学习麻木不仁、安分守己的"顺民精神"；文化教育事业也真正确立了"为无产阶级政治服务"的大方向——绝对服从坚决维护各级党政官员当权派们的权威，对基层党政组织"现管"更要唯命是从。

谁也不会想到，正是以"反右斗争"为起点和契机，在某个乡野农村的两个同胞姐弟之间也发生了"大分化"，各自选择确立了今后的人生道路和一生命运。也许正像母亲所说：二姐"太精、太棘棵儿、太不吃屈儿"了，而笔者却"太傻、太轴、太撞到南墙不回头儿"了。同样是面对变幻莫测、纷纭复杂的政治运动，同样是面对"政治风向"糊里糊涂地从"整风运动"到"反右斗争"的惊天大逆转，同样是面对父亲说不清道不明地多次"被运动"的痛苦记忆，两人却做出了截然不同的判断和选择。

二姐认为：什么政治，太可怕了！哪有什么正事儿？离它越远越好！从此，"两耳不闻窗外事，一心只读圣贤书"，"城门失火，殃及池鱼"，理性至上论又导致了理科至上论。对文史哲等政治近亲课程的态度也冷淡起来了，觉得这类东西公说公有理儿、婆说婆有理儿，远不如数理化那样有真理儿、正理儿，不论大官儿小民，任谁都不能胡说八道。因而，对文史哲即使认真学，也是为了获知应对考试；对数理化则是玩儿命地学，而且着迷得不得了。结果，如愿考上了山东大学数学系。虽然托文革的福毕业后改行搞了大半辈子电子线路技术工作，但是，凭她那股"拼命三娘"的劲头儿，最终还是小有成就，荣获了共产党员、省劳模、全国三八红旗手等不少"红帽子"。

而笔者却沿着自己的心路走向了另一股道儿。也许是从小儿就"太野，太爱凑热闹儿"了，拟或是皮小子天生的冒险精神所致，反正是政治运动越是谁也说不清道不明，就越是对它感兴趣，越想凑过去看看，弄明白到底儿是咋回事儿。就像儿时听"鬼故事"或看抬死人入殓那样，越凶险越吓得一口气儿跑回家不敢回头儿，就越爱听爱看。对于"整风反右"这等你死我活的阶级斗争，越是血糊淋拉不知道谁死谁活，就越觉得够刺激够味儿、提情绪来劲儿。最终，情感刺激至上论导致了文科至上论，觉得与文史哲相比数理化总嫌不够劲儿，给人的自由发挥空间太小了，因而太单调乏味儿。人人都必须按照一样的公式定理和术语腔调说事儿，譬如"1＋1"，天底下的人谁都得说等于"2"，否则就是错。而文史哲就自由的多了，心里想什么就说什么，怎么想的就怎么说，不大受规矩（别人定的）限制。心里难受就哭、高兴就唱、生气就骂，反正是"嬉笑怒骂皆文章"；只要是真情实感就是好作品，只要能自圆其说就是好文章。傻乎乎的野性和悲天悯人的小资情调儿再加许多客观原因，使笔者从上初中开始就特别喜欢文科。

然而，迫于家庭高压，却不由自主地走了一段"弯路"，考上了山东大学化学系。多亏文革把我"从理科泥坑里挽救了出来"。由此，又决定了一生历尽坎坷碌碌无为的命运，也终于看懂想通了"领导们"冠冕堂皇的猫儿腻。（起码自我感觉如此）

第五章　大跃进中的"五风"
——是为民谋福利，还是为官造政绩

外国武装干涉和国民党台湾政府"反共复国"的威胁基本解决以后，究竟什么是共和国存在发展的主要危险？绝不是什么"已被推翻的阶级敌人复辟资本主义阴谋"，而是：政治体制不完善所导致的国家法权控制能力弱化和国民民权监督缺位，以及由此产生的新官僚权贵肆无忌惮地胡作非为和疯狂的持权抢劫。"前文革时代"主要表现是肆无忌惮地胡作非为，而"后文革"——"邓式改开"时代，主要表现则是疯狂持权抢劫。

"前文革时代"的胡作非为，又可分为政治领域的胡作非为和经济领域的胡作非为，前者的典型当属1957年"反右斗争"，后者的典型则是1958年刘、邓等大官们乘"大跃进东风"刮起的"五风"。

邓小平篡国上台后，复辟的新官僚阶级及其御用文人们，却把刘、邓胡作非为的历史罪责统统嫁祸于毛主席和大跃进，尽显其政治流氓的庐山真面目。

第一节　大跃进的异化

1956年—1957年期间，毛主席和周总理因为主张"放宽限制的开明实验"，犯了"纵容自由化的严重政治错误"，遭到了从中央到地方整个新官僚政要们的抵制和反对。教训使他们进一步认识到"经济基础对上层建筑的决定作用"，认识到经济发展对于继续革命的基础作用。当老百姓为一日三餐填饱肚子而发愁时，不可能有闲情逸致关心国家大事，没有肚子需求的满足就不可能有民主意识和民主能力。

而且，发展经济造福于民原本就是共产党的历史使命。他们将关注的重点转移到经济建设上来，并组织召开了一系列经济工作会议，制定了比较客观的国民经济发展规划和指标。

当时，笔者还是"高小毕业生，干么么不中"的孩提时代，对于国家大事尚一无所知。但是，老师遵照上级指示，经常让我和"春来"到附近村里用白粉子刷大标语，宣传"过渡时期的总路线"和《农业发展纲要》。至今，还清楚记得一句：（粮食两季亩产）"黄河以北四百斤，乐陵先打头一炮！"

由此可见，毛、周所倡导的大跃进并不缺乏科学态度，更没有犯什么"头脑发热的极左错误"。尤其是，大跃进对于推动中国工业现代化功不可没。

那么，1958年全国性"吹大牛，胡说八道；瞎指挥，胡作非为"的"五风"是如何刮起来的呢？这是困扰笔者多年的一个问题。后来终于明白了：应当到上层建筑干部——最强大的新官僚权贵中去寻求答案。

史实证明，国家发展大跃进是孙中山先生首先提出来的，1958年周总理深受启发欣然接受，并得到毛主席的赞同。当时，毛主席已经退居"二线"，由刘少奇、邓小平和周总理主持国家党政日常工作。作为延安"整风运动"时刘少奇的手下败将，周总理得到了毛主席的高度赞赏（毛主席曾一度想把国家主席职位让与他）。这难免引起了刘少奇的警觉，感到"接班人"地位受到了威胁。于是，他又一次采取了"合作化运动"时的成功经验——形"左"实右！"上有所好，下必甚焉"。要避免自己的"接班人"地位被周恩来取而代之，就必须表现得比他更"大跃进"。而邓小平，在"反右斗争"中体验到了刘、邓、彭"铁三角"的强势，进一步把赌注押给了"即将登基的储君"，与刘少奇相互勾结一唱一和，积极为"储君亲政"招降纳叛。后来，他在游说河南省委第一书记吴芝圃时说："刘主席是毛主席的接班人，毛主席年龄大了，身体又不好，刘主席很快要主持全党全国的各项工作了，河南要全力配合好刘主席的工作。中央今后正需要人才，你吴芝圃要尽力争取嘛……"等等，完全暴露了他追随刘少奇大刮"五风"破坏"大跃进"的卑劣动机。

另外,"反右斗争"的伟大胜利使各级权贵政要一扫"三反""新三反"和"开门整风"运动时的压抑和憋屈,感到前所未有的心情舒畅,焕发出了巨大的积极性。正如刘少奇所说:"反右斗争"的伟大胜利,导致了"社会主义建设伟大革命运动",必将"转变为无穷的物质力量"。他利用一切会议,大肆鼓吹"大跃进""供给制""公共食堂""土法炼铁",并吹嘘:"现在赶上英国不是十几年,二、三年就行了,明年、后年要超过英国""十五年可以赶上美国,再有十五年等于三四个美国。再有四五十年,中国可以进入共产主义"等等。不仅"大跃进"口号气势如虹,而且政治势头如日中天。

在各级当权派新贵心目中:毛主席刚刚犯过"纵容自由化"的严重政治错误,差一点儿让"右派分子的反革命阴谋得逞"。与一贯"坚持党性原则,维护全党利益"的少奇同志相比,其权威性和神圣光环早已今非昔比了。当时,一句顺口溜传遍了穷乡僻壤的大街小巷,成了笔者家乡人妇孺皆知的民谣:"毛主席三天不学习,赶不上刘少奇"。它反映出了一种政局新动向:毛主席的领袖权威和"控制系统"失灵了,中央高端乃至整个上层建筑的权力重心正在悄悄转移到刘少奇一方。

吴芝圃、李井泉等各省大员乃至各级当权派新贵们以为:"毛泽东时代"即将结束,刘少奇正式接班"亲政"的日子即将到来。他们同样深知"上有所好,下必甚焉"的奥妙,何况还有"下级服从上级"的组织原则,更有少奇同志的训示:"宁犯政治错误,不犯组织错误"。故而,纷纷决心为开创"刘少奇时代"建功立业,为大跃进冲锋陷阵。

于是,一场"干部决定一切,肆意运动群众"的"大跃进"——实乃胡作非为的"五风"(共产风、浮夸风、命令风、干部特殊风、对生产瞎指挥风)其势如暴风骤雨席卷全国。

第二节 "大跃进"——"一天等于二十年"

在许多人心目中,文革可谓"疯狂年代"了。然而,在笔者记忆中，与1958年大跃进时期"五风"的疯狂相比，文革实在是小巫见大巫自叹弗如。因为，文革中的疯狂是"疯狂追求"，绝大多数人都理智清醒，不论动机高尚还是卑鄙，不论行为正确还是错误，起码人们都知道：自己在追求什么，为什么这样做而不那样做？而1958年"五风"，则是完全丧失了理智，除了大官们，老百姓根本不知道为什么要这样做？党和政府究竟要干什么？

当时，报纸上曾登载过华君武的一幅漫画，题曰"热昏"。画的是：蒋介石戴着"牛屎帽儿"躺在热气腾腾的澡盆儿里昏昏欲睡说梦话——"反攻大陆"。后来，笔者常想：这幅漫画如果把"反攻大陆"改成"大跃进"或"共产主义"，就是对当时各级官员们心态和言行的真实写照。作为十二、三岁的孩子，当时不懂得什么中央与地方、部分与全党、政府与国家的区别，认为：县委指示就是"党的指示"，《大众日报》、《人民日报》就更是党的正宗声音了。反正是各级领导嘴里的粮食产量和豪言壮语日新月异，调门儿越来越高亢。

而且，还有一个有趣的现象：开始时是从上到下"层层加码"，产量数字一级比一级高，所有任务期限却一级比一级短。在全县"比武打擂"会上，县委号召"奋战100天，实现共产主义！"并将披红戴花的大红马奖给了"亩产小麦10万斤"的打擂者。到了黄夹公社，"刘书记"则发出更伟大的号召："奋战40天，率先实现共产主义！"当时，笔者为此豪情满怀了好一阵子："俺咋恁有福？竟然生在了最先进的省最先进的县最先进的公社！"到了后来，层层加码变成了上下互动，省委也不甘落后了，亲自树立了两个典型，并在《大众日报》头版赫然登载：寿张县"小铁牛队"种出的地瓜"一块儿重达260多斤"，范县"范秀兰铁姑娘队"更是"亩产小麦百万斤，完不成任务不结婚！"笔者的自豪感让"大跃进"风暴刮得无影无踪了，反倒为家乡的落后感到心里沮丧脸上无光。

今天，人们越来越明白了，这种热昏胡说的"浮夸风"的风源，就是刘少奇、邓小平等大官儿们！据《人民日报》1958年9月30日载，当年9月刘少奇在江苏省视察时说："（亩产）一万斤还能再多吗？你们这里条件好，再搞一搞深翻，还能多打些。"如此谈话绝非一次、两次。而邓小平在视察东北三省时则说:"目前是一个出奇迹的时代,全国粮食产量今年可能增产100%以上",否则"就不是用革命的办法而是用改良的办法领导农业",就是"思想还没有解放"。

只可惜,毛主席尽管一再向各级官员"泼冷水降温",但强龙难敌群蛇,"大跃进"狂风难以禁绝,只能眼睁睁地看着以刘、邓为首的新官僚权贵们胡说八道胡作非为了。

第三节　干部决定一切:"我就是玉皇,我就是龙王!"

当时,初中一年级语文课本儿上有一首新民歌:"天上没有玉皇,海里没有龙王。我就是玉皇,我就是龙王。喝令三山五岳开道:我来了!"这或许是当时刘、邓、彭等新官僚权贵"干部决定一切"心态的真实写照。正是在这种心态主导下,为了驳斥"右派分子"诬蔑共产党搞经济建设是"外行领导内行"的谬论,发誓要创造出人间奇迹,让全世界看看(或许,也为了用事实对"削弱党的领导,纵容自由化"的毛和周进行"再教育")。

1. 胡作非为"共产风"

当时,或许是有史以来最彻底的"政经合一的共产主义"了:家庭是"私有制的毒瘤",当然在彻底消灭之列。"锁门运动"将所有会喘气儿的活人一律赶到"集体宿舍"——野外"窝铺"(草棚)里去住。家庭不存在了,家庭生活也就随之"自然消亡"了,一切生活用具用品都一律收缴充公,为了"支援工人老大哥大炼钢铁",除农具以外,所有锅铲瓢勺等炊具以及金属制品都一律集中送往城镇"炼钢基地"。连大小铁锁、门镣吊儿、橱柜门鼻子、抽屉拉手儿等等,都被反复清剿无一漏网。当然,所有这一切都是为了"将妇女阶级姐妹们从繁重的家务劳动中解放出来",为了"让世世代代受苦受难的农民兄弟走上集体化康庄大道,享受各取所需的共产主义幸福生活"。

2. 挥动鞭儿(政治权力)响四方

在笔者大半生经历和记忆中，没有任何一次运动能像"大跃进"时那样，对农民"发动"得如此彻底、"组织"得如此严密、"运动"得如此得心应手。被赶到田野里的所有人，阶级差别、分工差别统统消失了，按照性别年龄分别组成了"武松队"（男壮劳力）、"罗成队"（半大小子）、"花木兰队"（黄花儿闺女）、"穆桂英队"（大小媳妇）、"老黄忠队"（老头儿）和"佘太君队"（老婆儿）。各队都规定了劳动场所和宿舍区，一般是一个队在一块儿地干活儿，住一个大窝铺，铺上柴草席地而眠。而且，都是比邻结庐结伴劳作，声气相应"农歌互答"，绝不会村东村西分割独立。否则，既不便于"加强党的统一领导"，也不便于开展"劳动竞赛"，更不便于领导一拨儿接一拨儿没完没了地视察、检查和参观"取经"。

当然，一些规章制度是必不可少的，如"不准私自离队、串队"等等。如果谁偷看或私闯了"花木兰队"和"穆桂英队"的窝铺，就是"道德败坏，流氓成性"，轻则批评教育，重则游队示众。对此，最有意见的莫过于"武松队"了："这叫么事儿？两口子捞不着干事儿，咱还不如那狗猫哩！"当时，笔者父母已近天命之年，因操劳过度而苍老不堪，分居于"老黄忠队"和"佘太君队"的宿舍里。星期六放学回家，笔者要见他们必须"分别会见"。这种生活一直持续到上级领导不再来检查、视察为止。

"民以食为天"，吃饭问题就全交给公共食堂了。开始时，吃的是"共产"来的粮食；秋收后，自然是大伙儿种的大伙儿吃，收了什么吃什么。在这场"儿童游戏"中，最高兴的莫过于孩子们了，真是从未有过的热闹好玩儿。尤其是，每当上级领导来视察、检查和参观"取经"时，总是提前通知。食堂里一接到通知，也总是又蒸饽饽又炖肉，像过大年似的。孩子们真是天天盼望上级领导来检查，"给我们带着幸福来！"当然，也有"落后分子"总爱在阴暗角落儿里吹阴风，母亲就是其中之一："刮风下雨不知道，个人的家底儿不知道吗？有多少粮食架得住这么穷折腾？"

真可惜，好多事儿总是让"落后分子"说中了。没有白面饽饽吃了，不管孩子们如何盼星星盼月亮，上级领导的检查团、参观团连一个也不来。后来，棒子窝头也没有了，顿顿吃地瓜；连吃带糟践地瓜也没有了，只好组织人到处去捞"札菜"（水草）清炖着吃。最后，什么吃的都没有了，公共食堂也"胜利完成了历史使命"。在消亡了所有生活资料以后，美好幸福的"共产主义"也随之消亡了。

3. 从上到下演大戏

"白天红旗招展，夜晚灯火通明；人欢马嘶，热火朝天……"，这是对当时"新气象"的描绘，也是各级党政喉舌念叨得最多的。然而，这一切并非自然形成的人文景观，更不是人民群众劳动热情和积极性"充分涌流"的结果；而是各级官员人为制作的人造风景。是他们通过"对群众能量加以组织和驾驭"（刘少奇语）而创作导演的闹剧。创作工具就是政治权力的皮鞭，创作方式则主要有二：一是从上到下层层"评比"，鼓励"敢想，敢说，敢干"，批判"右倾保守思想"；二是从上到下深入基层、层层检查，"插红旗，拔白旗"，鼓励先进、督促落后。当时家乡民谣："县委领导走一线（沿公路和大路以车代步），公社领导地头儿站（视察目测）；村队干部满地串，大声吆喝加油儿干。"如此一来，中看不中用"驴粪蛋子表面光"的形式主义不仅在所难免，而且，成了最时髦最行之有效的行政措施和光荣传统了。

第四节 农民都傻了，嘻嘻哈哈挺开心

"五风"创造的另一个"人间奇迹"是把自私落后自由散漫的农民彻底驯服了。面对各级官员吹大牛胡说八道、瞎指挥胡作非为，他们完全懵了，来不及思考，来不及抱怨，或者完全麻木不会思考、无心抱怨了。面对自己的劳动血汗和生计命运被父母官们视若粪土任意糟蹋，他们已经毫无知觉不知疼痛了，甚至，连最起码儿的喜怒哀乐、好恶情感和是非观念都没有了。最后，在麻木中连艰苦奋斗、勤

俭持家的祖训和美德也忘了个一干二净,"响应党的号召"跟着各级领导,疯狂糟蹋自己的血汗和生存希望——粮食和其他农产品,不仅不心疼,而且,竟然边糟蹋边嘻嘻哈哈傻笑。至今回想起来,仍令人脊梁沟子冒凉气儿。

或许天老爷也被运动糊涂了,给了"大跃进"的人们一个百年不遇的大丰产。然而,各级领导们的"革命豪情"却导演了一场"丰产不丰收"的悲剧,而跑龙套的群众演员正是农民自己。其一,"物质极大丰富"的连粮食都不愿意收了,用镢头刨地瓜嫌费事,就用双铧犁耕。露在地面的捡起来;埋在土里的"谁有闲工夫儿扒拉它们!"到了耩麦子时,满地的大地瓜蛋直绊耧脚,气得干活的人一边骂一边用脚狠狠踢开。……到了第二年春天"翻粮运动"时,经受不住严冬考验而腐化变质的冻地瓜,却成了多少人救命的美味佳肴。其二,"共产风"极大地提高了农民的"共产主义觉悟",自愿将棉花无偿地贡献给国家,送往棉花加工厂。然而,路远费力"不符合多、快、好、省的总路线精神",便干脆贡献到了半路的苇子湾里。冬天,拾柴禾的老头儿发现了,同样是"大公无私,路不拾遗"。因为,谁也不愿意往自己腚后头安一条"瞒产"的尾巴,给"翻家队儿"以铁证而给自己找不素净。其三,公共食堂的"大锅饭"给了人们更广阔的选择空间,即使到了以地瓜为主食的阶段,也是有的爱吃黄瓤糖心儿的,有的专捡红皮儿干面的,掰开一看不如意就随手一扔"去他娘的"了。有的老娘们儿心疼捡起来,怀揣腰掖地偷偷拿回家切成条儿或片儿,扔到房顶上晒成熟地瓜干儿。到了以水草为主食的阶段,竟成了孩子们解馋的"好儿好儿","顽固坚持私有观念"的母亲就曾干过如此勾当,让笔者也有幸享受过如此口福。

第五节　学校被大跃进扭曲了

不久,"大跃进春风"吹进了学校,"停课闹革命"。一是"大炼钢铁"——各班都建起一座"炼钢炉",分两班儿轮流上阵"歇人不歇马",以保证"热火朝天夜以继日,炉火正红照彻夜空"。二是"科学种田"——各班都建立了一块"高产卫星田",日夜"深翻土地,合理密植，科学管理"，希望像"超英赶美"那样，超过本县最高单产（亩产小麦 10 万斤），放一颗"大卫星"。

所谓"炼钢炉"，就是用砖头垒的像富裕人家做饭取暖用的大号煤火炉子。燃料，没有煤只有木柴；炼钢工具，没有鼓风机，只有手拉风箱；轧钢工具，就是铁匠用的铁锤和铁砧。而原料，既不是铁矿石，也不是废铁，全都是老百姓"自愿上缴"的铁锅、铁铲子、铁饭勺等等完好无损的炊具和其他生活用具。

所谓"深翻土地"，就是一排挨一排地挖沟，大约有一人多深，反正是没过了笔者头顶。我们二班除了参加过省运动会的"大个子"史万林能自己爬上来，其他人要上来换班，必须让别人拉上来。而且，质量检查制度相当严格，不断用皮尺或标准木杆儿仔细测量，以保证上级规定的深度。含腐殖质的熟土被深埋到了地下，沉睡千万年的胶泥和生土却"翻身得解放"。结果，良田变成了颗粒不收的"生眼子地"。所谓"合理密植"，则是将 400 斤麦种几乎一粒挨一粒地摆到每亩地里。结果，麦苗破土而出，棵棵比牛毛还苗条。后来，听了附近"老保守"农民的话，又一棵一棵地薅掉"社会主义的苗"，只留下百分之几的"先进分子"，这才开始分蘖盘墩。次年麦收时，恨不得把每一粒麦子都捡起来。经过精确计算，亩产小麦比麦种整整多了 70 多斤。为了"热烈欢呼伟大胜利"，敲锣打鼓热闹了好一阵子。

第六节　《石壕吏》"新传"

老天爷送给人们百年不遇的大丰年之后，不知敬畏、胡作非为的"各级领导"却给老百姓制造了百年不遇的大粮荒。1959 年春，天谴如期而至！

母亲一生最大的特点是勤俭持家：一是勤，闲不住，实在没活儿干了，就一遍又一遍地扫"屋当场子"，擦堂柜、桌椅、茶壶、花瓶、粉妆盒儿。……气得父亲抱怨："屋当场子叫你扫得比当天井凹老大一块，一下雨就往屋里灌水；有点儿财气儿也全让你扫拉出去了！"二是俭，过日子细，年景再好粮食再多，也从不铺着吃盖着睡。逢年过节蒸饽饽、包包子都分三种并做上记号儿：孩子们正发个儿，吃净面的和肉多的；父亲下力气干活儿，吃掺一少半儿白棒子面的和肉少的；她自己则吃一多半儿白棒子面的"菜篓子"。平日，窝头陈了坏了也舍不得扔。坏得轻的经过"高温消毒"蒸透了再吃；实在不能吃的就让它长满"黑毛儿"，然后晒干轧碎，续到酱瓮子里同化成酱。而且，所有这些行为，还都有理论支撑："整天养屄晒盖地闲坐着，还过么日子？""糟蹋东西有罪，折寿！""省囤尖儿不省囤底儿！"父亲多有微词："把一分钱都攥出水儿来！吃了疼得慌，让老鼠盗蹬了不疼得慌！"正是凭着母亲勤俭持家和父亲没命地干活儿，使家庭在风雨飘摇中度过了多次饥荒，并供养出了二姐和笔者两个大学生。

谁料，"木秀于林，风必摧之"，我家也因此成了"屯粮大户"，从此不得安宁了。三叔家却是，有了就换着花儿样地吃，吃没了就到处要"救济"，要不来"救济"就去要饭儿；甚至把孩子送人，"让他逃条小命儿去"。

1959年春，粮荒越来越严重了。为了创造政绩向上级交差，以维护自己的政治生命安全，各级官员日益加大了"反瞒产私分"力度，开始挨门挨户儿一遍又一遍地"翻粮"，一旦翻到就全部没收充公上缴政府。像三叔家那样"不过日子"的户儿自然安然无恙，"翻粮队儿"路过他家门前也从来不进去，还开玩笑："不行，他家也得进去翻翻！"于是，"哄队大笑"。然而，笔者家却理所当然成了永久性重点查抄对象，每次翻粮都难逃法网。

记得一天五更头儿里，角门儿（院门）外传来砰砰砰的砸门声，夹杂着大呼小叫的吆喝声。全家人都被惊醒了，父亲披着衣裳出去开门，涌进来五、六个人，二话不说就翻箱倒柜地查抄起来。真不愧是"翻粮专业队"，炕席底下、灶火膛里、枕头里、花瓶里……，无一处遗漏，那股彻底劲儿恨不得挖地三尺。母亲争辩说："你们前两天不是刚翻过吗？哪还有粮食啊？俺又不会生粮食下粮食！"最后，还是把母亲藏在柴禾垛里的最后半口袋棒子（玉米）抄走了，大获全胜凯旋而归。母亲说，其后又来"翻过八百六十四遍"，连炕洞子都揭开了，再也没缴获到任何"战利品"。

笔者对这次抄家翻粮遭遇印象实在太深刻了！或许是笔者"对社会不满的阴暗心理"与杜甫"诬蔑大唐盛世的反动思想"一拍即合吧？到读高中时，不论是课堂上还是课外，每当读到杜甫的《石壕吏》，脑袋里总是浮现出这次抄家翻粮的情景，还偷偷模仿着习作了半篇：五更觉正香，有吏来翻粮。老翁披衣迎，老妇动哭腔："只能生孩子，不会下食粮！日前已翻过，家无半升糠"……

谢天谢地，多亏当时就销毁了。否则，必定难逃文革中多次被抄家的法网，成为笔者"反党、反人民、反社会主义狼子野心"的铁证。

第六章　漫长的"三年自然灾害"
——"1962年的右倾"

古语云："天作孽，犹可为；自作孽，不能活。"1959年的饥荒，不过是一个信号或预警，老天爷对中国人愚昧野蛮"原罪"的惩罚还在后面。

刘、邓等精明的新官僚权贵，为了开脱自己的罪名，将"五风大跃进"的人祸与老天爷的天灾搅和到一起，统称为"三年自然灾害"。天灾乎？人祸乎？苍天有眼，民心有知！

其一，天灾不假，人祸更不可否认。1958年百年不遇的大丰产，如果不是被"五风"吹跑刮没了，应付几年饥荒根本不成问题。正如家笔者乡民谚："十年九不收，收一年吃十秋"……

其二，老祖宗"天人合一"的思想告诉人们：在人与自然的关系问题上，要尊重自然规律顺天应时而动。当天灾来临时，则要"听天命，尽人力"，努力减轻天灾程度。然而，我们的各级"父母官"们，却惯于唯上唯命是从，无视天道民意，胡作非为、制造人祸；天灾降临后，却"怨天不尤人"，毫无自责反省精神，"五风大跃进"时"人定胜天""干部决定一切"的豪情荡然无存。

第一节　经济困难与政治危机

新官僚权贵"五风大跃进"疯狂的"穷折腾，折腾穷"，不仅把国民经济的家底儿糟蹋殆尽，而且，将国民的积极性和生命力折腾得奄奄一息。一场讨伐"右倾机会主义分子否定大跃进"的政治斗争，又把整个民族仅有的一点清醒理智和复苏希望彻底消灭干净了。其后，国家便进入了半休克状态。面对饥饿，连内忧也变得有气无力了。而外患却乘虚而入，苏联控制中国的阴谋受挫后，便乘人之危"撤援逼债"。真可谓内外交困、民生凋敝、国运衰颓。然而，社会机体休眠了，国家上层建筑"神经系统"的病变却仍在继续。

从"开门整风"到"反右斗争"，最大受害者无疑是民权先觉者"文化人"，而继续革命者毛主席及其反对官僚化的同盟者周总理，则成了共产党内的最大失败者。在"右派分子"失去思想自由和人身自由的同时，毛、周也因"纵容自由化"而受到了新官僚权贵们的质疑和非议，失去了相当大一部分权力和权威。奇怪的是，引领"大跃进"潮流的，既不是分管经济的国务院总理周恩来，也不是掌管全局的党中央主席毛泽东，然而，他们却成了"人祸"的主要责任者。其中，周恩来是"擦屁股者"，而毛泽东，则成了代人受过的冤大头。

作为平民领袖，毛主席不乏爱民之心和与民同甘共苦的情怀，自己带头连同子女，与全国人民一起节衣缩食共赴国难。同时，在1962年1月的"七千人大会"上，向全党做了认真的自我批评，并主动承担了"第一责任"，以期君臣同心同德，深刻反省政策失误。结果却事与愿违，他的自我批评不仅未能感动刘、邓、彭等与他一起深刻反省，反倒为他们提供了推脱责任的口实。

刘少奇除了代表中央总结了"工作中的缺点和错误"，不仅对自己在"五风大跃进"中的错误言行未做半句自我批评，反倒图谋嫁祸于毛、周："正告那些不老实的人，必须迅速地彻底地改正错误！"同时，勾结邓小平，扣押了吴芝圃给党中央的报告（如实反映刘少奇向他鼓动浮夸风的两次谈话），并加紧非组织活动，私下串联密谋煽动，为"储君亲政"招降纳叛。吴芝圃仅仅是揭露出了冰山一角，"七千人大会上，L某确实找我私下谈过话，直接不直接的意思是说当初周总理不应该提倡搞大跃进，周总理提倡搞大跃进是个人表现，想以此压他L某。毛主席更不该支持周总理搞大跃进，把一些超越L某权利的事让周总理去办。L某还说三面红旗提法过激，出了这么多问题。谁提倡搞的大跃进，谁应该对问题负责。我们在第一线为他们干了那么多工作，不应该再承担责任挨棍子了。并说五风问题河南是重点省份,要我们河南深挖深究。L某临走时还对我说,他五八年那两次关于大跃进和我的谈话收回,就当没说算了","王任重还向我透露:一旦L某成为党中央主席,就让另一个人取代周恩来当总理(按:吴所说的"L某"即刘少奇,"另一个人"即邓小平。)。还有,"七千人大会"前夕,彭真组织了专门班子,秘密翻检查阅大跃进以来所有的中央文件和讲话记录,收集毛主席、周总理的"错误言论",以作为大会上揭露他们的"炮弹"。结果,一无所获。其后,他又利用所控制的《前线》杂志等舆论工具指桑骂槐,毛、周遂成了"五风大跃进"的祸首和诅咒对象,成了愚昧贪婪最终鸡飞蛋打的"贪心傻老婆"(详见刘、邓、彭御用文人邓拓、吴晗、廖沫沙等"三家村"的《燕山夜话》)。

然而,纠正刘、邓一手制造的"五风大跃进"极左人祸,却未能回归于毛主席社会主义革命和建设的实事求是路线,而是又成了他们"巩固民主主义新秩序"的大好机遇。他们利用主持一线工作的控制权,利用"调整,巩固,充实,提高"的机会,全面推行复辟资本主义道路的政策。在农村,强制推行"三自一包"(自留地、自由市场、自负盈亏和"包产到户")和"四大自由"(借贷自由,贸易自由,土地租佃和买卖自由),向毛主席指引的社会主义合作化道路反攻倒算。在工厂,"鞍钢宪法"("两参一改三结合":干部参加劳动,工人参加管理,改革不合理的规章制度,工人群众、领导干部和技术人员三结合)是毛主席早在1960年就充分肯定高度赞扬的,并正式载入1961年"工业七十条"。刘、邓、陈(云)等却顽固抵制,强制推行"苏联模式"的"马钢宪法"(厂长负责,专家治厂,物质刺激,烦琐的规章制度,严格分工,禁止群众性技术革命)。

毋庸置疑,1978年开始的"邓式改开"及其"特色社会主义"绝不是什么"对马列主义的重大发展",而完全是1962年刘、邓等人所坚持的资本主义道路变本加厉的复辟。

第二节　父亲挺不住病倒了

敬畏上苍!1960年原本十年九旱的家乡又遭遇了百年不遇的大

洪水，多日的连阴雨停了，洪水却不见退去。漫坡遍野一片汪洋，除了"绿梆子""花花南瓜"等青蛙和癞蛤蟆等"土特产"，粮食和其他庄稼却颗粒不收。

秋天，笔者与二姐到自留地里刨地瓜，像筷子粗细的地瓜，俩人一上午也刨不了半筐子。谢天谢地！地瓜秧子却长得绿莹莹水灵灵一片，煞是喜人。开始，还挑拣嫩地瓜叶柄蒸着或煮着吃。到了冬天，选择空间越来越小了，挑挑拣拣的"穷毛病"也改了，将整棵地瓜秧子晒干后碾碎了当粮食吃。

父亲一生都以向别人（包括政府）伸手为耻，或许正是这种秉性，使他与母亲惺惺相惜、患难与共、至死方休。他卓越的先见之明，在维护了"不为五斗米折腰"人格尊严的同时，也有效地拯救了妻子儿女。眼见洪水毫无退意，庄稼绝产已成定局，当别人天天找村干部要救济时，父亲第一个奋起"生产自救"。不知从哪里讨唤来一些"玉谷"种，天天挂着棍子扛着铁锨踢水到村边寻找露出水面的坡顶、崖头，播种下"希望的种子"。

同时，面对生存危机的压迫，他也不得不放弃大半生的信仰，将闲置了十年之久的"土改胜利果实"——刘家那四分园子地——正式接收过来，全部种上了"玉谷"。地处村里最高处怕旱不怕涝，越涝越有收成。"玉谷"又是一种耐涝且早熟的农作物，最后收获了二三百斤。虽然无法与粮食相比，但总是比地瓜秧子、棒穰子好吃多了。

父亲的辛勤汗水换来全家人生存的希望。然而，"祸兮福所倚，福兮祸所伏"，父亲劳动果实和全家人生存希望的代价实在太大了！父亲累倒了，并因此过早地丢掉了他那质如金玉，贱比草芥的性命。

秋后的一个夜晚，父亲突然恶心、肚子疼，折腾了大半夜，呕吐了好几次，足足有大半尿盆子，随后就昏昏入睡了。母亲为了省油，一辈子都把煤油灯严格控制在豆粒儿般大小，屋子里非常昏暗。父亲呕吐时，谁也没看清更没在意他吐了些什么。他昏睡以后，母亲端着油灯到外间屋，凑近尿盆子一看，一屁股坐到了地上。笔者听到动静出来一看，心也凉了半截，父亲呕吐的东西黑中透红呈暗紫色。……然后就是四处请先生搬大夫，扎针吃药折腾了大半夜。父亲却丝毫不见起色，仍是昏睡不醒。天亮了，乡亲们用牙床子绑扎成土担架，涉水将父亲送进了县医院。

从此，母亲带领我们开始了雪上加霜的日子，一边忍受着难以忍受的饥荒，一边倾尽一切家当换钱，并四处"扒窟窿，拉饥荒"，抢救父亲的生命。谢天谢地！父亲终于又活过来了。虽然他从此丧失了劳动能力，自己也受尽了疾病煎熬，经由胃出血——水肿——肝腹水——肝硬化——肝坏死，最终油枯灯灭脱离苦海，结束了他坎坷不幸多灾多难的一生。他用最后的气力陪伴母亲和我们度过了艰难的"三年困难时期"，用他秋风游丝般的那口气儿和饱经忧患而豁达大度的胸怀，为家庭支撑起一线希望。

第三节　母亲与小妹成了"末等公民"

家庭得以逃脱这次天灾人祸，大姐也功不可没。作为"国家人"工人，她每月有 31 斤定量口粮和 30 元工资，对于一个二十来岁的大闺女，根本谈不上富裕。但是，她却节省下每一分钱，资助家庭给父亲治病。有时，整月工资一分不留全部交给母亲。还经常勒紧裤腰带从肚子里省出馒头和窝头，带回家给父亲增加营养。她自己每天都只吃两顿饭，而且顿顿吃咸菜。在姊妹四个中，真正对父亲尽了孝道从而遗憾最少的当属大姐了。

然而，最不幸的是挣扎在灾难深渊最底层的母亲和不满十岁的小妹。母亲分配粮食的标准由三种改为四种：好点儿的留给病中的父亲，一般的尽量让笔者和二姐带到学校里；剩下的一点儿又做成两样，粮食稍微多点儿的野菜窝头和地瓜给年幼的小妹吃，母亲自己则吃多少有点儿粮食粒儿的"菜糠勾"和胡萝卜。如此分配制度坚持了四五年，直到笔者上大学和父亲去世。

在一般人心目中，"又要马儿快快跑，又要马儿不吃草"是最不人道的了。然而，那时的母亲和小妹，却是"草料吃不饱，还得加紧跑"。为了"堵窟窿"还债并维持父亲吃药治疗，母亲和小妹一边忍饥挨饿，一边还要没日没夜地干活儿。冬天，村里生产自救搞起了鞭炮作坊，一些零活儿承包给家庭，插十个"鞭信子"能挣一分钱。母亲和小妹为了多挣一两毛钱，数九寒天在不见火影儿的冰冷土炕上，围着被子干到鸡叫。小妹饿了，母亲就给她拿个生胡萝卜当"宵夜"。所有的水都冻成了实心儿冰，只能用抹布擦一擦就吃。冰凉的甜润和着泥土的苦涩一起下咽，为继续劳作"补充营养"。后来，大姐生了大外甥女，因为生于农历六月"映日荷花别样红"的时节，父亲给她取名"荷香"。大姐夫从军，大姐一人料理不了，便寄养在我家，当时还不满两岁。饿了就向母亲要吃的："姥姥，吃干儿！"母亲从竹筐子里拿出一片儿生地瓜干儿递给她。那是从粮站供应的每人四两又黑又瘪的地瓜干儿中挑出来的、白生生的"婴幼儿食品"。

当然，如此生活不只是我们一家。几年过去，原本百十多户人家的村子，减少了十几户：光棍汉宋西珍、张春山母子病饿而死，其他的全家下了关东。三叔和我家十四口人也减少了三人：祖母年老先走了，五弟年幼"养不活"送人了，父亲刚刚熬过最艰难的岁月于1965年"含笑"离去……

第四节 豆青狗"摇摇儿"饿疯了

还有那只豆青狗，它是笔者与大堂弟从小喂大的，一生连个名字都没有。或许是因为它在家人面前一天到晚地摇尾巴表示亲热吧，像乡亲们召唤他们的狗一样，两家人都喊它"摇摇儿"。它身材魁梧虎头虎脑，能驮着儿时的我走十多步，在方圆五里内各村儿的"狗好汉"中打遍天下无敌手，曾经有过以一敌三大获全胜的纪录，为我们挣足了面子。笔者从小学三年级开始就去外村儿上学，不论放学早晚，它都在村头儿等着接我回家。上初中后，一个星期才能回家一次，久别重逢就更亲了，每次接到我，先是飞快地跑过来，连蹦带跳地围着我亲热几圈儿，再抬起前腿搭在我肩膀上，伸出长舌头在我脸上狂吻乱舔一通；然后，飞快地跑回家去给家人送信儿。接着又跑回来与我亲热一顿，再跑回家去送信儿。如此往返两三次，直到我进了家门儿为止。

而且，还不仅如此，灾荒年月，难免盗贼蜂起。自从"摇摇儿"

长大后,父亲和三叔就再也用不着提着棍子围着院子"打更"了,两家人不知多睡了多少囫囵觉。盗贼也曾光临过,"摇摇儿"都以自己特有的"热情"欢迎过他们。它不叫不闹,悄悄地迂回过去,猛扑上去一口咬住,然后才边撕咬边狂吠,呼唤家人"快来抓贼!"如此,只重复了两三次,就英名远播成了大贼小偷儿闻风丧胆的"恶狗"。

然而,它却没能熬过灾荒年月的饥饿。开始时,它饿得到地里逮田鼠和蚂蚱吃,甚至吃青草和麦苗。"狗拿耗子"成了事实,犬科动物也异化成了食草动物。后来,饥饿使它越来越疯狂、越回归于祖先的野性了。先是在本村捕食邻舍儿家的鸡,后来又捕食邻村的绵羊或山羊;最后,竟捕杀起同类来,二十来斤重的半大狗一口就拦腰咬断脊骨。真是令人毛骨悚然。小时候常听老人说:灾荒年,狗吃死人吃红了眼儿。……可怜的"摇摇儿",竟然也落到了这步田地。最终,被受害的"奸人"给毒死了。

"摇摇儿"去世的直接后果是:不到一个月,母亲在小东屋儿房顶上晒得半干的百十斤小枣被贼人划拉了个精光。俗话说"涝梨旱枣儿。"洪灾中收获这些枣儿实在太不容易了,更何况那是大灾之年全家唯一能换钱的希望啊!全家人谁也没吃早饭,父亲坐在小板凳上一袋接一袋地抽闷烟,母亲和大姐则发疯似的轮番爬到房顶上去"骂大街"。

别人家丢了鸡鸭之类的东西爬到房顶上骂大街时,是拉着长调抑扬顿挫地"数落",程序分为三个阶段,第一天晚上"寻物公告":"迷糊到谁家一只红脖子母鸡去呀?婶子大娘说给俺吧……"第二天晚上"严重警告":"跑到谁家一只红脖子鸡去呀?它常在你家门口儿刨食儿吃俺可知道呀,你要是昧起来,俺可要卷(骂)你了……"第三天晚上破口大骂:"你这个没爹下的呀!你黑心烂肠子地昧起俺那鸡来,你要是吃了,全家人都噎死!你要是卖了,去给你娘包药吃吧……"

母亲和大姐一辈子也没有这种艺术素养,只会直着嗓子扯破喉咙叫骂,直到声嘶力竭嗓子全哑了为止。这是我家第一次也是最后一次上房"骂大街"。

第七章　饥寒交迫求学路

1961年笔者考上了乐陵一中高中，成长的快乐不必细说。重要的是，继二姐之后又给了病重的父亲和苦难的母亲一点儿精神安慰。

笔者与全家人最艰难的高中求学生涯开始了。不过，也有一个有利条件，二姐凭着她"拼命三娘精神"和"双手提笔绝技"，成了乐陵一中的"校级好学生"。笔者因为是她弟弟，也受到了领导和老师的格外关心呵护。

说来好笑，二姐"双手提笔"是让父亲骂出来的。她从小儿拿笔、拿针、拿剪子都是左撇子，在父亲严格管教下才渐渐学会了用右手写字。不过，一离开父亲的"法眼"依然顽固地我行我素。尽管如此，在荒远偏僻孤陋寡闻的乡村，已是远近闻名了。因为，所有说书唱戏的，每当夸奖状元郎才高八斗时，都离不开"双手会写梅花篆"。不管咋的，二姐与我高中同学仅一年，我还是"兔子跟着月亮走——沾了不少光"。

第一节　"白专道路"烦恼无限

"加强党的绝对领导"的政治需要，导致"突出政治"成了人们思想和行为的最高原则。一切社会生活都被带上了冠冕堂皇的政治"红帽子"或"白帽子"，学生也不例外。当时，学校提出一个响亮的口号："为祖国而努力学习！"然而，处在"九地之下"的农村孩子，不管嘴里喊什么政治口号，其实谁心里都明白："为祖国？小老百姓穷学生够格儿吗？"不过，能否努力学习、通过淘汰制升学考试、最终升入大学，则是实实在在地决定着：是跳出"九地之下"成为吃国库粮的"公家人",还是像父辈那样一辈子"修理地球,在土坷垃堆里刨食儿吃"。所以,私下里,同学们都把升学考试尤其是高考戏称为"两种命运的决战"。

尽管如此,在几乎所有学校的教育实践中,仍然将党政官员们的政治标准,强加于毫无政治权利和参政机会的青少年学生。在极力用政治"笼头"和"缰绳"驯化的同时,也把学习成绩好的学生划分为两种类型或两个等级:一曰"又红又专",二曰"白专道路"。它将学生追求真、善、美的道德情操和理性精神,简单化为对各级党政领导者的忠诚和服从程度。凡是有点独立思考习惯的学生,凡是因思想个性化和现实批判精神较强而对领导不太唯命是从的学生,凡是性格内向贞静自守而不能与学生干部打成一片的学生,统统被斥之为"骄傲自大"或"白专道路"。

笔者天生的"轴子"性格,当然难逃"白专道路"之列。虽然每门功课成绩大都是"5分",却不仅自己不刻苦,反倒常常在背后讥笑学习刻苦而不讲究效率的同学是"热恋课桌,难分难舍"。虽然学习成绩不错,却不遵守课堂纪律,常常在课堂上看闲书,让老师逮个正着。尤其是,与"学习先进,政治落后"的学生过从甚密,对"政治进步,学习吃力"的班干部和老团员不理不睬,骄傲自大目无领导。如此学生不是"白专道路",谁还能是"白专道路"?笔者的政治生命也一直半死不活,在入团问题上屡屡受挫,无论怎样努力,也"经受不住组织的考验"。除了"白专道路",还有两条原因:一是父亲"有严重历史问题";二是"政治落后,思想阴暗"。

尤其后一条,既是笔者迟迟达不到"团员"标准的原因,也是"誓死捍卫组织纯洁性"的老团员反对我混入团组织的永久性理由。当然,他们手上有充分的证据——鄙人半篇陋文。当时,"假话风"已相当强劲,不准学生讲真话心里话,逼迫人们打官腔、唱赞歌,满口混淆黑白的套话、假话。记不清是受到什么外界刺激了,反正是愤世嫉俗的"小资产阶级情调"又一次大暴露,笔者写了半篇杂文,其中有一句:"当你看到父女通奸时,千万别忘了赞美神圣纯洁的爱情……"那时,还没有到报刊上"放毒"的野心,无非是自我发泄以舒缓心中怨怒之气罢了。胡乱写了几句，随手夹到课本里，随后就忘得一干二净了。

不知何时，被"政治觉悟高，热心关心同学"的一位老团员"捡"了去，从此便成了笔者"政治落后，思想阴暗"的铁证。感谢杨振国（校团委组织委员）和王永祥（班长），他们耐心指点和努力疏通，动员我向"老团员"表示了衷心的谦恭和感谢，才得以在高考前三个月随最后几个新团员搭上了"组织发展"的末班车"混入了团组织"。

实话实说，当时的入团动机并不纯洁：为了保证高考命中率，不得不争取一顶红帽子。然而，对青年学生中蔓延起来的那种"没事找事，整人治人"的风气，内心深处非常反感，大大冲淡了荣获"共青团员"桂冠的喜悦。

第二节　最难熬的还是饥饿

因为累进或叠加效应，连续两年的灾荒其破坏性显得更加严重了。吃饭，完全依赖国家供应的每天四两地瓜干，即使母亲和小妹一点也不吃全部省下来，也无法满足笔者与二姐的需要。更何况，父亲重病缠身，小妹年仅九岁，难道能为了自己活着而让父母和小妹饿死吗？所幸，挨饿的不只是我们一家，所有同学都没有多大差别。

为了保护学生身体健康，学校采取了两项措施：一是取消了晚自习，让学生尽快进入梦乡。可是，老师们不知道：十五、六岁的孩子们，肚子饿得咕噜噜直叫，还火烧火燎丝丝啦啦地疼，根本无法入睡。还不如专心致志忘我学习更能缓解饥饿的折磨。俄罗斯作家契克夫曾在一篇小说里写道："睡梦里是不想吃东西的。"就因这句话，他在笔者心目中的"光辉形象"大为失色，心想："此人肯定没挨过饿！"二是课外活动组织学生到城外地里捡拾地瓜叶子、萝卜缨子、白菜帮子等充饥。每天早饭后的第一项"功课"就是：将课桌盖儿翻过来，用铅笔刀将它们切成寸段儿，然后装进蚊帐布缝制的袋子里，集体送到伙房里蒸熟，供午饭时填饱那"不听党的话"的肚子……

从1959年未满14岁到1964年未满19岁，连续五年饥饿，把笔者培养成了"饕餮"！在大一上学期五个月里，竟然吃了 360 多斤粮食。大学生每月口粮定量 31 斤，尚有农村连过年都吃不到的大鱼大肉；离家前，母亲又给了我 100 斤粮票，那是大姐一家人从嘴里省出来的。二姐定量也是 31 斤，她一天最多吃 3 两饭，省下的饭票全给了我。就这样，每天上午不到 11 点还是饿得双手发抖、浑身出虚汗、说话气短，要讲完一句话必须换好几口气。由此，可以推知当时的饥饿状况，更可以想见父母和小妹承受着怎样饥寒交迫的熬煎！

第三节 两难选择——考文科还是考理科？

1964 年自然灾害稍有缓解，高中三年的饥饿求学之路也看到了头儿，高考临近了。除了像其他同学一样面临着"两种命运的决战"，笔者还多了一层专业选择的犹豫和烦恼。原因是，我各科成绩都不错，老师们都希望我选择他们各自的学科，众说纷纭弄得我无所适从。不过，我内心深处早已有了自己的选择——文史哲。自上初中开始，笔者受殷荣臣和沈玉璋老师"毒害"很深，一直真心喜欢文史哲。对其他各科都是"用心不动情"，唯独对文史哲却是"用心又动情"。然而，在二姐的强行干预下，不得不屈服于家庭责任，在高考前四个月，违背自己的意愿，放弃了文史哲，专攻数理化。

1. 二姐哀求，无法抗拒

在笔者高考的专业选择上，全家人再没有第二个人像二姐那样看得"重如泰山"。由此可见，她对我这个弟弟的爱心和重视。成人以后，虽然因为她"干涉我的自由"比父亲还霸道，难免抵触情绪，但是，每当回忆及此，对她就不能不油然生出几分敬畏和亲切。

为了学习，她经常放假也不回家，笔者高考前的那个春节，山大一放假就急急忙忙赶回家，整天缠着我交换意见。像儿时一样，我们自然少不了一番唇枪舌剑。她先是劝说："不论是咱的家庭条件，还是你这臭脾气，都不适合从政当官儿。"我反驳道："我压根儿就不想当官儿，只是想从事理论研究。"她说不服就恐吓："大学与中学不一样，学生也兴打右派！"并举了好多例子。我不以为然："那有什么！我追求真理，难道枪毙我不成？我不怕！"恐吓不住，她又"耍赖"甚至哀求："你不能只顾自己愿意！你是唯一的男孩儿，是全家的希望，你要是出了事，父母咋活下去？还让我们过不过？"

至此，笔者真是无言以对了。不过，心里仍是半信半疑："有那么严重吗？社会不至于黑暗到那种地步吧？"直到她寒假到期返校，我也没答应她改变主意弃文从理。

返校后，她又一连写来四封三、四页的长信，最后一封几近于苦苦哀求声泪俱下了，并表示：如果我还固执己见，她就请假回来，当面哀求我。

2. "请将不如激将"

如此仍不放心，她又专门给"任主任"写信，拜托他一定要说服我改变主意报考理工科。

"任主任"毕竟是老教育工作者了，深谙青少年尤其像笔者这种"犟眼子"的心理特征。他既不讲大道理劝说，更不强迫命令，而是慢声细语商量中潜藏着激将："人们大都认为，数理化拾不起来的学生没办法才考文史类；你坚持要考文史类有点儿可惜了的，是不是数理化学得不扎实没把握？"

其实，笔者早已不想再固执己见了，否则，真的无颜面对父母和二姐了。再加校领导如此一激，潜藏的"潮气儿"又冒上来了，心想："担心？笑话儿，考理工科照样没问题！"遂于高考前不到一百天中途变卦，下决心"弃文从理"了。

命运不可违！至此，在不知不觉中，笔者沾满泥土芬芳的双脚尚未挣扎出"九地之下"，其中一只就已经迈进文革的门槛了。正是临秋末晚地中途改志愿，使我忍痛放弃了"用心又动情"的文科，违心地选择了"用心不动情"的理科。以至于，高考成绩不理想，文理两科都不优秀，没能考上北大，而考入了山东大学化学系。或许是因为培养出了一个"全国学联副主席"（化四赵淑敏），文革中化学系高年级大师兄、大师姐们起来造反的极少。"山中无老虎，猴子称大王""矬子里面拔将军"，遂使我这大二的毛孩子"木秀于林"成了"出头儿的椽子"，被革命洪流一步步推上了"坏头头儿"的位置。如果读文科，莫说北大，即使山大文科各系，造反派大师兄、大师姐也是高手如云，我这两下子根本就排不上号儿，压根儿也涌现不出来。文革后，笔者经常与二姐开玩笑："是你硬把我推上了文化大革命祭坛！"

第八章 "四清运动"
——"1964年形'左'而实右的错误倾向"

中国终于度过了持续数年之久的经济萧条和生存危机，主要得益于：一是，调整、巩固、充实、提高的"八字方针"，使"领导一切，决定一切"的党政权贵们，在休眠状态中安定了下来，除了应付自身和民众的饥饿考验，再也没有余力挥舞政治权力的魔杖、靠胡说八道和胡作非为来创造"轰轰烈烈的人间奇迹"了。二是，毛主席发动并坚持把"中苏论战"进行到底，以马克思列宁主义真理和不畏强暴的气节，演绎出又一幕以贫抗富、以弱敌强、宁折不弯的悲壮。以凛然正气的大无畏气概，给了饥饿中的人们精神振奋和信念鼓舞。从而，弥补了物质生活资料的严重匮乏，缓解了刘、邓"政策失误"所导致的民心沮丧和冤、怨、怒"三气"，正所谓"精神变物质"。

然而，人毕竟是人，不会停留在满足肚子需求的水平上。肚子的需求一旦满足，阶级斗争和继续革命也随之复苏。

第一节 "社教"运动——阶级斗争与继续革命复活

经过建国后十五年曲折起伏和"三年困难时期"的冷静沉思，毛主席对新生官僚化趋势的严重性，体验感受和思想认识进一步深化了。当国家经济状况一有好转，基本满足了人民群众的生存需求，就立即转向了政治领域和意识形态领域的继续革命实践探索，决定进行"社会主义教育"运动。

然而，自1957年"反右斗争"以来，毛主席的绝对权威早已风光不再，"社教"运动开始不久，两条路线、两个司令部的斗争再一次尖锐化公开化起来。毛主席首次明确指出:"这次运动的重点,是整党内那些走资本主义道路的当权派"。而刘、邓主持制定的"后十条",却说:"相当大一部分农村基层领导权不在共产党手中"。这无异于宣布:"社教"运动的重点,不是"要整党内走资本主义道路的当权派",而是要整那些队官儿、村官儿等"四不清农民"。

同时,经过十五年政治斗争大风大浪的锻炼,新官僚权贵们也早已今非昔比,政治斗争经验成熟得多了,惯于"打着红旗反红旗"因势利导转移斗争大方向。"四清"运动一开始,他们就利用对运动的实际控制权力,坚决贯彻执行刘、邓的"后十条",上演了又一场"大官儿整小官儿,官员运动群众"的闹剧。城里"吃皇粮的洋干部"浩浩荡荡开赴农村,大张旗鼓地对生产队长"庄稼汉当权派"搞起了"严峻的阶级斗争"。似乎,农村不是在共产党新贵们"领导一切,决定一切"的范围内,农民的苦难也全是生产队长们"四不清"的罪责,与他们这些"青天大老爷"没有丝毫关系。

更有甚者,他们遵照王光美的"桃园经验",发扬红军"打土豪,分田地"的传统,开展"无产阶级专政下的地下工作",大搞秘密串联、访贫问苦、发动群众,发誓要"家家点火,户户冒烟"。……虽然作态作秀洋相百出,却堪称成功经验。最后,经过一番轰轰烈烈,终于使"社教"运动虎头蛇尾不了了之,毛主席继续革命实践探索再一次被他们强行奸污。

第二节 文革前的"阶级斗争教育"

大学生的第一课是"阶级斗争教育"。其实,这种教育早在中学时代就开始了,除了听苦大仇深的老工人、老贫农"忆苦思甜",就是看《刘树梅忘本回头》《年轻的一代》等戏剧和电影。内容无非是:老百姓尤其是青年人,受"资产阶级小姐老婆"或"走资本主义道路丈母娘"的腐蚀教唆,忘记了旧社会的苦难和党的恩情,对新社会的幸福生活不满,不想当"驯服工具"和"螺丝钉",不安心领导交给自己的神圣工作,一心想着"打野鸭子卖钱,穿148元的毛料裤子";或者贪图享受,不服从领导安排到最艰苦的地方去工作,等等。

其中，坏人个个都是出身不好的；变坏的又个个都是政治觉悟不高的普通老百姓。而领导，则个个都是正气凛然的圣人，是拯救老百姓灵魂的天使，把老百姓从水深火热中拯救出来走上幸福生活的康庄大道之后，又把他们从"罪恶心灵的深渊"中拯救了出来，带入了美好的心灵天堂。

显然，其教育目标明确而专一：对党和政府（新官僚权贵）要知恩图报感恩戴德，要坚定不移"跟党走，听领导的话"，安守本分做"党的驯服工具"。

当时，像其他年轻人一样，笔者也是热血沸腾心潮难平，听到或看到动情处，更是热泪盈眶，甚至泪流满面。并暗暗发誓：一定要听党的话，艰苦朴素、刻苦学习，将来加倍报答党的恩情。然而，后来读了点儿马、列、毛的书，越想越觉得不对劲儿：这就是"你死我活的阶级斗争"？老百姓听当官儿的话，整天唯命是从、磕头作揖，就能避免"党变质，国变色；卫星上天，红旗落地"吗？毛主席说："政治路线确定之后，干部就是决定的因素。"好事的决定因素是干部，坏事的决定因素咋就成了老百姓呢？

第三节 大学的"阶级斗争教育"

笔者虽然考上了化学系，学习《高等数学》《普通物理》《无机化学》等课程时，却依然"用心不动情"，只是按老师要求"理解掌握"就万事大吉了。课外，除了到图书馆看各种报刊争论文章，就是读些《马克思传》以及莎士比亚、卢梭、巴尔扎克等人的书。化学系迁到新校新楼以后，除了听课与做功课，几乎天天泡在文科各系图书阅览室里。读书越多，头脑中的疑问和困惑就越多，脱离群众跟不上时代步伐，另类思想也越来越多了。

1. 女护士画像——"蜕化变质"活典型

当时，化学系是全校的阶级教育先进单位，在老校二号楼地下室开办的阶级教育展览更是成了全校新生阶级教育的课堂。实物展品，无非是学生扔掉的大半个馒头、尚能穿的破袜子旧鞋,等等。笔者刚从饥饿与贫困中走出来,自然觉得触目惊心义愤填膺。但是,真正印象深刻而终生难忘的却是一幅素描画。作者是三年级一位大师兄,画的是一个穿高领毛衣、戴护士帽的年轻女护士头像。解说词大义是:思想阴暗,蜕化变质,满脑子"资产阶级腐朽思想",等等。

对此,笔者当然不会再冒潮气儿发表异见,但是,内心却实在不敢苟同:《大学生守则》是规定"不准谈恋爱",可是,男人画女人就"腐化变质"了?猫还叫春、狗也知道交配呢。再说,护士不是救死扶伤实行革命人道主义的"白衣天使"吗?陈铁军、周文雍的革命爱情不也是革命文艺的主题吗?青年马克思还与燕妮热恋过呢,并且说:"爱情的痛苦就是幸福。"他也曾因为热恋中分别而"不安心革命工作"。……他不照样是革命导师吗?

2. 第一次见到"右派学生"

当时,辅导员还与学生同吃同住,再加"我们的今天不过是他们的昨天",因此对他们感到既亲切又敬重,有不明白的事总爱向他们请教,最早知道了一些大龄学生的缘由。他们分为两类:一类是因为考试不及格,被"统治学校的资产阶级学术权威"赶出校门的工农子弟;另一类是经多年的劳动改造而"改造好了的右派学生"。

对前者,笔者只有杞人忧天的同情:老婆孩子一大堆能安心学习吗?对后者,尤其对物理系一个既瘸又瞎的残疾"右派学生",内心深处无限同情的同时,还多了几分因未知而诱发的兴趣。我与他同住一个宿舍大院儿在一个食堂同吃一锅饭,每当进进出出相遇时,总想打个招呼问问当年"反右斗争"的真相。不过,"政治觉悟"和"理性精神"总是能战胜好奇心;为了"未来的美好前途",终于未敢越雷池半步。然而,关于他的诸多"?",在数十年中却一直挥之不去。家乡人常说:"瞎子狠,瘸子刁,一只眼的不中交。"他是如何成为"右派"的?那条瘸腿和那只瞎眼究竟是"右派"的成因,还是"右派"的收获……

第四节 "社教运动"——运动群众

不久,轰轰烈烈的"社会主义教育运动"开始了。学校召开了全校师生员工大会,由学校第二把手、校党委孙汉卿副书记做动员报告,他号召大家:要警惕懒、馋、贪、占、变,拒腐蚀永不沾,与各种资产阶级思想和行为作坚决的斗争!

1. "阶级斗争严重性"——往陌生女人腚上"抹浆糊"

孙书记在报告中,列举了"资产阶级思想"的种种表现,最严重最震惊全校的莫过于"往陌生女人腚上抹浆糊"了。事件经过是:学校图书馆一个二十多岁的男职工,在百货大楼排队买东西,也许是与前面那位漂亮女人的漂亮屁股太亲密无间了,致使其"资产阶级腐朽思想大暴露","那玩意儿"不仅硬邦邦地顶到了那漂亮女人的漂亮屁股上,竟然还"抹了人家一腚浆糊"。当然,他本人也尝到了派出所"无产阶级专政铁拳"的滋味。更严重的是,他给"社会主义大学"和"人类灵魂工程师"抹了黑。孙书记讲到"抹浆糊"处,主会场和笔者所在的分会场都哄堂大笑,我也概莫能外。

但是,事后又冒潮气儿钻起牛角尖儿来:"资产阶级"家里有三妻四妾,外面还有情人和妓女"婚姻补充",他们才不会干这种傻事呢!再者,个别人"抹浆糊"就能抹黑"社会主义大学"?难道败誉毁校、亡党亡国的危险出自个别群众"抹浆糊"?简直是拿阶级斗争开玩笑!娶妻生子以后,连事件的真实性也半信半疑了:"跑马溜溜的山上"只能偶尔发生在沉睡的梦中;大庭广众之中众目睽睽之下竟然也能如此,比《红楼梦》里的"瑞大爷"还厉害!可能吗?

不过,不信归不信,教训实在太深刻了,终生不敢或忘。在其后的数十年中,不论是排队买饭、买东西,还是乘车、上船,只要前面是女的,不论老少丑俊,宁可让后边的人把我挤死,也不敢与她亲密无间;而是拼命保持一定距离,并始终保持收腹撅臀姿势,以免"抹浆糊"之嫌。

2. 学兄闻丁罗——漫画揭露批判对象

化学系的"社教运动"在宿舍区全面展开了。运动的最大特点：一是运动对象全是青年学生；二是"在党委统一领导下"，按照"校党委——系总支——辅导员"的组织体系层层贯彻；由辅导员组织学生积极分子，形成"革命中坚力量"；三是运动方式以开会发言、大字报、漫画等为斗争武器，口诛笔伐向落后学生开展"无产阶级反对资产阶级思想"的大揭发大批判。其中，重点对象之一是"化二"的闻丁罗。揭露他"资产阶级反动思想"的漫画贴满了宿舍走廊的半面墙壁。

笔者之所以印象深刻，原因有二：一是叹服，艺术水准太高了，惟妙惟肖颇得漫画家方成先生真传；二是失望，政治水准太低了，揭露的内容既无反动思想，也无反动言论，更无反动行为。有的只是：爱计较小里小气，洗脚时浪费热水；碎嘴子说三道四，总喜欢自吹自擂。……笔者第一印象是：什么阶级斗争？无非是山东大汉眼里的"上海小瘪三儿"！纯粹是无事生非"上纲上线"闲扯淡。

3. 第一次挨了两大张"大字报"

几天后，笔者了有生以来也第一次挨两大张"大字报"。多年迷恋文史哲的狂热首次得到报偿，尝到了"阶级斗争"和"革命大批判"的滋味。

笔者的"资产阶级思想"有二：一是"公然对抗学校不准谈恋爱的规定，在光天化日之下，与×××频繁来往眉来眼去……"其实，当时我与老同学山工学生×××（前妻），已确定了恋爱关系。但是，一个尚处于"进城初级阶段"的小土包子，有贼心也无贼胆，除了想家而热衷"老乡见老乡"的集体串校聚会，以及恋人之间眉目传情，绝不敢公然违抗《学生守则》。二是"恶狠狠地用脚踢学校的排球，发泄对国家财产的不满，就是发泄对社会的不满……"其实，此前不久，笔者在报栏里看到了一篇关于足球的报道，还配有一幅照片，那是平生第一次知道：除了用手玩儿的篮球、排球，还有用脚玩儿的足球，自然感到新奇。一天课外活动，便在宿舍院儿里用排球模仿着体验了一脚足球的感觉。结果，竟然成了"严峻的阶级斗争表现"。又是无事生非闲扯淡！

第五节 大学生"四清工作队"

1965年中共山东省委决定：抽调在校大学生和青年教师组成"四清工作团"，省委第一书记谭启龙任"挂名团长"，奔赴农村和工厂开展"四清运动"。据领导说：这是党对青年学生"最大的关怀和信任"，为了把他们培养成"革命事业接班人"，理应"到阶级斗争大风大浪中经受锻炼和考验"。

其后多年里，笔者总觉得这种说法难免冕堂皇的假话之嫌。真实原因恐怕是：其一，农村与农民问题远离上流社会和政治中心，对各级领导的政治生命影响不大，难能成为"日理万机"领导们的重中之重，因而无暇顾及。其二，农村实在太贫穷落后了，生活诸多困难，不便于领导开展工作，却非常适合知识分子改造"小资产阶级思想"。为了"培养下一代"，各级领导义不容辞把"学习锻炼的大好机会"让给了青年学生。其三，知识分子虽然"资产阶级思想"严重，但与农民的封建落后和生产队长的"四不清"相比，可能"反动"的稍微差一点儿，可以担当"四清运动"历史重任。

谁知道呢，反正山大不少教师和学生都奔赴了农村或工厂的"阶级斗争第一线"，二姐所在的数学系四年级学生也在其列。她和大师兄、大师姐们讲述的情况，笔者对如下几点印象深刻。

1. 秘密串联——"无产阶级专政下的地下工作"

工作队出发前，省委领导按照刘、邓的"后十条"精神和王光美的"桃园经验"，向队员们介绍了农村"阶级斗争的严重性"。为了"保证队员人身安全"，防止"阶级敌人疯狂报复"，规定了严格的组织纪律：一是不准单独外出，离开驻地时必须两人以上结伴活动；二是所有人一律隐姓埋名，代之以化名——非本姓的"老张、老李等"。

他们坚决贯彻执行"桃园经验","家家点火,户户冒烟",秘密串联发动群众。不仅专捡风高月黑夜深人静时悄悄走门串户"访贫问苦",而且,每次都有严格分工,有的与贫下中农交谈,有的在门口站岗,有的在院外放哨,严防走漏消息。与小说上所描述的解放前共产党的地下工作别无二致,真可谓"一片白色恐怖"!听起来惊险又刺激……

然而,后来却越想越觉得不对劲儿:当年,共产党是无权无势的弱者,面对武装到牙齿的反动统治阶级,既要闹革命又要保住自己的脑袋,不得不采取地下秘密活动。如今,共产党早已成为手握全国政权的执政党了;山东省还有十几万军队、警察等专政工具,对付几个庄稼汉"老巴子"生产队长"当权派",用得着如此神经质的如临大敌吗?他们能不能当队长、支书,还不是公社领导一句话、县委领导一个电话的事儿?

又一场故弄玄虚演大戏!

2. 村支书,多吃多占、乱搞妇女

二姐所在的工作队派驻荣成县石岛公社某渔村,经过近一年"艰苦卓绝的斗争",取得了"重大成果"。虽然没能搞出什么政治不清和组织不清,却搞出了大队支书多吃多占的经济不清和乱搞妇女的作风不清。笔者听说后顿觉索然乏味大失所望。

对前者,笔者在家乡时,早已司空见惯了。开始时,队长分地瓜根本不敢自己多分,常常是把破的小的先分给社员,把大的好的留到最后分给自己。后来闹粮荒时,为了减轻老婆孩子的饥饿,有的队长和保管员才穷极生疯偶尔从仓库里往家背"公积粮"。然而,与刘青山、张子善那样的权贵政要大官们相比,相差何止十万八千里!

对后者,笔者倒觉得"问题严重",并困惑了多年。结婚生子后懂得了:那与其说是农村"阶级斗争的严峻性",不如说是渔民的自然现象。其一,他们多食鱼虾,难免营养过剩;与肠子闲着半截的笔者家乡人相比,性欲自然强烈的多,饱暖思淫欲嘛。其二,青壮年劳力下海打鱼，一走就是数月或大半年，有的甚至有去无回。守活寡的大有人在，年轻寡妇也不少。村里只剩下"公务缠身"不能出海的村干部，难免男人短缺供不应求。……按照今天的"现代化"标准，那位大队支书没准儿还能成为"模范共产党员"呢。他既是"解放思想"的先驱，又是"先进性教育"的典范，更没有像今天的"人民公仆"那样为了实践"三个代表"肆无忌惮地用公款吃喝嫖赌。

3. "清组织"——贫下中农决不答应！

运动后期，"为了把受苦受难的农民兄弟从四不清生产队长当权派的压迫下解放出来"，开始"清组织"撤换领导班子。不料，如此革命举措却遭到了广大贫下中农的强烈反对，让"四清工作队"既尴尬又茫然。按照农民的说法："现在的干部已经"搂满了"，剩下的只是日常吃用，再搂也搂不了多少了。如果撤换他们，新上来的再从头儿搂起，那得多少东西才能喂饱他们啊？"可怜的老百姓，除此以外还能有什么更好的选择吗？

第九章 "山雨欲来风满楼"

大学与中学最大的差别在于：消息灵通耳目开阔。各种各类报刊应有尽有，而且随时能借随处可读。不像中学时代那样，看张《参考消息》还得去教导处，借口"请示汇报"回来时"顺手牵羊"，看完后再偷偷放回去。消息灵通的必然结果是心扉洞开思想活跃。

笔者一进大学校门，就置身于"学"与"批"的信息海洋里了：学雷锋、学王杰、学焦裕禄，批电影《早春二月》、批"合二而一论"、批"时代精神汇合论"等等。真可谓眼界大开目不暇接。

第一节 "合二而一"与"一分为二"

也许因为哲学是"科学王冠上的宝石"吧，笔者从中学时代就特别喜欢它。到了大学，对"一分为二"与"合二而一"的大论战也最感兴趣。

说实话，不论当时还是后来，对杨献珍的"合二而一论"，笔者实在看不出有什么理论错误。今天就更认为：就人们的实际感受而言，毛主席的"一分为二论"更强调"分"、"对立"、"斗争"，而杨献珍的"合二而一论"则更强调"合"、"统一"、"依存"。二者具有明显的互补性，只有相互兼容、融会贯通，才更能大道归一表述对立统一。

理由很简单：其一，自然界是如此——化学的全部内容就是研究物质"分与合"的变化规律和方法，现代称"分解与化合"，过去称"化分与化合"。其二，人类社会也是如此——《三国演义》开篇即有"话说天下大势，分久必合，合久必分。"其三，精神世界更是如此——人类思维无非是"分析与综合"的辩证统一过程；分析，以保证认识的深刻性和精确化；综合，以保证认识的完整性和本质化。

正是基于这种思想认识，笔者成了既是马克思阶级斗争学说和毛主席继续革命理论的虔诚信者，又是"调和论"、"中庸之道"或"中间道路"的坚信者。在实践上，崇尚"失势不失志，得势别得意"，特别讨厌"要么彻底革命，要么诅咒革命"、"得志便猖狂，失势就骂娘"等等。信奉"要打人，首先准备挨打；要'打碎旧世界'，首先准备被旧世界打得粉碎。否则，好事儿都是你的，孬事都是人家的，凭什么呀？"

在不久以后的文革中，这种价值观念和思想基础又决定了笔者与众不同的造反之路：既是坚定不移的造反派，最终有幸"僭越"成了山东省40几个"三种人"重点清查对象之一，又是"混入造反派队伍的机会主义分子"；既是"鲁大主义兵潜伏下来的二线人物"，又是"鲁大的叛徒、出卖'主义兵'的儿皇帝"，等等。在曾经无限忠诚于斯的"党组织"和患难与共的造反派战友心目中：笔者既是"野心家"，又是"阴谋家"，更是"两面派"。

第二节　政治斗争导致学术理论价值异化

自古以来中国的事情太纷纭复杂了！多年以后，笔者才渐渐体会到并想明白了：其实，学者的理想追求在于学术理论的真理性，而新官僚权贵利用学术理论的动机和目的却是完全不同的两码事。

在当时的历史背景下，或许有两种可能性：其一，杨献珍本人只是学人，用"合二而一论"质疑或补充"一分为二论"，只为追求哲学理论完善，并无"反毛"政治目的。其二，他本意就是要为刘、邓、彭"铁三角"对抗毛主席继续革命路线而冲锋陷阵，借题发挥从哲学理论上打开缺口，通过理论问题的争论向毛主席的权威挑战，为刘少奇"储君登基"鸣锣开道。

这两种可能性，不论哪一种更接近于历史事实，反正是正好符合了刘、邓、彭等新官僚权贵对抗毛主席继续革命路线的政治需要，因而成了他们"彻底巩固"路线的重要组成部分——理论和舆论攻势。

建国以后,尤其是1957年"开门整风"运动以来,毛主席继续革命理论和实践使共产党新官僚们逐步认识到,他并非"无产阶级"或"共产党"的理想代表!尤其是从"开门整风"到"反右斗争"的大逆转更证明了,毛泽东并非不可战胜的!正是基于这两点判断,整个新官僚权贵阶层都自觉或不自觉地以各种方式,反对和抵制毛主席的继续革命路线。到了20世纪六十年代中期,"百官"与"国君"的矛盾冲突和冷战对抗,已经演变为对毛主席领袖权威的公开挑战了。

第三节 "时代精神汇合论"与阶级斗争理论

与北京的"合二而一论"遥相呼应,南京的周谷城先生也提出了"时代精神汇合论"。其实质是"合二而一论"在社会发展理论上的应用,或曰"合二而一的社会发展论"。

1. "时代精神汇合论"与"百花齐放"相通相合

显然,它不仅符合社会发展的文化多元化及其"优势互补,协同进化"等民主原则,而且也符合生物界的多样化客观规律。笔者至今依然认为:周老先生不大可能怀有"不可告人的政治目的",只是学人的学术见解和社会理想罢了。它对社会主义民主道路的探索,具有重要的理论价值,对于官僚专制及其"利用行政力量,强行推行一种风格、一种学派,禁止另一种风格、另一种学派"的思想钳制和舆论一律,也是一种理性或理论批判。

在"时代精神汇合论"与阶级斗争理论的关系上,笔者坚定不移地信仰"阶级斗争是社会发展的动力"。但是,在社会漫长的常态时期,斗争的动机和目的并非一个阶级消灭另一个阶级,更不是一部分人消灭另一部分人,而是通过合理竞争促进"协同进化"。理应"大道归一":在坚持多样化兼容并存的基础上,通过阶级斗争促进优势互补,合理竞争与充分合作相统一,共生共进与优胜劣汰相统一。

2. "时代精神汇合论"无法掩盖和取代阶级斗争现实

社会理论与政治实践毕竟不是同类东西,二者不可能完全等同或相互涵盖。二者的差别和距离,导致了理论价值的灵活性、"超政治性"乃至"超阶级性"。

然而,在中国这样官本主义主导的社会中,赋予了学术理论太多的政治属性,致使其工具性特征特别突出。同样一种冠冕堂皇的理论学说,各个阶级都可以利用,即使马克思主义学说,也逃脱不了这种命运。

正是基于这一点,刘、邓等为了对抗毛主席继续革命路线,充分利用了"时代精神汇合论"对阶级矛盾统一性的肯定,宣扬"阶级斗争熄灭论",掩盖政府与社会、上层建筑与经济基础、新官僚权贵与平民大众的矛盾,进而否定毛主席继续革命的必要性与合理性。最终,使共和国决策层的思想分歧,演化为两条路线和"两个司令部"的分裂对抗与殊死较量。

3. 新官僚权贵的阶级本性和政治目的无法否认

在理论层面上和实践层面上,如下三种基本事实是无法否认的。

其一,新官僚权贵绝非"时代精神汇合论"的信仰者,而是它的利用者。他们绝非民主政治的代表者和追求者,而是"苏联模式"新官僚专制的维护者。他们与毛主席之间的矛盾绝非民主与专制的矛盾,而是"官僚专制"与"君主专制"的矛盾,是政府与国家的矛盾。

在马克思所说民主政体、贵族政体、君主政体三者的关系问题上,他们反对毛泽东的"君主政体"和"君主专制",绝不是为了实现民主政体和民主政治,而是为了彻底巩固新官僚权贵的贵族政体和官僚专制。他们对毛主席最难以容忍并拼死反对的,并非他的"君主专制",而是他经常站到平民大众"非无产阶级"立场上,鼓吹纵容"资产阶级自由化",甚至堕落到"对共产党当权派造反"的地步。

其二,刘、邓、彭权贵政要们绝非毛主席"搞突然袭击"的受害者,而是与毛主席长期较量的对手。而且,自1957年"反右"以来,他们不仅越来越人多势众,而且,对毛主席"反修防修"的继续革命路线,越来越由自发的排斥演化为自觉的对抗了。毛主席"逼上梁山"发动了文化大革命,在中央决策层缔造了"毛司令部"("毛、林、周联盟"),与刘、邓、彭"铁三角"相抗衡。并绕过了官僚权贵集团党政旧组织体系,构建起"君民一体,对抗百官"的政治斗争新格局。这才从根本上扭转了悬殊的政治力量对比,使他有能力与整个新官僚权贵文官集团较量一场了。

其三,究竟是要"彻底巩固新政权",还是要"通过继续革命不断改革不合理的上层建筑"?国家高端(中央决策层)内部的两条路线斗争愈演愈烈,一场生死较量,已经"箭上弦,刀出鞘"了。连笔者这样无知的青年学生,也隐隐嗅到了一丝"山雨欲来风满楼"的紧张气息。

第四节 学术就是学术,政治就是政治

对于"一分为二论"与"合二而一论"、"时代精神汇合论"与"阶级斗争和继续革命理论"之间的争论,今天进行冷静反思,在充分肯定其不可避免或必然性的同时,笔者进一步明确而坚定地认为,其中有不少教训值得汲取,主要是:学术就是学术,政治就是政治。前者属于理想理论范畴,后者属于政治实践范畴,二者不可能无限制地融会贯通,更不应当人为地强行掺入与扭合。

当时,毛主席继续革命路线与新官僚权贵彻底巩固路线之间的政治斗争引入学术理论领域,这是由历史传统决定的一种迫不得已的选择。其缺陷和弊端显而易见:片面强调学术理论的阶级性、政治性及其工具价值,忽视其真理性、科学性及其本体价值,致使学术理论沦落为只是阶级斗争乃至政治斗争的"棍子",失去了本应具有的本体价值的科学性、严肃性和神圣性。

文革被彻底否定后,这种"光荣传统"被全部继承下来,并发展到了极致,演变成了社会科学界和学人的普遍风气和"中国特色"——

——流氓化、娼妓化、无耻化！以至于，现在要查找点共和国翔实可信的史料数据，只能去翻捡《剑桥中华人民共和国史》。这或许也是中国学界乃至整个民族的悲哀。

第五节　思想认识无法改变阶级属性

　　二十多年的出身经历和成长过程决定了，在全国性阶级矛盾和政治斗争中，笔者不可能"听党的话，跟领导走"，站到新官僚权贵当权派一边。而是与无权无势的平民大众一起，坚定不移地站到毛主席继续革命旗帜下"造当权派的反"。而且，这种阶级立场选择，绝非在别人蒙蔽利诱或强力胁迫下糊里糊涂地跟着跑，而是在冥冥之中一股不由自主的力量推动下，心甘情愿地自觉选择。换言之，这种选择，既非像各种批判会上所说是笔者"篡党夺权狼子野心的大暴露"，亦非仅仅基于权衡利害得失的"理性思考"。而是，既有与生俱来的"犟眼子"性格基础，也有"悲天悯人，忧国忧民"的情感冲动，更有学生时代所学习吸收的各种思想理论"流毒"。当然，当时的认识还非常浅薄和朦胧，大都是一知半解或似是而非。但是，它毕竟为笔者文革中的"造反之路"和行为方式，提供了思想理论指导。

　　其后，在长达十多年各种名目的"审查"和"清查"中，许多昔日的同伴和战友都做出表率，痛哭流涕深刻忏悔"上当受骗，站错了队"。负责"清查"的领导们也多次耐心教育并为笔者开脱（起码当面如此）："阶级斗争太复杂了，年轻人嘛，受蒙蔽被欺骗在所难免，只要'竹筒倒豆子'彻底交代清楚就行了。"

　　然而，或许是笔者被蒙蔽受毒害太深了，对战友们的榜样无动于衷，对领导们的关怀也从不领情，而是"顽固到底"："是我自己想要这么干的，没有谁欺骗蒙蔽我。如果非要我承认受了谁的蒙蔽，那就是'两报一刊'（《红旗》杂志、人民日报、解放军报）社论。"因为，笔者始终认为：用说假话"蒙混过关"是玷污自己的心灵净土，承认"上当受骗"更是作践自己的人格尊严。只有牲畜才没有自己的主观意愿和理想追求，才只会糊里糊涂地接受主人的草料诱惑和皮鞭驱赶！

中 部

峥嵘岁月

（1966—1982）

人们总是通过每一个人追求他自己的、自觉预期的目的来创造他们的历史，而这许多按不同方向活动的愿望及其对外部世界的各种各样作用的合力，就是历史。

——恩格斯

从毛主席亲自发动到"邓中央"彻底否定，整个文革时期（一个轮回）长达十五年又七个月，可划分为三个时期八个阶段：

第一，艰难前进时期（1965.11——1969.4），包括：中央的文革、党委（工作组）领导的文革、民众自治的文革、革委会领导的文革等四个阶段。

尽管艰难困苦、起伏跌宕、左右摇摆、步履蹒跚地一路走来，但基本上是朝着遏制共和国新生官僚特权——官患痼疾——的大方向走下去，是文革派"进攻阶段"。文革"潘多拉魔盒"一旦打开，建立在"无产阶级专政"之下的超稳定社会被搅动了起来。蜷缩于社会底层的平民大众"国家荣誉主人"，逐渐挣脱"党的领导"政治控制和"驯服工具论"精神控制，获得了空前的自由自主权利，获得了与新官僚权贵平起平坐的平等地位，他们压抑了十多年的冤、怨、怒"三气"终于有了伸张机会。这或许是文革最重要的历史功绩之一。虽然，这种伸张大都难能控制在"文化"的理性化和建设性范畴内，而是常常演变为"武化"的情绪化"破坏性冲突"；虽然，随之而来的是新官僚权贵集团以"百倍的仇恨，疯狂的热情"连续进行了多次血腥镇压和反攻倒算，最终以彻底失败全面复辟而告结束。但是，平民阶级毕竟是又一次"打碎了身上的锁链"——"党的领导"和"无产阶级专政"，体验了自由平等的轻松和失重感；又一次展示了与新官僚权贵集团迥异的阶级本性，伸张了自己的政治主张和利益诉求；又一次品尝了"关心国家大事"这枚苦果的酸涩，领教了"人民公仆"们的"权迷癫狂症"和浑身血腥气……

第二，反复较量时期（1969.4——1976.10），包括：军人当政的文革、"二次革命"——批林批孔和反击右倾翻案风——两个阶段。

进入文革派与反文革派反复较量的相持阶段。先是林彪为首的武官反文革集团自上而下围剿文革派，整个文革派大都成了"文革犯"。继而，邓小平为首的文官反文革集团刮起右倾翻案风，试图从组织上和行动上否定文化大革命。虽然，毛主席被迫反击先后发动了批林批孔和反击右倾翻案风运动，但是，整个文革阵营已成强弩之末，难能收到"二次革命"的成效。尤其是，政治隔离制度依然如故，平民大众重新退回到国家大事和社会公事大门之外，回归于"被运动的对象"；政治活动回归于"体制内"——官场上流社会。"二次革命"成果只能是体制内不同利益集团之间的权利再分配。把王洪文、陈永贵等几个工农代表提拔到中央机关，无异于在官僚化汪洋大海里投下几颗石子。所幸，遏制官患痼疾的继续革命实践寸步难行气息奄奄的同时，毛主席继续革命理论却发展到前所未有的最高峰。

第三，反攻倒算时期（1976.10——1981.6），包括："华中央"宫廷政变和过渡政府、"邓中央"彻底否定与全面复辟两个阶段。

毛主席逝世后，文革派与反文革派反复较量的相持阶段结束，进入反文革阵营反攻倒算阶段。毫无疑问"华中央"逮捕"四人帮"，是反文革阵营彻底剿灭文革阵营的宫廷政变；清查"四人帮"和"帮四人"的"揭批查运动"，更是打着"肯定文化大革命"红旗对文革派为代表的平民阶级民权反攻倒算血腥镇压。而"邓中央"批判"两个凡是"，既是讨伐以"华中央"为代表的"文革暴发户"，更是彻底否定毛主席继续革命国家法权、全面复辟"苏联模式"官僚专制。

第一章　中央的文革

（1965.11——1966.5.16）

　　文革之所以称为"无产阶级专政下继续革命"，本质在于：它不是平民大众自发反抗官僚权贵集团压迫、彻底推翻官僚专制统治的暴力革命"非法斗争"，而是"最高统治者"毛主席自上而下发动的"合法斗争"，是对"苏联模式"新官僚专制上层建筑的民主改革或改良，是国民大众在"毛中央"统一领导下有节制地"自下而上揭露我们的黑暗面"。因此，它必然地首先从国家高端决策层两个司令部、两条路线斗争开始，亦即"中央文化大革命"是"中国文化大革命"的起点或启动。

一、"毛林周共同体"

　　中央的文革运动主体是"两个司令部"：一是以毛主席为首的"继续革命"司令部；二是以刘、邓为首的"彻底巩固"司令部。

　　自1957年"开门整风，大鸣大放"时起，在中央政治局决策层中，毛主席为代表的"继续革命派改革派）就一直是少数派或非主流派，可谓势单力薄。而以刘、邓、彭（真）"铁三角"为代表的"彻底巩固派"（守旧派），始终是多数派或主流派，可谓人多势众。

　　毛主席下决心要发动文革，面对悬殊的政治力量对比，采取了两种战略决策：

　　其一，"调兵遣将"——将1957年"开门整风"时的"毛周共同体"扩充为"毛林周联盟"，以确保党政军一元化。力量部署则分为三条战线：一是林彪牢牢掌控军队"枪杆子"，只要军队不乱或不倒戈就不会天下大乱。二是周恩来掌控内政外交,维护正常的生产和生活秩序,免除人民群众衣食住行后顾之忧。三是江青率领一帮"造反秀才"冲锋陷阵,以笔杆子为投枪匕首,向刘、邓、彭官僚权贵维护的"苏联模式"新官僚专制旧秩序开火。

其二,"非组织活动"——重大问题决策不再先行经过政治局会议讨论决定,而是事先决定后由政治局举手通过。在刘、邓、彭新官僚权贵主流派看来,这是"破坏民主集中制,实行君主专制"的"违法乱纪行为"。正如"邓中央"彻底否定文革后的《历史决议》所说,是"另立中央的反党行为"。不过,此罪名未敢实事求是地加在毛主席头上,而是移花接木地转嫁给了"四人帮"。

然而,在毛主席看来,这既是继续革命的需要,也是迫不得已地选择。否则,文革运动就无法摆脱反文革派——"苏联模式"卫道士们——的阻挠破坏,就无法将广大人民群众从反文革派掌控的"无产阶级专政"下解放出来,更无法"自下而上揭露我们的黑暗面"。他从不讳言:我就是最大的造反派头子,是大闹天宫的孙猴子!

二、两条路线无法调和

中央的文革是国家决策层两条路线、两个司令部的政治斗争,是平民大众与新官僚权贵集团矛盾冲突的集中表现,其实质是阶级矛盾和阶级斗争。斗争的焦点与核心是:共产党夺取并执掌全国政权以后,还要不要继续革命?革谁的命?依靠谁革命?

1. "彻底巩固"还是"继续革命"

自人类社会产生以来,任何国家任何时代都面临着两种发展道路选择:一是无限巩固稳定以维护现存制度,二是继续革命以不断改善或改良现存制度。共和国建国后,它表现为"彻底巩固"与"继续革命"两种思想和两条路线对立冲突。

毛主席主张:通过"无产阶级专政下继续革命",实现两个目的:其一,不断扩大人民群众管理国家的民主权利,发挥他们关心国家大事的政治热情,不断"自下而上揭露我们的黑暗面",遏制党政新官员的官僚化趋势，避免中共政权重蹈"其亡也忽焉"的周期律。其二，不断改革"苏联模式"不合理的上层建筑和生产关系，解放人民群众积极性、发展生产力，以促进社会主义经济建设。

而刘、邓、彭等人则主张：通过彻底"巩固民主主义新秩序"，实现两个目的：其一，彻底巩固无限强化"党的领导"和"无产阶级专政"，维护新官僚权贵的既得利益，避免中共政权被内外阶级敌人颠覆的危险。其二，通过"党的绝对领导"，"组织和驾驭群众积极性"，将其培养成"党的驯服工具"，集中力量大搞经济建设，以解决"落后生产力与先进社会主义制度的矛盾"。

2．"革谁的命？"

1957年从"开门整风，大鸣大放"到"反右斗争"和党内"反自由化倾向"，从1964年"社教"运动到1966年文化大革命，在继续革命对象问题上，两个司令部都进行过反复较量。

毛主席一贯主张："这次运动的重点是整党内那些走资本主义道路的当权派"，揭露"混进党里、政府里、军队里和各种文化界的资产阶级代表人物"。进而，不断改革不合理的上层建筑，遏制中共政权的官僚化蜕变趋势。

刘、邓、彭等人则一贯坚持"横扫一切牛鬼蛇神"，坚决镇压地富反坏右"黑五类"等已被打倒的阶级敌人，并杀一儆百震慑平民大众，以彻底巩固"党的绝对领导"和"无产阶级专政"。

3．"依靠谁革命"

矛盾分歧的本质是关于对待群众的态度。最早的分歧焦点是：刘、邓、彭等人坚持"要组织和驾驭群众积极性"，而毛、周坚持"要解放和发动群众积极性"。

毛主席一贯主张：坚持依靠人民群众、放手发动群众，将民主权利、言论自由连同"四大"武器（大鸣、大放、大字报、大辩论）交还给国民大众，让他们"自下而上揭露我们的黑暗面"。

而刘、邓司令部一贯坚持：一切政治运动乃至经济活动和社会活动必须置于党委的绝对领导之下，加强对平民大众的绝对控制。

三、"评海瑞罢官"

自毛主席决心并实施发动文革之时起，"继续革命"与"彻底巩固"两条路线斗争随之演化成了文革与"反文革"两条路线斗争。

毛主席授意江青组织撰写了《评新编历史剧——海瑞罢官》，准备向全国人民"吹响文化大革命进军号角"。然而，在文章发表问题上，一开始就受到了彭真北京市委与陆定一中宣部的坚决抵制和封锁。以至于，在共和国首都"天子脚下"，党和国家领袖毛主席推举的文章，竟然遭到了各大报纸电台——党中央喉舌——的集体封杀，不得不拿到上海《文汇报》发表。

四、"二月提纲"

自"反右斗争"就稳居主流的刘、邓、彭"铁三角"，绝不会无所作为：既然文革非搞不可，那就置于"党的绝对领导"之下，像"社教"蜕变成"四清"那样，让它对新官僚权贵集团既得利益的危害性最小化。于是，制定并向全国颁发了关于开展文化大革命的"二月提纲"。

其政治目的主要有三：一是将文化大革命烈火控制在文化界，阻止它烧到党政军整个官场。二是把运动矛头引向知识分子文化人，以保护混进党政军内的新官僚权贵集团。三是把运动方式限制在"真理面前，人人平等"的学术讨论，防止形成对当权派自下而上大揭发大批判的政治大革命。

五、"五一六通知"

毛司令部全面反击：一是"打倒阎王，解放小鬼"，罢免了"彭、罗、陆、杨反党集团"，改组了中宣部和北京市委，完成了对刘、邓司令部的"清君侧"。二是扭转了国家顶层的"反文革"政治路线，端正了文化大革命运动的方向和道路。以中共中央名义否定了"二月提纲",颁发了"五一六通知",再次明确指出:"这次运动的重点是整党内那些走资本主义道路的当权派"。

在中国这种"苏联模式"集权制国家,如果没有"君权"或国家法权的支持保护,国民民权根本无力与强大的政府官权抗衡,任何形式的"要民权,争民主"都寸步难行。

中央文革的胜利为文革群众运动提供了前提保障。自此,北京成了发动和推动文革浪潮的策源地。

第二章 党委领导的文革

（1966.5—1966.8）

决策层两个司令部第一回合的斗争分出了胜负，文革派与反文革派两个阵营、两条路线之间的斗争仍在继续，战场从国家顶层转移到了全国，党委领导的文革开始了。

毛司令部重新掌控了国家法权。但是，全国地方党政大权却依然牢牢控制在反文革派文官集团手中。而且，经过十七年政治运动大风大浪锻炼，他们的阶级性和阶级觉悟已经趋于成熟。作为一股最强大的政治势力，像一条庞大的"百足之虫"，虽然"头部"受到沉重一击，却依然"僵而不死"。而是凭着阶级自觉性和政治敏感性，充分利用手中的政权，步步为营顽强阻击和抵抗。从而，导致了共和国历史上政府官权与国家法权之间第一次公开而剧烈的大碰撞。

第一节 批判"反动学术权威"

文革之初，面对"二月提纲"与"五一六通知"两个中央文件的针锋相对，全国各地几乎所有党政大员都坚定地站到了刘、邓司令部的反文革路线一边，坚决抵制毛司令部发动群众开展文化大革命的路线。以至于，政府官权与国家法权的对抗冲突达到空前的激烈程度：毛主席党中央以"五一六通知"严厉批判和彻底否定"二月提纲"，而地方各级党委却继续坚决贯彻"二月提纲"，对"五一六通知"则拖延抵制继续大搞信息封锁。

一、北京：批判"三家村"和《燕山夜话》

第一场战役是批判邓拓、吴晗、廖沫沙的"三家村"。这是毛司令部含沙射影、指桑骂槐的"打龙袍式外围战"，大批判的靶子是"三家村"的《燕山夜话》，斗争矛头指向则是"以彭真为首的北京市委"。

对于刘、邓司令部而言，却是不得已而为之的"丢车保帅式阻击战"。面对毛司令部的强大攻势，他们不得不采取新策略：既然"三家村"被推上了文革审判台，再也不能为了"保护老同志"而与毛司令部正面对抗了，只能因势利导采取"明批暗保"的迂回战术——"真理面前，人人平等"，批判就是批判，不能胡乱揭发，更不能无限扩大株连"无辜"。

其实，这种斗争本身的现实意义实在寥寥。因为，对于平民大众而言，重要的不在于大批判还是大揭发，不在于如何正确运用大批判武器，而在于有没有运用"四大"武器对新官僚权贵当权派进行批评监督的民主权利！既然毛司令部解除了"不准攻击党的领导"的禁令，把"四大"武器和批评监督权利交还给了人民群众，就已经足够了。

二、山东：批判《历下夜话》

经过一段时间的筹划，山东省委领导的文革开始了。批判对象是《大众日报·文艺副刊》——《历下夜话》及其"前台老板"——报社总编文菲。不久，又抛出了"黑后台"——分管文教的副省长余修和"总后台"——省委常委、宣传部长王众音。至此，省级领导层中仅有的两个高级知识分子清流干部无一幸免。

谭启龙等省委当权派的目的有三：

一是乘运动之机借力打力、清除异己纯洁队伍，这是十七年来各级新官僚当权派惯用的政治伎俩。副省长余修，曾经是北京"一二·九"学生运动领袖；省委常委、宣传部长王众音则是日本东京帝国大学毕业生。他们显然不可能彻底"工农化"而融入新官僚权贵主流派。抛弃他们完全符合"纯洁党组织"的长远利益。

二是丢车保帅的"弃子战术"。抛出少数非嫡系（或非核心）人物，以保障省委当权派的政治安全，避免同归于尽、全军覆没。

三是对于反文革路线而言，它也具有"仿生学"价值。他们感受到了生存危机，于是像壁虎像那样弃尾逃生。这不仅符合"牺牲个人，保护组织"的传统，而且，完全符合"党组织的整体利益"。

三、山东大学："抛出"思想史讨论班"

山东大学党委领导的文革也开始了，起点是"五·四学术讨论动员动员大会"。由大会的名称即可明了：在其后的运动中，它不可能贯彻执行毛司令部"五一六通知"的文革路线，而是按着省委部署，坚决贯彻执行刘、邓司令部"二月提纲"的反文革路线：坚持党委对运动的绝对领导，以批判知识分子学术权威的文化大革命，取代揭露"党内走资本主义道路当权派"的政治大革命。

他们制造了一个"三家村式的黑店"——历史系"思想史讨论班"。所谓"黑店"，根本不存在任何组织实体，仅仅是庞朴、路遥、陈之安、葛懋春等几个青年教师不定期举行的非正规学术研讨交流的沙龙。他们的共同特点是"白专道路"：才高八斗、年轻气盛，崇尚思想独立和学术自由，秉持历史研究的客观性和公正性，鄙薄权威的大一统定论。如此学人，难免离经叛道、违背新官僚权贵的一元化原则。

再者，"讨论班"根本算不得"非组织活动"，而是在党总支和系主任领导下的正常学术活动。也许正因为如此，它才更具有"批判对象"的实用价值，成了山东大学党委领导的文革之重点对象。

不久，系主任、史学教授孙思白成了"黑店老板"。如此仍嫌"革命不彻底"，系党总支书记蒋捷夫（少有的几个学者型总支书记）随之成了"黑后台"。至此，还是"级别不够高，影响不够大"，不足以震慑学校文革全局。最终，副校长、著名学者吴富恒（除了成仿吾校长，唯一有实职实权的学人校领导）成了"黑店总后台"。

虽然，《二月提纲》有"学术讨论"的定性和"真理面前，人人平等"口号，但是，新官僚权贵对于"资产阶级知识分子"，向来是既不会"人人平等"更不会右倾保守。他们继承1957年大获全胜的经验，发扬"反右斗争"和"反党内自由化倾向"的光荣传统，下定决心、再接再厉，把党委领导的文革，搞成第二次"反右斗争"和"反党内自由化倾向"运动。

第二节　工作组——镇压群众

频繁的政治运动锻炼了新官僚当权派，也让老百姓看懂了他们的猫儿腻，丢车保帅的闹剧并未取得预期效果。为了"加强党的领导"，新官僚权贵又采取了第二项重大措施：派驻"工作组"帮助学校党委消防灭火。

一、北京："王光美工作组"进驻北大、清华

在中央决策层两条路线的第一回合较量中，虽然彭真被罢官，刘、邓、彭"铁三角"被瓦解了，但是，刘、邓依然"在其位，谋其政"。1966年6月，他们又凭借手中的权力，决定组织下派工作组到北大和清华，帮助学校党委控制运动局势。工作组名义上属新北京市委领导，组长却是"第一夫人"王光美，实际上归刘、邓司令部直接领导。可见，他们对文革的两个"前沿阵地"何等重视。

其中原因不难理解：王光美的"桃园经验"，曾经成功地转移了"社教"运动大方向，变成了"城里吃皇粮的洋干部"对"吃工分儿的土老巴子农民当权派"残酷斗争、无情打击的"四清"运动。最终，毛主席"这次运动的重点是整党内那些走资本道路的当权派"的初衷，以轰轰烈烈开始，以不了了之结束，可谓"功莫大焉"。如今，面对"毛中央"文化大革命决心不可动摇，刘、邓司令部希望她临危受命再一次来个"四清"运动。

工作组坚定不移地执行反文革路线，对抗毛主席"放手发动群众，让群众自己解放自己"的文革路线，坚持党委对文革的绝对领导

和严密控制。为此，他们继承发扬"反右斗争"的运作模式和成功经验，对蒯大富等在运动中公开跳出来的"新右派分子"，坚决镇压、杀一儆百。在北京 24 所高等院校中，第一批就把 10211 名学生内定为"右派"，把 2591 名教师打成"反革命"……

关于工作组的使命，在刘少奇与其女儿刘平平的一次谈话中讲得再明确不过了："现在就是要'放'，要让坏人自己跳出来，然后一网打尽……"这就是刘、邓司令部和整个新官僚权贵阶层的文革路线！

二、山东：省委工作组进驻高等学校

自 1957 年"反右斗争"时起，知识分子成堆的高等学校就一直是省委密切关注和控制防范地重点。山东大学更是重点中的重点，由公安厅通过两种情报实行控制：一是"敌情"——以地富反坏右"黑五类阶级敌人"反动言行为标志的"阶级斗争新动向"；二是"社情"——民众的异类思想、不满言论等社会动向。文化大革命引发的社会动荡日益剧烈，单靠社会常态下公安机关的秘密情报控制，已经不能给省委当权派充分的安全感了。"刘、邓党中央"派驻工作组的指示和示范给他们送来了及时雨。

省委先是向山大派驻了以省轻工业厅厅长柳青为首的第一届"省委工作组"。不久，又派出以省委常委、纪检委书记王子文为首的第二届"省委工作组"。在与全校党员干部的"见面会"上，王子文宣称："我是省委纪检委书记，纪检委是干什么的？就是专门整人的！"真可谓旗帜鲜明、杀气腾腾。

1. "中三反革命传单"事件

"五一六通知"颁发好长时间了。像所有反文革当权派一样，校党委借"内外有别"之名，继续实行信息封锁，层层扣押拖延，企图将"通知"与广大师生隔离开来，继续把他们圈禁在批判"反动学术权威"的范围内。

1966年6月1日，山大发生了令校党委和省委寝食不安的"反革命事件"：以刘全复为首的中文系三年级学生刻字油印了一份16开"小字报"，对校党委"批判资产阶级反动学术权威"的方针提出质疑。其中有一句复述了"五一六通知"的话："这次运动的重点是整党内那些走资本主义道路的当权派"。这不能不引起省委和校党委的严重关注，并内定为"反革命传单"，指令公安厅立案侦破。

他们认定：几个平民子女青年学生不可能了解严密封锁中的"五一六通知"，更不可能有如此高的政治水平，背后一定有"幕后黑手"！

他们确定了两个秘密调查方向：

其一，高登仁、徐经泽、梁学理、王公乾、孙云亭等一大批"异己分子"——与校党委"离心离德"而又听过"五一六通知"传达的中层干部，以证明："中三小字报"是"有组织、有后台、有预谋的反党活动"。

其二，中三学生华殿珂（音）之父华岗——山东大学原校长、在押"反革命罪犯"。以证明：青年学生的"反党活动"就是反革命分子操纵的反革命活动。

为此，公安厅法外开恩，由系总支通知华殿珂到华岗的监押处（山东省监狱）探监，并预先对探视场所作了"技术准备"，以期获得"反革命罪犯操纵学生"的证据。结果，华岗告诫女儿："这场运动是上层的权力之争，你不要跟着胡闹腾！"

结果，省委秘密调查了好多天，始终未能找到过硬的证据。

2. 山师工作组：隔离了"准右派"王竹泉

面对文化大革命如此严峻的阶级斗争，新官僚权贵绝不会掉以轻心，绝不会只喊口号震慑，而是坚决镇压。省委工作组的任务就是抓"新右派"，并密切注视阶级斗争新动向，排列黑名单，搜集整理黑材料，为秋后算账准备炮弹。

山大"中三反革命传单"事件迟迟查无实据，省委"揪出一小撮，教育大多数"的战略部署搁浅。此时，山师政治系四年级学生、共产党员王竹泉却自己跳了出来，成了"混进群众里的准右派"。他是山东省高校学生中公开反对省委工作组的第一人，随之被省委重点关注，成为被省委工作组隔离审查的第一个在读学生。

三、怪哉！省委工作组反对校党委

社会大动荡必然导致民众大分化。文革不断深入，迫使省委不得不变换策略，由原来的压制群众、严密控制，改变为顺势而为、丢车保帅，牺牲基层部分、保护省委全局。而校党委"土皇帝"为了自我保护而坚持顽抗硬顶，否则，任何服软退缩都可能导致一溃千里。因此，对于省委"维护大局，丢车保帅"的意图，因不理解而抵制对抗，激化了学校党委与省委的矛盾。

这种矛盾又导致了民众大分化空前纷纭复杂的局面：其一，山大、山医、山师、山工等省重点控制的院校，造反派既反校党委又反工作组；保守派对校党委和工作组都"誓死捍卫"。其二，煤矿学院，保守派"誓死捍卫院党委"却坚决反对工作组，而造反派反对院党委却拥护工作组。其三，中医学院，保守派"誓死捍卫院党委"（实则死保书记项子正），坚决反对工作组。后来加入了红卫兵山东指挥部，成了"响当当的造反派"。王竹泉等人任职省革委后，其负责人李仁光又成了"红山指一把手"。而对院党委项子正"造反有理"的真造反派，却成了"保省委工作组的保守派"，早早被甩下了文革列车。

第三节 向"非当权派"民众开刀

刘、邓司令部所推行的镇压群众的反文革路线，得到了整个官僚权贵阶层的衷心拥护和贯彻，誓将文革扭曲成第二次"反右斗争"。

一、步步为营，拼死顽抗

文革被彻底否定后，官僚阶级当权派无不成了"无辜的受害者"，这是彻头彻尾颠倒黑白的历史谎言！十七年来，是他们为了维护特权地位和既得利益，仗势欺压民众，致使社会矛盾日益激化，导致了文化大革命。文革中，又是他们为了自我保护而转移群众运动大方向，不惜向无辜的知识分子开刀；还是他们把不同意见的群众打成"新右派""反革命"。

1. 抢先建立"文革领导小组"和"文革办公室"

他们利用执行"十六条"等中央文件的垄断权力"打着红旗反红旗"，抢先组建"文化革命领导小组"和"文化革命办公室"，派遣亲信控制领导。并以官办的新机构名义继续推行反文革路线，根本不可能"按照十六条的规定，象巴黎公社那样，实行全面的选举"。而是，继续阻挠民众组织起来形成群体力量，阻挠民众"自己解放自己，自己教育自己"。

2. 抢先组织"官办红卫兵"

1966年8月18日毛主席首次接见红卫兵后，大串联洪流势不可挡，手持"尚方宝剑"的红卫兵"天兵天将"满天飞，所到之处，党政旧组织系统（包括"文革领导小组""文革办公室"）土崩瓦解。当权派又让"革命事业接班人"提前接班，抢先组织了官办红卫兵，继续对抗文革派。

8月22日，校党委经过严格政审选拔，从3300多学生中选拔了500名各年级学生干部和党团员骨干，组建了"山东大学红卫兵大队"。校学生会主席、史四学生郭德宏任大队长，全国学联副主席、化四学生赵淑敏任政委。当天晚上，在老校大操场召开了全校师生员工大会，"热烈庆祝毛主席接见红卫兵暨山东大学红卫兵大队成立"。500名"红卫兵"战士，穿着统一配发的绿军装，齐刷刷地坐在会场中央，其他师生则众星拱月似地按照系和班级分列两旁。

3. "横扫一切牛鬼蛇神"

在党委领导的文革临终之前,他们又制造了一场"横扫一切牛鬼蛇神"的"红色风暴"。继"反动学术权威"之后,地富反坏右"黑五类"又成了他们的第二批"文革对象"。

1966年8、9月间,他们贯彻执行刘、邓、彭"要把北京市建成水晶城"的经验,一场"斗、抄、挖、赶的红色风暴"席卷了省会济南大街小巷。

①. 横扫对象之全面"史无前例"。以往的政治运动斗争对象大都比较单一,一次运动只整一两种人,而当权派们的文革却是全面彻底地"大扫除",处于社会最底层的"黑五类"及其子女"狗崽子"无一幸免。

②. 惩治措施之残酷"史无前例"。以往政治运动,对于运动对象大都局限于批判斗争后就地管制,最严厉也不过是绳之以法。此次运动却是"斗、抄、挖、赶"同时并举。先是"斗"——一律揪上台批斗,低头弯腰"喷气式",外加拳打脚踢"疾风暴雨";然后"戴高帽子"游街示众。其次是"抄"——"破四旧,立四新",对家底殷实的人家彻底查抄,金银首饰、古董文物乃至祖宗遗像等"四旧"都被当作"四旧"扫荡一空。再次是"挖"——内查外调,清查三代、九族,深挖细找"暗藏的阶级敌人"。最后是"赶"——全部"流放充农"遣返农村。如此一来,"黑五类"及其未成年"狗崽子",不仅赖以生存的公私职业被剥夺,而且连市民身份也被剥夺了。

4. 第一大冤假错案——"造反派打砸抢"

文革被彻底否定后,上述一切都成了"文化大革命浩劫"和造反派"打砸抢的罪行"!

对这种历史谎言,笔者只想指出一个史实:当时的造反派还是"在野派","革委会"半年之后方才建立。如果说,造反派红卫兵对官办红卫兵的"斗、抄",还有可能"猴子跟着人学事"虚心学习的话;那么,对于他们的"挖、赶",却无论如何都是学不来的,因为无权!作为平民百姓,他们既无"挖"——内查外调的财力,也无"赶"

——注销城市户口的权力,更不可能让外地权力部门接受大批"流放者"。莫说造反派群众组织,即使厂矿、学校等企事业等"非政府"单位,也无力完成如此重任!

二、对学生严加盯防

各级当权派为了稳定政局,对群众思想和行动日益加紧组织控制。各级别、各层次的秘密会议也日益增多了,会议内容无非三项:一是传达贯彻上级党委指示和要求;二是收集汇总"阶级斗争新动向";三是分析师生员工的政治态度和表现,划分"左中右",并要求对"重点人物"分工负责、重点盯防、及时报告。

作为学校最大的人群,学生理所当然成了各级领导操心的对象。例如化二甲班的郝树仁、李程群等,平时思想独立、个性较强,"不靠拢组织"、对辅导员老师"不够尊重"。运动一来,自然成了盯防"重点人物"。

像历次政治运动一样,在党委领导的文革中,能否对同学盯梢、告密,成了鉴定学生是否"听党的话"的重要标志。

三、学生大分化

党委领导的文革的历史作用就在于:当权派维护"党的绝对领导"的政治目的,却导致并加剧了民众大动荡、大分化的社会效果。

1. 观点大分化

校党委统一部署,从"远程空对空"对准"燕山夜话"和"历下夜话"大批判,转到了对本校"资产阶级知识分子统治学校"的大揭发、大批判,并统一要求贴大字报。沿路边竖起了席棚"大字报专栏",同时"定调子,划框框":矛头对准"资产阶级知识分子"。

按照党委当权派的说法,"资产阶级知识分子统治学校"的主要表现:其一,以"分数面前,人人平等"为借口,把工农兵子女赶出学校,"专了无产阶级和劳动人民的政"。其二,以"提高教学质量"

为借口，脱离党委领导、大搞学术垄断，排斥工农干部（新官僚权贵主流派）。

其潜台词不言自明：前者无非是为工人、贫下中农和革命干部"红三类"子女说话，以笼络绝大多数学生"坚定不移跟党走"。后者则是把罪责统统转嫁给"资产阶级知识分子"，党政当权派却成了"无辜又无奈的受排挤者"。

然而，随着大揭发、大批判不断深入，许多学生产生了疑问和困惑：共产党领导学校十七年了，工农兵子女被赶出校门时，你们书记校长们都躲到哪里去了？"资产阶级知识分子专了无产阶级的政"，你们难道都是聋子的耳朵——摆设吗？而且，自1957年"反右斗争"起，资产阶级知识分子就一直夹着尾巴做人，有屁都不敢使劲放，怎么就"专了无产阶级和劳动人民的政"？

不久，大字报出现了"不和谐音调"：《请问校党委》、《质问×书记》……日渐增多。紧随其后，《分清"西安"还是"延安"》、《警惕有人转移斗争大方向》、《不准趁机反对党的领导》、《只准左派造反，不许右派翻天》……，以更强大的气势铺天盖地而来。

从此，开始了"质疑校党委"（造反派）与"保卫校党委"（保守派）两种观点的分化对立。

当时，山大最著名的造反派学生当中文系的属栾桢、汲玉柱了。他们《成仿吾的"三板斧"》大字报轰动全校，随后又把成仿吾"诋毁鲁迅曾与中统特务头子朱家骅交往甚密"等言论写信报告了许广平（鲁迅遗孀）。许广平"义愤填膺"复信：坚决支持造反学生！这是山大造反派得到"北京名人"最早的支持。

当时，鉴于毛主席对鲁迅"硬骨头精神"的崇高评价，周扬等文化部当权派一直尊奉许广平为"鲁迅代表"，可谓风光无限。如此，岂能不"大长了造反派的志气，大灭了当权派和保守派的威风"。从此，校长兼书记成仿吾就成了"反革命修正主义分子"。

2. 大分化的内因与外缘

毛司令部的国家法权否定并打破了旧的党政组织系统，使平民阶级获得了解放，每个人都获得了思想和行为自主权力。但是，究竟是保守还是"造反"，是继续紧跟党委"现管"走还是"毛主席挥手我前进"，依然取决于两种因素：其一，内因——由于出身经历、生长环境和生活体验各不相同，由此形成了心境德性、价值观念和行为方式等主体人格诸多差别。其二，外缘——社会位置、生活经历以及周边环境各不相同（主要是与当权派的关系），对于运动中的立场和道路选择也具有重要的影响。尤其是，官僚权贵对于平民大众分化瓦解、分而治之，拉一帮、打一帮"挑动群众斗群众"，面对文化大革命，更是封官收买与残酷镇压同时并举。从而，成了平民阶级大分化的直接制造者。

四、"十六条"：文革群众运动的纲领

毛主席发动文革的初衷就是："君民联手，制约百官"，对新官僚权贵文官们上下夹攻、猛击一掌，以遏制他们日益严重的官僚化蜕化变质趋势。为此，必须发动群众打一场"无产阶级专政下"的人民战争。

然而，他的良好愿望，遭到了从中央到地方几乎整个官僚权贵阶层空前的抵制和反抗。官权与君权的大碰撞在所难免。

毛主席吸取了历次政治运动"党委领导，运动群众"的教训，改变"依靠党组织"的旧传统，绕过旧的党政组织体系居中阻挠，发动人民群众起来对走资派"造反有理"，并授予他们"自下而上揭露我们黑暗面"的大民主权力，以形成上下夹攻之势。

1966年8月8日，八届十一中全会正式通过了《关于无产阶级文化大革命的决定》（"十六条"）；8月9日向国内外公开发表；8月13日又发表了《人民日报》社论——《学习十六条，熟悉十六条，运用十六条》，强调："群众是我们社会的主人"，"信任群众，依靠群众，放手发动群众，尊重群众的首创精神。就是说，无产阶级文化大革命，只能是群众自己教育自己，自己解放自己，不能采用任何包办代替的办法。"

毫无疑问，文革群众运动是中国历史上第一次真正的民权解放运动，是平民大众思想自由、行为自主的真正民主运动！

"十六条"发表后，省委工作组于1966年8月15（或16）日悄悄撤离山大，预示着党委领导的文革气数将尽。

五、大串联：冲破旧的组织体系束缚

1966年8月18日，毛主席接见红卫兵并发出伟大号召："你们要关心国家大事，要把文化大革命进行到底。"鼓励他们进行革命大串联，"煽革命之风、点造反之火"。学生之间交流串联逐步突破校党委的组织控制，由同班同系而跨班跨系，由躲避"党组织耳目"的秘密半秘密而逐渐公开。

但是，把山大老造反派从校党委高压控制下解放出来的"解放者"，既不是毛主席党中央，也不是"十六条"等尚方宝剑，更不是"自己解放自己"，而是北京"八一战校"（北京十四中）两个十六七岁的中学生！

8月22日，在全校师生员工"庆祝大会"上，孙汉卿书记的报告还没讲完。……突然，一男一女两个穿军装的中学生红卫兵跳到主席台上，二话不说挥起军用皮带劈头盖脸一顿猛抽。会场顷刻大乱。……校党委旧的组织体系垮了，党委领导的文革寿终正寝，进入了民众自治的文革新阶段。

党委领导的文革之于整个文革的意义在于："压迫愈甚，反抗愈烈"，激化了当权派与平民大众民权诉求之间的矛盾冲突，催生出了平民阶级造反派，为民众自治的文革孕育了主体动力。

第三章 民众自治的文革

（1966.8—1967.2）

在党委领导的文革后期，大字报署名出现了明显变化：不再是"×系×级×班某某人"，而是"××战斗队"，诸如"揭内幕战斗队"、"捣黄龙战斗队"、"驱虎豹战斗队"、"战地黄花战斗队"等等。它标志着：造反派群众开始逐步摆脱当权派的组织控制，正在由个体人的造反思想和造反行动发展为"造反组织"，为民众自治的文革孕育着组织化的动力系统。

第一节 大串联

大串联之于民众自治文革的意义在于：正如涓涓细流汇聚成滚滚长江，它极大地促进了造反派群众组织的形成和发展壮大！

一、北京——"革命圣地"

北京红卫兵运动如火如荼的消息不断传到学校，极大地吸引了少数"勇敢分子"，秘密离校赴京串联，并赶上了毛主席第一次接见红卫兵，外四苏庆海、政三王国富、中二汲玉柱、化二李程群等还有幸登上了天安门或观礼台。这是当时最崇高的荣誉了，在死水微澜的校园引起前了所未有的震动。

1966年8月18日毛主席接见红卫兵之后，北京像抗日战争时期的延安一样，成了造反派学生的"革命圣地"。到北京串联"取经"成了学生们普遍的强烈愿望。

8月22日，两个北京中学生红卫兵的军用皮带，把校党委旧的组织体系和严密控制彻底打翻了，造反派学生获得了真正的自由和自主权利，自发组织的赴京串联浪潮一浪高过一浪。

笔者所在的那一批大约100多人。化二甲班除了刚从北京返校的李程群、去青岛声援"三大院校"的郝树仁，其他20名造反派同学都结伴赴京，并推举笔者组织联络。

二、"大串联"与"反串联"冲突

造反派学生心目中的"革命圣地"却成了当权派心目中的"祸水鬼域"。为了阻止北京红卫兵无法无天的"邪火"烧到本地区本单位，所有大中学校的当权派都坚决执行省委统一部署，组织大批保守派教师学生到火车站"截访"，在候车室、站台上昼夜值班、严防死守，见到本校赴京人员，一律阻止并驾走或拖走。

或许是我们人多势众浩浩荡荡"所向无敌"吧，未遇到任何阻挠，轻轻松松上了车。同车厢的还有财经学院的一群学生。另有五六个济南幼儿师范学校的女生，她们是"冲破白色恐怖"背着校领导秘密赴京串联的。

人们焦急地等待火车启动。……突然，一个中年妇女带领十多个人高马大的男青年闯进车厢直奔"幼师"女生而去，不由分说两人架一个半拖半架地往车下拽，有的干脆把人抬了起来。被绑架者扯破喉咙尖叫呼救："快救救我们呀！他们是'铁老保'，不让我们去北京串联！"

愕然片刻，全车厢的人们一哄而起，一场"英雄救美"的武戏开始了。有的上去抢人，有的在过道里层层设防拦截，有的干脆封堵了车厢门"断敌后路"，多数人则呐喊助威、痛斥怒骂。……区区十来个奉命行事的"衙役"，如何抵挡得住百十名造反学生"众怒"？他们只好灰溜溜地空手下车"对不起组织，辜负党的信赖重托了"……

第二节　鲁迅大学毛泽东主义红卫兵

到北京后，大队人马住进了西单地质部招待所（像中学时代那样的大通铺），"化二甲班"则住到北京医学院大礼堂，地铺芦席、两人合盖一条被子或毯子。西南少数民族和新疆维吾尔族等外地来京串联的学生实在太多了，如此已属难能可贵。当然，激情燃烧年代里激情燃烧的青年学生，没有谁去计较抱怨吃住等物质条件简陋。

一、筹备成立"鲁迅大学毛泽东主义红卫兵"

参观浏览大字报的同时，也开始筹备组建造反派组织的联络会商。作为"化二甲班"的联络人，笔者参与了多次在地质部招待所招集的筹备会议。

1. 召集人与领导班子

当时，召集并主持筹备会的主要有如下几个人：

①. 张连荣——中文系三年级，口才出众、善于交际，但稍有"油嘴滑舌"之嫌。老造反派都知道，"中三"造反派核心人物是刘全复，作为"中三小字报"的炮制者享誉全校老造反派。然而，也许是因为年龄大（比笔者年长7岁）而真正成熟了，深知政治斗争的凶险。故而，无论造反派如何强烈要求，他始终拒绝作"出头鸟"。最终，派出了班长张连荣作"中三"代表，被推举为"毛泽东主义红卫兵大队长"。

②. 刘仲连——政治系三年级，共产党员"调干生"，老成持重、不善言辞，难免朝气不足的"右倾"之嫌。虽不能给人奋勇向前的激励，"共产党员身份"和稳重个性却能给人足够的安全感。最终，被推举为"主义兵大队政委"。

由上述职务称谓，足可证明：群众自发的红卫兵组织，完全是向官办红卫兵虚心学习的结果。

③. 赵柏林——历史系四年级学生，身材颀长、白净儒雅的"帅哥"，郭德宏同班同学、校学生会秘书长。造反成为首批"主义兵"

战士,仍干老行当——秘书长。

④. 曹靖——中文系四年级学生,曾经与张明岚、张凤清、韩剑秋、李际田等20来人一起写出过多篇高水平的长篇大字报,成为"投向走资派的重磅炸弹",在全校引起巨大反响,被誉为"山东大学的'九评'",影响仅次于"中三"小字报。最终,作为"中四"代表,被推举为形势分析组组长,任务是:始终关注党中央部署和形势变化,牢牢把握斗争大方向。

⑤. 李本玉——历史系四年级学生,戴眼镜的鲁西黑脸汉子,"实在"的说话有点儿艮。作为"官办红卫兵大队长"郭德宏的同班对立面,被推选为对外联络组组长。

⑥. 刘光道——化学系三年级学生,其貌不扬却充满活力、不知疲倦,被推举为后勤组组长。

2. 组织名称的寓意

"鲁迅大学毛泽东主义红卫兵"的名称,包含如下两个内容和含义。

其一,改"山东大学"为"鲁迅大学"。成仿吾是山大校长兼书记,无疑是学校旧党政组织体系的最高代表,其"罪责"之一是"反对鲁迅"。将山东大学改为"鲁迅大学",标志着:造反派红卫兵自产生之日起,与旧党委彻底划清界限,是老当权派的"对立物"。

其后两年多里,这种称谓成了鉴别造反派与保守派的分水岭:凡是自称"鲁大"的肯定是造反派,凡是自称"山大"的十有八九是保守派。

其二,改"毛泽东思想"为"毛泽东主义"。造反派认为:"毛泽东思想"的称谓,尚不足以表明"毛泽东思想是当代马列主义的顶峰",应改为"毛泽东主义"。

到了1967年春天的"夺权"斗争中,全国各地凡是自称"毛泽东主义红卫兵"的造反派组织,大都成了"激进造反派"或"极左派"。值得深思和探究。

3. 首批"主义兵"战士

建国后尤其"反右"后的学校，按出身成分"划线"的风气愈演愈烈，众多出身于"红四类"家庭的学生大都成了"党的依靠力量"，出身地富反坏右"黑五类"家庭的学生则成了当权派警惕防范的对象。文革初起时，当权派和保守派更是"只准左派造反，不许右派翻天！"攻击造反派"反对党的领导，与地富反坏右穿一条连裆裤"……

面对这种"唯成分论"的紧箍咒，造反派虽内心反感，但行动上同样心有余悸如履薄冰。在筹备会上，为了避免当权派和保守派抓"小辫子"而被戴上"右派翻天"的帽子，一致通过决议：首批"主义兵"战士一定要出身工人、贫下中农、革命军人和革命干部家庭！几经了解、统计、汇总，最后确定了 350 名学生作为首批"红卫兵"，其他人则暂时屈居"红外围"。

1966 年 8 月 28 日，在天安门广场向人民英雄纪念碑宣誓，鲁迅大学毛泽东主义红卫兵正式宣告成立。

随之，笔者也由"联络员"晋升为"化学系中队长"，化三的贡临才为"政治中队长"（教导员）。

4. 革命年代，诚信年代

对家庭出身"划分三六九等"风气的副作用不言而喻，其中之一就是把许多立场坚定、旗帜鲜明的老造反派同学关在了"主义兵"首批战士的大门之外。然而，当时的人们都如实报告，没有谁作假虚报。

革命年代，诚信年代，谁也不会说谎！然而，半个世纪后的今天，朝野上下各行各业无不造假互骗。……两相比较，不免泛起一缕无愧于历史的自豪感和忧国忧民的淡淡哀思。

二、"杀回"学校

1966 年 8 月 31 日，在永定门车站候车时，从车站广场的大喇叭里传来毛主席第二次检阅红卫兵的盛况。人们虽然因未能接受毛主席检阅而惋惜，但是，关心本单位运动命运的社会责任感依然令大家归心似箭。

1. 乘车游行示威

山大与其他兄弟院校不同："校二部"（后勤系统）当权派大都是造反派，其他人也大都跟着成了"造反派"。因而，我们很少遭遇过当权派的"经济封锁"，免除了衣食住行等后顾之忧，"主义兵"杀回学校时更是风光无限。当时，一出济南火车站，汽车班的数辆大卡车、大客车早已等候在那里。大家上车后顺便游行回校，一路上众人瞩目、啧啧称羡。

人们得到消息：孙汉卿书记等学校领导正在农场劳动。车队便浩浩荡荡直奔农场，将孙汉卿夫妇等依次揪上卡车，在校园里游街示众。

孙汉卿毕竟是"老运动员"了，在青岛市党内斗争中曾经失势落魄扫过大街，可谓历经沧桑见怪不怪了，被揪着衣领安静地站在汽车上。而他的夫人余光前，在政治系总支书记任内专横跋扈惯了，何曾受过这般羞辱，发疯似的挣扎反抗。岂料，像"阶级敌人"遭遇过的"无产阶级专政"一样，越是反抗越是遭到更加暴烈的行动。她被两个身强力壮的学生揪着头发、抓着胳膊，按压在驾驶室顶棚上……

笔者一向不喜欢"暴风骤雨"，内心难免怦怦直跳，一遍又一遍默诵毛主席语录："革命不是请客吃饭……"

2. 新校"小操场"批斗会

随后，又乘着群情激昂之势在新校女生宿舍楼后小操场召开了"批斗会"。因为没有会前准备，并无高质量的"口诛笔伐"，除了即席性的"质问""痛斥"，就是按头"喷气式"了。

从此以后，"大字报战"阶段重事实、讲道理的"文化"气息越来越淡薄，重声势重实效的"政治"残酷性越来越浓烈了；"君子动口不动手"的祖训越来越不时髦了，低头弯腰"喷气式"越来越成了批斗对象的标准化姿势。

不过，笔者对如下两点记忆特别深刻：其一，在一些动手者中，除了"老造反派"，还有原来"誓死捍卫校党委"后又杀回马枪的"新造反派"，其"暴烈行动"更甚。

"主义兵"的诞生标志着：山大正式进入民众自治的文革新阶段。当权派由前台执政指挥转入"地下活动"，对民众造反运动由公开压制转入对保守派秘密操控。

从此，造反派不再是散兵游勇的"人自为战"，取得了与官办红卫兵对称的地位，开始了组织对抗新阶段。

三、高音喇叭大战

中央广播电台和"两报一刊"，天天呼吁民办的造反派红卫兵"要牢牢掌握斗争大方向"，"谨防'走资派'躲在幕后挑动群众斗群众"。然而，官办红卫兵"誓死捍卫校党委"的初衷和惯性很难根本改变，与造反派对立对抗仍在继续。

在组织纪律性和斗争手段方面，自发组织的"主义兵"无法与官办的"山大兵"相比。而且，造反行动和造反组织都是被逼上梁山的，即使组织起来之后，也少有明确的"革命目标"和"现阶段任务"，更谈不上什么"具体计划"。除了"毛主席挥手我前进"，就是"创造性地向官办山大兵学习"。

1. 从"大字报战"到"高音喇叭战"

早在文革前，学校广播站就是校党委的舆论阵地之一，虽然名义上是"校学生会"主办，政治问题的决定权却始终牢牢掌握在党委宣传部和"校团委"手中。当权派转入"地下"时，顺理成章地将位于老校六号楼西侧小平房的广播站，交给了官办"山大兵"大队部。从此，广播站也由"校党委喉舌"变成了"山大兵"喉舌。响彻校园上空的高音喇叭声势浩大、如雷贯耳，其宣传、鼓动、反驳、批判等效果不言而喻，造反派的大字报、大辩论根本无法比拟，证据再确凿、论说再有理，只要人们"非礼勿视"，一切都等于零。而高音喇叭的强迫力谁也无法听而不闻，不想听也得听。

"主义兵"面对"山大兵"舆论攻势的强大压力，在新校学生宿舍一号楼也建立了广播站。从此，开始了高音喇叭对攻战。从原"学校广播站"造反出来的两位播音员（数三的曲姓女生和政一的孔姓男生），播音水平之高不亚于专业广播电台；大批判文章更是有理有据、义正词严，其冲击力前所未有。

以中央广播电台和"两报一刊"为龙头的全国舆论，日益向造反派一边倒，"山大兵"广播站依然顽强地坚持对"少数别有用心的人"进行大揭发、大批判和"愤怒声讨"。

一直到党中央"批判资产阶级反动路线"时，官办"山大兵"气数将尽，"主义兵"才采取"革命行动"，抢占了他们的广播设备和器材。此后，校园上空飘荡的"党的声音"换成了"主义兵"的一言堂。

这种运动形式的负面作用显而易见：人人平等参与的大揭发、大批判日渐冷却，代之以高音喇叭的"愤怒声讨"；畅所欲言的大民主"群言堂"日趋岑寂，代之以少数"秀才"的高水平批判稿件；造反派群众的精神自由和思想独立逐渐弱化，代之以高音喇叭的灌输和召唤。它意味着：民众自治的文革之精神支柱和思想基础悄悄失去了独立性，日益被少数领袖人物或"乱世英雄"所操纵。

2. 抄家——向官办红卫兵虚心学习

"山大兵"广播站高音喇叭整日高喊：造反派把"延安"说成"西安"，以"揪走资派"之名行"否定党的领导"之实，"说出了阶级敌人想说而不敢说的话"，"与地富反坏右'黑五类'穿一条连裆裤"……

在对方强大的舆论攻势面前，"主义兵"坐不住了。不得不向"山大兵"虚心学习，也对"反动学术权威"和有历史问题的人抄家，以证明自己"不是右派翻天，不是与地富反坏右穿一条连裆裤"。再者，抄家也是从北京取来的"真经"之一：诸如对胡耀邦、蒋南翔等权贵政要随意揪斗，即使对一切留长发、穿"奇装异服"的群众也采取"革命行动"。所有这些，对于青年学生的感染力太强烈了。

作为"主义兵"化学系头儿，笔者理应"冲锋在前"。在行动前会议上：首先，明确宣布只准组织统一行动，不准私自查抄；其次，确定抄家对象,系主任阎长泰、副教授徐国宪、武际元以及实验员王景尧(其父曾任日伪青州道台);再次,确定抄家内容,所有"宣扬封资修的东西";最后,统一规定抄家程序——所有抄没物品都开列清单一式两份,由小组领队和被抄家者共同签名后分别保管。

随后,将红卫兵分作三个小队,分别进行。他们或许早就不止一次被"山大兵"抄过了,除了戴博士帽的男照和穿旗袍高跟儿鞋的女照,极少"缴获"。

四、"抢档案"?还是抢"黑材料"?

"主义兵"诞生后第二件大事是抢黑材料(当权派和保守派称之为"抢档案")。

1. 事件起因

运动之初,按照"刘、邓中央"和省委的统一部署,校党委也收集整理了大批黑材料,为秋后算账抓新"右派"做准备。

其实,这并非文革时期的新发明,而是1957年"反右"后新官僚权贵的惯用伎俩。党委领导的文革后期,如何妥善保管这些黑材料,成了当权派最后的"神圣使命"。最保险的地方莫过于机要档案室(全国各地莫不如此)。

原因有二:其一,"苏联模式"下的人事档案,历来就是对民众进行组织控制的工具,重在记录"历史污点",以便将每个人的"小辫子"牢牢抓在手里,与文革时的黑材料大同小异。其二,文革之初,党中央三令五申"严禁抢档案",档案室随之成了"尚方宝剑"严格保护、平民大众不准入内的机要重地。

造反派为了揭露当权派的"秋后算账"阴谋,搬掉压在头上的"黑材料大山",全国屡屡发生"抢档案事件","毛中央"在"严禁群众抢档案"同时,也"严禁当权派将黑材料存放档案室"。然而,"全党服从中央"的组织原则早已成了摆设,"县官不如现管"当权派依然我行我素。"抢档案事件"接连不断。

2. 事件过程

1966年10月10日，"校一部"造反派干部揭露：学校当权派已经将大批"黑材料"转移到了老校1号楼（办公楼）二层的人事档案室。消息传出，数百名"主义兵"群众闻风而动、一呼百应，群情激昂涌向了1号楼，责令校党委"交出黑材料"！常务副书记孙汉卿已成众矢之的不便出面，只得由副书记房金堂出面阻止，并紧急调集数百名"山大兵"群众和机关干部"保卫档案室"。

攻方由一楼向二楼涌去，被守候待命的守方阻截在楼梯上。双方推搡冲撞了许久僵持不下。房金堂书记颤颤巍巍地喊："同学们，不要上当受骗，档案室里没有黑材料……"

与"山大兵"相比，"主义兵"最大劣势是组织涣散。在如此大规模的群体冲突中更是群龙无首，难以形成步调一致的统一行动。根本不是"山大兵"的对手，只能眼睁睁任由守方从档案室后窗将一大包东西转移走了……

3. "偷鸡不成蚀把米"

失败的"抢档案事件"给"主义兵"造成两个不良后果。

其一，因为没有获得黑材料的真凭实据，对"抢档案"的罪名百口莫辩，任由当权派和"山大兵"理直气壮地痛击，被"愤怒声讨"了好多天："充分暴露了'主义兵'某些人心里有鬼，妄图掩盖见不得人的历史！""10月10日抢档案就是要以此纪念'双十节'，这充分证明他们就是国民党反动派的孝子贤孙！"……

其二，导致"主义兵"内部第一次意见分歧：一种意见是"策略派"或"温和派"，认为"抢黑材料"不符合中央指示，白白让当权派和保守派抓住了"小辫子"，得不偿失；另外，失败的教训在于无组织无纪律、不讲政策和策略。另一种意见是"激进派"，认为当权派拒绝交出"黑材料"，必须发扬造反精神、采取革命暴力行动；失败的教训在于头头儿右倾保守、未尽到组织领导责任。

从此，"主义兵"大队部威信顿减，组织益发涣散，为后来的"政变夺权"走向"极左"种下了祸根。

五、唯我独革——"山头林立"

"造反精神"与"政策和策略"的矛盾,是"无产阶级专政下"造反派与生俱来、困扰始终的"元问题"和"两难选择":太注重"政策和策略"吧,难免"造反精神"不足,根本无法承受当权派的高压政策和保守派的猛烈攻击;"造反精神"太强烈太坚定吧,又难免忽略"政策和策略",被当权派和保守派抓住"小辫子",招致更厉害的高压和更猛烈的攻击;

1. 老造反派"先天不足"

或许是青年学生激情有余而理性不足吧,全国的"毛泽东主义红卫兵"老造反派几乎都"造反精神有余,政策和策略意识不足","鲁大主义兵"也不例外,主要思想和行为表现是"唯我独革""老子天下第一"!

①. 造反精神有余、谦虚谨慎不足,兼容胸怀和团结意识缺失,在"反对折中调和"的慷慨激昂中排斥不同意见的"同类"。致使派中有派、山头林立,"鲁迅大学八·三一红卫兵"和"新山大红卫兵"不得不相继另起炉灶。结果,难以形成人多势众这个唯一的阶级(或派别)优势。

②. 即使本组织内部稍有意见分歧,同样是剑拔弩张、怒目相向,"坚持原则,眼里容不得沙子",人人自以为是、各行其是。致使组织体系日益松散,徒有组织名号,难能形成"拳头"发挥组织整体优势。最终,唯一出路就是"道不同不相为谋"分道扬镳分崩离析。

2. "政变"——"曹靖、张发玉新时代"

正是这种"唯我独革"心态,使"主义兵"徒有组织之名,很少形成真正的组织体系和统一行动,最终导致了"政变":张连荣、刘仲连等第一届民选领导人成了"领导不得力的老右倾"相继"靠边站",迎来了"曹靖、张发玉新时代"。

全国政治形势急剧向左转,"主义兵"也急剧向左转,以"老造反派"自居,"唯我独尊,舍我其谁"。最终成了"极左派"或激进派。

对外,越来越采取"关门主义",傲视并排斥"鲁大八·三一红卫兵"和"新山大红卫兵";对内,则排斥主张"注重政策,讲究策略,团结同志"的不同意见。

①. 曹靖——形势分析报告会

"批判资产阶级反动路线"后,官办的"山大兵"名存实亡,两派对抗的激烈程度日益减弱,派仗越来越"乏味"。

除了少数人应对派仗以外,"主义兵"多数人都无事可做、无所适从,产生了"运动向何处去""我们怎么办"等问题,产生了空前的困惑、迷茫和彷徨。

为应对这种局面,"主义兵"在老校大礼堂举行了形势报告会,由"形势分析组"组长曹靖作形势分析报告,回答群众各种困惑、疑问和迷茫。报告发扬中四的"领军传统",思想深刻而条理清晰,激情洋溢而充满理性,令人茅塞顿开、心明眼亮,无异于在众人"心灵的暗夜里点燃起一蓬篝火"。结果,赢得了全场由衷的长时间热烈掌声。以此为契机,在"主义兵"民众的强烈要求下,他取代了张连荣、刘仲连,由"精神领袖"成了"新的掌门"。

②. 张发玉——"诸侯割据"

如果说曹靖是靠思想深刻和广大群众拥戴而光明正大地成为掌门人的话,那么,张发玉则是靠煽动能力和少数激进分子拥戴而"阴谋政变"成了割据老校的"新诸侯"。

当时,群众运动也是"摸着石头过河",即使造反派头头儿,对"怎么办"等问题同样是不甚了了。或许以往政治运动的残酷性和血腥气留在青年人心灵中的阴影实在太浓烈沉重了,一向以老成持重著称的刘仲连、张连荣等第一届领导人,深恐自己判断失误而把造反派同学领进"瞎马临深池"的境地,因而,非常谨慎小心,宁可"不作为"也决不贸然"胡作为"。与"造反精神强烈,理性思考不足"的激进分子之间分歧冲突在所难免。再者,山大由青岛迁往济南后,一直分为老校和新校两个校址,其间相隔 2 公里,来往全靠徒步。"主义兵"成立后,大队部设在新校,与老校的联系诸多不便。

正因如此，为张发玉等"诸侯割据"提供了机遇。他串联了十几个激进分子，跑到新校1号楼"主义兵"总部围攻张连荣、刘仲连，强烈要求设立"主义兵老校分部"，张发玉成了理所当然的"掌门"，控制了物理、电子、生物、外文等四个系。在其后数月里，他除了鼓吹、顺应"唯我独革"的极左情绪，就是争夺领导权，最终"彻底独立"。众多不乏正义感的"主义兵"战士都斥之为"私心太重，官迷心窍"。

这种领导班子和组织体系的改变，成了后来"主义兵"沦为"极左派"悲剧下场的开端。

第三节 红卫兵山东指挥部

1966年10月批判资产阶级反动路线后，山东省委的领导地位摇摇欲坠了。

一、济南红卫兵师

为了延续反文革路线，阻击文革派冲击旧秩序的洪流，省委将驻济高校的官办红卫兵统一组织起来，成立了"济南红卫兵师"，"山大兵"大队长郭德宏任师长，山医附院"人工喉"青年专家杨仁中任政委。

为了"誓死捍卫省委"这个大局，省委再次丢车保帅，抛弃官办红卫兵曾经"誓死捍卫"的校党委。在省体育场召开的"热烈庆祝济南红卫兵师成立大会"上，山大校长兼书记成仿吾、山工书记张国忠等驻济各高校当权派，都成了被揪斗和游街示众的对象。各校官办红卫兵，为了发泄对他们"蒙蔽群众坑害保守派误入歧途"的愤怒，难免对昔日"誓死捍卫"过的老领导施以"暴烈行动"。例如，成仿吾被打得无法站立，只得从解放路七中附近爬回了家，并落下大便失禁的终生痼疾……

二、红卫兵济南串联站

济南红卫兵师成立后,各高校官办红卫兵一方有难、八方支援,实力和声势大增。造反派红卫兵一向善于向官办红卫兵"猴子跟着人学事儿",也随即串联组织成立了"红卫兵济南串联站",山师"革命串联红卫兵"负责人王竹泉为召集人。

1. 组织名称释义

根据王竹泉的提议,造反派红卫兵"联合体"的名称定为"红卫兵济南串联站",其含义如下:①"红卫兵"置于最前面,标志着:本组织是毛主席党中央领导的全国红卫兵继续革命大军的一部分,而非各自为政的"济南红卫兵"或"山东红卫兵"。②在深入开展本校文化大革命的同时,也要密切关注济南市和山东省的文化大革命,并坚持经常相互串联,共同寻求解决本市本省问题的统一行动。③它并非严格的统一组织,更不是一个权力机构,与各高校红卫兵组织之间也不是领导与被领导的关系,而是为各兄弟院校红卫兵之间平等交流、联合行动,提供一个站点或平台。④向解放军学习!"中国人民解放军济南部队"并非"驻济南的部队",而是包括整个山东和苏、豫、皖部分地区的部队。"红卫兵济南串联站"并非"济南市红卫兵串联站",它既容纳济南市的民办红卫兵,也容纳全省的民办红卫兵,拥有更大的包容性和发展空间。

2. 组织形式及其工作机构

"串联站"的基本组织形式是:各高校造反派红卫兵负责人联席会议。第一次会议是王竹泉建议并联络召集的,地点在历山旅社会议室,"鲁大主义兵"张连荣到会,王竹泉被推举为联席会议召集人和主持人。会议决定:在历山旅社二楼设立"串联站"办公室,为造反派战友联络、交流提供场所和服务。各高校红卫兵组织选派一名"驻站代表",负责"串联站"与本校红卫兵组织的信息沟通;另外,选派一名办公室工作人员,负责处理日常事务。

"鲁大主义兵"的"驻站代表"是秘书长赵柏林。

"红卫兵济南串联站"的成立,是山东省造反派红卫兵运动一个重要发展阶段。从此,驻济各高的民办红卫兵组织不再是关起校门"各自为战",而是拥有了更壮大的组织形式。虽然尚处于"邦联制"阶段,而非"红卫兵师"那样的统一组织。但是,毕竟是获得了与官办"红卫兵师"组织对称的地位,为规模宏大、范围广阔的组织对抗奠定了组织基础。

3. 笔者被派驻"串联站"

在曹靖的形势分析报告会上,笔者也应命宣读了预先准备的发言稿为主题报告敲边鼓,倡议:认清形势、振奋精神,克服急躁情绪,脚踏实地"将文化大革命进行到底"。并获得群众好评和头头儿赞许。

没过几天,历史系贴出大字报揭露:"赵柏林原来是党委打入主义兵内的卧底"!其"驻站代表"资格也随之终止。笔者成了"鲁大主义兵"派驻"串联站"的代表。

三、"红卫兵师"砸了"红卫兵串联站"的牌子

历山旅社坐落在解放桥东北角。最早,在四楼设有"解放军济南红卫兵联络站",负责人先是转业不久的副省长杨介人,后又换成现役军人宋一民(职务不详,在革委会领导的文革中,任省革委生产指挥部政治部主任)。

"济南市红卫兵师"师部设在三层。

"红卫兵济南串联站"设在二层。

1. 亲历冲突

组织对称,为对抗奠定了基础;对抗,为冲突铺好了干柴。不久,烈火烧起来了。起因是,"红卫兵师"派人到"串联站"摸底。据他们说:"串联站"接待他们的工作人员说"红卫兵师是省委官办的老保"。如此"诬蔑真正的革命派",是可忍孰不可忍?

次日上午,历山旅社门前开来四、五辆大卡车,从车上跳下二百来名"红卫兵师"战士(大都是工学院的),不由分说把挂在旅社门

口左边的"红卫兵济南串联站"木牌砸成了四五瓣。接着,又冲到二楼要砸"串联站"办公室。当时,我们只有七、八个人,寡不敌众。情急之中,笔者打电话向山师告急求援。不一会儿,山师"串联红卫兵"体育系中队长高士健率领李敦义等乘坐三轮运动摩托车赶到,几分钟后大队人马(四、五十人)也乘卡车赶来,个个都是彪形大汉。

笔者简要介绍情况后,高士健说:"反了他们了!"即刻与对方领头人理论。人高马大的李敦义抓着衣领拎小鸡儿似地把他拎到人少的地方,并说:"弄这一套没用!过来,过来,好好谈谈!"其他人或捉对或扎堆地辩论起来……

红卫兵师的人气焰顿挫,气势汹汹、不可一世的蛮横荡然。说实在话,虽然官办红卫兵整体实力和声势远远强于民办红卫兵,但是,各自为战的能力却从来就不是对手。这或许是:受人操控的傀儡或"驯服工具",终究无法与挣脱了枷锁的反叛者匹敌。更何况,数十名彪形大汉,不论是动嘴还是动手,都堪称以一当十锐不可当。

2. 第一次充当谈判代表

笔者刚到"串联站"时,在"解放军济南红卫兵联络站"召集"串联站"与"红卫兵师"的见面会上,宋一民说:我们是遵照毛主席"解放军要支持左派广大群众"的指示而设立的,是为红卫兵小将服务的。你们两派都是革命群众组织,我们会一碗水端平……"

其实,笔者心里明白:这完全是"美丽的谎言"!不久,事实提供了充分的证明。

当"红卫兵师"强势时,他们"来不及做出反应",任由"红卫兵师"放手砸"串联站"牌子和办公室。当"串联站"援兵赶到而"红卫兵师"处于劣势时,他们则迅速做出了反应,出面"居中"调解。

他们要双方各出两名代表进行谈判,高士健与笔者代表"串联站"。高士健阳刚而激烈唱"红脸",笔者阴柔而冷静唱"白脸",可谓"刚柔相济相得益彰,义正词严有理有节"。

尽管宋一民等对"红卫兵师"心存回护,但是"一碗水端平"的执法者形象也不便轻弃。最终,经过一番唇枪舌剑,迫使对方承认:

"将思想观点分歧升级为暴力行动是不对的"。我方也高姿态保证:"不再继续追究,也不会以牙还牙"。并形成书面《谈判纪要》,双方签字画押。

自此,笔者与高士健结为至交,交往半个多世纪。

四、"鲁大主义兵"争座次

曹靖、张发玉接掌大权后,"主义兵"从上到下"唯我独革,舍我其谁"的极左思潮急剧膨胀,对外自诩"鲁老大",不甘居于山师王竹泉之后屈居"鲁老二"。对"串联站"联席会议和联合行动,态度冷淡消极,最终拒绝出席联席会议。

对这种自命不凡、妄自尊大的做派,笔者反感而忧虑:难道座次和名分就那么重要?连乡野儿童都知道团结就是力量,"谁胜谁负"八字还没见一撇,就兄弟阋墙争座次、闹内讧,如何战胜手握强权的"走资派"和人多势众的保守派?

当时,也曾考虑过去留问题:同班同学都"长征串联"去了瑞金和井冈山,此时只身一人回到学校,除了忍受难耐的寂寞和孤独,还能干什么?继续留在"串联站",起码还能维持兄弟院校造反派之间表面的大联合形象……

五、山东省红卫兵联络总站

"主义兵"从争座次走向了另立山头,又一个"乱世英雄"粉墨登场了。

邵长文,曹靖的同班同学。在"大串联"中,与昌潍医专的张继胜、烟台师专的刘继光一起,联络两地的中学造反派红卫兵成立了"山东省红卫兵联络总站",并以"鲁老大"代表的身份自任"总负责人"。

1967年初,邵长文率领一些外地中学造反派红卫兵抢占省委大院,无异于单方面"抢权",在社会上引起强烈反响,造成了诸多副作用。

1. 对于邵长文打着"鲁大主义兵"旗号另立山头的行为，包括中四他同班同学在内的绝大多数"主义兵"都坚决反对，甚至对外声明：他无权代表"鲁大主义兵"！然而，"红联总"进占省委大院后，许多被"极左"思潮控制的头头儿和骨干却把"红联总"视为"主义兵的红外围"。并选拔一批"出身好，根子正"的"主义兵"战士，组成"红色敢死队"进驻省委大院（化二丙班学生、烈士子弟孙玉朝任队长），与"红联总"并肩战斗。从而，把"主义兵""山工联"拖进了"破坏大联合，单方面抢权"的泥坑。

2. "红联总"唯我独革、舍我其谁的狂妄心态，以及排斥造反派战友独吞"胜利果实"的霸道做派，理所当然遭到兄弟院校造反派的反感和反对，造反派队伍大分裂无可挽回。这种"自残式"的内耗，削弱了文革派继续革命阵营的实力。这种副作用，在其后的两年里无时无处不在，致使山东省文革"气血两亏，四肢乏力"。

3. 文化大革命是"无产阶级专政下继续革命"，"无产阶级专政"这个前提条件不容忽视。否则，如果不能慎重把握"合法性"原则，不注重趋利避害的斗争策略，难免"疤癞眼照镜子——自找难看"。"自下而上揭露我们的黑暗面"是毛主席党中央的伟大号召，不论如何"动嘴"揭露批判走资派的罪错都是"合法的"，都会受到"毛中央"继续革命国家法权（最高权力）的支持保护。然而，一旦要"动手"夺取省委"党政财文一切大权"，就绝非仅凭想当然就能自主决定的，必须首先面对"是否合法"的判断选择。纵然是民主制度相当发达的国家，痛骂总统无罪，但要占领政府机关也难免因为违法而受到镇压。何况中国这类"苏联模式无产阶级专政"国家！

"主义兵"头头儿们却认定：只要人多势众拳头大，就能造成既成事实，逼迫别人乖乖就范。便"老子天下第一"恃强凌弱、横行霸道，忽略了"国家最高权力"的存在，忽略了"无产阶级专政柱石"——军队的存在。结果，拒绝"大联合"，既失去了民心，又失去了"毛中央"的认同和保护，只能授人以柄遭到镇压。

只可惜，这种惨痛的历史教训，并未被"鲁大人"所接受，极少有人像"中四"那样深刻检讨和反省，而是一味怨天尤人。以至于，又为以后"闹翻案"第二次遭劫埋下了祸根。

六、王竹泉冲冠一怒,"红卫兵山东指挥部"诞生

"红卫兵山东指挥部"是造反派队伍内讧的产物。

1967年初,经过数月动荡和无政府状态,"无产阶级革命派大联合"成了新的运动大方向。当时,工厂、农村、机关等造反派组织,大都是造反派学生串联、发动、组建起来的,"唯红卫兵马首是瞻",造反派红卫兵成了实际上的领头羊。所以,能否实现"无产阶级革命派大联合",关键在于:各种名目的民办红卫兵组织能否实现大联合。

1."大联合"诚意遭亵渎

面对造反派内部的分裂趋势愈演愈烈,作为省会济南的民办红卫兵"实际领袖",王竹泉内心十分焦急,出于社会责任感做了最后一次努力,主动登门找邵长文商谈山东造反派红卫兵的大联合问题。

事前,他与身为"鲁大人"的笔者商谈过,基本模式是:以"串联站"为基础,扩充青岛、烟台、曲阜等各大专院校红卫兵组织,组成"红卫兵山东省大学分部";以"红联总"为基础,扩充济南、青岛等地中学红卫兵组织,组成"红卫兵山东省中学分部",合二而一组成"红卫兵山东省总部"。若能与邵长文达成共识,再邀请青岛、曲阜等外地造反派红卫兵组织共同会商实施。

一天上午,王竹泉与笔者一起骑自行车到了省委大院东南办公厅楼二层一间大办公室见到了邵长文。他披着棉军大衣,戴一副浅色框眼镜(笔者第一印象:与儿时所见过的乡长张连祥差不多,只有呢子大衣与棉布大衣、墨镜与眼镜的差别)。王竹泉向他说明来意,表示了大联合诚意。不料,话还没讲完就被邵长文打断了,他傲慢地拒绝道:"你们是济南市红卫兵串联站,我们是山东省红卫兵联络总站,怎么联合?如果真想联合,你们加入进来不就得了!"

真可谓"热脸贴了个冷屁股",无异于当头一盆冰水,王竹泉被呛得瞠目结舌半天说不出话来。最后,反问了一句:"如果你们改称

'国际联络总站',你就能成世界革命领袖吗?"

笔者更是羞愤难当,既为这等无知傲慢的"红卫兵领袖"而愤慨,更为有这样连起码教养和礼貌都不懂的"同学加战友"而羞愧。

2."串联站"更名为"红卫兵山东指挥部"

在返回路上,两人只顾闷着头蹬车,除了狠狠骂了几声娘都很少说话。到了历山旅社,王竹泉怒火未消当即宣布:从今天开始,"红卫兵济南串联站"改为"红卫兵山东指挥部"!并立即安排专人负责赶制新牌子。

从此,"红卫兵山东指挥部"宣告诞生。

七、造反派分裂成温和派与激进派

从"红联总"进驻省委大院起,省委无法继续正常办公了,主要领导人大都住进了荣军医院或其他医院高干病房。由于不能获得省委领导的指示,红卫兵师气势锐减,最终濒临瓦解。民众自治的文革随即成了造反派的一统天下。

1. 激进派与温和派分道扬镳

然而,中国社会发展程度及平民阶级民主素质决定了,文革不可能从"造反派的胜利"走向"平民阶级的胜利"。两千多年的官僚专制在泯灭人性、培养奴性的同时,也扼杀了整个民族的向心力和凝聚力。以至于,惯于内讧、内争、内耗的"一盘散沙"愈演愈烈。

在民众自治的文革后期,造反派红卫兵内部再一次重复了这种历史悲剧,分裂为温和派和激进派。

①. 激进派组织体系

以"鲁大主义兵"为精神领袖,树立起了两大"山头":一是"红联总"以鲁大中四学生邵长文为掌门,号称"10万天兵天将"。二是"山工联"(山东省工人造反联合会)以鲁大汽车班工人董金福为掌门,鲁大政三学生范长江为顾问或军师,号称"80万产业工人大军"。

②. 温和派组织体系

以其他五所驻济高等院校（外加"省团校"）造反派红卫兵为精神领袖，树立起了四大"山头"：一是"红山指"（红卫兵山东指挥部），以山师政四学生王竹泉为掌门，人数一万余人。二是"山工总"（山东省工人造反总指挥部），以济南市印刷机械厂工人韩金海为掌门，除了汽车总厂大都是被"山工联"排斥在外的中、小厂矿"非产业工人"。三是山东省文艺界造反司令部，包括省京剧团、省歌舞团、省吕剧团、省戏校等造反派，以省歌舞团常新文为掌门。四是省直机关干部造反组织，包括：以杜春胜为首的省委机关造反派、以刘新德（省财政厅）为首的省直机关造反派、以武如山为首的大众日报社造反派、以花光隆为首的省公安厅造反派，等等。

2. 激进派与温和派战火愈演愈烈

两派彻底决裂形成组织体系对抗，造反派之间的"内战"取代了造反派与保守派的"外战"。传单、大字报、大标语对攻战铺天盖地，宣传车、高音喇叭轰炸战震动泉城。

①. **相互指责为"新老保"**

当时，社会舆论已经改变，"保守派""保皇派""老保"，不再是"党的忠诚卫士"，而变成了"走资派的御用工具"。保守派为了与"走资派"划清界限，又避免与"造反派亡命徒"混为一谈，自称为"革命派"，随之"铁老保"称呼也成了"恶意攻击诬蔑"。激进派与温和派的内战的全部内容，几乎都是言之凿凿地攻击对方是"新老保""新保皇派"。

为了充分展现自己"真造反派本色"，以反衬对方的"假造反派嘴脸"，双方开始争抢批斗省委"走资派"。为了不给对方揪斗"走资派"的机会，又对省委"走资派"藏起来垄断独占。由此，又引发了一场"口水讨伐战"：激进派攻击温和派"名为揭批白如冰，实为保护最大走资派"；温和派则攻击激进派"名为揭批谭启龙，实为保护头号走资派"。

②."君子协定"并非莫须有

数十年后的今天,流泻出的"内部讲话"等诸多史料证明:谭启龙等并非被动地"被抓",而是主动地"投靠"。支持山东夺权的"两报一刊社论"中"和平让权,君子协定"之说,并非"莫须有的虚构",更非"蓄意陷害"。

③.内战主旋律外的小插曲儿

省委当权派之间潜在的旧矛盾也公开化了,谭启龙、苏毅然支持激进派,白如冰则倾向温和派。"二·三夺权"后,谭启龙成了"死不改悔的走资派";而白如冰"被解放",成了"省五七干校"校长。

文革被彻底否定后,"被颠倒的历史"又颠倒了过来,白如冰因为"见风转舵,投降变节",成了"风派"代表人物,被"邓中央"所唾弃,官运不畅。谭启龙则因为"立场坚定,惨遭迫害",成了浙江省委第一书记。他不忘旧情,每年都专程派人慰问山东老同志们,每人一筐黄岩蜜橘,并贴上人名标签,唯独没有老搭档白如冰的份儿。

3. 苏毅然与"主义兵"的"交情"

谭启龙、苏毅然滞留山大期间,生活起居和日常活动由李本玉("主义兵"对外联络组组长)负责。虽然没能留下"美好的记忆",但是,通过多日面对面的直接接触,却也真正了解了"老造反派"(他们曾经要抓的"新右派")真实的思想观点和内心情感。后来,苏毅然复位后一直对"鲁大主义兵"印象不错且多有回护照顾。

苏毅然与李本玉还结下了一段"友情"。他急匆匆离开时,秘书将公文包丢在了山大。李本玉发现后,以"主义兵总部"的名义写了一张警示纸条贴在包上:"这是省委 xx 的公文包,里面可能有机密文件,切勿乱动!"并与省委有关部门电话联系,通知其秘书来学校认领了回去。

1974 年春,在中央举办的"山东省批林批孔汇报会"上,晚饭后散步时,苏毅然亲口与笔者谈起此事并深表赞许。

4. 笔者：第一次成了"鲁大叛徒"

1966年底1967年初，造反派内部的派仗火药味儿越来越浓了，"红山指"由历山旅社迁到了山医朝大门口的楼上。山师"串联兵"向"红山指"报告："主义兵"已经把宋书星定为"鲁大叛徒"，并计划"抓回学校公审"。省团校造反派二把手、派驻"红山指"的代表赵树森告诫笔者：无事不要离开山医校园，有事外出时，最少要有一人陪同……

第四节 筹备"夺权"

邵长文"准夺权"后，激进派"单方面抢权"行动急剧升温，两派群众冲突愈演愈烈。温和派首领们也加紧了筹备"夺权"的脚步。

一、"夺权筹备会"

1967年1月中下旬，王竹泉与笔者开始了频繁的串联活动，先后串联杜春胜、武如山、刘新德、常新文、刘长茂等十多人，在山东剧院二楼举行筹备会，商讨"夺权"事宜，并起草《山东省无产阶级革命造反派大联合夺权筹备会声明》（记忆不很准确），会议开了一下午加一通宵。

数十年后的今天，对每个人的发言内容，记忆都朦胧模糊了，唯有与"丐帮帮主"的偶遇终生难忘。

第二天清晨会后，笔者与王竹泉等七、八人到西门桥附近的汇泉饭店二楼吃早点（烧饼、油条、豆浆）。疲劳不堪、困意难消，便到楼下门外一边"醒盹儿"一边等候其他人。当时，汇泉饭店和其他店铺在同一栋连体二层楼上，楼南面搭了个席篷，白天供顾客和员工存放自行车，晚上则成了丐帮的栖息地。笔者出门后正赶上他们十几个人分派任务，"帮主"是一位十四、五岁的女孩儿，别看跛一条腿、眇一只眼，就连五六十岁的老乞丐都绝对服从她的吩咐。笔者大脑中蹦出一个雅号——"跛足独目凤"。她把众乞丐分成三人一组、指定负责人,将旧布袋、破瓷碗、茶缸子等分发给众人,分别派往火车站、汽车站、大观园、泉城路等等闹市区,并宣布:谁也不准到别人的"领地"去!众人走了以后,她便悠闲地哼起了小曲儿。

笔者问她:"你咋不去要?"她头不抬、眼不睁,平静安详地说:"我不用去,到饭时他们会把好吃的送来。"

笔者心灵像是被什么猛撞了一下,闪过一个念头:这可真是"乞丐有乞丐的快乐,皇帝有皇帝的烦恼"。苦与乐,存乎一心,大都是自找的。……什么名权利?身外之物,更应是心外之物。得,未必福,不足喜;失,未必祸,不足悲。

正是这次偶然的点化和感悟,使笔者在其后数十年起落沉浮中,得以心理较轻松地化解了诸多烦恼。

二、王效禹来济南"夺权"

1967年1月31日青岛市夺权九天后,青岛市革委主任王效禹手持中央指示"尚方宝剑",率领青岛市革委代表团来到省会济南,主持筹备山东省的"夺权斗争"。

代表团成员有王效禹、张子石、孙枫丹、彭世杰、王世岐(山大中四学生,"声援三大院校代表团"及青岛市革委"第一笔杆子")等十多二十来人。

当晚,在山东宾馆三楼会议室召集济南造反派组织负责人开会,商讨山东省夺权问题,"红山指"王竹泉和笔者等到会。公安厅造反派负责人花光隆首先发言,向济南造反派介绍了王效禹:这是青岛市革委主任王效禹同志,是入党多年的老干部,在青岛市夺权斗争中发挥了重要作用、积累了丰富经验。他是奉"中央文革"指示,来济南与各位造反派战友一起商讨向省委夺权问题。

然后,每个与会者作了简单自我介绍。笔者碰巧与王世岐邻座,当自我介绍"我叫宋书星,是鲁迅大学毛泽东主义红卫兵驻红卫兵山东指挥部代表"后,王世岐也主动向笔者作自我介绍。继而,孙枫丹等也离开座位到笔者身边热情握手打招呼,并给笔者写下姓名和联系方式（字体遒劲而秀丽）。

当时，有关夺权斗争最重大最紧迫的问题是造反派内部分裂冲突愈演愈烈。自我介绍后，王竹泉介绍两派分歧、分裂、内讧的根源和由来。

笔者随后作了简要补充，重点介绍了温和派争取大联合的努力，以及与邵长文会谈的过程和结果。其间，王世岐插话："我们中四同学都知道，邵长文既无头脑又无水平，写东西都狗屁不通。怎么能让他当'联络总站'负责人呢？"

济南造反派汇报完后，王效禹接着讲话："我们来之前，原本打算到济南后依靠鲁迅大学毛泽东主义红卫兵，和其他造反派战友大联合一起夺权。现在看来不行了，他们闹分裂、搞唯我独革，违背中央大联合的指示……"

会议进行中，笔者被花光隆拉着去处理"主义兵冲击公安厅事件"。其实，花光隆的本意是：为了"保守筹备夺权的最高机密"，必须严防"鲁大主义兵"的人混入！作为公安厅政治部主任，他对"阶级敌人专政"已久，既定思维传统根深蒂固：每个人都形迹可疑！为了确保安全，"宁可冤枉多人，绝不漏网一个"……

从此，笔者又从"鲁大叛徒"变成了"鲁大主义兵二线人物"！虽然觉冤枉，但从未耿耿于怀记恨过谁：在任何国家的任何大革命年代或政治斗争非常时期，这种"误伤"无处不在不胜枚举。

三、"131 冲击公安厅事件"

当时，真可谓动荡年代，群情激昂、人心浮动，各种传言和谣言不胫而走。1967 年 1 月 31 日，一条消息四处流传："公安厅抓了老造反派战友"！晚上，众多"主义兵"学生和其他单位激进派群众涌进公安厅大院"营救战友"。结果，被"关门打狗"圈禁在了院内。此即"冲击公安厅事件"，激进派则称为"陷害老造反派的'白虎堂阴谋'"。

夜已很深了，隆冬腊月寒气逼人。花光隆领着笔者进入公安厅大院，千余名群众人挨人站满了整个院落。楼门口、一楼走廊上站满了公安厅的人，与院内群众形成对峙。花光隆将笔者带进二楼一间大办公室。一位"公安"简要汇报了情况后，花光隆问笔者："怎么办？"笔者说："群众大都不明真相、误信谣传，应动员他们尽快离开。"花光隆表示赞同。然后，笔者在花光隆等陪同下，站在楼门口台阶上，作了简单的动员讲话：第一，毛主席党中央三令五申，严禁冲击公安机关，你们的行为是错误的，必须立即撤离。第二，希望以后要冷静思考，明辨大是大非，不要轻信谣言，不要跟着少数人瞎跑……

众人慢慢散去。花光隆提出，要笔者到大门口看看，有没有"坏头头儿"。其意昭然：如果有就抓人。笔者心中涌上一丝不快：两人交往数月，当他遇到疑难时，都向笔者请教或求援，可谓尊敬有加。现在却把笔者当成了告密"鹰犬"，令人难以接受。沉吟片刻，还是答应了。直到众人散尽，也未指认出一个"坏头头儿"。

这或许是笔者坐实"鲁大主义兵二线人物"的重要"铁证"。从此远离了山东省夺权斗争的筹备中心。

四、民众自治文化大革命的意义和教训

毫无疑问，以红卫兵运动为代表的民众自治的文革，是文革群众运动的真正高潮。虽然它历时短暂仅存在了不到半年，但是，其伟大意义和惨痛教训都不容忽视。

1. 历史意义不容低估

作为中国第一次真正的民权解放运动，它在中华民族现代化发展史上是划时代的，对于平民阶级的民权解放，具有不可低估的历史作用和伟大意义。

①. 极大地冲击了新官僚权贵的公权垄断、政治隔离和信息封锁，"国家兴旺，匹夫有责"真正成了广大民众的实践行动。他们以"关心国家大事"为己任，对上层建筑和上流社会的黑暗面大胆揭露痛加批判，七嘴八舌"指点江山"，民权意识和社会责任精神得到空前充分的张扬，参政议政的政治热情空前高涨，无愧于史无前例！

②. 随着新官僚权贵的"庐山真面目"暴露无遗威风扫地,他们头上的神圣光环成了风中残烛,新官僚专制的权威也烟消云散了。两千多年来压在平民阶级头上和心中"怕官怕权怕政府"的奴性,以及官僚崇拜、政府崇拜和国家崇拜受到前所未有的冲击,代之而起的是民权意识的觉醒以及人性解放、思想自由和行为自主。

③. 除了1957年短暂的"百花齐放,大鸣大放"运动,以往"无产阶级专政下的继续革命",基本都局限在"苏联模式无产阶级专政"体制内,是毛主席继续革命国家法权对新官僚政府官权的斗争。平民大众只是旁观者或"被运动的对象",他们民权解放的理想追求少有表露和伸张的机会,民众自治的文革给了他们第一次充分表露和伸张的机会。

④. 此前,平民阶级只有揭竿而起的农民起义或武装暴动等"非法斗争"经验。而民众自治的文革给了他们"无产阶级专政条件下"合法斗争的第一次尝试和体验。前者是变态化社会的矫正力;后者则是常态化社会的推动力,对于平民阶级的民权解放和民主政治发展,更具有长效性的示范意义。

⑤. 它是平民阶级第一次真实的民权体验,也是民心民情民意第一次客观真实的表露。为以后的社会改革或继续革命实践,提供了国民民权觉悟程度、自主自治能力、民主管理能力等民主素质的真实数据。这是任何理论学说都无可替代的。

⑥. 中国在漫长的专制社会,名曰君主专制,实为官僚专制。诸姓王朝走马灯似的换了一代又一代,名副其实的君主专制(中央集权)仅见于各朝"其兴也勃焉"的开国之初一两代人。其后,便是愈演愈烈的官僚专制。整个官吏队伍及其官权急剧恶性膨胀,寄生于日益孱弱不堪重负的社会肌体上,野蛮贪婪地吸食劳动人民的血汗,直至民不聊生揭竿而起。此即延续了两千多年的官患痼疾!

民众自治的文革开创了史无前例的民众自治的"无官社会",社团政治取代了威权政治,民众自治取代了官僚专制。从中央到地方,五花八门、等级森严的官权专政机器一律"停摆歇菜"。然而,天并没塌下来,老百姓生活一如往常,各厂矿企业的生产活动也大都照常进行。95%以上的民众，不分男女老幼、士农工商人人平等，充分享有两种自由和自主权利：其一，摈弃了一切形式的政治垄断和信息封锁，国家大事和政治活动公开透明，全国人民通过大众传媒直接接受毛主席的"最高指示"和党中央号令，自主决定政治立场，自我规范政治行为。其二，摈弃一切形式的官员专制包办和"代议"，自由行使"四大"（大鸣、大放、大字报、大辩论）权力，直接表述对国家大事和社会公事的政治诉求或批评意见。

民权得以充分伸张，本身就是社会稳定最强有力的保障，"群防群治，群众专政"其权威性和威慑力远远超过了脱离群众的官僚专制！公、检、法被"砸烂"了，社会却进入了前所未有的低犯罪率时期。

后来，一些单位和地区发生的停工停产、"天下大乱"和"全面内战"，完全是新官僚权贵文官或武官们反文革路线因势而作的"杰作"！

2. 事实胜于雄辩

当时，笔者村里庄乡们两派对立也很严重。原来大队、小队干部都靠边儿站了，新班子又成立不起来。八月十五过了，熟过头儿的棒子（玉米）还戳在地里没人收。

刚满十五岁的小妹，与十来个同龄小姐妹一喳咕，乘着月光把一块七、八亩地的棒锤子掰下送到生产队场上，整整干了一个通宵。

大人们一看，连孩子都这样儿，咱再不干那还算人吗？于是，纷纷"搁置争议"齐心合力完成了秋收秋种。所有秋庄稼没有一样像五八年"五风"时那样烂在地里。

两相比较，发人深思！民众自治的文革证明：脱离平民大众的官僚机构像一条盘绕在社会机体上吸食民脂民膏的巨大寄生虫，它之于社会进步的破坏作用远远大于促进作用，理应而且可以逐步精减直至废除。

3. 历史教训值得牢记

中国官僚专制的政治压迫和精神控制太漫长太沉重了！平民阶级的自主能力和民主能力奄奄一息，被扭曲到了病态化怪异程度。一旦搬掉压在他们心中和头上的官僚专制大山，又心理失重和行为失控，积压在内心十多年乃至数千年的冤、怨、怒"三气"以火山喷发之势猛烈爆发或爆炸开来，其破坏性和破坏力可想而知。

①. 片面强调阶级矛盾的对立对抗性（"你死我活"），否认相互依存、共生共进的统一性；片面强调"革命是一个阶级推翻另一个阶级的暴烈行动"，忽视政策和策略的保障作用，既不懂得合法斗争的意义，更鄙视和平改良，拒绝用"无产阶级专政"前提条件（法律规则）规范继续革命行动，对当权派以牙还牙、残酷斗争，既加剧了阶级矛盾斗争的破坏性冲突，又吓跑了平民阶级中间派大多数。

②. 即使革命队伍内部，也要"纯粹而又纯粹"。片面强调"反对折中调和"的斗争性，拒绝兼容并包、求同存异的阶级大联合，更拒绝五湖四海的统一战线。始终未能形成平民阶级的合力，极大地削弱了人多势众这个唯一的阶级优势。而且，相互之间山头林立、派仗不休，造成了革命力量的严重内耗，根本不能像成熟的革命者那样冷静思考谨慎选择，在不断总结经验教训中发展壮大。

民众自治的文革到头了，进入到革委会领导的文革新阶段。

第四章　革委会领导的文革

（1967.2—1969.9）

历经半年的"天下大乱"，打破了新官僚文官专制旧秩序。为了尽快结束"无法无天"混战不休的局面，"由天下大乱达到天下大治"，毛主席党中央决定：建立新的政权组织以填补延续了数月的"权力真空"，进入了革委会领导的文革新阶段。

毋庸置疑，各省、市（自治区）的"夺权斗争"实际上包括两种含义：一是夺"旧省委的党政财文一切大权"，二是夺造反派红卫兵对运动的控制权。

后者的合理性与历史功绩同样不容否定，它结束了愈演愈烈的造反派内讧内战，终止了文革阵营内部破坏性冲突所导致的内耗，避免了民众刚刚苏醒的民主基因恶异化成"巨噬细胞"在混战中相互吞噬同归于尽。

第一节　"二·三夺权"

1967年1月31日晚，王效禹在山东宾馆"夺权见面会"后，又不止一次召集过夺权筹备会。因为，王效禹手中握有"毛中央"尚方宝剑，不仅温和派造反群众组织代表一呼百应，即使军队代表也"少有疑义"。笔者猜测：或许是"军委办事组"或"军委文革小组"打过招呼？

一、山东省革命委员会

山东省革命委员会在高度秘密状态下组建成立了。首先确定了常委班子（中央批准前）：

"青岛市赴省会夺权代表团"：王效禹、张子石、彭世杰；

"红山指"：王竹泉（山师）、徐金华（山医）、孙振发（山工）、姜庆本（省团校）；

"山工总"：韩金海、刘长茂、张美智；

省委机关造反派：杜春胜（省委办公厅）；

省直机关造反派：刘新德（财政厅）、花光隆（公安厅）、武如山（《大众日报》社）；

济南市委机关造反派：王新阳（宣传部）；

军队代表：童国贵（省军区司令）、何志远（省军区政委）、赵修德（省军区政治部主任）、陈凤来（省军区）；

领导干部：穆林、晁哲甫、王路宾、王立波。

中央批准后，又增加了：杨得志（济南部队司令）、陈雷（原省检察长）。

如下几点可以肯定：①"常委"并非"由全委会投票选举"产生，而是先有了常委又有了委员。②除了王效禹，其他领导干部此前并无"站出来"的实际行动，更非"取得了群众谅解"，而是由王效禹拉进省革委的。③所有群众组织代表都是"在斗争中涌现出来的"，并未经过本单位和本组织群众充分酝酿民主选举。④王竹泉、姜庆本是本校造反派学生领袖，而徐金华、孙振发只是"被派出来参加会的"。

这种少数人密谋突击夺权的形式，虽然雷厉风行成效显著，但也难免负面作用，遭到不同意见民众非议和反对，被骂作"阴谋偷权"、"恃强抢权"，因而大大削弱了"省革委"的群众基础，留下了诸多后遗症。

二、激进派与温和派最后的大碰撞

1967年2月5日上午，"省革委"组织十万人在八一广场召开了"热烈庆祝山东省革命委员会成立大会"。不知是偶然巧合还是精心策划，激进派十万人同时在体育场召开了"沉痛悼念孟昭凤烈士，愤怒声讨走资派"大会，掌权派称之为"二五吊丧会"。

1. "庆祝会"与"追悼会"对台戏

"追悼会"的起因是：山大电子系一年男生"主义兵战士"孟昭凤在一次翻车事故中被卡车压死，其他人人则安然无恙。根据这个"疑点"，又经过一番"小说思维"演绎，得出了"铁案如山"的判断——"走资派御用工具公安厅阴谋制造的残酷杀害老造反派的大阴谋"！

第二天，印有孟昭凤"惨遭杀害"照片、质问"这是为什么？""血债要用血来偿！"等口号的各种传单，像雪片一样飞遍泉城大街小巷。2月5日又在体育场举行了"追悼大会"。

当时，笔者已经成了"闲人"，八一广场的"庆祝夺权胜利"大会与我无关，更不愿意去体育场"追悼革命烈士"，便找了一辆吉普车，到大街上"观光"。据目测、耳闻及听人介绍："追悼会"声势浩大、口号震天；而"庆祝会"不仅人数少，而且群众事先根本不知所以然，因而会场气氛冷冷清清、口号稀稀拉拉。但是，因为济南部队出动了大批大炮、军车，"庆祝会"形色大壮气势大增。而"追悼会"，除了人多势众以外，就显得有点儿寒酸了。

尤其，"庆祝会"还派出直升机飞临体育场上空撒传单，向"受蒙蔽的群众"开展强大的政治攻势。螺旋桨搅起的狂风夹杂着轰鸣声震颤每个角落，"热烈庆祝夺权斗争的伟大胜利""认清一小撮坏头头儿的反革命阴谋"等传单雪片似的从天而降。许多愤怒的群众仰起头、挥舞着赤手空拳，诅咒"新走资派的法西斯暴行"……

两相比较的强烈反差更为"追悼会"增添了几分悲壮，也预示了"谁胜谁负"的结局。

2. 两支游行大军夺路大碰撞

两个大会几乎同时结束，又同时在同一座城市开始游行示威。笔者乘坐的吉普车沿文化路东行至体育场北门外，有幸目睹了两只游行队伍一场空前的夺路大战。

双方各有数百辆汽车,拥堵在马路上互不相让,汽车喇叭声、高音喇叭声交响回应震耳欲聋。原本相互敌视火冒三丈的人们相互指斥怒骂,甚至相互撕扯起来。山大汽车班造反派司机"孙大鼻子"的夫人"孙二娘"表现尤为抢眼。三十来岁的妇女,操着东北腔撒泼破口大骂:"日你奶奶,不要命了,老娘跟你们豁上了!"一边骂、一边发疯似的跳出驾驶室,跳上对方一辆卡车驾驶室踏板,隔着车窗揪住司机的前胸衣襟,拼命往外拖……

这是"鲁大主义兵"最后的疯狂,也是最后的"辉煌"。

激情燃烧得几近疯狂的年代!人们为了捍卫自己的政治信仰,一切都置之度外了。与改开后人们的精明算计相比,真可谓彻头彻尾的傻瓜和疯子……

三、"主义兵"和"山工联"成了反革命组织

"主义兵"和"山工联"造反精神恶性膨胀,致使毫无政治敏感,对"无产阶级专政下继续革命"的真意和规则一无所知,更不屑于密切关注冷静把握党中央意向和客观形势,盲人骑瞎马似地勇往直前"一反到底"。结果,把无辜民众的命运连同大民主权利,轻率地押上了政治博弈的赌台,遭受到继工作组之后的第二次大镇压。

关于"主义兵""山工联"的定性和处理问题,省革委曾经发生过分歧和争论:

以公安厅花光隆、"山工总"韩金海等为代表,认为:"鲁大主义兵"和"山工联"冲击公安机关、冲击解放军,就是"阶级敌人操纵控制的反革命组织",必须坚决彻底镇压。军队代表大都支持或默许这种意见。

以"红山指"王竹泉为代表,坚持认为:"鲁大主义兵"和"山工联"不是什么"反革命组织",而是犯错误的老造反派群众组织。虽然在"大联合夺权"问题上犯了严重错误,但是,对山东文革做出过很大贡献。对他们不应当镇压,而应当通过批评教育,团结广大老

造反派群众。

争论不休，难能统一。最后，王效禹折中调和一锤定音："鲁大主义兵"都是青年学生，"山工联"也是最大的造反派工人组织，牵连全省数十万群众。干坏事的只是极少数头头儿，绝大多数群众都是上当受骗跟着跑的。"反革命组织"不应当是"鲁大主义兵"和"山工联"整个组织，而应当是他们总部一小撮头头儿。

四、围剿"主义兵"和"山工联"

"鲁大主义兵总部"及其控制下的"山工联总部"被定为"反革命组织"，终于为自己目空一切的狂妄付出了沉重代价，饱尝了被自己极度蔑视的"无产阶级专政"的血腥气。

1. "总部"头头儿被一网打尽

关于"主义兵总部和山工联总部是反革命组织"的严正声明一经公布，凄厉的警车啸叫伴随"坚决镇压反革命"的高音喇叭声，将激进派"欲与天公试比高"的冲天牛气扫荡一空。曾几何时，他们以"鲁老大"自居，自恃人多势众，迷信"拳头大就有理"，目空一切、不可一世。然而，一旦面对军警的"资产阶级专政"，便立刻土崩瓦解了。

"主义兵"曹靖、张发玉，"红联总"邵长文，"山工联"董金福、张金城、蔡长江等，相继锒铛入狱。广大无辜民众的慷慨激情荡然，一边怨天尤人"操爹日娘骂祖宗"，一边豕突狼奔如鸟兽散。

中国自古以来，不论在相互拼杀的战场上，还是在争权夺位的政治舞台上，强者对弱者、胜方对败方，从来就不会心慈手软，而是除恶务尽不留后患。

尤其是，书面文件可以咬文嚼字，容易分清"整个组织"还是"总部头头儿"，然而，一旦付诸实践行动就是完全不同的另一种局面了。逮捕了"总部坏头头儿"，摧垮了激进派造反组织，还要继续"宜将剩勇追穷寇"。于是，又一个天方夜谭式的现代神话产生了："主义兵"垮台前，安排了大批潜伏的"二线人物"流窜各地，阴谋"分散发动群众,农村包围城市"。

于是,全省从城市到乡村展开了一场声势更浩大的围剿战。各路各级新老"土皇帝"为"政治"需要,凡是需要整治的人都成了"主义兵二线人物"。

2. 全省大围剿

全省各地旧当权派垮台后,由省军区、各地(市)军分区、县武装部、社队基干民兵构成的军队系统,成了上下贯通的唯一行政通道。此时,又顺理成章地成了围剿"主义兵二线人物"的主力军。

尤其是,各军分区、武装部的军队当权派,大都原本就与地方当权派有千丝万缕的联系,同僚之间难免同病相怜、同气相求,成为反文革势力的潜在力量。压抑已久的怒气终于有了喷发机会,更是"宁左勿右"、层层传达、坚决贯彻"上级命令":

①. 各公社、大队都建立空前严格的基干民兵组织,并发放枪支,有的还发放了弹药。

②. 各村一律实行"民兵联防连坐"制度,在各个村头、路口站岗放哨,昼夜24小时轮流值班。

③. 一旦发现流窜的"主义兵坏头头儿",立即抓捕、押送至公社武装部、县武装部,或严密控制起来立即报告上级。

④. 隐瞒不报、包庇纵容者,严惩不贷。

如果说,在省会济南"无产阶级专政铁拳"主要是砸向"主义兵总部坏头头儿"的话,那么,到了下面各个地(市)、县、公社,"无产阶级专政"的枪口则完全指向了山东大学(不分造反派还是保守派)乃至全国大、中专学校的所有学生。

当时,正值春节之际,笔者家乡乐陵县各村基干民兵接到"上级"命令:为了不使一个"鲁大主义兵坏头头儿"漏网,凡是在外地上学的学生回乡探亲者,一律严密控制起来,并报请上级严格审查,确认不是"主义兵坏头头儿"后才能释放。无异于"宁可错抓一千,严防一人漏网"。

五、中央批准山东省夺权斗争

"二三夺权"后,中央通知省革委推举工、农、兵、学、干等各界各派代表组成代表团,赴京"向党中央毛主席汇报"。

可怜"鲁大主义兵"都被打跑或吓跑了,除了拖家带口、无法逃窜的教职工,以及少数"自信一身清白"的保守派或逍遥派,整个山大都"万户萧疏鬼唱歌"空荡荡的了。省革委费了九牛二虎之力,才抓丁式地找到三个造反派群众作为"鲁大主义兵"代表,纳入"山东省各界代表夺权汇报团"。他们是:物理系教师王东才、政一学生陈元松,外一学生张元苓。

周恩来、康生、江青、张春桥、姚文元、王力、关锋、戚本禹以及"军委首长"等"毛中央"几乎全体大员,都出席了汇报会并作了"重要指示":其一,坚决支持山东人民的夺权斗争及其"省革委新政权";其二,充分肯定"大联合,三结合"的夺权道路;其三,严厉批判"鲁大主义兵"的"极左错误"。

其后,人民日报又专门发表社论,将上述指示精神进一步文本化、权威化:……山东省委、省人委内一小撮反革命修正主义分子,在阶级斗争的紧急关头演出了假夺权的丑剧,为自己挖掘了坟墓。这些反动分子,利用各种政治手段和经济手段,收买某些组织的个别头头儿,把这些人变成他们的代理人和保护人,他们进行秘密交易,搞什么"君子协定""和平让权",以达到幕后操纵、保护自己、继续把持权力的目的。同时,他们利用那些受蒙蔽的群众,向真正的无产阶级革命派的夺权斗争施加压力,使工作机构陷于停顿,力图破坏社会主义经济。他们狂妄袭击公安部门,冲击中国人民解放军,力图破坏无产阶级专政。对于他们的这些阴谋,必须彻底揭穿,迎头痛击!……唯我独尊、老子天下第一,不搞联合、搞单干,不搞团结、闹分裂,不搞"三结合"而排斥一切领导干部,排斥一切其他的组织,甚至把矛头指向中国人民解放军……

"鲁大主义兵"三位代表,毫无政治素质和经验可言,好不容易见到了"中央首长",就像被人暴揍一顿的孩子见到了亲娘,只顾感动得热泪满面失声痛哭，顾不得审时度势"高姿态假检讨，抓住机会争取主动"，反倒要为自己辩解开脱，倾倒挨揍的委屈和苦水。结果，又遭到了"中央首长"尤其是康生的严厉训斥。他们唯一的收获只有，当自我介绍是"鲁迅大学毛泽东主义红卫兵"时，江青插话："主席历来不同意'毛泽东主义'的提法，还是称'毛泽东思想'好。"从而，为后来恢复或重建造反派红卫兵组织，提供了"中央首长亲切关怀和指示"的尚方宝剑。

六、"二七拜大年"（第一次围攻"鲁大"）

莫说专横跋扈不可一世的激进派，即使在比较冷静的温和派里，像王竹泉那样头脑清醒者也寥若晨星。绝大多数人都是权力意识强烈，阶级觉悟缺失，把"唇亡齿寒，兔死狗烹"的历史教训忘得一干二净。

1967年2月7日农历大年初一，四百多辆汽车巨龙蜿蜒游行穿越山大校园。"打倒主义兵总部一小撮反革命分子！"的高音喇叭口号声震颤每个角落，大长了"无产阶级红色新政权"的威风。……接着，所有高音喇叭、宣传器材、笔墨纸张等被搜罗一空，连外文系教学用的录音机、物理系的实验设备等等也未能幸免。

七、伟大的壮举

然而，一件"伟大的壮举"令笔者终生难忘。

当时，两大苹果筐金银珠宝首饰（各派抄家的战利品）就摆放在"主义兵总部"办公室里。各色民众数以万计，且分属全市各个不同单位，彼此互不相识，可谓乌合之众。然而，该办公室进进出出不知多少人次，却无一人随便乱动。

后来，一向爱管闲事的会计"孙秃子"（孙玉容）用平板儿车拉到老校财务科锁进了铁皮保险橱。退赔认领时，从未听说谁说少了什么东西。

何等不可思议的奇迹！只有在革命年代，只有真正的大民主，才能唤起民众的人格尊严，创造出如此"惊天地，泣鬼神"的人间奇迹！

第二节 "主义兵二线人物"

"追悼会"与"庆祝会"大碰撞次日，笔者冥冥中似乎预感到了什么，更兼清闲得百无聊赖，犹豫再三终于在2月6日农历年三十（或小月二十九），依依惜别地离开"红山指"，回乡陪老母和小妹过年。

一、长途汽车站：遭遇逮捕和"示众"

当时，围剿"鲁大主义兵"的指令尚未传达到乐陵县，笔者得以在年三十傍晚回到家中，赶上了除夕年夜饭，给卧病在炕的母亲和小妹以极大的安慰。

那是怎样动荡不安激情燃烧的岁月啊，人人都被弄得神魂颠倒。大年初一整天，笔者都魂不守舍心不在焉，家庭的温馨无法抵御政治风暴中心那种血雨腥风生死未卜的悬念："主义兵"是我参与创建的，"红卫兵山东指挥部"同样是我全身心投入其发展壮大的，"手心手背都是肉"，他们现在怎么样了？是否又发生过更大的骨肉相残？……牵肠挂肚的滋味实在难以忍受，顾不上反哺病中的母亲，于大年初二凌晨又急急忙忙返回了济南。

笔者乘坐的汽车尚未停稳，长途汽车站的高音喇叭就传来"亲切的召唤"："乐陵来的宋书星同志，请到车站办公室！"笔者全身涌上一股暖流："不知'红山指'哪位战友来接站了？"……急急忙忙挤下车到了车站办公室，见到的却是四五个陌生面孔。其中一位盯着笔者问道："你就是宋书星？"笔者答道："我就是，请问……"话未讲完，其他几人蜂拥而上抓住手腕来了个"别鸡翅"，外加揪住头发来了个"仰天长啸"（嘴巴根本无法合拢，只能半张开）。随后，押到院子里现场批斗示众："这就是流窜到乡下搞农村包围城市的'鲁大主义兵'坏头头儿！"

接下来，便是二十来个候车的围观群众一阵劈头盖脸、急风暴雨式的拳脚和口水，表达了"对反革命的革命义愤"。笔者头脑中闪过及个恶毒的字眼儿：群氓，一群流氓！

其后数十年，每当忆及那一幕，心中就泛起一丝悲哀和凄凉。不是为自己遭遇不幸，而是为同胞无药可治的"人性本恶"和落井下石闻风而动（手）的猪脑子……

二、济南市公安局：单独关押两昼夜

汽车站"批斗洗礼"后，那几个人用汽车将笔者押往济南市公安局，单独关押在南院靠经三路的办公楼二层一间大空房间里，既无办公桌椅，又无床铺被褥，更无取暖设备。正值"五九尾六九头"春姑娘来临前的严寒季节，心中寒意与屋内寒气内外夹攻。白天还好过，冻得受不了时就做室内运动，夜里却冷得无法入睡。感谢省委当权派和保守派的"斗、抄、挖、赶"运动，抄来的羊毛大地毯就卷放在墙角处。一到深夜，笔者就私自将它展开，将自己卷裹在里面，虽不很舒服，倒也挺暖和。次日清晨，再将地毯按原样卷放好，以免给"无产阶级专政机关"添麻烦。一日两餐，都是"人民勤务员"送来的两个馒头加一块儿疙瘩咸菜……

如此"晾"了两昼夜，盼星星盼月亮始终不见有人来审问。这又给了笔者猜测揣摩的充分机会：连我这"红山指"元老都要抓，证明已经对"主义兵"和"山工联"下了狠手，只是不知道究竟要抓到哪一级"坏头头儿"？也不知道究竟以什么罪名逮捕了我？虽然知道"瞎猜没用，不如不想"，却无意中找到了一种打发时光的有效方式，因而并无度日如年之感。

到了第三天下午，一辆中吉普停在楼门前，上来三四个便衣将笔者押解下楼塞进了车内，向北驶出市区。笔者扫了一眼，车内连司机在内一共五个便衣，外加一条牛犊子似的狼狗。笔者一如既往坚持不闻不问，心中却嘀咕起来："难道抓的人太多直接送到黄河劳改农场？"汽车驶过商河县城，终于明白了押送目的地——故乡乐陵县。

三、乐陵县城：无人过问享清闲

中吉普开进县委大院，四个人和一只狼狗将笔者押进一间平房办公室，接受早已等候在那里的两个人讯问："你是'鲁达主义兵'吗？"笔者答："我是！但我一直在'红山指'工作，是负责人之一，并未参与学校的各种行动。本人回家后，除了家人和邻居相处并未接触任何人，更未做任何事。不信，可以调查！"

看来，作为掌权派群众组织领头羊，"红山指"在下面还算享有盛名。审讯者犹豫了，两人耳语了一会儿，宣布："接上级紧急通知，'鲁大主义兵'骨干分子已经流窜到全省各地，阴谋煽动群众以农村包围城市。为了粉碎他们的反革命阴谋，凡是来本县的外地学生必须老老实实就地接受审查，未经允许不准擅自离开！"

笔者终于明白了被抓原因，也大致了解了济南的运动近况和省革委的"战略部署"。

然后，被送进了县委招待所听候审查处理。当时的招待所除了房顶是"起脊儿大瓦房"，其他与车马店并无两样，一律是铺着柴草的大通铺，一人一床棉被。从此，就无人再过问了，笔者得以享受半年多来从未有过的清闲，清闲中也进一步明白了被抓的原因。

①被"就地审查"的不止笔者一人，而是所有在外地上学春节回家过年的大中专学生。

②对上级指示"活学活用，搭载私货"历来是各级当权派的传统。当时，以县武装部为代表的本地当权派和保守派，正忙于围剿"本地主义兵"——乐陵一中的造反派。原校团委书记王荣才等人被五花大绑请进了县公安局看守所……

③他们之所以放着笔者这个"鲁大主义兵流窜嫌犯"不管，集中精力围剿"本地主义兵"，或许就是精明算计的结果："鲁大主义兵"再十恶不赦，毕竟离咱很遥远，即使把他们全部剿灭了，对乐陵有多少现实意义（利益）？身边的敌人最危险！要想恢复和巩固本地的"无产阶级专政"，就必须先消除身边的危险。

④当然，对为害本地父母官的外地学生，也决不会心慈手软。结

果,老校长王耀华的公子青岛海洋学院造反派王士震成了"鲁大主义兵流窜犯",被请进看守所。理由是:其未婚妻孙香兰是县城造反派骨干,他不仅支持其"臭老婆"造县委的反,而且,还亲自为乐陵造反派出谋划策充当"狗头军师"。这样的人不是"鲁大主义兵坏头头儿"还有谁是?

四、二姐全力营救

"每逢佳节倍思亲"。二姐随班级长征队返回学校,到"红山指"去找笔者一起回家过年,遭遇了一片冷脸和白眼后,终于获得了一个天大的噩耗:宋书星被公安局抓起来了。冷静而固执的理性烟消散,只剩下举目无亲六神无主了。她急得打了半天转转儿,终于想起远在青岛的未婚夫高志宏,便立即到邮局拍电报:"书芳病重,速来济南"。

其时,身为青岛市革委常委秘书长、"春节拥军慰问团"副团长的高志宏,正在远离青岛港执行巡逻任务的军舰上慰问海军官兵,接到电报后其焦灼可以想见。军舰专门派直升机将其送回青岛岸上,连夜乘快车赶到济南,方知上当受骗。

二人几经辗转终于打听到:"宋书星已被押回乐陵县。"便又急急忙忙赶回老家,差点儿成为"鲁大主义兵流窜犯"被联防武装民兵抓住。多亏其堂弟徇私枉法极力回护,才得以安全到家。

不料,笔者"审查结束"返校了。

从乐陵返回济南后,随着围剿"主义兵二线人物"的不断深入,在"红山指"等昔日温和派今日掌权派心目中,笔者成了"最大的嫌疑犯"。共同战斗过的大大小小老战友们不见了昔日的亲切,就连油印传单的中学生小李儿也像躲瘟疫似的。

"质本洁来还洁去",笔者在"红山指"的历史使命结束了,该是"回校闹革命"的时候了。可亲可悲可怜的老战友们历经劫难如今不知怎么样了?

第三节　与"主义兵"老战友共渡难关

任何新政权建立之初，第一政治需要都是"安定巩固"，省革委也不例外。为了维护安定恢复秩序，防止"主义兵"死灰复燃，济南部队和省革委向"鲁大"派驻了第一届"解放军毛泽东思想宣传队"（军宣队）。

毋庸讳言，除了人员构成不同，政治目的、工作任务、操作方式等都与"原省委工作组"别无二致。

一、鲁大校园："精神废墟，万马齐喑"

省革委、济南卫戍区、公安厅关于"主义兵和山工联总部等反革命组织"的通告发布后，"主义兵"兵败如山倒，"鲁大必胜"的牛气荡然无存："二·七拜大年"后组织被彻底打垮了；面对《大众日报》、省电台、宣传车反复广播毛主席党中央批准"二·三夺权"的消息和人民日报社论，精神也被彻底打垮了。板上钉钉，翻盘的肥皂泡彻底破灭了。

中国人哪！中庸之道挂在嘴上两千多年了，却总是在的两个极端之间跳来蹦去："当不成大爷，就甘心当孙子"，少有"朋友"和"兄弟"；顺境时忘乎所以，非要"主宰一切，决定一切；一切都想要，一切都归我"，一旦把道义和优势老本儿都折腾光了，逆境从天而降，又一落千丈天昏地暗，"一切都完了！"只要能活着，"一切都不要，一切都归你"。

这或许就是"自由，平等，民主"等现代文明在中国迟迟不能健康成长开花结果的主观原因吧。

1. "官办红卫兵"复活

军宣队一进校就理所当然坚定不移地依靠保守派，并扶持组织起了"山东大学东方红公社"。

首先，为了弱化造反派群众的反感、增强组织吸引力，并未重新起用原来官办红卫兵头头儿们,而是选拔了一批"新干部"。主要负责人是数三女生孙凤玲、政一男生邢××等。

其次,彻底批判"主义兵反动思想和行径"的同时,对造反派群众开展深入细致的分化瓦解工作,动员他们"与一小撮坏头头儿彻底划清界限",表现好的还可以"光荣加入东方红公社"。当然,"为了严防贼心不死的骨干分子混入革命队伍,决不容许集体加入!"

2. "主义兵"群众:精神彻底崩溃

不论顺境还是逆境,中国人的从众心理太强烈了!往往是一哄而起又一哄而散。面对军宣队和"东方红"强大的政治攻势,"主义兵"群众的政治信仰和造反精神彻底崩溃了。

①昔日的"最革命"纷纷反戈一击。昔日的大字报棚曾经贴满"坚决拥护毛泽东主义红卫兵总部的革命行动!""热烈欢呼毛泽东主义红卫兵的伟大胜利!"等等严正声明。如今却贴满了"彻底与'主义兵总部'脱离关系""愤怒声讨一小撮坏头头的反革命罪行"等郑重声明。虽然"主义兵"组织伴随总部早已不复存在了,然而许多昔日的"造反英雄"却纷纷声明"集体退出";一些曾经"引领极左潮流的干将",如今也贴出"认罪书""悔过书",沉痛反省反戈一击。……"主义兵"被自己人抛弃了,成了"人人喊打的过街老鼠"。真可谓"形势一派大好"。

②"老造反战士"情绪一落千丈。政治形势大局已定,军宣队政治攻势日益强劲,即使一些良知未泯信仰尚在的"老造反派战士",大都也情绪一落千丈极度苦闷彷徨:一是昔日燃烧的火热激情熄灭了,代之以沉重、压抑、困惑和迷茫,战友相见泪眼模糊,实在无法排遣时就低声吟唱:"抬头望见北斗星,心中想念毛泽东……"。二是昔日"舍我其谁"的慷慨激昂风流云散,代之以三缄其口"莫谈国事",即使对军宣队和东方红公社的种种诟病和笑柄不吐不快时,也是把声音压到最低,几近于交头接耳。

3. 中四:白色恐怖中的星星之火

一张"检讨'主义兵'错误"的长篇大字报,引起了笔者高度关注，如饥似渴地一口气读完。一看署名，又是中四那二十来个人！在笔者心目中那简直就是白色恐怖中的星星之火！既无对自己"罪恶"痛不欲生的忏悔，又无"对主义兵一小撮怀头头儿不共戴天的诅咒和鞭挞"，也无"上纲上线"的悔罪和声讨，更无趋炎附势地把历史骂个狗血喷头，有的只是冷静反思、客观评述、深入探究，以及尊重历史、尊重他人、尊重自己的良知。

更可贵的是，组织体系从未"如鸟兽散"，而是每天按作息按时间集体学习讨论，每个人都以高度的责任精神认真发言交流。其中，原来的班长后来的"战斗队"队长功不可没。他们无愧于"真正老造反"的称号！

笔者返校后幽灵似的寻寻觅觅四处游荡，要寻找的不就是这样的同学和战友、这样的心态和精神吗？从此，一头扎进了中四，成了"编外成员"，虚心倾听他们对历史的反思和探求。同时，也结识了一群老学长知音，诸如丁宗学、韩剑秋、张明岚、孙向铸、王瑞功、李际田、张凤清等等。从而，为以后的文革生涯找到并结交了一大批可以信赖和依靠的优秀人才。

二、第一张大字报：招致"红山指"严正声明

经过多日游荡、观察、倾听和思考，笔者对鲁迅"不在沉默中爆发，就在沉默中死亡"的亲身感受更强烈了：再也不能坐视造反派战友迷茫沉沦下去了，必须充分发挥"无罪一身轻"的优势，大声疾呼、唤醒民众、抚平伤痛、继续前进。

1. 笔者：第一张大字报

当时，笔者同样"谨慎小心，三思后行"，经过一番斟酌写了一张纸的大字报，题曰《向中四造反派战友学习》。内容是：赞扬中四对待"主义兵"错误的正确态度、表现和经验；呼吁造反派战友像他们那样发扬革命传统，深刻反思过去的错误，认真总结经验教训，不绝望、不气馁、不颓废、不沉沦，在哪里跌倒在哪里爬起来，擦干净身上的污泥浊水继续奋勇前进！

笔者的如意算盘不言自明："小题大做，借题发挥；冒名自重，制造轰动"。①内容全是"如何正确认识、反省自身错误，如何'放下包袱，继续前进'"，并无一句"为主义兵总部坏头头儿鸣冤叫屈"的词语。不仅完全符合对待自身错误的"最高指示"，而且，完全符合军宣队政治思想工作冠冕堂皇的花腔高调。②"绵里藏针"旗帜鲜明地与军宣队唱反调，鼓动造反派战士"自己解放自己"，抵制"分化瓦解主义兵"的政治阴谋。③为了"出其不意，攻其不备"，造成"一夜之间，风向突变"的轰动，决定采取"夜战"等到晚上贴出。④为了让更多的人看到从而扩大影响，决不贴到军宣队规定的大字报棚，而是贴到茶炉门口右侧最显眼的墙上。当时尤其是早上，那是人流络绎不绝最繁华之地。⑤为了增加大字报的分量和影响，署名"红山指 宋书星"。如此，既非"盗用红山指名义"，又非一个"普通人"，更非"犯错误的主义兵骨干分子"。

2. 王庆森："红山指严正声明"

大字报引起了巨大反响，连老校的人都赶来观看，一整天都读者如流熙熙攘攘。对这种"阶级斗争新动向"，军宣队理所当然地给予了严重关注并立即作出强烈反应。

第二天，"军宣队副队长"王庆森（山师政四学生）急忙向"红山指"报告"阶级斗争新动向"，并写了一份《严正声明》大字报，盖上"红山指"的大印，贴在了笔者大字报旁。

它对笔者大字报的观点和内容避而不谈，专门揭露"宋书星盗用红山指名义的阴谋"："宋书星，鲁大主义兵骨干分子，顽固坚持主义兵总部反动立场，被公安机关逮捕，红山指早已将其开除。他的一切言论和行为都无权代表红山指。希望广大革命群众擦亮眼睛，不要上当受骗！"

鄙人既然"投石击破水中天"的政治目的已经达到，且效果远远超出所料，根本不屑与"假解放军冒牌儿货"在某个具体问题上纠缠！

3. 造反派战友：精神复活

对于广大造反派民众而言，笔者大字报无异于"一石激起千层浪"，扫荡了笼罩在心头的压抑沉闷和悲观绝望。他们从中四经验中看到了出路和希望。老造反派的造反精神和斗争意识开始复活了。接下来，又顺理成章地"精神变物质"了。

老造反派战友们沉默得太久了，一旦看到光明和希望，便立即开始了第二次自发而秘密的大串联。造访笔者的人蜂拥而至应接不暇。新校学生宿舍5号楼三层武桂馥的房间，成了临时"接待站"和"活动室"。经过几天推心置腹的思想交流，一个大胆的议题成了交谈内容的主题——恢复（或重建）造反派红卫兵组织！

三、"二月逆流"横行全国

文革是平民大众民权与政府官权的阶级大碰撞，始终存在着攻守和进退，政局起伏动荡、左右摇摆。

1. "二月逆流"

"一月风暴"向走资派夺权，触犯到了新官僚权贵们的命根子。"这不是要推翻共产党政权吗？"

虽然文官们的党政组织系统被冲垮了，然而，作为"无产阶级专政柱石"的武官还在，而且军队组织系统毫发未损，"反击"的历史使命落到了他们肩上。于是，叶剑英、陈毅、谭震林+等"三老四帅"终于忍无可忍，于1967年2月拍案而起"大闹怀仁堂"，围攻"中央文革"副组长张春桥，"敲山震虎"向毛主席文革路线发难，全国各地武官闻风而动，向文革派反攻倒算。文革派称之为"二月逆流"或"二月黑风"。

2. 武官复活保守派

山东武官们早已忍无可忍闻风而动。军队参政的"三结合"和"三支两军"给了他们难得的机会，压抑了数月之久的心头怒火终于可以发泄了，在围剿"主义兵"和"山工联"声讨"极左思潮"的同时，又接过文官们的接力棒，重新扶植起早已垮台的保守派组织，拉起了"4·22"新保守派，纵容他们对新生的省革委开展"反文革"斗争。

3. 造反派又成了"臭狗屎"

学校和厂矿企业都派驻了军训团、军宣队或军代表，他们按照指令统一行动：扶持保守派，弘扬"忠于党"的顺民精神；压制造反派，以"批判极左思潮"之名，声讨"无法无天的造反精神"。

曾几何时，"主义兵"和"山工联"遭劫时，温和造反派"热烈欢呼"了好一阵子。结果，高兴劲儿还没过就感到"不对劲儿"了：亲人解放军坚决支持的原来不是我们，而是早已被造反派打垮的保守派。他们打击的也不仅仅是"主义兵、山工联一小撮怀头头"，而是包括温和派在内的所有造反派及其造反精神。一时间，造反派又成了"地痞、流氓、异己分子"，造反精神又成了"不齿于人类的狗屎堆"。

四、山东"反逆流"

武官们对文革的反攻倒算甚嚣尘上，复辟逆流席卷全国。以"毛中央"为代表的文革派别无选择被迫应战，开始反击"二月逆流"。

省革委和王效禹闻风而动，对山医附院"抓典型解剖麻雀"，并发表了一系列讲话。

1. 重申"坚定不移地支持造反派及其造反精神"

"坚定不移地支持造反派，与造反派并肩战斗！"并利用到手不久的新政权，奖赏"发扬造反精神，不屈不挠抵制二月逆流的先进分子"。于是，孙琦便光荣地增补为省革委第一位"女常委"（山东医学院第二个常委）。

2. 扶持重建老造反派组织

济南铁路局、机车工厂、机床二场、淄博"501厂"、枣庄煤矿、新汶煤矿和各地中学，重新扶持组建起被摧垮的"山工联"和"红联总"下属组织，并被接纳为"山工总"和"红山指"下属组织。

"鲁迅大学毛泽东思想红卫兵"诞生的"天时"到了。

第四节　鲁迅大学毛泽东思想红卫兵

经过短期串联酝酿，涌现出了一大批造反派积极分子新骨干，诸如：中文系丁宗学为代表的"中四群体"，政治系武桂馥、陈祖型，生物系董明仓，外文系周长琪、戚兆芳，化学系韩洪秋等等，成立组织的"人和"也条件具备了。

一、"筹备会"

"筹备会"第一项议程：确定组织名称。笔者提议：称"鲁迅大学毛泽东思想红卫兵"，以此表明新组织是"鲁迅大学毛泽东主义红卫兵"的"新生"；再者，"主义"改为"思想"也是践行"江青同志的重要指示"。得到了全体一致拥护。

第二项议程：确定领导机构名称。笔者提议：称为"指挥部"，以此证明新组织抛弃了"主义兵"另立山头闹独立的极左路线，回归于"红山指"为代表的山东造反派红卫兵大家庭。

第三项议程：推举学校"指挥班子"，也顺利达成了一致。

第四项议程：推举"总指挥"。绝大多数人强烈要求笔者"勇挑革命重担"出任"一把手"。然而，笔者最大优点是不乏自知之明："秀才"本性，勤于动脑、拙于动嘴、懒于动手，思想筹划尚可，组织能力不足，尤其不善于宣传鼓动将自己的意志化为群众的行动，只能当副手，不适合"挂帅"。便断然拒绝，并提议刘全复（年长笔者7岁）出山任"总指挥"。

最终，形成决议：由笔者出面，请刘全复出山。若能如愿，大家坚决拥护他；若不能如愿，笔者无权再"拒挑重担"。

二、刘全复拒绝"出山"

会后，笔者立即找到刘全复转达众人意愿：强烈要求他"出山"带领大家继续前进。结果，他在表示感谢的同时也坚决拒绝。不得已，笔者只得尊重大家信任荣膺了"指挥"，丁宗学任"副指挥"。

所幸，不久之后在第一届"校革委"筹备时，刘全复终于接受了笔者"坚请"成了鲁迅大学"实际的第一把手"（高登仁为主任），可以真正说了算。从此，笔者得以放下了肩头和心头的重担。

三、中四只派出丁宗学为代表

笔者还有一个遗憾。政三武桂馥和中四诸位大师兄，不愧为"久经正反两方面考验的优秀造反战士"，理应被推上"思想兵"领导岗位。然而，当笔者动员他们"出山"时，不论如何苦口婆心，还是被婉言谢绝，且态度友好而坚定。

武桂馥竭力保举政一陈祖型任"思想兵"政治系指挥。

韩剑秋说："又不是去打狼，出那么多人干么？'思想兵'是全校的，又不是中四的！"结果，"中四"只派出丁宗学为代表。

笔者除了遗憾还是遗憾：中四何尝仅仅是学校的"头脑"？它早已成了全省造反派的"人才库"和"思想库"了。诸如，曹靖，"主义兵"首脑；王世岐，青岛市"第一支笔"；邵长文，"红联总"大当家，等等。不过，遗憾过后，笔者依然庆幸：中四毕竟为笔者输送了一位"文革生涯"好搭档——丁宗学。他是鲁西南红脸大汉，粗喉咙大嗓门儿，满是疾恶如仇"怒向刀丛"的英雄气概，更不乏敢爱敢恨熊熊燃烧的斗志和激情……

1967年4月4日，历尽劫难之后，"鲁迅大学毛泽东思想红卫兵"终于诞生了。

第五节 第一届"校革委会"

"二月逆流"激起了整个文革阵营的反抗,"反逆流"浪潮席卷全国。

一、第二张大字报——《提着脑袋呐喊一声》

"思想兵"成立后,立即进入"老造反派"角色,投入到"反逆流"大潮中。笔者到"省革委作战组"(后改名"群众工作组"),刘崇业(省团校学生、原"串联站"工作人员)简要介绍了北京和全国"反逆流"的形势。

对"二月逆流"的认识,笔者仅凭亲身遭遇和见闻就能体察到"问题的根子在武官"。回校后,即刻写了第二张大字报:《提着脑袋呐喊一声——揪出隐藏在济南军区的大水怪》:列举了镇压造反派、扶持复活保守派的种种行径,质问了六七个"这究竟是为什么?"最后,呼吁造反派战友,继续发扬造反精神,投身"反逆流"斗争,揪出隐藏在军内的"资产阶级代表人物"。

丁宗学过目后,深表赞同并签了名。为了实现数月来"请刘全复出山"的夙愿,未经他本人应允笔者就擅自签上了他的大名贴了出去。目的是:请不动就推他出山,逼他出来亮相。在引起极大轰动的同时,刘全复也主动到新校一号楼"思想兵"办公室,对笔者冒用他的名义表示了几句抱怨,其后渐渐参与到政治漩涡中来了。

不久之后"省革委"常委杜春胜的有线广播形势报告成了全省"反逆流"的动员令。他披露了"二月逆流"的形成原因、各种表现及其本质,号召造反派继续发扬大无畏造反精神,紧跟党中央毛主席,迎头痛击一小撮"走资派"的反攻倒算!虽未明确提到"军队""军内"等字眼儿,但无人不明白其矛头所指。

造反派誉之为"杜铁嘴",武官则斥之为"反党乱军干将"。1968年,在南郊宾馆"造反派代表大会"上,与"军人小护士"奸情败露,在房间暖器包上用鞋带儿上吊自尽。笔者始终疑窦未解:究竟是他

"资产阶级腐朽思想大暴露",还是小护士"奉命而为"?

二、筹备成立校革委

"反逆流"的形势发展突飞猛进,笔者决意"乘此大好形势尽快成立校革委"。表面理由是:既成事实,稳定大局。内心理由却是:让刘全复名实相副、有职有权、安心领导。此议既出,包括刘全复等众人一致同意。

笔者一直希望将政三武桂馥和中四张明岚、韩剑秋等在"主义兵"遭劫逆境中表现优秀的同学推到"校革委"岗位上。不料,却遭到刘全复温和而坚决地反对:"他们既然不愿意出头,就不要勉强!"同时,他又提出了电四杨汉平、物五叶景伦等几个"主义兵"老骨干人选。

笔者内心虽然难免隐忧,但又想:"既然要人家主持大局,就应当充分尊重其意见,按他自己的要求搭建'顺手班子'。否则,让人家如何工作?"

领导干部和教师代表,他提出了高登仁(原校团委书记)、刘俊峰(原组织部长)、邱锡彬(原科研处长)以及教师代表王东才(物理系辅导员)。笔者不认识,提不出什么异议。

关于主任人选,笔者坚决要求刘全复担当,他则极力推辞而举荐高登仁。最终,达成一致:高登仁任主任,刘全福、宋书星任副主任。具体分工是,刘全福协助高登仁全面负责,宋书星负责对外联络,杨汉平、叶景伦任作战组正副组长,丁宗学任宣传组长。

另外,还确定了"校革委委员"多名,诸如:王琏(原宣传部长)、王婵(政治系教师)、周长琦(外三学生)等。

三、报请省革委王效禹批准

校革委是权力机构,不同于"思想兵"群众组织。群众组织可以通过自身行动证明自己的存在及合法性,校革委必须得到上级权力机构的认可批准。在校革委成员中,笔者是唯一与王效禹有过接触的，有责任向他介绍众人。大家到了济南军区第五招待所（经一纬一路一座德国式建筑），王效禹及其夫人刘崇玉在一楼会客厅接见了我们。

首先，笔者向他们逐个介绍了众人，然后，简要汇报了相关情况。最后，王效禹表示同意和支持，并讲话作指示。究竟讲了些什么，笔者早已忘得一干二净。因为，目的就是要"省革委"承认批准，既然"同意支持"，其他都不太重要了。

1967年4月19日，在老校大操场召开了"热烈庆祝鲁迅大学革命委员会成立大会"。笔者终于松了一口气："回校闹革命"的历史使命完成了。

第六节 "逆流"与"反逆流"

军队当权派一向信奉"官大一级压死人"，"二月逆流"有恃无恐的强势更令他们目空一切。对"中央文革"和省革委区区几个新当权派"乱党"和手无寸铁的造反派"反贼"，根本就"尿不着"，岂能任由他们扬风扎毛、胡作非为！

于是，"即以其人之道，还治其人之身"，抛弃了"三结合"的紧箍咒，开始了大决战前的组织准备。各单位的军宣队按照统一布置，重新组织起保守派组织，并于1967年4月22日组织起了全市的统一组织——"四·二二派"。负责人是济南针钉厂保守派头头儿张兰英。他们人数众多、声势浩大，远非原来地方当权派"土八路"们所组建的"红卫兵师"可比。经过一段时间的组织准备，矛头直指省革委的斗争开始了。

一、"四·二六砸大众日报社"事件

省革委掌控的大众日报"充当了反逆流号角"，许多火药味十足的高质量长篇文章"大长了造反派志气，大灭了新保守派威风"。尤其是，其发行量位居全省第一，覆盖了所有城市乡村，其宣传鼓动作用超过千百万张大字报，成了传达省革委声音引导造反派"反逆流"

的主渠道。要彻底打垮全省"反党乱军势力"，就必须首先斩断这条主渠道，让省革委变成哑巴，让全省造反派变成无头苍蝇。

1967年4月26日，"四·二二派"数千人将大众日报社团团包围，群情激愤、口号震天，大标语攻势同时展开："强烈要求对革命派群众一碗水端平！""坚决反对支一派打一派挑动群众斗群众！""揪出一小撮反党乱军分子！""撼山易，撼解放军难！""誓死捍卫无产阶级专政柱石！"，并冲进了报社办公大楼。……山师、山工、山医等报社附近的大专院校造反派群众最先赶到，双方展开了争夺战。山大距离报社约5公里，当笔者接到"红山指"紧急通知、随同数百名造反派战友跑步赶到时，战事已形成了攻守阵地战和包围与反包围的对峙，未能进入办公楼主战场，只能在外围策应，有的与对方群众捉对辩论，牵制其有生力量；有的则呐喊助阵，壮大声威。

事件过后，笔者到报社办公楼内转了一圈，第一印象是：满地狼藉，激烈冲突迹象刺眼，据此判断："四·二二派"攻方曾经攻占得手，几经冲突又被守方增援大部队夺回。

二、张春桥、姚文元奉命来济南"调解"

面对山东省军地矛盾日益激化，为了避免更大规模冲突，毛主席派张春桥、姚文元亲赴济南"灭火消灾"化解冲突。

然而，军权在握的武官们岂能把这两个穷酸秀才"钦差大臣"放在眼里？遂决定：以文武斗两手给他们来个下马威。

他们从司令部和政治部两个大院儿选拔了10名（或7名）立场坚定、头脑敏锐的"铁嘴辩手"组成"辩论团"，决心以"向中央首长反映意见"的名义，利用"四大"武器，与张、姚开展"革命大辩论"，驳斥他们"包庇纵容王效禹等造反派反党乱军的谬论"。

所幸，张、姚并非私自流窜到济南，而是奉了党中央之命并确知了毛主席对山东问题的态度和意见，故而心中有数底气十足，"你有千条妙计，我有既定之规"，始终"稳坐钓鱼船"不温不火。

文的不行就来武的！"五七事件"应运而生。

三、"五七事件":省革委大院儿攻防战

4·26大众日报社攻防战的失利,激起了"四·二二派"及其幕后操纵者的报复欲。他们因羞辱而恼怒,因恼怒而更加狂野。经过一番组织策划,一场对文革派"击其首脑,直捣黄龙"的进攻战开始了。

1. "四·二二派"攻占省革委大院儿

1967年5月7日上午,"四·二二派"数千群众(号称万人)采取"乘其不备,隐蔽行动;突然袭击,速战速决"的战术,轻而易举攻占了省革委(原省委)大院儿,并全部控制了所有办公楼。借口却是:"要求中央首长接见!"

真该感谢"苏联模式"的信息封锁制度,他们从策划到实施的所有内幕至今都未透露出一丝半毫,所有当事人更是讳莫如深。但是,仅凭事发前密不透风的保密措施和实效,以及干净利落迅雷不及掩耳的突袭成功,就不难判断:这绝非刚刚成立的"四·二二派"的"群众自发行动"!

2. 省革委大院儿争夺战

造反派历来的传统是:太平无事时懈怠涣散、内讧不断,一旦形势危急则群情激愤、斗志昂扬。他们绝对不容许"新政权"得而复失。一场"收复失地,誓死捍卫红色新政权"的反击战开始了。

①包围分割,"关门打狗"

省革委常委开会商讨对策,决定"坚决反击!"随后,"红山指""山工总"等群众代表新当权派们,迅速打电话将"反击决定"通知下去。刚刚从"二月逆流新资反路线"下获得第二次解放的造反派民众,更是义愤填膺、斗志昂扬,"与红色新政权共存亡"的政治觉悟空前高涨,招之即来、闻风而动。一时间,各路造反派队伍潮水般涌向省革委,将大院儿团团包围起来,真可谓"里数十层,外数十层"水泄不通。至此,占领省革委大院儿的数千名"四·二二派"群众,退路被切断了,完全成了"孤立之敌,瓮中之鳖",落入被"关门打

狗"的劣势。

②切断电缆，"瓮中捉鳖"

不论是老保守派还是新保守派，他们有一个共同的致命弱点或劣势——"奴隶主义"和"驯服工具精神"强烈，凡事都要向"领导"请示报告，一旦离开"领导"的指挥棒，就不知道自己应该"干什么，怎么干"。

为了彻底切断占领者与外界尤其主谋者的联系，防止"幕后组织操纵者"电话指挥，决定：切断通讯电缆！即刻交由熟悉电缆位置的南郊宾馆革委会头头儿张××负责实施，并很快完成了任务。

③政治攻势，分化瓦解

当时，正在珍珠泉招待所召开"红卫兵山东省代表大会"。傍晚，王竹泉向驻济各高校负责人传达了省革委紧急通知，人们立即赶回学校组织队伍。笔者回校后未找到刘全复，紧急中以"思想兵指挥部"名义，通过新校广播站发布"保围省革委"紧急动员令。笔者自知喜静不喜动缺乏组织指挥能力，只能请丁宗学率领数百名学生，跑步赶往省革委，笔者随队前往。因为距离省革委较远（十多公里），当赶到时，造反派早已完成了合围态势。现场指挥者费了九牛二虎之力，才在院墙外东北角为"鲁大"安排了十来米的"战位"。

天色已晚，只见人山人海。按照统一部署，首先开展强大的政治攻势，摧垮受蒙蔽群众的精神支柱，达到分化瓦解的目的。院墙北面，各单位的五、六两辆宣传车艰难地挪到队伍最前面，在墙外一字摆开，高音喇叭朝向院儿里，一遍又一遍地广播"敦促杜聿明投降书""揭穿大阴谋""省革委紧急通令"等，震耳欲聋。

人群太拥挤，根本无法自由行动，大院儿其他几面的阵势笔者无缘得见。

④激战通宵，大获全胜

夜已深沉，强攻战开始了，担任"攻院突击队"的都是身强力壮的工人。攻势首先从大院西北角开始，许多人用肩膀将战友送上墙头，又被守方击退，纷纷跌落下来，被下面的战友接住。再攻，又被击退。如此反复了四、五次。目睹此情此景，笔者同样热血沸腾，跟着呐喊助威。

攻方始终未能得手，不得以改变战术：主攻方向转移到常年紧锁的大院东大门，此处防守薄弱。原来的西北角转为佯攻。

没有"幕后主帅"现场统一组织调配，一群"驯服工具"要想改变原定部署重新组织有效防守，谈何容易！

8日黎明时分，终于攻进大门，解决了战斗。

⑤大围剿，大清算

接下来就是接受"俘虏举手投降"。从省革委正门往北到纬一路，站满了数以万计的胜方群众，许多人拼力维持，才在厚厚的人墙中勉强留出一条不足半米宽的通道。可怜的"俘虏"们高举双手，鱼贯向北离去。因失败而精神支柱坍塌，再加通宵未眠，个个蓬头垢面神情沮丧。

胜方队伍中同样不乏"人性本恶，动手取乐"者，在攻防战中吃亏者的复仇心理更是可想而知。"俘虏"们每走一步都要经受拳脚加口水的"洗礼"。数百米的漫漫长路，不知承受过多少老拳和口水……

笔者自幼就有"心软"的毛病见不得暴力，再加身心疲惫不堪，觉得实在乏味，便匆匆赶回学校蒙头大睡了。

后来听说，像全市各单位一样，校内也是一片"大围剿的红色恐怖"，所有参加攻占省革委的保守派群众，都成了"死不改悔的铁老保"，受到多次批斗乃至武斗。政治系一位"顽固不化的女老保"被迫站到凳子上，有人又一脚把凳子踹倒，她便两脚悬空摔到地上。虽经如此"触及皮肉"，她却始终坚贞不屈，不能不令人好生感佩。

3. 济南部队：未出兵动武

面对"四•二二"新保守派民众的劫难，济南部队武官们始终没有像后来武汉陈再道等那样挺身而出"与革命群众并肩战斗"，避免了更大的冲突或血案。

对此，笔者终生都额手称庆：山东造反派有福！摊上了济南部队司令员杨得志这样的忠厚长者"老实人"。如果，摊上赵永夫、陈再道、韦国清等那样的司令员，不知要有多少无辜民众白白付出热血和生命……

四、省军区"五点声明"

6月初，省军区的"五点声明"和毛毛主席"很好，正确，范例，仿行"的批示转发全军，并向全国公开宣传，标志着山东的"反逆流"斗争胜利结束。

然而，省军区领导尤其一向与人为善作风正派的政委何致远却终生都背负着"军队叛徒"的骂名。

五、武官——文革派真正的"克星"

毫无疑问，"二月逆流"是武官借助军队组织系统搞起来的，陈再道等导演的"武汉7·20事件"则是其最高峰。

毛主席发动文革的初衷是"部分地改善无产阶级专政"。为此，既需要发动群众"部分地"冲垮旧的党政组织体系，又需要维持秩序相对稳定，不至于"天下大乱"完全失控。他把维持"继续革命"与"秩序稳定"二者平衡的希望，寄托于亲手创建的军队。虽然，在"五一六通知"中明确指出"混进党里、政府里、军队里和各种文化界的资产阶级代表人物，是一批反革命的修正主义分子……"，然而，在文革实践中，党、政和文化界的文官们大都成了"文革对象"，在军队成为"文革禁区"的同时，武官们却成了"文革动力"。

可惜，毛主席的主观愿望不可能改变阶级斗争客观规律，也不可能改变武官们的阶级属性和政治立场。上海、山西等地"向走资派夺权"的"一月风暴"迅速蔓延，各地文官当权派惶惶不安，极大地刺激了武官们，他们物伤其类、同病相怜，感到自己的既得地位也同样受到了严重威胁。北京"三老四帅"拍案而起大闹怀仁堂和京西宾馆，吹响了"二月逆流"的冲锋号；各地武官闻风而动、群起响应。

如果说,"三老四帅大闹怀仁堂"是"二月逆流"的冲锋号,那么中央军委的《"三支两军"决定》则是"二月逆流"的"尚方宝剑"。它无视半年多造反派与保守派对立冲突的文革现实,无视"反右斗争"后"左派"与"右派"被完全颠倒的历史,模棱两可地要解放军"支持左派",为反文革派武官复活扶持"保守派"镇压"造反派",提供了充分的"中央文件"支持。

第七节　鲁迅大学"闹平反"狂潮

在毛主席亲自干预下,山东省"反逆流"与"二月逆流"的斗争平息了。可惜,"树欲静而风不止",刘全复等"鲁大翻案派"又掀起来了闹平反的狂潮——"为主义兵和山工联总部彻底平反!"

一、"立即平反"还是积极要求

反逆流结束后不久,一股闹平反的暗流涌动起来。"翻案派"闹平反的理由是:既然全省的山工联和红联总下属组织都平反了,对总部也应当一视同仁彻底平反。

1. 大礼堂形势报告会

1967年7月份,校革委在老校大礼堂召开的全校大会上,刘全复主讲以后,要求笔者介绍山东形势以平息"闹平反"情绪。

笔者说:镇压主义兵和山工联的根子是"二月逆流",不是王效禹省革委。咱们的组织恢复了,山工联和红联总的下属组织也都恢复重建了,要相信省革委也会合理解决总部问题。我们应当接受犯错误的教训……"

刚讲了几句,台下一些人就开始起哄。笔者只好草草收场,忧心忡忡离校返回"红代会"。

2. 校革委全委会

几天之后,在老校一号楼大会议室,校革委又召开过一次全委会,会上发生了激烈争论。

叶景伦、杨汉平坚决主张:"必须立即公开平反!"

丁宗学则坚决反对"闹平反",主张"相信并积极要求省革委尽快平反"。

历史系教师王婵、外文系革委主任周长琦等坚决支持"丁意见"。

刘全复始终未表态,但其翻案派立场尽人皆知。

笔者则认定:主义兵和山工联当然应该平反,但是,应当汲取过去的教训,采取合作态度,要求省革委尽快作出平反决定。否则,如果采取对抗主义"闹平反",势必事与愿违鸡飞蛋打。要人家为自己办事,又要和人家大吵大闹,世上哪有这样的道理?再者,省革委是党中央毛主席肯定的全省最高权力机构,与其对抗只能是以卵击石葬送学校来之不易的大好局面。

二、排斥异己:"闹翻案"的组织和舆论准备

"闹翻案"情绪越来越强烈而高涨,尤其一些惯于在"极左"与"极右"之间跳来跳去的人,更急切渴望通过"闹平反"再造昔日"老造反"的辉煌,洗雪曾经"杀回马枪"的耻辱。

1. 组织准备:彻底改组校革委

经过一番酝酿发动,刘全复做出了"彻底改组校革委"的决定,为全面"闹平反"进行组织准备:①刘全复升为主任,高登仁降为副主任;②罢免宋书星、丁宗学、刘俊峰、邱锡彬、王琏等的副主任或常委职务;③增补李存友(化一学生)、徐经泽(原政治系主任)等为常委。

其后,又对各系革委会进行了大改组。所有不同意见的人都被清除出革委会领导班子。

2. 舆论准备:把宋书星批倒批臭

在组建"思想兵"和校革委中,笔者的表现有目共睹,虽在一些

"极左派"心目摘不掉"投机分子"的帽子，但在广大群众中的影响力却一时难能清除。

为了把群众从精神束缚中解放出来，全心全意投入"闹平反"，就必须开展"大揭发、大批判"，彻底肃清"宋书星为首的反翻案派"的影响。于是，一场揭露批判"反翻案派"的运动席卷全校，大字报铺天盖地；相声、山东快书、天津块板等各种形式的暴露性文艺节目也应运而生。

令人遗憾的是，没有一份是针对反翻案派思想观点的批判说理，几乎全是诋毁谩骂、侮辱丑化。随之，笔者再一次成了"鲁大叛徒"，外加"官迷""野心家""两面派""小政客""儿皇帝"，等等。

就连"头号走资派"孙汉卿也未曾享受到如此被高度重视的"荣耀"。

三、"黑色恐怖"：围剿不同意见群众

经过一场深入持久的"大揭发，大批判"，宋书星等反对闹翻案的人终于成了"不齿于人类的臭狗屎"，广大群众也迅速聚拢到闹翻案的大旗下，建立起了浩浩荡荡的闹翻案大军。

1."黑色恐怖"：开创武斗新时代

对于反对闹翻案的群众，则以"取之不尽，用之不竭"的口水、拳脚开展围攻战术。于是，各系、各班都开始了大围剿，所有持不同意见的同学，不论在教室、宿舍，还是到食堂吃饭、到厕所方便，到处都难逃"过街老鼠，人人喊打"的下场。甚至，即使上到自己床上钻进被窝里也不能幸免，常常被揪出来围攻、偷拳、口水一番。

为了表示"与狱中难友共命运"，许多翻案派骨干都戴上了黑袖章。因而，被后来的"红二·三战斗队"和"红旗战斗队"称为"黑色恐怖"。

2. 丁宗学：《海燕》油印小报

"压迫愈甚，反抗愈烈。"丁宗学忍无可忍拍案而起，办了一份

油印小报《海燕》。他一个人身兼撰稿、编辑、刻版、印刷和散发。所幸,中四全班绝大多数人都不同意闹翻案,只是在黑色恐怖重压下隐忍而已。丁宗学得以将《海燕》一直办了下去。

散发却成了大问题,每次散发时都遭到围攻、嘲笑、谩骂、口水和拳脚,头上的伤口一个接一个,包扎伤口的白纱布成了他的主要标志。《海燕》像"黑色恐怖"暗夜里的一星灯火,给了不同意见的群众一线光亮和希望。

3. "红旗战斗队":第三代保守派组织

"黑色恐怖"日益猖獗,所有不同观点的学生、教师和干部,越来越无法忍受没完没了的围攻、谩骂、口水和拳脚,相继逃离学校四处流浪。逃难者渐渐聚拢到一起,立起了"新山头"。思想观点的对立发展成了不同组织的对抗。"毛泽东思想红卫兵红二·三战斗队"(后改为"红二·三毛泽东思想红卫兵")和"红旗战斗队"(第三代保守派组织)相继成立,形成了激进派(翻案派)、温和派(反对闹翻案)和第三代保守派"三国鼎立"的局面。

"红旗战斗队"顺天应时而动,利用翻案派反对省革委的大好时机,继续为孙汉卿"平反昭雪",上演了一幕幕曲折离奇的长篇活剧。这在当时全国高校极为罕见!

极左的归宿是极右!一向自诩为"老造反、最革命"的翻案派惯于怨天尤人,至今无一人反思过自己的责任。

四. 翻案派:打上了省革委家门口

校内"一统天下"后,立即杀向了社会。"为山工联彻底平反"的大字报、大标语、宣传车、文艺节目、铅印和油印传单等海潮般涌向泉城街头,什么"只要地球转,老子就翻案!""还我山东,还我权!"……

如此,仍嫌火药味不够浓震动不够烈,不能"击中王二麻子"的要害。于是,又大张旗鼓地在省革委大门口对面十几米的马路边搭起了"擂台",唱起了"对台戏"。扬言:"不论任何人,只要不服气且有胆量,都欢迎上台来进行大辩论!"

此时的王效禹早已今非昔比,"六个第一,两个委员"(济南部队和省军区第一书记和第一政委、省革委第一主任、省整党建党领导小组组长、中共中央委员、中央军委委员),更使省革委新政权稳如泰山,在耐心劝说无效之后,采取了"静观其变,等待时机"的政策。

上帝要让谁灭亡,必先让他疯狂!翻案派又一次错误估计了形势,自以为"真理在手,天下无敌"。在狂妄心态驱使下,反把对方"引而不发"当成了怯战,更加目空一切轻狂恣肆了。

第八节 "红代会"生涯

校革委成立后,笔者又回到了省红代会。原因有二,一是"二·三夺权"后鲁大成了另类,远未融入主流社会,亟须改善对外关系;二是校革委"三主任"分工笔者负责对外关系。

即使翻案派公开闹平反实行"黑色恐怖"后,笔者仍未能及时"回校闹革命",原因是:李广文与王效禹暗中勾结全力支持"红旗队",孙汉卿正稳步重返"山大主宰"的宝座。

在笔者心目中,这才是"鲁大"最大的危险!至于翻案派,纵然翻案狂潮冲天,终归是秋后的蚂蚱——没几天蹦跶头儿。

一、《揭盖子》:笔者拒绝签名

"红旗队"的不懈努力终于结出了一个特大硕果:孙汉卿进入了从中央文革到省革委新当权们的视野,迅速成为"准革命领导干部"。

1."揭盖子"——"准省革委文件"

"反逆流"以后,王效禹成了公认的"毛主席司令部的人",而孙汉卿,与王力、关锋、李广文、王效禹等都是原渤海区的老战友。

基于上述两点,"红旗队"审时度势,选择了与翻案派截然相反的道路:"坚决拥护省革委",精心撰写出《彻底揭开山东省十七年两个阶级、两条道路、两条路线斗争的盖子》传单，把王、关、李、王效禹、王路宾、潘复生（黑龙江省革委主任）、刘格平（山西省革委主任）、赵健民（云南省革委副主任）等，统统列为"毛主席司令部的人"、"一贯坚定不移执行毛主席革命路线"；而把"藤景禄反党集团"以及历届旧省委中曾经整过上述人的政治对手，统统打入"刘邓司令部的人"。终极目的就是要把孙汉卿塑造成"革命领导干部"。

任何阶级或政治派别夺取政权后，无不以攻心为上，需要的正是这种歌功颂德无限美化的舆论攻势。在王效禹、王路宾等新当权派心目中，《揭盖子》抵得上造反派十万精兵，成了"准省革委红头文件"，要求所有省级群众组织签名，省革委、青岛市革委、济南市革委等则以部、组"战斗队"名义签署。"红旗队"也随之成了省革委特许的与"山工总""红山指"平起平坐的"革命组织"。

王效禹还特批：省财政厅给"红旗队"拨付专款1万元（约相当于今天100多万元），支持鼓励他们再接再厉。这在全国都实属罕见！

其后，"揭盖子"印刷发行就完全成了各级"新政权"官方以公款支付的政治任务了，先后印发了至少数百万份。

2. 顽固到底，拒不签字

王效禹要求在《揭盖子》上签名的指示下达后，王竹泉除外的"红山指"头头儿轮番"轰炸"，说服动员笔者：一定要"红二·三"签名！然而，笔者虽然尚和厌争，但"撞到南墙不回头"的牛脾气难以改变：我不想强迫改变任何人，别人也甭想强迫改变我！

①."李主任"打头阵

打头阵的是省革委委员、红代会常务副主任李仁光（省中医学院学生）。他传达了省革委意见和"效禹同志"指示：省革委对你们"红二·三"非常关心，为了帮助你们扩大社会影响，特别嘱咐要请你们在上面签名。笔遂以"感谢领导关怀"婉言谢绝。

②."孙常委"再度关怀

第二天，省革委常委、"红代会"第二副主任孙振发再度送来关怀。他比笔者年长几岁，一向充老大哥称呼笔者"小宋儿"。操着满口胶东腔倚老卖老地边骂边劝：所有省级大组织都签名了，你个屄养的不签名，真想"自绝于人民自绝于党"啊？别啰唆，签名、签名！

笔者既要坚持原则又要避免闹僵，也随之亦庄亦谐地回答："君子不掠人之美"，你们都参与过审查修订，完全有资格签名。我们既没参加调查，更未参与审稿，平白无故签名岂不成了作假冒名吗？不就是一张传单嘛，没那么严重。老果果（哥哥）放心，没事儿，没事儿！

二、"红旗队"手眼通天

8月上旬，笔者亲耳聆听了另一件更加惊心动魄的内幕，终于明白了：王效禹省革委那样不遗余力支持孙汉卿和"红旗队"的原因。

1. 济南部队和省革委"慰问团"：走了王坤泰的后门儿

"武汉7·20事件"后不久，鉴于王力的诸多错误，为了平息事态稳定大局，毛主席不得不决定：他"停职养伤"（罢官，内控）。

当时，各省（市）革委和造反派组织哪里知道内情！在"愤怒声讨陈再道等一小撮走资派"的同时，也纷纷给中央发电报，"向王力同志致以崇高敬礼和亲切慰问"。

王效禹更是不甘落后，组成了"济南部队党委和省革委联合慰问团"赴京慰问。济南部队副司令员张仁初任团长，省革委副主任韩金海任副团长，包括诸多常委和各界大员40余人。回来后，在省革委第一宿舍小会议室举行了"慰问团汇报会"，笔者作为"省红代会"代表参会。

首先，张仁初简要汇报：没有辜负军区党委、省革委和全省军民的重托，终于受到了王力同志亲切接见，胜利完成了慰问任务。

然后，副团长韩金海详细汇报了经过：到京后，与党中央和国务院办公厅多次联系，人家要么说"不了解情况，无法安排"，要么说"报告请示后再予答复"。结果，等了十多天，像热锅上的蚂蚁急得团团转。多亏省革委驻京办事处王万成同志几经周折找到了王坤泰，他领着我们几个人到了李广文同志家中,向他简要报告了来意。李广文同志又帮助我们联系安排,最终完成了军区党委和省革委交给我们的慰问任务。接着,又传达了王力接见时的讲话。王力"讲话"既无实际内容,更无革命激情,昔日雄风荡然无存。

当时,笔者真是方寸大乱,只觉耳鸣心跳背后冒凉气儿:如此高规格的联合慰问团,竟然四处投靠无门,不得不像"乞讨团"一样让王坤泰领着"走后门儿"才得以见到"中央首长"。孙汉卿和"红旗队"真的手眼通天,比济南军区党委加省革委的总和还厉害……

2."宋丁搭档"分工格局

孙汉卿"红旗队"的强势和高能令笔者惕厉有加,原有"红旗队逆潮流而动成不了大气候"的无知心态一扫而光,并确定了"宋丁搭档"的分工:丁宗学始终与翻案派短兵相接,既有不可动摇的情感基础,又有知己知彼的思想基础,就侧重"反左";而笔者深知"红旗队"的底细和厉害,主要精力必须侧重"反右"!同时,暗下决心:上述两大黑幕以及王效禹支持"红旗队"的所有内幕绝对保密,不惜蒙蔽所有人,以免"红二·三"在风雨飘摇中树倒猢狲散,原保守派群众"良禽择木而栖"倒戈投向"红旗队"。

"红旗队"的强势和王效禹的实用主义,将"红二·三"逼进了"阻于巨石,据于蒺藜"的空前逆境。但是,天生的轴子性格令笔者顽固到底:宁死不出卖政治信仰,决不与"红旗队"同流合污!

后来,听到"王、关"被捕的小道消息后,笔者方才明白了其中的猫儿腻:当时,王力已被内控,不准随便会客。之所以又允许他接见山东慰问团,要么是内控比监押宽松,要么是为了维稳而演戏。"真他妈的!虚惊一场"……

第九节 "八·二九"事件

校内武斗风愈演愈烈。多亏历城县委招待所员工容留了我们,敢于亮明观点的四十多个"红二·三"战士寄宿在一间地下室大房间里,铺上草帘子席地而眠,既当宿舍又当办公室和会议室。男女分作两摊儿互不干扰。笔者也从"红代会"(原团省委院内)搬到了那里住。

一、恃强凌弱——全校大围攻大武斗

1967年8月29日早晨,各系尚未公开亮明观点的同学相继跑来报告:住在校内的许多"红二·三"观点的同学被从床上拖下来围攻揪斗,多人受伤。笔者一听顿时悲愤交加,顾不得多想就急忙到老校向一号楼疾步走去,要找刘全复讲理:制止武斗,立即放人!

1. 第一关

刚走到大门里学生食堂处,就被食堂工人"尹大个子"(三十来岁,身高近2米,体重200斤)截住了,揪住笔者的衣领,像提留小鸡儿一样拎到了伙房里,"刁班长"等五、六个人也围了上来。

尹质问:你算什么狗屁造反派!为什么反对给"山工联"平反?说!"山工联"是不是反革命组织?

笔者回答:不仅"山工联",即使"山工联总部"也不是反革命组织!我们从来不反对平反,而是反对"闹平反"!

尹火气大减,又将信将疑地问:你真同意给"山工联"平反?

笔者说:不是口头平反,而是公开正式平反!

尹又问:你敢签字吗?

笔者答:宋书星行不更名坐不改姓,走到天边也是这种观点,用不着签字!

第一关总算过了。看来,群众根本不了解"翻案与反翻案"分歧的实质和真相,刘全复等翻案派一味蒙蔽欺骗群众,既不敢公开我们的真实观点,又不准我们向群众宣传申述。

2. 第二关

刚从伙房走出,一群以外文系为主的数十名学生又将笔者团团包围起来,压根就不再质问,而是嘲笑、谩骂、吐口水,外加"偷拳、偷脚"。此时，笔者才发现，二姐一直跟在身后保护我，它那 1.58 米又瘦又小的个子，不知替我挨了多少拳头和口水？看来要找刘全复们要求放人是不可能了，只能尽快逃生。

3. 第三关

校门口往南百十米即洪家楼村，村民大都是解放前夕逃来济南在天主教堂"上帝身边"安家的外地人。后来，公安机关努力多年，始终没能查清他们的祖籍，更不知逃亡缘由。这些人少有传统农民安分守己的淳朴民风，有的是刁钻狠辣的流民习气。

"鲁大"闹翻案后在社会上非常孤立，便尽力去拉拢他们支持闹翻案。开始时，将多余的饭菜等熟食无偿送给他们；后来，又将米面、蔬菜等生食无偿或贱卖给他们（当时，市民每月口粮 27 斤），最后连桌椅板凳乃至学生双层床，也半送半偷的成了他们的家产。因而，整个村都成了坚定的翻案派。

二姐护着我刚出大门口，从南面涌上来二、三十个洪家楼村民。一个学生指着笔者喊道：这就是"小瘪三儿"的头头儿、官儿迷宋书星！

只听一声喊："揍！"众人一哄而上一阵拳脚暴风骤雨，笔者就鼻口蹿血两眼模糊了。二姐护着我向南跑进了洪楼派出所院内，意图寻求救助。数十名如狼似虎的村民和学生紧追不舍。

不料，派出所干警一边把笔者往外推，一边高喊："出去、出去，都出去！不准到公安机关闹事！"他们的"中立公正"之后，又是一阵更猛烈的拳脚风暴。笔者的粗布白衬衣前襟沾满了血迹，头脑昏沉沉麻木不灵了。二姐不得不又拉着笔者跑出"人民公安派出所"。

正在危难之际，从南面开来一辆三轮跨斗摩托，到笔者面前戛然停住，一位胖大军人跳下来，不由分说将笔者塞进跨斗中，命令驾车者飞速撤离。

后来方知，那位胖大军人是附近十里河驻军"济南部队通讯团"孙教导员，驾车者是无线电技术员李垂柱。

从此，笔者对解放军救命之恩由衷感戴的同时，对"人民公安专政机关"也更加印象深刻了……

二、救援队伍遭伏击

笔者与二姐逃离了险境却没能完成营救战友的使命，许多"红二·三"同学仍然陷身于口水加拳脚的围攻中，处境十分危险。笔者心急如焚，立刻给"红山指"打电话求援，要求他们急速派人救出无辜群众。

结果，又引发了一场更大规模的武斗。

1. 救援不成遭伏击

"红二·三"群众大都被困在老校校外学生宿舍，那里也随之成了"营救与反营救"的主战场。当时，新老校之间建筑物极少，大都是一片连一片的庄稼地。新校翻案派闻讯后，翻案派头头儿赵恒乐（数三）带领手持棒球棒的百十名"棒子队"赶往老校增援，埋伏在了学生宿舍对面的地质局职工宿舍院内张网以待。

一辆解放牌卡车满载数十名赤手空拳的七中学生最先赶到。在大门口停稳开始跳下车，"鲁大"伏兵呼啸而出。一个刚跳下车的中学生尚未站起来，赵恒乐及时赶到迎头一棒砸下，那人当即躺倒在地不动了（目击者数学系四年级石广标亲见所述）……

其他地方的"截击战"也相继展开，详情不知。后来听"红山指"工作人员讲：根据各增援学校统计并电话报告，受伤挂彩的学生100多人。

2. 大礼堂内暂休整

天已过午，"红二·三"被困群众相继逃离，陆续聚拢到了历城县委招待所地下室，笔者见他们绝大多数人都伤痕累累。为了避免更大的武斗围剿，"红山指"要求"红二·三"立即撤离，并派来汽车将众人拉到山师，安排在大礼堂里暂时安歇。此时，已是下午三点多钟了，像众人一样，笔者从清晨到现在水米未进，经过一场暴力围攻洗礼终于安静下来，方觉饥肠辘辘疲惫不堪、伤痛隐隐。

不大一会儿，山师医务室大夫来帮助众人检查、处理、包扎伤口；食堂工人师傅又送来包子、馒头等食物聊以充饥。肉体和心理承受过超常的暴力和压力，一旦安静下来并填饱肚子之后，因疲劳过度而"食困"。众人大都昏昏欲睡，女生大都趴在座椅靠背上，男生则躺在连椅上打盹或睡去。

一觉醒来，已是向晚时分。不久，杨化军（山师体育系学生、"山工总"顾问）来到大礼堂，对笔者说："小宋儿，赶紧走，有紧急任务！"笔者与他们一起乘坐一辆中吉普向"鲁大"老校方向驶去……

三、"鲁大"第二次遭劫

汽车驶出山师校门，天色已经黑了下来。一路上，见到大队人马首尾相接络绎不绝，在军代表带领下向"鲁大"方向跑步前进（此时，遵照党中央命令，除了"鲁大独立王国"外，济南各大、中学校已经实行了全面军训）。仔细一看，每支队伍和分队前面都是军人。大队人马中，还夹杂着乘车的"机械化部队"，可谓威武雄壮。

1. "前沿指挥部"见闻

汽车将笔者送进了历城县邮电局院内，韩金海将笔者迎进北屋一个大房间内，并介绍一位戴金丝眼镜的军人："这位是崔司令。"握手之际，笔者打量了对方一眼：他个头儿与笔者相仿，体型偏瘦面目清癯，身着毛料军服，儒雅中透出几分刚毅。笔者心想：此处或许就是"前沿指挥部"，此人是总指挥，韩金海是"督军"……

"崔司令"要笔者简要介绍老校校园地形，尤其是变电室、易燃易爆物品存放场所。他根据笔者的叙述，在桌上铺开的一张校园地图上，标明了危险建筑和地段。笔者暗想："行家！地道！"此时，各路大军也陆续完成了对"鲁大"的合围，可谓水泄不通。随即，发布了"总攻命令"，攻坚"敢死队"首先冲进了校园大门……

孰料，与收复省革委大院儿截然不同，"铁拳"重击处却像打进了空气，没有任何反应。"翻案兵"早已四散逃窜，校园里空空荡荡，围歼大军未遇到任何反抗。

2. 大搜捕

大围歼转入了第二阶段——大搜捕。大部队化整为零,对山大方圆 3 公里内的闲置房屋、庄稼地等一切可疑之处进行大搜查,抓捕逃逸的"翻案兵";抓到以后由各单位酌情处理。

至此,笔者的任务完成了。杨化军又开车送我到"红山指",回宿舍安歇了。至于"红二·三"战友们,笔者已疲倦的无力多想了,反正有老丁和他们在一起。唯一纳闷儿的是:不知有多少无辜同学又要遭劫了!

3. 无辜群众扛人祸

以后的大半年中,先后有二、三十位同学(包括造反派和保守派)向笔者倾诉过当天深夜和其后四五天内的"悲惨遭遇"。

根据在校总人数等实际,笔者分析推测:无辜(包括有错者)受害群众数百人。仅山东机械学校就抓捕了 60 多名"鲁大翻案兵",其中不少都是保守派或逍遥派,只是迫于校革委当权派和"翻案兵"主流派的高压和淫威,不得不先随大流活动,又随大流逃难,最终随大流落入"法网"。

受害最深的绝大多数都是无辜群众。校革委头头儿们早有精神准备,且最早获悉"围歼战"消息,比兔子跑得还快早已提前逃离了。而广大无辜群众,既毫无精神准备,又未及时得到撤离通知;有的更因"未做亏心事"抱有侥幸心理,延误了最佳撤离时间。

据笔者所知,未能逃脱的翻案派最高领导人是化学系革委会主任郝树仁,被抓进了省机械学校关押了四五天,始终未敢暴露真实身份。不知挨了多少拳脚、棍棒,获释时整个脑袋肿得像"胶东发面大馒头",双眼多日难以正常睁开。

四、不幸中的万幸,翻案派放弃抵抗

翻案派放弃抵抗无疑是唯一明智而正确的选择,也是避免更大悲剧的"善举"。

此前，他们让金工厂加工了一批"土长矛"——自来水管头部锤扁、剪尖、磨利，准备"武装护校"。如果翻案派不是及时撤离，而是按原定计划死守顽抗，甚至听从一些"极左中的极左"混账意见，用"土长矛"甚至用化学系易燃易爆药品"武装护校"，不知会酿成怎样的惊世大血案？又会有多少无辜的校内外学生死伤于暴力冲突之中？

如果死了人，笔者必将难逃"惨案参与者"罪责。因为，在事件的因果链中，"宋书星被打伤"成了事件的直接诱因。正如：文革初泰安农学院在两派冲突中，一位学生意外死亡，成了地区革委会副主任国恕连被判无期徒刑的主要"法律依据"。

五、"八·三〇决议"：解散"鲁大革委会"

当时任何人，不论革命动机如何崇高美好，不论革命激情如何熊熊燃烧，只要忽视了"无产阶级专政"这个前提条件而成为"非法"，就难免受到现实的严厉惩罚。

次日（1967年8月30日）上午，省革委召开紧急常委会议，听取"围歼战"战况报告，研究对"鲁大"的政策，并决定：下午，在体育场召开10万人大会——"愤怒声讨鲁大革委会一小撮坏头头儿的反革命暴行"。

首先，各界代表发言"愤怒声讨"。作为受害时间最长、程度最深的"红二·三"群众组织代表，笔者也发了言。内容无非是揭露校革委翻案派：残酷镇压不同观点群众，实行资产阶级"黑色恐怖"，挑动群众斗群众，制造流血事件，比"走资派"有过之而无不及。

最后，省革委代表宣读"八·三〇决议"：解散"鲁迅大学革委会"。会场上，群情激愤口号震天："愤怒声讨""严惩凶手""血债血偿"……。

笔者一旦坐到位子上听别人发言和宣读《决议》，真是五味杂陈，不仅没有胜利者的振奋，反倒涌上一股"残阳如血"的悲凉和"关山重重"的沉重。就像自家的孩子闯了祸，把他臭骂一通后又坐在一边看着别人对他轮番切齿痛骂拳打脚踢。翻案派毕竟曾是患难与共的老战友，校革委更是自己亲手参与建立的。尤其是，"八·三〇决议"无中生有地硬塞进一句"殴打革命领导干部孙汉卿同志"，这无异于向全省宣布"就是要孙汉卿回校复辟！""极左"尚未解决，"极右"又泰山压顶了，劫难何时是个头儿？

六、"逃宴"：拒绝与王坤泰谈判联合

极左错误必然导致极右结果，故而称之为"形左实右"。五七年的"右派"是如此，六七年的"翻案派"同样如此。正是他们无知狂妄对省革委新政权公开对抗以卵击石，致使官办"山大兵"死而复生，走资派孙汉卿也成了"革命领导干部"。在山东省绝无仅有！

在王效禹等人心目中："红二·三"区区不足百人，既无兵强马壮的实力，更无任何坚挺的后台，如何与强大的翻案派抗衡？再者，宋书星"脑后有反骨"，仅凭那几个鸟人就不自量力目中无人，胆敢违抗省革委旨意，拒不在《揭盖子》上签字。若将山大交给他们，一旦羽翼丰满，岂不又要像"主义兵"和"翻案兵"那样继续与省革委对抗？

遍观全校，唯一可以信赖且有实力主持大局的，唯有孙汉卿及其"红旗队"。只可惜，他们是"老保"，若公开掌权，既不符合毛主席党中央的文革路线，更不合乎全国大势。

于是，便确立了治理"鲁大"的方针：高举"红二·三"旗帜，依靠"红旗队"力量，分化瓦解"翻案兵"。

1. "晚宴陷阱"

"声讨大会"尚未结束，孙振发通知笔者："散会后回'红山指'，有重要事情。"等他"忙完公务"，已是深夜时分，他拉着笔者乘车到了"山工总"（原省总工会），进入一楼一间大会议室。诸位大员们起身热烈欢迎，并主动鱼贯迎上来与笔者握手表示祝贺，场景相当隆重。他们是：省革委副主任韩金海以及刘长茂、张美智、花光隆、徐金华等"五常委"（包括孙振发）。坐定后，韩金海首先致辞："大家

都是老战友,用不着再介绍了。小宋儿长期坚持反翻案、反极左思潮,实在太不容易了,今天终于胜利了,值得庆贺。老战友们一块儿聚聚表示祝贺。"

我朝大会议桌上扫了一眼,只见摆满了菜肴和酒水,虽然与今天的官宴无法相比,但在那个年代已经是罕见的丰盛了。当时,笔者心里真是热乎乎的激动不已,大有受宠若惊之感:"第一副主任"携"五常委"为笔者专门举行晚宴,并虚席以待至深更半夜,这是何等的重视啊!虽说我曾不止一次代表"红山指"支持帮助过"山工总"和公安厅的造反派,但毕竟是官民有别、尊卑贵贱不同了……

接着,韩金海又说:"来,小宋儿,我给你介绍一位新朋友。"话音刚落,从里间屋里走出一位30来岁的汉子,只见他身高一米八多,穿一件咔叽布军大衣,扣紧的两排金属纽扣在灯光下闪烁,更显得魁梧挺拔、儒雅大方。他矜持而稳重地走到韩金海身旁,大家一齐站起来。韩金海对笔者说:"这位是王坤泰同志,也是老朋友了,大家一块儿聊聊……"

虽然这是第一次与王坤泰幸会,但是,笔者早已久闻大名——"红旗队"队长!当时,真是如雷贯耳被震得脑袋一片空白。我习惯性地与他伸过来的手轻轻握了一下,木然随众人一起落座。

经过短暂的痴呆之后,当刘长茂忙着斟酒时,我脑袋里蓦然浮出一幅画面:一个被捕共产党人拒不叛变,特务头子便设下招待晚宴。当两人碰杯时,照相机闪光灯此起彼伏,夹杂着一片劈劈啪啪的掌声。然后,便是报纸头版头条通栏大字标题,并配有"欢聚一堂"的大幅照片……

笔者心中一激灵,立刻清醒过来,一切都明白了!于是,谦恭地含笑说:"不好意思,请诸位稍等,我出去方便一下。"

2. 一路痛骂诅咒

笔者出了楼门,一溜小跑(不是被尿憋得);一出大门就沿着经二路向东撒腿飞跑起来。过了普利门,确定后无追兵时方才放慢了脚步,心脏却依然怦怦狂跳。时间已过半夜,任何公交车都停开了,从

"山工总"到"历城县招待所"大约9公里，只能徒步走了回来。

夜风习习，笔者渐渐冷静了：操他娘的！看来，王效禹是铁定了心要让孙汉卿回学校"复辟"了，我们只不过是可供利用的造反派招牌而已……

因被愚弄而羞恼，因羞恼而愤怒。一路上先是痛骂"新权贵"们："为了自己保官保权保地位，就不顾别人死活，搞这等下三烂的卑鄙伎俩。算他娘的什么造反派？与翻案派一丘之貉，没有好下场！"

继而又诅咒刘全复等翻案派："不干点儿人事儿！害得别人受此愚弄。这可好，不仅第三代老保复活了，'头号走资派'也成了'革命领导干部'，还腆着脸骂别人出卖鲁大，真他娘的不知羞耻！"

痛骂归痛骂，诅咒归诅咒，决不能丧失理智，暗下决心：事关"红二·三"生死存亡，省革委的混蛋决策和"晚宴陷阱"必须绝对保密，以免"红二·三"树倒猢狲散。再者，只要"红二·三"存在一天，只要宋书星死不了，就一定顽抗到底，决不能坐视这帮势利小人阴谋得逞！

第十节　张子石"省革委工作组"

"八·二九事件"和"八·三〇决议"后，学校的武斗局面不仅没有好转，反倒因为双方许多无辜群众惨遭皮肉摧残，对立情绪和复仇心理更强烈了。唯一的变化是，"红二·三"和"红旗队"结束了流浪生涯返回了学校。"红二·三"占据了老校1号楼和新校1号楼，"红旗队"占领了老校4号楼。其他教学楼和宿舍区，依然是翻案派的天下。开始了"三国鼎立"混战。

"三国"各有优势各逞其能：翻案派人多势众、群情悲愤，自信"民心不可侮，哀兵必胜"；"红旗队"仰仗直接通天、后台坚挺，省革委全力支持；"红二·三"自信"路线正确，名正言顺，胜券在握"。笔者虽然领教了官场险恶，却依然撞到南墙不回头，坚信"天道难违，真理必胜！"

结果是战火连绵：五天一大打，三天一中打，小打天天有。

济南部队党委和省革委会向学校派驻了通讯团一个连队,昼夜巡逻、维持秩序,"制止武斗,不问政治"。带队者正是笔者救命恩人孙教导员,技术员李垂柱也在列。

大、中型武斗基本终止。

一、南郊宾馆巧遇

王效禹坚定不移地要将既定方针贯彻到底。既然笔者一再固执己见抗命不遵,拒不与"红旗队"联合共同辅保孙汉卿,就只能由省革委直接出面强力推行了。于是决定:派出张子石率领的省革委工作组进驻"鲁大",亲自来贯彻王效禹省革委的既定方针

1967年9月6日傍晚,省革委办公室来电话:"今晚张子石同志有重要事情要见你,请于8时30分准时到南郊宾馆二楼××房间(记不清了)。"

笔者不敢怠慢,应命提前半小时赶到南郊宾馆,却巧遇中了解了黑幕的又一斑。

1. 巧遇孙汉卿"侍从"

当晚8时前,笔者推门进了张子石的房间,会客室朝东的沙发上坐着一位30来岁的年轻人。

笔者以为它是张子石秘书,问道:"请问子石同志在吗?"

他反问:"你是哪单位的?"

笔者答道:"我是山大的姓宋,子石同志说找我有事。"

笔者的一个"山大"、两个"子石同志"外加"找我有事"误导了他的判断,他急忙站起来主动上前与笔者握手,一边让座一边热情地滔滔不绝自我介绍起来:"哟,你也是山大的呀!我姓林,一直陪汉卿同志从济南坐火车到烟台,从烟台乘船到大连,又从大连坐火车到北京,广文同志(李广文,中央文革办事组长)安排我们住了好多天,又派专机把我们送回济南,要汉卿同志回山大主持工作。这不,下午刚下飞机,现在子石同志正在隔壁与他商讨,请稍等一会儿吧。"

王效禹们的意图笔者全明白了。

2. 与张子石"亲切会谈"

不大一会儿，张子石进来，"小林"随即出去。寒暄几句后，应张要求笔者简要汇报了学校近况。然后，他向笔者传达了省革委决定：一、成立"以宋书星同志为首的鲁大革委会筹备组"暂行校革委职责；二．向"鲁大"派驻省革委工作组，帮助"革筹小组"恢复学校正常秩序。并申明工作组的方针：坚定不移支持依靠"红二·三"，团结联合"红旗战斗队"，教育争取"翻案派"群众。

笔者心想：什么妈的，老一套！冠冕堂皇说得好听，无非是要利用"红二·三"招牌，依靠"红旗队"实力和后台，分化瓦解老造反派，最终达到孙汉卿"复辟"的政治目的！

内心虽如此想，却绝不能撕破脸皮公开对抗，既不能无理，更不能无礼！只能谨慎小心、虚与委蛇，顺势应变、机动灵活，与他们周旋到底。

笔者谦恭地说："首先，衷心感谢省革委和效禹同志对我们的关怀和信任，真诚欢迎工作组进驻我校，我们一定全力支持、配合工作。关于'红旗队'和孙汉卿的问题，希望省革委和工作组还要慎重考虑，广泛听取群众意见后再说。"

张又重申："请你们放心，省革委工作组的方针是坚定不移地依靠'红二·三'。对'红旗战斗队'，是帮助你们团结联合他们。至于孙汉卿同志能否解放结合，取决于他自己能不能得到群众谅解。"

至此，这种虚情对假意的会谈再啰啰儿下去实在没意思更没意义了。双方"在友好气氛中"握手告别。

此次谈话内容，笔者理所当然也列入了"绝密"。虽然，知道已经无密可保了，他们进校后一定会大力宣传贯彻"省革委方针"。但是，本人绝不充当他们的义务宣传员！

二、工作组坚定不移贯彻省革委既定方针

9月7日（或8日），张子石率领百十人的工作组进驻学校，大都是从省直机关选拔出来的立场坚定、能言善辩的高手。这是有史以来上级派驻山大级别最高、人数最多、实力最强的工作组。

1. 干部"见面会"

经过十来天调查摸底儿，工作组终于公开亮相了。他们按照孙汉卿或"红旗队"开列的名单，背着"红二·三"和"以宋书星同志为首的革筹小组"，召集"政治可靠，立场坚定"的数十名干部（无一个造反派观点的干部），在老校2号楼小礼堂举行了"见面会"。

首先，传达了省革委工作组对"鲁大"的工作方针：支持依靠"红二·三"，团结联合"红旗队"，教育争取"翻案派"。继而，张子石讲话：希望继续发扬革命传统，发挥干部的带头作用，振奋精神、继续革命，站到阶级斗争第一线，支持配合工作组工作，为建立学校革命新秩序做出新贡献，等等。

对省革委工作组的方针和态度，大多数人的理解与笔者大同小异。虽然嘴上不轻易说，内心肯定震动不小。

当天，就传来了不少干部见面会的消息，经过慎重考虑，笔者作出三个推断：其一，工作重点转向干部，肯定是孙汉卿的意见和决策。因为他多年分管行政和党务，嫡系和基本力量都集中在干部队伍中，要"复辟"必须依靠他们。学生只是"毛孩子跟着瞎呼隆"而已。其二，工作组如此工作是在忠实执行"汉卿同志指示"，为他"复辟"上台铺路架桥。其三，既然背着"革筹小组"和"红二·三"，我们就继续装傻卖呆静观其变，并准备随机应变。

2. 红二·三"见面会"

干部"见面会"后，工作组终于要与"红二·三"见面了。地点在老校1号楼大会议室，张石子以下工作组所有大组负责人都到会，"红二·三"大小头头儿也踊跃参加。

首先，张子石传达了省革委的"两个决定"，宣布工作组的工作方针，并发表了讲话。

随即爆发了激烈争论。工作组以"眼镜副组长"（三十多岁，中等身材，圆脸微红）为主帅、以省委党校的人为骨干。"红二·三"以丁总学为主帅、以王瑞功为干将。就"红旗队"是不是"革命群众组织"（实则孙汉卿能否复辟），双方展开唇枪舌剑。

张子石耐心倾听，笔者原本就不愿抢话，此时就更应耐心倾听。争吵了半天，无果而终、不欢而散。

会后，整个1号楼内像开了锅一样。室内、走廊上，或三五成群，或十几人扎堆，无人不在议论工作组方针，且义愤填膺口无遮拦：怪不得"翻案兵"骂王效禹"资产阶级政客两面派"……

因为，省革委和工作组究竟要依靠谁？直接关系到他们数月来浴血奋斗历史的评价问题。

三、"革筹小组"今夜无眠

面对"鲁大"和"红二·三"生死存亡的危急关头，头头儿们更是深知问题的严重性。当晚，"革筹小组五人核心"——笔者、丁宗学、韩健秋、张明岚、孙向铸（除了笔者，都是中四学生；除了孙是原"八·三一红卫兵"政委，其他都是"主义兵"老骨干），聚集在张明岚的小房间密谋了通宵。

人们先是痛骂王效禹和"新权贵们"实用主义、两面派、假革命，群情激愤骂不绝口。

即使此时，笔者也不能将亲历和见闻的所有黑幕和盘托出，只能有选择地简明扼要透露了一些相关内幕，以证明："这不过是王效禹等人一贯的政治阴谋！"

因为，笔者不得不担忧两种后果：其一，崇理尚义不计后果是"鲁大"造反派的共性和传统。弄得不好，他们有可能因彻底失望而破釜沉舟："去他娘的，老子不干了，不为这帮混蛋卖命了！"若然，笔者就真的成"光杆儿司令"了。其二，即使他们像笔者一样坚定而冷静，一旦传扬出去，众多原保守派群众也难免纷纷倒戈，投奔"红旗队"。若然，我们就更成"小瘪三儿"了。

冷静理性、深思熟虑、温文尔雅是中四主流派一贯的传统，也是笔者最敬佩最赞赏他们之处。众人渐渐冷静下来，开始客观而深入分析个中原委。结论完全一致："他们的最终目的就是要孙汉卿上台复辟！"

最后，又商讨对策。果然不出所料，丁宗学首先拍案而起："他奶奶的，还是继续办我的《海燕》小报儿，向全市散发，揭露他们的大阴谋！"

天蒙蒙亮了。最后，一致接受了韩剑秋和笔者的意见，形成最后决议：既然他们的最终目的是要孙汉卿"复辟"，那么，这就突破了我们的底线，在它尚未成为事实之前，依然是"谁胜谁负的斗争仍在继续"，就仍然要与他们周旋下去！如果真的到了那一天，我们五人并动员尽量多的群众签名，向全省发表公开声明：集体退出"红二·三"！

四、省革委："副主任"否定"正主任"

笔者虽已精疲力尽，却也获得了极大的精神鼓舞："在此危难时期，思想情感和观点如此高度一致，真不愧为心灵相通生死与共的造反派老战友！"

既有如此坚强的领导集体，笔者就更可以毫无后顾之忧地放手干下去了！首先想到了王竹泉，他不仅是笔者最佩服最赞赏的全省造反派领袖，而且是省革委副主任——唯一能与王效禹相抗衡而又政见不同的人。

1. 密派王瑞功"告刁状"

"革筹小组"密会后，笔者立即找到王瑞功，要他全权代表笔者和"红二·三"向王竹泉反映工作组的问题，希望他主持公道扶危济困（此时王竹泉正在南郊宾馆开会）。

王瑞功也是中四学生，或许因为"说话太刻薄，宅心不仁厚"，同班同学多有微词。他又个性特强极爱面子（或"死要面子"），难免脱离群众，先加入了"新山大红卫兵"，后又成为坚定的"红二·三"战士。

笔者之所以选择他担此重任，为"鲁大"和"红二·三"生死存亡"做最后的抗争"，主要出于两种考虑：其一，头头儿不宜出面"告工作组的黑状"，以免"公然对抗省革委"之嫌；只能找个"一般群众"出面，以突出"群众自发的非官方"色彩。其二，他本人立场坚定、旗帜鲜明，而且口才极好，伶牙俐齿、煽动性特强，是中四的"二铁嘴"。

不用笔者细说，王瑞功立刻心领神会、慨然答应、即刻动身。

他果然不负重托，超额完成了任务，带回来"省革委王副主任的重要指示"："什么？要联合'红旗队'？这个第三代老保组织本身就是一个'怪物'，它的存在更是山东省红卫兵运动的耻辱！"

2. 形势急转直下

真是久旱逢甘霖啊！笔者一边让王瑞功赶紧向丁宗学、韩剑秋等报告"天大的喜讯"，一边让人紧急通知：所有驻扎在1号楼的"红二·三"战士立即到大会议室集合，传达"省革委领导同志重要指示"。王瑞功照本宣科后，全场一片欢腾。最后，笔者只讲了两句话："第一，会后所有人立即广泛传达宣传，不分观点和派别。第二，要继续坚定不移地尊重工作组，任何人不得与他们发生任何争论！"

"省革委王副主任重要指示"很快传遍了整个校园，形势急转直下。

工作组自进校后，就处于翻案派群众的重重包围之中，他们申述的意见无非两类：一是诉说自己的不幸遭遇，请工作组主持公道评评理"这究竟是什么路线？"二是质问"为什么要支持老保，支持走资派复辟？这符合毛主席革命路线吗？"

然而，工作组成员在集训期间就规定了纪律：以柔克刚！只要翻案兵不动武就耐心说服教育。一向热衷于精神刺激的翻案派，面对不温不火的回避问题，渐渐觉得无聊无趣"懒得搭理他们"了。

天上又掉下如此有趣的话题！于是，"王副主任的重要指示是真的吗？你们有何高见？同意还是不同意？"诸如此类的问题铺天盖地而来。可惜，工作组成员大都远离省革委权力中心，如何能了解个中奥秘？当众只能回答："不了解情况，无可奉告。"回到工作组后，他们不能不向头头儿们乃至张子石本人讨个说法。

"半路杀出个程咬金"，张子石同样被置于尴尬境地，"常委"毕竟不如"副主任"大呀。总不能为了一个学校而公开省革委内部矛盾"分裂红色新政权"吧？真是左右为难无所适从。最终，只能功亏一篑灰溜溜地撤走了，寿限不足一月。

送行的，除了笔者等"革筹小组"和"红二·三"群众"热烈欢送，依依惜别"，更多的是翻案派群众五花八门的"送殡"花圈和"借问瘟君欲何往，纸船明烛照天烧"等大标语。

后来，笔者终于明白了：凭王效禹"只要有三分把握就要努力争取"的强硬个性，仅凭"王副主任的反调"和"红二·三"群众抵制，根本不可能撤走工作组。根本原因是：王、关、李"出事儿"被抓了，孙汉卿和"红旗队"的后台坍塌了，他想通过他们向"中央文革"邀宠的希望破灭了，要赶紧与"王、关、李"撇清关系，以免相互勾结之嫌……

五、"三国重开战"

工作组撤离后，"三国"矛头转而一致对内，混战烽烟又起。派仗有增无减越打越上瘾，最终由"拳脚式"发展到了"棍棒式"。笔者和"红二·三"的危难尚未过去，来自"左"的方面的威胁日趋凸显，"谁胜谁负的较量"仍在继续。

1. 修复与省革委的关系

在中国要混迹于官场（包括文革中的新官场），最容易最得利的是"紧跟上司脚步走，党叫干啥就干啥"，即刘少奇的"宁犯政治错误，不犯组织错误"；只要不计后果，要"坚持真理"（个人意见）也不难；最艰难最凶险的是，既要"坚持真理"又不能"撕破脸皮"，维持上下左右平衡的"走钢丝"。

翻案派广大群众既不会轻易归附于"小瘪三儿"，更不会承认"革臭小组"。与他们的争斗，"红二·三"可以凭借的唯一资本是省革委为首的校外主流造反派"坚决支持"。

这可咋整？我们把工作组弄得如此狼狈，如果张子石、王效禹怀恨在心，一怒之下连"红二·三"旗帜也不要了，转而全力支持"红旗队"甚至与翻案派秘密媾和，那该如何是好？

纠结之时，翻案派送来了及时雨。

2. 翻案派好大喜功代人受过

"二·三夺权"后，"主义兵"和"翻案兵"的致命弱点是：忘乎所以好大喜功，惯于夸大自己的优势和能力，少有实事求是的冷静理性，把分析或想象中的"必定胜利"当成现实，并以此鼓舞士气。笔者称之为"逆境综合症"。

工作组被迫撤离，他们同样归功于"翻案派不屈不挠地坚持斗争"，大张旗鼓热烈欢呼、隆重庆祝了好多天。

既然他们好大喜功自愿代人受过，就成全他们吧。正好"红二·三"继续扮演"坚决拥护省革委，舍不得工作组走"的角色。其后，连续多日，"愤怒声讨翻案兵反对工作组！坚决拥护以王效禹同志为首的红色新政权！"之类的口号，反复广播了好多遍。"效禹同志"和"子石同志"，充其量只能说我们"拥护省革委是虚情假意"，总不能说我们"与翻案兵穿一条连裆裤合谋反对省革委"吧？

六、又成了"右倾机会主义"

为了预防"翻案兵"偷袭，到时便于奋起自卫迎头痛击，"红二·三"战友把缴获的一根垒球棒发给了笔者，确实"轻重适宜，煞是顺手"，一直横在枕头下多日，直至军训团进校。

翻案派虽然群龙无首，但是，各自为战的造反派传统犹在。尤其是,"八·二九"惨遭皮肉之苦的无辜民众,更是将仇恨一股脑儿记到了"红二·三"和"红旗队"账上,要向他们"讨还血债"。

然而,"红二·三"和"红旗队"也已今非昔比,凭借省革委坚决支持的优势,同样自信"正义在手,真理必胜",更是豪气干云、以一当十。

结果,"针尖儿对麦芒"针锋相对,谁也不会退让"装孬种"。派仗越打越大,越打越敌对、越凶狠、越不要命。"红旗队"董以山(政一学生,身高一米六几),曾经创下一根"水火棍"力敌翻案兵数名高手大获全胜的纪录,追得"敌人"狼狈逃窜。

正是这种日益激化的敌对情绪,埋下了可怕的复仇种子。在其后两次"清理阶级队伍"中,又大都发泄到了造反派干部和其他清查对象身上,酿成了空前的大悲剧。

作为"后台老板",笔者心目中自有"既定方针":文化大革命——"无产阶级专政下继续革命"打的并非军事仗、武力仗,而是政治仗、智慧仗。"红旗队"遭受重创元气大伤,"红二·三"成了唯一的"正确路线代表"。而翻案派,虽然组织垮塌成了强弩之末的散兵游勇,但依然人多势众,像一头垂死挣扎的猛兽,仍具有相当的杀伤力。

作为弱小一方,"红二·三"唯一正确的战略选择是:固守阵地静待其"再而衰,三而竭"慢慢死去。尽量避免武斗"消耗战",以最小的代价换取最大的胜利。因而,对打打杀杀的武斗,不以为然毫无激情。

笔者一生似乎与"右倾机会主义"结下了不解之缘。初中时,就与"右倾机会主义分子遥相呼应"说"大跃进"(实为"五风")得不偿失。第一届校革委闹翻案时,更成了"彻头彻尾的右倾机会主义分子"。此时,依然未能幸免。

笔者对武斗"胆小避战,龟缩退让"的消极态度,让一些义愤填膺的"红二·三"骨干大失所望。连续两天,三、四拨人相继到我住处进行"兵谏",激愤地质问:"为什么看着翻案兵如此猖狂不闻不问?为什么看着战友挨打无动于衷?你的阶级感情哪里去了?"并先后将三、四张大字报贴在了笔者床头和卧室墙上，强烈要求笔者："走出闺房，带领战友们冲上阶级斗争第一线，与群众同甘共苦浴血奋战！"同年级同学孙玉朝（化二丙班）最为激烈，说到激愤处气得嘴唇发抖，将办公桌上的玻璃板拍成了两半……

那是怎样单纯而亢奋的年代啊！要的就是提起棍子往前冲，其他都是废话。而笔者最欠缺的恰恰就是这种勇敢精神。

第十一节 军训团（第二届军宣队）

按照中央部署，其他兄弟院校军训已经好久了。为了尽快恢复学校正常秩序，王竹泉提议并经省革委和济南部队党委同意，抽调"山师军训团"骨干力量扩建为"驻鲁大军训团"。学校迎来了"王文俗军训团新时代"。

一、军训团进驻学校

1967年国庆节前后，在省革委北楼地下室小礼堂举行了"鲁大军训团成立暨集训开幕式"。会场相当隆重，王效禹非常重视并到会发表讲话，对军训团寄予厚望。

笔者也有幸参会，静悄悄坐在最后一排，细心观察洗耳倾听。

军训团进校时，军容肃整浩浩荡荡，不愧为正规野战部队。与张子石工作组相比，更觉威武雄壮先声夺人。随即在老校大操场举行了欢迎仪式。王文俗在讲话中重申："响应毛主席的伟大号召，支持左派广大群众。坚定不移地支持以宋书星同志为首的'革委会筹备小组'，坚定不移地促进革命大联合……"

1. 王文俗其人

事前，王竹泉专门征求过笔者意见，并介绍了团长王文俗：济南部队司令部动员部部长、大校副军级，军区内誉为"群众工作专家"。他不仅自己坚定拥护文革支持造反派而倍受袁升平（济南部队政委）等排斥。而且，他老伴儿和六位"千金"都是坚定的造反派，是司令部大院儿有名的"造反家庭",长女海燕更是哈军工"炮轰派"……在反文革势力始终占绝对优势的整个文革时期,像王文俗这样的"军训团团长"实在太难得太可遇而不可求了。笔者欣然同意、热烈欢迎。

2. 军训团内同样分两派

就个人观点而言,军训团内同样分为两派:同情支持保守派的"反文革多数派"与同情支持造反派的"文革少数派"。与地方的差别仅在于:军纪约束力尚能维护表面的统一。

以马政委为首的多数派包括刘吉宾秘书(军区副司令员范朝立秘书),更倾向并暗中支持"红旗队"。对"红二·三"内,更支持丁宗学对翻案派以暴制暴的强硬政策。

以王文俗团长为首的少数派,更支持"以宋书星同志为首的革筹小组",真心依靠"红二·三",真诚教育争取翻案派广大群众。他虽然当众乐观幽默经常与人们开个小玩笑,但独处时,深陷在眼眶里的目光凝重而冷峻,愈发显突出高大额头上双眉紧蹙,为学校的复杂局面和军训团内的意见分歧而苦苦思索对策。

3. 马政委走了

不知什么原因,进校不到十天马政委就走了。张海庭(原济南军区司令部处长)副政委升任政委,对王团长相当敬重,且意见极少分歧。军训团领导层的团结统一基本实现。

军训团领导与革筹小组联席会议成了学校的决策机构。成员是:王文俗团长、王建国(济南军区司令部情报部长)副团长、杨玉华(济南军区司令部卫生所长)副团长、张海亭政委、刘吉宾副政委以及宋书星、丁宗学、韩建秋、孙向铸、张明岚。会议召集和主持人理所当然是德高望重的王文俗团长。

历经三个多月校内外"两个战场"和反右与反左两条战线的折腾,笔者深感身心交瘁疲惫不堪,终于放下了肩头和心头的重担。

或许升任副政委的刘吉宾官阶和号召力不够高,军训团多数派一时难能形成整体力量。只有杨玉华副团长与"红二·三"新校分部负责人耿培成一起，大量吸收"红旗队"成员，"红二·三"队伍膨胀的同时，"红旗队"顺利实现了"一套人马，两块招牌"的布局。

二．第一次"清理阶级队伍"

武汉"7.20事件"后，毛主席视察大江南北，发表了诸多讲话。文革呈现出紧急刹车之势，反极左思潮成了文革大方向。为"鲁大"恢复正常秩序提供了良机。

学校开始第一次"清理阶级队伍"，并成立了"清理阶级队伍办公室"，由张明岚任主任，下设多个"专案组"；总负责人是"革筹小组"副组长丁宗学和军训团副团长王建国。

1. 第一次"清队"

"苏联模式"传统阶级斗争理论认为：凡是群众（尤其青年学生）闹事的地方，背后必定隐藏着"黑手"。要想尽快平息事态，必须揪出幕后黑手、教育受蒙蔽的群众。

"鲁大"像全国一样也必须照办。

随即，王公乾、孙云亭、王玉林、徐经泽等支持造反派的干部，外加"有历史和现行问题"的人都成了运动对象被隔离审查。

还有高登仁、梁学理、蔡国楷等支持造反派的干部，他们毫无历史问题，就连保守派都普遍认为他们"正派且清白"。然而，"没有历史问题，难道没有现行问题？"于是，"裴多菲俱乐部"式的"桥牌俱乐部"应运而生，最后一批造反派干部几乎尽皆囊括其中。

更令笔者不安的是，被清查对象的"历史问题"和"现行问题"大都是以前官办"山大兵"所揭发的。譬如，孙云亭四个儿子分别叫建国、建华、建中、建民（顺序可能有误，但绝非"孙建中华民国"！）。然而，此时又成了"孙建中华民国"——"仇恨共产党，梦想复辟国民党统治"的铁证。

2. 刑讯逼供

各系各单位都设立了重点对象的隔离室,并由专人监押看守;不准外出,不准私自会客……

"清队"迅速深入,清理对象"顽固不化,拒不交代",随即出现了刑讯逼供苗头。

尤其是,化学系孙玉朝等人对翻案派干部刑讯逼供最为激烈,不止一次把清查对象的双手吊在暖气管道上用棍棒殴打。人毕竟是肉长的,严刑之下终能撬开"铁嘴钢牙",因而"战绩辉煌",被军训团主流派某些人誉为"能打硬仗的虎将"。

与化学系刚好相反,物理系、中文系等则比较文明或"右倾"。一天,董怀臣(物理系革委副主任)与笔者聊起"清队",都不赞同化学系的行为。他邀请我去他们系看看。在物理楼地下室一个大房间里,隔离着高登仁、孙文广两人。房间干干净净,草垫子上被褥叠得整整齐齐,"像人住的地方"。高、孙俩人也平静整洁,毫无受皮肉之苦征兆。到物理系办公室,笔者听了他们简要汇报,并予以充分肯定。中午,笔者向王文俗简要报告了所见所闻。他沉吟片刻,未置可否。

3. 王玉林之死

刑讯逼供的严重后果终于发生了。在老校大礼堂召开的批斗大会上,王公乾、梁学理、孙云亭、王玉林等十余人,被揪上台示众,一字排开站了大半个舞台前沿,低头弯腰"喷气式"。不大一会儿,王玉林就摇摇晃晃站立不稳,颓然瘫倒在台上。专案组的人将他抬下台走出后门。

笔者以为他因胖大而高血压晕倒,毕竟是重大事故啊,急忙从后面跑到后门外,眼见许多群众还在对他施以拳脚和口水。便上前用身体护着昏迷中的王玉林大声喊:"别打了!别打了!"不一会儿,王玉林面孔的红潮渐渐褪去,由红变黄、由黄变白,死了。

当时笔者以为,是因群众拳脚致使其心脏病发作而死,心情气愤而沉重,对主动打招呼的人一律不搭理。后来方知,他在化学系关押期间多次遭受毒打而伤及内脏。

下午，王文俗召集军训团和"革筹小组"在1号楼二层小会议室举行紧急联席会议，他问笔者："人到齐了，开会吧。"笔者铁青着脸一声未吭。他原本严肃的面孔更严肃了。

首先，他提出了"一个结论、两点要求"：第一，据初步了解，王玉林属于突发心脏病意外死亡。第二，一定要深刻吸取这个教训，教育群众尤其是负责"清队"的同志严禁逼供信，杜绝此类事故再次发生！第三，在座各位同志一定要保持冷静，不能因为出了一点意外事故就否定"清队"大方向；更不能打击群众的革命热情和"清队"积极性。

笔者一听，后者分明就是对笔者的"警告"，只能继续保持沉默，自始至终一言未发。这是笔者与王团长之间唯一的一次不愉快。

三、"王、王、庄"被抛了出来

武汉"7.20事件"后，面对武官们的强力顽抗，毛主席不得不扭转文革航向，挥泪斩马谡惩治"反党乱军分子"，并逮捕了"王、关"，李广文也随之倒台。不久，山东军内和地方又涌动起一股"揪出王关戚在山东的代理人"的"倒王（效禹）暗流"。

1. 王效禹抛出了"王王庄"

"倒王暗流"政治压力日增，王效禹为了把自己从"王、关、李反党集团"和"反党乱军极左思潮"中洗刷出来，不得不丢车保帅抛出了"混进省革委内的极左思潮根子"——"王（路宾）、王（历波）、庄（中一）反革命集团"，并将山东"怀疑一切，打倒一切，反党乱军"的罪责推到他们头上，大张旗鼓地公开批判了好一阵子。王路宾更成了《揭盖子》否定一切、打倒一切的"黑后台"。

2. "揭盖子"成了大毒草

红极一时的《揭盖子》也随之成了"王路宾、孙汉卿秉承王力、关锋、李广文旨意指使少数保守派头头儿炮制的，是怀疑一切、打倒一切的活样板儿,是全面否定十七年毛主席革命路线的大毒草"。

作为《揭盖子》的炮制者,"红旗队"的社会地位一落千丈,从昔日的"大功臣"成了"为反革命集团张目的铁老保"。

全省上下掀起了批判"王王庄"和《揭盖子》的高潮,《红二·三战报》、"红二·三广播站"也乘势而上,发动了强大的舆论攻势。一向坚定不移的"红旗队"日子越来越举步维艰了。

3. 暗自庆幸

笔者暗自庆幸:"红二·三战斗队"岂能与一统天下的各大造反组织相比?更不能与有权有势的省革委相比!当时,倘若趋炎附势在"揭盖子"上签了名,此时岂不成了"地地道道彻头彻尾的新老保"?何以立足于"三国"混战的校园乱世?纵然别人迫于形势不敢公开说三道四,自己又有何颜面继续赖在政治舞台上装猫变狗丢人现眼?

4. "紧急辟谣"

省革委公开批判《揭盖子》的声势越来越大,"红旗队"的迷茫困惑和精神压力实在承受不住了。杨化军(山师体育系学生、"山工总"顾问)领着王坤泰到省革委第一宿舍找到王效禹。王效禹也不忘旧情,接见了他们并极力抚慰:"《揭盖子》的责任不在你们,'红旗战斗队'依然是革命群众组织!"

面对"红二·三"广播站的舆论攻势,"红旗队"广播站不得不将"效禹同志重要指示"连续反复播放数十次。

当时,笔者正在新校1号楼"红二·三分部"办公室与耿佩成交谈。他问:"'红旗队'广播的消息到底是不是真的?对咱们群众的影响太大了!能不能核实一下?"

笔者拨通了王效禹家(省革委一宿舍)的电话,与其文牍秘书朱文通话。

笔者问:"红旗队广播站说,效禹同志接见了王坤泰,并说'红旗战斗队是革命群众组织',究竟有没有这回事?"

他说:"请稍等一会儿。"放下电话去请示王效禹。

一两分钟后,他答复说:"效禹同志从来没有接见过红旗战斗队任何人!"

笔者追问:"可不可以公开辟谣?"

只停了不到一分钟(他又请示王效禹),他果断答复:"当然可以!"

笔者急就一份"紧急辟谣":x年x月x日x时x分,王效禹同志电话指示"我从来没有接见过红旗战斗队任何人!"并要"红二·三"代为辟谣。"红旗队"广播站所言是彻头彻尾的谎言,广大师生员工切勿上当受骗!

写完后即刻交给耿培成,要他立即送广播站播出,并强调:"红旗队广播了多少遍,就广播多少遍。"

"红二·三"群众精神大振信心倍增,"红旗队"却哑巴吃黄连从此一蹶不振。

三、张政委宣讲毛主席南巡讲话

第一次"清队"恢复了学校正常秩序,使翻案派群众"口服"了,却未能让他们"心服"。尤其是,毛主席视察大江南北的讲话明显要"刹车降温"。广大群众尤其造反派群众一时转不过弯儿来,产生了诸多疑问、困惑,甚至心灰意冷、消极颓废,觉得"反复无常没正事儿"。

军训团决定由张海庭政委在老校大礼堂作专题报告,宣讲毛主席视察大江南北讲话,引导群众正确理解讲话精神,认识无产阶级专政前提条件对于文化大革命的保障作用。

早在"反逆流"时,张政委就是济南部队为张春桥、姚文元准备的"七辩手"之一,其口才超群和思维敏捷可想而知。其后,结合正反两个方面的经验,经过大半年自我学习和反思,真正理解了毛主席发动文化大革命的目的、意义和必要性。

那是文革中笔者印象最深刻的三场报告之一,也是最精彩的一场报告。思想深刻、思路清晰,观点明确、逻辑严谨,娓娓道来、无一字废话。与曹靖和杜春胜的前两次相比，少了些慷慨激情，多了些平和理性。太精彩了！仅凭半页纸的提纲和几张卡片，讲了大约3个小时。

报告轰动了整个校园。不论"鲁大人"还是"山大人"，一向以"山东最高学府"自居，自恃才高八斗目空一切。对张政委的报告却真的口服心服了，对军训团也刮目相看，不敢再有丝毫小瞧和轻慢。人心稳定又进一步巩固了秩序稳定。

第十二节　第二届校革委

学校彻底稳定下来，王副团长、杨副团长等一批军训团成员返回了部队，军训团也改名为"军宣队"。结束长期没有"新政权"的条件成熟了，第二届校革委进入实质性筹备阶段。

一、刘副政委要抹掉"宋书星为首"

刘吉宾副政委负责政审，由团部几个主流保守派组成政审小组，又调入化学系"政治骨干"王象效等。他们同样希望建立自己"理想的鲁大革委会"，便确定了"扶丁贬宋"的策略。在是"否同意参加校革委"的政审意见一栏中，丁宗学的是"可以担任领导工作"，笔者的则是"可以考虑"。

笔者并不感到意外。在军宣队主流保守派心目中：宋书星不过是"王效禹的代理人"，丁宗学才是"红二·三"久经考验当之无愧的领袖。对此，笔者一笑了之：我看不出他们有多大本事能把"宋书星同志为首"抹掉……

二、第一个愿望完全实现

校革委筹备工作由政审进入正式组建阶段，军宣队与革筹小组举行联席会议，正式讨论校革委组建问题。

笔者一改"清队"会上发言不积极或一言不发的习惯，抢先提议并坚决要求:"王团长兼任校革委主任,张政委任第一副主任!"提议一出,便引起热烈讨论。

王团长坚决拒绝并提议:"宋书星同志任主任,丁宗学、赵崇德(数学系原总支书记)任副主任。"理由是:"部队有规定,军人不能兼任地方职务,所有驻济高校革委会主任都是红卫兵代表"……

笔者立即反驳:"不能兼任地方职务,怎么全身心'支左'?与其别别扭扭地'不在其位,反谋其政',何如名正言顺地搞好学校工作?再者,如果上级命令你们撤离,职位又带不走不会拖累你们。至于其他高校,我们有我们的实际情况,何必不顾实际'一刀切'跟在别人腚后盲目模仿?"

在革筹小组全体一致同意强烈要求下,王团长终于一边摇头苦笑一边勉强同意。

张政委更是坚决拒绝,他半开玩笑地说:"不行,不行,绝对不行!那样还能叫革委会吗?岂不成了军管会?"

既然笔者开了个好头儿,剩下的就用不着多费唇舌了。韩剑秋也半开玩笑地反驳说:"党领导的军队历来军政一家,你不当第一副主任,岂不是军政闹分家吗?再者,如果你不与老头儿做伴儿,他不是太孤单了吗?又怎么保证他安心本职工作?"

经过一番唇枪舌剑,王团长也笑着表态:"那么,咱俩就做个伴儿吧。"

张政委又提出:"要么我就做个常委吧,或者后一名副主任。"

同样被革筹小组五票否决。笔者的愿望全部实现了:不论资历级别还是德能水平,只有王团长能与孙汉卿比肩、有可能阻挡他"复辟";张政委又是王团长最有力的臂膀。

三、第二个愿望基本实现

第一届校革委的教训太深刻了,笔者暗下决心:"职官"同样是学校的重器,必须贤能者居之。虽然本人不适合当官,但是,绝不容许那些无德无行惯于"得志便猖狂"的人再得到一官半职,一定要把中四学长们尽量多地推上各个重要岗位。

在革筹小组会上，笔者首先提出了"五常委名单"：孙向铸、韩剑秋、张明岚、王瑞功、李际田（《红二·三战报》主编）。

丁宗学等几个中四的人边笑边拒绝。韩剑秋说："中四已经四个人了，如果再增加，还能叫鲁大革委会吗？岂不成了中四革委会？你就不怕我们联合起来架空你让你小子真成了儿皇帝？"

笔者笑着说："随便你们！若果真架空了，我乐得逍遥自在。如果你们也搞复辟，我再起来造你们的反！"

韩剑秋又推荐了中一的王凤安："老成持重，好学善思"。众人一致赞同。

对"红二·三"新校分部的代表，颇费了一番斟酌。不论思想水平还是组织能力，耿培成都堪称优秀远远超过崔延奇。可惜他"干的多错的也多"，盲目扩大队伍把"红旗队地下工作者"拉入"红二·三"，帮助他们实现了"一套人马，两块招牌"的布局。最终，崔延奇成了"常委"。

四、不同观点群众代表

除了"红二·三"还有另外三派不同观点的群众："翻案派""红旗队"和"新联站"（鲁迅大学毛泽东思想红卫兵新生战士联络站）。

1."新联站"王斗资

军训团进校后，结束了武斗混战，许多翻案派再一次从迷执疯狂走向消极沉沦，似乎没有武斗就"迷失了大方向"。

张政委的报告唤醒了许多翻案派同学。他们不甘寂寞和沉沦，通过读书思考，深刻反思"鲁大"接二连三的劫难，认真总结经验教训，正视并尊重现实，重新选择了继续革命道路。

其中最典型的代表是"鲁迅大学毛泽东思想红卫兵新生战士联络站"。它首先发端于生物系一年级，负责人是王斗资（原名王树美）、于启宇等。其他各系也相继响应，诸如历史系韩克佑、物理系赵文锦，等等。

他们在校革委中获得一个常委、二个委员名额，王斗资被推举为常委。

2. "红旗战斗队"董以山

鼎立中的"三国"，要论组织之严密，首推"红旗队"。他们始终保持着对群众的高效领导，还往"红二·三"内安插了大批"地下工作者"，长期保持了"一队人马，两面旗号"的组织格局，令笔者赞佩叹赏。

最终，推举董以山（政一学生）出任常委。

笔者以为，尽管省革委王副主任有"怪物"和"最大耻辱"的指示，但"红旗队"毕竟是在翻案派围攻和世事无常的困境中存在至今。应当尊重客观现实、团结大多数。更有，他们审时度势、因势而作的强烈意识，以及上天入地搅起千堆雪的卓越能力，也着实令笔者惊异感佩自叹弗如。

3. 翻案派刘全复

翻案派组织体系早已垮了，无法组织起有效的民主推选，只能由革筹小组越俎代庖。笔者认为：即使有条件推选，也是非刘全复莫属。作为闹翻案的和决策者和组织者，没有任何人比他更能代表翻案派的意愿和要求。

五. 干部代表，军训团说了算

至于干部代表，理应尊重军宣队（主要是刘吉宾副政委）的意见：魏一鸣（原校政治部主任），赵崇德（原数学系代书记），孙兆路（原物理系书记）。他们都是文革前一两年转业的军队干部。

对此，笔者与革筹小组没有什么选择余地。明知他们都是"孙汉卿的人"，除了赵崇德表示过"坚决拥护以宋书星同志为首的革筹小组"，其他两人都"坚定不移支持红旗战斗队"。但是，既然在群众代表问题上，军训团最大限度地尊重了我们，在干部代表问题上我们也应当投桃报李。

所有造反派干部都成了"清队"对象,更无缘什么"委员常委"了。

六、"教师代表"——激烈争夺战

军宣队与革筹小组为了确定教师代表"常委",在1号楼大会议室召开了各系军宣队与"红二·三"负责人会议,引发了一场空前激烈"争夺战"。

首先,中文系柳明瑞推举李志宏(冯沅君先生研究生),理由是:出身贫农,与同学张忠刚一起是最早起来造反的老造反派教师(当时研究生凤毛麟角,编入教师队伍),有思想、有能力,文笔超群,而且,作风正派、品行端方,坚持"糟糠之妻不下堂"(纯粹农民,比他年长好几岁)。

化学系孙玉朝坚决推举王象效(化学系有机教研室支部书记),理由是:烈士后代,"老红二·三",在"清队"中表现突出,立场坚定、旗帜鲜明,在本系教师中威信高,具有代表性。

随之,两人展开了激烈的争辩,别人再也无法插嘴。最后,孙玉朝凭着多年农村大队干部的"虎将"作风,暴跳如雷啪啪啪地拍起了桌子,遂以气势取胜:王象效胜出。

七. 常委分工

校革委领导班子分工由王团长指定,大家一致同意。

1. 主任和常委分工

主任王团长和第一副主任张政委负责全面工作;

丁宗学继续分管"清队",张明岚任"清队"办公室主任,韩克佑(委员,"新联站")任副主任;

赵崇德分管组织人事和"整党建党"工作,孙向铸任组织组长,王象效任"整党建党"办公室主任；

宋书星分管教育改革工作，孙兆禄任教育改革办公室主任，刘全复、吕经风（委员，外三学生）任副主任；

韩剑秋任办公室主任，邵常新（生物系干部）任副主任；

王斗资任宣传组长；

崔延奇（政四学生，"红二·三"）任后勤组长；

董以山任家属工作办公室主任，林江（委员，翻案派）任副主任。

2. 董以山令人感动

对其他常委分工，笔者虽不完全满意，但在那个年代毕竟还算是各得其所，唯独对董以山的分工颇觉有点儿"太小家子气"，一个男生大老爷们儿分管家属工作有点儿说不过去，难免"排斥不同观点"之嫌。

事前，笔者向王团长提议："如果不好安排，就让他到'教改办'去吧，我愿意与他们一起共事。"（从"三国混战"到"三国合作"未尝不是一件趣事）他解释说："家属工作同样很重要，尤其'鲁大'的教工家属对闹翻案起了很大作用，她们是稳定学校局势的一个重要方面。"

所幸，董以山和"红旗队"智囊团并不在乎分工，关键是能够及时掌握校革委决策层的内部消息和动向。

不过，董以山认真负责的工作态度和责任精神还是给笔者留下了深刻记忆。这或许是绝大多数保守派群众的普遍共性和最大优点吧？

八、省革委审批，王效禹高度赞扬

校革委筹备工作顺利完成，应该报请上级政权机关审查批准了。很快，接到省革委办公室电话通知：领导同志听取"鲁大革委会"筹备工作汇报。

地点仍在省革委第一宿舍小会议室，听取汇报的有王效禹、王竹泉、张子石等省革委要员,学校参加汇报的有校革委五位主任。笔者简要汇报了军训团(军宣队)工作成绩和学校安定局面后,重点介绍了校革委常委班子构成。王团长、张政委在赞扬"宋书星同志出以公心,诚恳让贤,盛情难却"的同时,再次谦让:"军代表担任主要领导职务不太合适。"

包括张子石在内的省革委诸位要员非常高兴,王效禹发表了"重要讲话":一是高度赞扬军宣队工作出色卓有成效;二是充分肯定"宋书星同志等红卫兵小将"有觉悟、高姿态,举贤任能、淡泊名利,等等。

随后,在老校大操场举行了全校师生员工大会,"热烈庆祝鲁迅大学革命委员会成立"。晚上,由济南部队"前卫文工团"举行文娱演出以示祝贺。

第十三节 工宣队

1967年武汉"7.20事件"以后,面对整个反文革势力尤其武官们的抵制,为了避免更大的流血冲突,毛主席不得不一再"刹车"。文革运动大方向逐渐转向:其一,不再强调"造反有理"和"斗争哲学",转而批判"怀疑一切,打倒一切"的极左思潮;其二,不再强调"两条路线斗争没有调和余地",转而强调"在工人阶级内部没有根本的利害冲突"。

一、曾经的"红卫兵小将"成了"臭老九"

在"苏联模式"下,如果没有毛主席"君权"(国家法权!)的庇护,面对强大的官权(文官和武官),任何平民大众个人或组织再有天大的本事也无异于草芥。昔日指点江山风光无限的"五大学生领袖"概莫能外。

或许是青年学生"小资产阶级狂热病"太恶性膨胀了,根本无视文革大方向的转折,继续沿用"造反精神"和"斗争哲学"。例如清华大学,"井冈山"与"四·一四"的武斗急剧升级,致使许多无辜群众伤亡。

毛主席极度失望,决定:向北大和清华派驻"工人解放军毛泽东思想宣传队",让"工人阶级占领上层建筑"。

"城门失火,殃及池鱼。"曾经风光无限的"红卫兵小将",又回归于"小资产阶级知识分子"成了"臭老九"。当时,民谚将文革批判对象归纳为"九种人"——地富反坏右,叛特走资臭。

二. 济南,"棒子队"与"大粪战"

在"苏联模式"国家,凡事无不全国一律一阵风一刀切,各地方在执行中央统一部署中,当权派照猫画虎时又难免似是而非,甚至夹带私货。新老当权派概莫能外。

如果说,鉴于清华大学蒯大富等忘乎所以胡作非为,工宣队"占领学校"是迫不得已的选择,它毕竟终止了愈演愈烈的武斗"内战",恢复了正常的生活秩序。那么,对于各级革委会早已成立、生产生活秩序基本正常的山东济南,笔者实在看不出"工宣队的伟大意义",看到的多是负面作用:其一,大学里,在省革委与校革委之间,又插进了"工人阶级",校革委究竟应该听谁的?其二,社会上,更是人为制造了新的动荡混乱,从而引发了文革阵营又一次内讧和内耗。

1. 工人武装——"文攻武卫指挥部"

省革委乘"工人阶级领导一切"的大势,成立了"工人阶级武装"——"山工总文攻武卫指挥部",老百姓俗称"棒子队"。孟庆芝("山工总"第四把手)任总指挥,杨化军(山师体育系学生)任顾问,所有队员一屡配发木棍棒和柳条帽。一时间,整个济南市各商店的白蜡杆、铁锨把、镢头柄等等木制棍棒相继脱销。

"文攻武卫"成立后的第一个战役,就是对山东医学院的"大粪战"。当时,他们暴力执法横冲直撞,与今天的"城管"大同小异,成了群众生活和工作安宁的最大威胁,难免受到质疑和非议。批评最激烈的当属山医,他们在市里贴了不少大字报和大标语,痛斥为"新的白色恐怖"。

为了迎头痛击"臭老九藐视工人阶级的嚣张气焰","棒子队"创造出了全国独一无二的"大粪战术"——"对付臭老九,就要以臭攻臭!"于是,"棒子队"武装押运,环卫队数十辆大粪车浩浩荡荡开往山医,朝校园内泼洒起人粪尿来。马路上、围墙上、花草树木上等等无一幸免,铺天盖地臭气熏天。其后多日,过往行人无不掩鼻屏息奔走远避。

2."红山指"以"文攻"反击

自古以来,"秀才遇上兵,有理说不清。"面对王效禹省革委压制不同意见对青年学生和市民大众"文攻武卫",手无寸铁的"红山指"不得不再次"拿起笔作刀枪",对自己参与建立的"新政权"开展了一场"文攻文卫"舆论战。

王竹泉幕后组织指挥,《山东红卫兵战报》主编孙国华和曹锋(山师中四学生)捉刀撰稿,"红代会"常委集体讨论通过,以头版头条通栏大字标题连续发表了《人民拥护 人民政权》《人民政权 保护人民》等四篇社论。强烈呼唤"新政权"回归人民性或平民性,集中代表了青年学生和市民大众的心声,在全省引起了空前强烈的反响。一时间,《山东红卫兵战报》成了民众心目中的"星星之火",发行量曾一度超过《大众日报》名列全省前茅。

三、"驻鲁大工宣队"

省革委王效禹斟酌再三,决定:由"汽老总"(济南汽车制造总厂)向"鲁大"派驻工宣队,并按照统一规定,工宣队与军宣队合并为"工军宣队",王文俗任政委。

1."工人阶级领导一切"

作为"山工总"属下唯一的大产业工厂,工宣队对翻案派乃至全校师生带有浓烈的对立心态和"敌情观念"。他们一进校就坚定不移地站到翻案派群众对立面,与刘吉宾副政委等军宣队主流保守派合流,以居高临下"领导一切"的姿态,盛气凌人地否定王文俗军宣队的"右倾机会主义"路线,豪情满怀地要"开创工人阶级领导一切的新局面"。

2."王政委"被晾了起来

首先,他们废除了军宣队与校革委常委联席办公会议制度,代之以工宣队长加刘吉宾、丁宗学等办公会议,独揽一切大政方针的决策权。

此时,张政委已调任山师任军宣队政委,剩下王文俗虽为"工军宣队"政委,却连研究重大问题的会也无权参加,除了在走过场的会上讲几句"要注意政策"的官腔,就是关在小房间里一支接一支地抽闷烟,一天竟高达三盒夺"大前门"。

三、第二次"清队"——"红色恐怖"

工宣队坚决贯彻执行"北京六厂两校经验",就是要:像文革前历次政治运动那样,彻底清理党外的阶级敌人——地富反坏右和"有历史或现行问题"的人。在他们看来,翻案派闹翻案"是阶级敌人操纵的妄图颠覆无产阶级专政的反动行为"。要清除隐患,必须"彻底清理阶级队伍",揪出那些"隐藏在群众组织里的阶级敌人"。

一场更彻底更暴烈更惨绝人寰的"第二次清队运动"开始了。

1."横扫一切牛鬼蛇神"重演

在清查范围上,比第一次清队要大得多,曾经支持过造反派的干部依然首当其冲;其次,所有"有历史问题和现行问题"的教职工师无一漏网。除了"清队办"直接负责的全校重点清查对象,各系各单位都有本单位的清查对象。真可谓"牛鬼蛇神成堆",难怪"鲁大问题成堆"!

2.冤狱遍全校,无处不惨叫

在清查方式上,几乎无不采用各种形式的刑讯逼供,内查外调仅仅是辅助手段。

"第一次清队"时,刑讯逼供仅存在于化学系,王玉林死后,军训团立即刹住了这股歪风。而此次清队,"棍棒加吊打"席卷全校几乎各系各单位,除了化学系,生物、外文、数学、物理等多个系也后来居上。特别是物理系,董怀臣因"右倾"也靠边站了。似乎,在"工人阶级领导"下,为了弥补第一次清队时的"右倾错误",更加卖力地刑讯逼供。不久,著名核物理学家王普就"自绝于人民"了。

"冤狱遍全校,无处不惨叫",不足三个月,非正常死亡竟多达12人,成了"山大"历史上最疯狂的"红色恐怖"时期。

3. 向校革委开刀

"工宣队"的五个队长只有刘正军是真正的老工人,"一号灵魂"副队长王友文是厂保卫科干部,"二号灵魂"副队长孙宝珠以及"苏大胖子"是技术科技术员。他们大都是中专或中学毕业学生。

他们乘"红色恐怖"东风向校革委开了刀:背着校革委主任王文俗和副主任宋书星,伙同刘吉宾、王象效等,指令毕业分配办公室,将校革委常委刘全复随六八届学生一起分配离校。同时,孙宝珠在会上宣称:"董以山这样的铁老保也必须清除出校革委!"

四. 五个队长赶走了仨

1968年秋一天上午,在老校1号楼门前的小桥上,笔者问刘全复:"老刘,急急忙忙干什么去?"他答:"去分配办公室办理离校手续。"

笔者闻听此言,一股怒气勃然而生:一个常委(王象效)竟然背着主任、副主任要将另一个常委赶走,真他娘的翻天了!凭什么?不就是仰仗工宣队撑腰吗?狗仗人势。

笔者说:"先别急着办手续,结果怎么样还不一定呢!"

说完沉吟片刻:要不要向王文俗打个招呼?算了!一是他内心肯定支持,但他已经成了"工军宣队政委",不应把他牵扯进来。二是不能再派别人代劳,一旦传扬出去,有可能影响校革委和"宋丁搭档"的团结。问题太复杂,无人能替代!

笔者骑上自行车立即奔向省革委。

1. 利用矛盾

在路上,确定了"告状"原则:公事公办,实事求是,客观公正!铁路大厂与"汽老总"是济南最有影响的两个大厂,为了争"老大"而矛盾历史久远。文革前莫说工人相互瞧不起,就连厂长也暗中较劲。文革后,原来日本人开办的铁路大厂"站错了队"成了"山工联"属下被取缔,长期一蹶不振。新中国开办的"汽老总"却"站对了队"成了"山工总"属下,一直以"老大"自居耀武扬威。铁路大厂的人憋气已久。

首先,找到省革委常委、群众工作组组长、全省"工宣队总管"乔世俊(铁路大厂工人)。笔者如实反映工宣队的问题:一是踢开军宣队和校革委独断专行,二是横行霸道胡作非为,刑讯逼供致死12人,三是推翻了得到"效禹同志"高度赞扬过的军宣队方针政策,造成人心浮动局势不稳,"给工人阶级脸上抹黑"。最后,强烈要求:省革委妥善解决,最好改派铁路大厂的工宣队。

笔者刚讲完,他立即表态:"太不像话了!我一定尽快向'效禹同志'做专题汇报。"

2. 再搬救兵

笔者仍然放心不下,第二天又找到王竹泉。他对"棒子队"等"工人阶级领导一切"的抵触情绪比笔者少不了多少,根本用不着多讲废话,便直截了当直奔主题:如实反映王团长"被靠边站"、刑讯逼供草菅人命等,强烈要求:要么撤换工宣队,要么撤换工宣队队长!

他立即带领笔者找到了王效禹,王效禹又通知乔世俊到省革委第一宿舍小会议室一起听取汇报。王效禹一直视"鲁大"为心腹大患,深恐出乱子影响全省。军训团好不容易稳定了学校局势,解除了他的心腹之忧,高度赞扬的词语表露出内心几分感激。来之不易的形势稳定,不会容忍工宣队给毁了。

鉴于此，笔者打消了所有禁忌，一切都照实直说：其一，工宣队独断专行大权独揽，把"工军宣队政委"、校革委主任王文俗晾了起来，废除了军宣队与校革委联席办公会制度，代之工宣队决定一切，背着校革委要将翻案派常委刘全复分配离校，并扬言还要罢免"铁老保"董以山的常委资格。其二，违反"清队"政策，大搞刑讯逼供，两个多月致死12人，导致人心浮动民怨沸腾。弄得不好有可能激起民变，使翻案派死灰复燃。其三，五个队长只有刘正军是真正的老工人，其他四个副队长都是厂保卫科干部或技术科技术员。群众嘲讽："什么工人阶级领导一切，小知识分子领导大知识分子，中专生领导大学生，落榜的领导'中举'的！"

最后，衷心希望省革委深入调查妥善解决。

王效禹听后，异常气愤："你们学校工宣队的问题我已经了解了一些（乔世俊已经向他报告了），没想到如此严重，简直是瞎胡闹，帮倒忙！不行就让他们哪里来的回哪里去！"

3. 五个队长赶走仨

几天之后，王友文、孙宝珠和"苏大胖子"三位副队长就卷起铺盖卷儿悄悄回厂了，同时撤离的还有一批"冒牌儿工人"。

对于工宣队而言，这突如其来的打击无异于一次大地震。"要领导一切"的豪情和骄狂气势一落千丈。

4. 云开雾散

终于恢复了正常秩序。一是迅速刹住了刑讯逼供歪风，非正常死亡戛然而止，被清查人员陆续解除了隔离。二是重新恢复了工军宣队与校革委常委联席办公会议制度，恢复了王文俗原有的威信和主政地位。三是撤销了刘全复的原分配方案继续留校任常委，"铁老保"董以山也保住了常委名份。

不久，队长刘正军和另一位副队长也离校回厂了，厂里又派来新队长杨丰宝。他是老工人后代，十几岁就到锻工车间当徒工，耿直仗义与人为善，虽常常"执着我见"，但绝少那种居高临下盛气凌人的牛气，对"王老头儿"非常敬重，并与笔者结为莫逆之交，直至九十年代病逝。

五、永远的忏悔

第二次"清队"连同刑讯逼供歪风，在夺走12条无辜生命后终于收场了，它却成了笔者终生抹不去的愧疚和忏悔。

它既是贯彻"红司令"毛主席亲自推广的"六厂两校经验"的"硕果"，也是"工人阶级领导一切"的"杰作"，又是"红二·三"头头儿和群众的"革命行动"。故而，笔者称其为"红色恐怖"。

翻案派"黑色恐怖"播下的仇恨种子，收获了"红色恐怖"的苦果！不论"白色恐怖""黑色恐怖"还是"红色恐怖"，都是恐怖，都是不人道反人性的，都是仗势欺人欺凌弱小亵渎生命。尤其是，"红色恐怖"不足三个月竟然多达12条鲜活的生命被逼自杀身亡，成了山大历史上空前的劫难，对于"山大人"的伤害远远超过文革前历次政治运动的总和，说是"浩劫"也不为过。

笔者虽然通过努力终止了"红色恐怖"，但是，同样难辞其咎。我不止一次拷问自己的良知："为什么不早点儿去上访呼吁，非要等到死了十多人？"根源同样是头脑里的"私"字作怪：前怕狼后怕虎，患得患失！每当私下聊及于此，笔者总要加上一句："以革命的名义，干尽复辟的勾当！"以宣泄心中的郁闷和怒气。

第十四节 "九大"与"红十条"

1969年4月，经过近一年"清理阶级队伍，批判极左思潮"，终于恢复了安定的秩序，各省市（自治区）也相继建立了革委会。国家亟须通过召开中共第九次代表大会，以党中央"决议"（文本化的国家法权之一）巩固"文化大革命伟大胜利"——新的权力格局。

一、喜迎"九大""突击入党"

通过整党建党,许多单位重新建立了党组织。为了迎接"九大",开始"吐故纳新"发展新党员。当时,王竹泉任"省红代会党支部"书记,经过研究确定了首批发展对象:李仁光、曹峰、孟怀远、孙国华、房公金和笔者。

笔者的情况比较特殊,既是省红代会常委,又是"鲁大"革委会副主任,王竹泉与笔者商定:他与王文俗两人共同担当笔者的入党介绍人。他证明笔者在"红山指"的政治表现,王文俗证明笔者在"鲁大"的政治表现。

经过一番烦琐的程序和手续之后,又在珍珠泉礼堂举行了"新党员入党和宣誓大会",笔者成了"中共优秀党员"。之所以自称"优秀",并非"恬不知耻的自吹自擂",而是因为:我虽然没有为国为民做过多少大事好事,但是,起码没有像今天从中央到地方的"共产党员公仆"们那样如此贪污受贿、持券抢劫、吃喝嫖赌。

二、"全国山河一片红"

"九大"前夕,所有省市(自治区)都建立了革委会,当时俗称"全国山河一片红"。

1. 革委会"变味儿"

除了最早夺权的少数几个省市革委会,全国各地的革委会大都"此革委并非彼革委"。

①. 不再是造反派民众自发地、自下而上地向旧当权派夺权,并经中央干预和批准。而是为了"完成政治任务",由武官按照党中央要求,通过严厉批判"极左思潮"甚至镇压造反派,实现了"大联合"与"三结合"。在这些地方,"造反精神"成了"争权夺利制造混乱的极左思潮",而安分守己的顺民精神又成了判定"革命、不革命和反革命"的标准。

②. 会社基础不再是"造反派群众组织",而是"左派群众组织",

主体大都是人多势众的保守派。革委会中的群众代表也大都是保守派头头儿，他们文革前就是当权派的"驯服工具"和"革命事业接班人"；造反派群众代表却成了少数派"另类"或"团结教育的对象"。

③. 权力主导不再是造反派老干部，而是军队武官。他们既是大联合的撮合者，又是权力分配的操盘者。文官老当权派能否"被解放"参加革委会、担任什么职务，完全由军代表说了算。

莫说八大军区（济南军区除外）驻地的省革委，即使其他地区的省革委，"主任一把手"也大都是军代表。他们集党、政、军大权于一身，成了名副其实的"地方诸侯"。

2. 武官——夺权斗争的最大赢家

各地文官当权派倒台后，官办保守派群众组织失去了主心骨而气息奄奄。武官当权派来"支左"了，却大都"支保不支左"，暗中操纵或公开支持保守派，致使派仗愈演愈烈。有的甚至秘密发放枪支弹药给保守派，指使他们对造反派或革委会进行武装斗争，致使派仗升级为名副其实的内战。

正是武官当权派亲手制造的"天下大乱"，又反过来为他们主政地方大权提供了大好机遇。

平民阶级造反派的阶级实力和政治素质太幼稚太弱小了，始终未能形成一支组织严密战斗力强大的继续革命大军，毛主席不得不将全国地方政权统统交给武官们。

毛主席带头"大闹天宫"并发动民众造反折腾了半天，"刘邓司令部"为首的"文官旧政权"打倒了，"武官新政权"的长官们同样大都"对文革不理解"甚至是"反文革派"。

三、"红十条"——武官"再夺权"

在"全国形势一派大好"映衬下，山东、山西等最早夺权的那几个省市（自治区）革委会成了另类甚至怪物。当地武官们岂能容忍他们继续实行"资产阶级专政"？于是，他们乘"九大"各路大员风云际会之机，密谋串联策划，进行"二次夺权"斗争。

1.《关于解决山东问题的决定》——"红十条"

对"九大"——"标志着文化大革命伟大胜利的划时代大会"，山东造反派民众同样寄予厚望，结果盼来的却是"秋后算账"：林彪"副统帅"载入党章的同时，袁升平等济南部队武官联合北海舰队武官，向山东省革委和青岛市革委"再夺权"。并形成了中共中央红头文件——《关于解决山东问题的决定》（"红十条"）。像其它中央文件一样，"红十条"的解释权同样在武官"现管"！他们全盘否定"山东省革委"和"青岛市革委"：一曰"一派掌权"；二曰"极左思潮"；三曰"造反派少数坏人当道，广大群众好人受气"。

2."再夺权"——毛主席向武官妥协的产物

当时，山东政治形势和生产状况相当稳定，在全国都名列前茅，周恩来总理多次表扬过"上青天"（上海、青岛、天津）。然而，作为"总结文化大革命伟大胜利"的大会，"九大"怎么又弄出个"红十条"呢？主要原因或许有如下几个方面。

①．面对全国各地武官大权在握"领导一切，主宰一切"，济南部队和北海舰队武官们显得太"鼻涕"太憋屈了！他们乘全国武官主政的"大好形势"拍案而起，强烈要求"党中央"彻底改变山东原来的权力分配格局，允许他们充分发挥"无产阶级专政柱石的作用"掌控山东省地方政权。

在阶级社会里尤其"苏联模式"下，一切都凭实力（而非真理）说话，武官们将毛主席逼进了两难选择境地：要么应允他们组成"合法的军政权"；要么拒绝他们不惜冒"非法的军阀割据"风险……

②．以刘、邓为首的地方文官政权被打倒后，毛主席理想中的"新政权"并非"军政权"，而是将"在文化大革命大风大浪中涌现出来的新生力量"充实到各级领导岗位。

然而，"无产阶级专政"前提条件与"继续革命实践"之间的内在矛盾无法克服，继续革命举步维艰。结果王、关、戚倒台后，以"五大学生领袖"为代表的"文革闯将"成了"臭老九"。更有甚者，北京以外的许多省市（自治区）更是"天高皇帝远"，那里的造反派头头儿始终也没能摆脱武官的打压，大都成了"无德无能"和"内战内行"的"害群之马"。毛主席对他们大失所望，不得不转而将希望寄托于武官们。

③．周总理虽然像1957年"开门整风"时那样坚定地站在毛主席继续革命路线一边，但是，作为主管内政外交的第一责任者，饱尝了继续革命与经济建设的矛盾冲突，并为此废寝忘食心力交瘁，日夜渴望政局尽快安定下来，恢复正常的生产和生活秩序。以至于难免"思想上是跟刘邓的"。

④．连平民百姓都知道"水涨船高"的道理，"林副主席"岂能不知？尽管其"接班人"地位已经载入中共党章，但是，那只不过是纸面上的空名而已。人能写上去就能删除掉。只有武官们掌控了地方政权，才能为"副统帅"提供坚实的基础保障。

⑤．苏联百万大军压境，声言要对中国实行"外科手术式"核打击。外患压倒了内政，抵御外敌的重任非军队武官们莫属。毛主席如果不满足他们的要求，怎么能希望他们效命疆场？

山东、山西、黑龙江等夺权较早的省市（自治区），彻底否定"造反派掌权的局面"势在必行。

3．对省革委实行全面军管

"九大"后，山东武官们"坚决落实红十条"的第一个战略部署就是：突击"二次夺权"，组成"军政权"。

①．"省革委"变成"军政府"

"二·三夺权"后，省革委实现了"党政一体化"，机构设置是：原省委机关称"省革委"（本部），原省人委（省政府）称"省革委生产指挥部"。武官"二次夺权"后，笔者亲眼看见过省革委大院儿天翻地覆的"新气象"。

其一，进出大院的车辆绝大多数是挂白牌儿的军车。当时民谚：

"黄牌儿（企业用车）软，蓝牌儿（政府用车）硬，碰上白牌儿吓没命。"

其二，在各办公楼门口进进出出和走廊上来来往往的人流中，绝大多数都是穿军装的"兵"，极少穿便衣的"民"（即使有，也是原省委的文牍秘书和办事员之类的"衙役"）。

其三，这些"兵"与文革初穿军装的"红卫兵"大相径庭：个个都是"一颗红星头上戴，革命红旗挂两边"；脸上绝无稚嫩的"孩子气"，有的只是严肃刚毅、腰杆笔直、威武挺拔。

它向世人传达了一个明白无误的信息："省革委"成了"军管会"或"军政府"，"省革委大院儿"成了济南部队司令部和政治部之外的"第三机关大院儿"。

"军政府大当家的"自然是军人政治家、济南部队政委袁升平；而"老实人"杨得志司令员领兵打仗是行家，从政掌权难免外行。

其后不久，毛主席再次"南巡"路经济南时，在专列上接见了两位首长，分别指着二人说：这下好了，你"得志"了，你也"升平"了，该满意了吧？

②．曹普南——"军政府大管家"

"得志"归得志，"升平"归升平，军区首长总不能为地方上乱七八糟的杂务耗费太多精力。于是，省革委（本部）又成了"省革委政治部"，长山要塞驻军政委曹普南荣任"政治部主任"统管一切党务政务，相当于文革前的"书记处书记"。

此人一向以"偏爱红粉知己"享誉军内，许多属下小护士、文艺女兵等都有幸受到过"恩宠眷顾"。文革初，曾被要塞医院、文艺单位造反派揪斗过，脖子上挂着一串破鞋游街示众，"操不难"的雅号也不胫而走。他对文革和造反派的立场和态度可想而知。

四、"军政府"向"鲁大军宣队"开刀

1969年夏一天上午，校革委办公室突然接到"省革委群众工作

组"电话通知：明天上午"校革委"三派群众代表常委准时到省革委北楼二层群众工作组汇报落实"红十条"情况。笔者与丁宗学、刘全复、董以山、王斗资等奉命乘车前往。

群众工作组组长李中元（李宗元？）主持会议，他也是长山要塞驻军的中层干部。他简单讲了几句开场白：省革委对"鲁大"非常重视，希望你们如实汇报学校情况和军宣队工作中存在的问题。

1. 上午，笔者洗耳恭听

笔者早知王文俗是济南军区大院儿支持造反派的文革派两个"二级部长"之一，也理所当然上了反文革派袁升平的"黑名单"。李中元一讲完，笔者即刻明白："军政府"要对他"秋后算账"了。既如此，就更不能抢先发言，而是一如既往对其他人的意见洗耳恭听静观其变。

首先，董以山、刘全复相继发言，无非是王文俗军宣队如何"一碗水端不平，支派不支左"，如何在"清队"中违背党的政策造成大量人员自杀身亡，如何消极抵制"红十条"至今没有任何具体工作计划和实际行动，等等。

这是笔者第一次领教刘学长"明智"的政治水平，不能不暗自摇头叹息：他不至于真的以为"红十条"打倒了王效愚，翻案派就翻身得解放了吧？若然，那可真是笔者看走了眼竟然对他敬重甚至崇拜了那么久……

丁宗学紧随其后第三个发言，竟然也慷慨激昂大义凛然揭露批判"军宣队王文俗"：支派不支左，"清队"中违反政策大搞刑讯逼供，对"红十条"消极抵触，等等。

真是令笔者目瞪口呆。此前，对他"耳朵根子软，脱离原则"的瑕疵有所耳闻，此时才真正见识了他"心直口快，口无遮拦"的实相。

作为军训团扶持起来的校革委副主任，丁宗学"反戈一击的革命行动"极大地鼓舞了李中元，像打了鸡血似的亢奋。他一改开始时的警惕严肃谨慎试探，顿时眉飞色舞神采飞扬起来，断然说："军训团和王文俗的问题，军区首长早已知道，没想到如此严重，希望各位下午继续踊跃发言，把话说完讲透！"

2. 王团长成了"霜打的茄子"

中午返校后，笔者向王文俗简要介绍了汇报会情况，刘、董二人的态度和意见早在他意料之中，乐呵呵地一笑了之。对于李中元的表态当然非常重视，狐疑地说："长山县是我老家，驻军师以上干部我都认识，李中元？不认识……"

当笔者谈到丁宗学发言时，他先是惊愕和半信半疑，怀疑地瞪大眼睛盯着笔者，继而嗒然若丧面色沉凝泛青，皱紧了眉头一言未发，一支接一支大口大口地吸起烟来……

3. 下午，笔者扭转会风

像中国这样的社会等级化和政治专制化国家，一切都"内外有别，上下有别"，一份同样内容的文件，也必须按照省（部）、地市（厅局）、县（处）顺序逐级传达，最后才能传达到群众。党内党外、军内军外的差别就更邪乎了，"内部机密"绝不准向外泄露。整个官僚权贵阶层之所以对文革切齿痛恨，一个重要原因就是毛主席破坏了这种原则和传统，将党内斗争乃至中央内部斗争"一竿子插到底"直接与人民群众对话，极大地伤害了他们的权威和尊严。

正是基于上述认识（当时不可能像今天这样明确），下午在去"省革委军政府"的路上，笔者就考虑成熟了对策：这位"李首长"太得意忘形了，竟然忘了"军内外有别"的戒律，过早地向群众（包括造反派）公开了军内矛盾分歧和上级整下级的意图，犯了"自毁长城"的大忌！

下午，李中元开场白后，笔者第一个发言，要点是：其一，济南军区党委坚决执行毛主席"解放军要支持左派广大群众"的伟大号召向"鲁大"派驻军宣队，这是完全正确的，不能全盘否定。（军宣队是你们派出的，不是他们自己擅自跑去的，如果他们错了，作为上级领导的军区党委也难脱领导责任）。其二，军宣队坚决执行军区党委和省革委的指示，坚定不移地贯彻毛主席党中央"要文斗，不要武斗"的号召，通过数月艰苦努力，恢复并维护了学校正常的运动和生活秩序，使广大群众脱离了武斗风之苦，功不可没。其三，"清队"运动是毛主席党中央稳定全国大局的战略部署，扩大化、刑讯逼供等违背政策的错误，作为"地方第一把手"我本人应当负主要责任，其他人也应当反省自己的所作所为，不应当将责任全部推给军宣队！其四，即使军宣队工作中出现一些错误，原因也主要是受到了我们大家尤其"工宣队"的派性干扰，本人就是其中一员。请问，有哪个清查对象不是我们提供而是军宣队指定的？你们谁能指出军宣队谁参加过刑讯逼供？谁能指出王文俗政委在哪次会上或什么场合是如何包庇纵容刑讯逼供的？

在笔者整个发言过程中，李中元坐立不安面露尴尬。话音刚落，他急忙发言：宋书星同志发言很好，这种自我批评精神值得大家学习。解放军是无产阶级专政柱石，"支左"是毛主席党中央的号令，对此不能怀疑否定；军宣队成绩是第一位的，"鲁大"存在的问题也不能完全推给他们，希望大家也应当实事求是各自多做自我批评。

谢天谢地！汇报会的风向终于扭转了。其后，王斗资也吭吭哧哧地做了自我批评；丁宗学依然慷慨陈词，与上午所不同的只是以自我批评为主，不再是揭发批判军宣队王文俗的"严重错误"。

笔者的发言不过是以实事求是拯救自己的良心，是王文俗"文革派老军人"应得的一点公道，虽然丝毫也改变不了他其后的坎坷悲凉命运……

傍晚返校后，笔者向王文俗简要报告了下午的会议情况，他皱紧的眉头稍微舒展了些，脸上露出一丝苦涩的笑容。

不论他还是笔者，心里都明白："鲁迅大学"的政治生涯大限已到，只等咽下苟延残喘的最后一口气儿了。

第十五节　革命委员会的功与过

山东省革命委员会仅存在了两年多（1967年2月—1969年4月），但是，它留下的历史遗产却是丰富多彩的。不论是经验还是教训，都值得后人认真总结和反思。

一、对政治文明的历史功绩

文革夺权斗争以及由此产生的革命委员会，对于中国政治改革的历史意义不容忽视和否定：它突破了建国初照搬的"苏联模式"政治体制，对于防止"社会公仆"蜕变为"社会主人"，具有重要的实践探索意义。

1. 纠正"苏联模式"新官僚专制的实践探索

红卫兵和其他群众组织代表直接参与政府行政管理，无异于对政府"掺沙子"，增强了平民大众的民主基因，更直接地代表民众的利益、愿望和诉求，为"人民民主"和"人民政府"提供了组织实体保障。而且，与共和国建国之初的政权建设相比，此时的民众代表大都并非有身份和地位的社会名流，而是名副其实的平民。虽然，由于民主监督机制缺失，未能从根本上解决官僚化趋势，但是，其实践探索意义不应否定。

2. "三结合"的意义

为了恢复秩序稳定政局，允许军人"干政"或"主政"，是一种迫不得已的"历史倒退"。但是，"三结合"却是对"苏联模式"新官僚专制体制的改革探索。尤其是群众组织代表，相当大一部分是"头上长角，身上长刺"的造反派"刁民"，具有独立思考和"反潮流"精神，而非像以往那样是由当权派提拔起来的"驯服工具"顺民。它对于政治文明建设具有三个层面的意义：其一，有效改变了"一言堂"的政府决策和行政习惯，保证了多元化思想和不同意见的平等交流、优势互补，保证了政府政策"兼听则明"。其二，遏制了积重难返的政府官员"政治世袭，近亲繁殖"旧制，制约他们按照自己的价值观念和利益需要选拔指定接班人，节制他们对真正的民意代表"异己分子"及其不同意见大搞政治隔离。其三，弱化了政府与社会、官权与民权的对立对抗。

3. 纠正了"苏联模式"的官员高薪制

所有当政的新官员尤其群众组织代表,严格实行马列主义关于防止政府官员官僚化的基本原则——"薪金不得高于工人的平均工资",一律继续执行原有工资标准,并继续由原单位发放;所有学生代表一律回校领取原有的助学金。

这是真正的史无前例!改变了数千年来"三年清知府,十万雪花银"的历史积弊。当官儿不再是谋求个人私利的手段,开创了政府清正廉洁的先河。

例如,省革委会主任王效禹,像北京等地一些新当权派老干部一样,在减发"走资派"高薪的同时,也主动将自己的月薪降低为100元。

再如,1968年冬笔者的旧棉鞋露了脚趾头,军宣队再三要求笔者申请了10元困难补助,这是当官两年享受的唯一"特权"

4. 出现了短暂的"其兴也勃焉"政治局面

像历代新王朝一样,在1969年"九大"前,省革委也出现过短暂的政治清明,新当权派忠实奉行"拒腐防变保持革命本色"。1967年6月27日《山东省革委会关于转变作风的决定》(十条)堪称典型代表:取消首长专车,禁止非公用车,禁止收受礼品,禁止为省革委成员歌功颂德,提倡密切联系群众、永不脱离群众,等等。与今天的"中纪委八条"相比优劣尽显。

5. 下放干部,精简机构——真正的"瘦身政府"

"下放干部、精简机构"是文革对政治改革和政治文明最成功最伟大的贡献!当时,党委、政府、人大"三大班子"统统撤销"合三为一"(政协早就成了远离公权的"养老机构"),官员大批被裁减下放到"五七干校",坐机关、喝大茶、打官腔的陋习彻底改观,成了继建国初第二次真正的机构精简和"瘦身政府"。

二、革委会急剧蜕化

共产党执政前后的最大区别就在于：由"一切为了群众，一切依靠群众"蜕变成了脱离民众压迫民众。其中，固然有新政权官员们的主观原因，更重要的原因却在于"苏联模式"政治体制的四大弊端：一是新官僚专制或专政，二是社会等级化，三是干部终身化，四是对国民大众的政治隔离和信息封锁。

革委会新政权本应有所改善有所进步，然而，由于自然农业经济和官本主义封建传统文化的习惯势力太强大了，要想既突破"苏联模式"的弊端又不滑向西方资本主义"民主陷阱"，谈何容易！以至于，迅速发生蜕化或异化，致使"改革不合理的上层建筑"再次显露出"新瓶装陈酒"的趋势。

1. 排斥压制批评监督

在最早夺权的几个省市自治区，武官们为了与文革新当权派争夺革委会控制权，一方面由军代表将"不合作主义"或"牵制主义"进行到底，处处搞对立闹摩擦。另一方面，直接支持甚至武装保守派对革委会和造反派群众开展武装斗争。文革新当权派和造反派群众代表，原本就没有几个人想到、此时就更顾不上思考新政权建设问题：革委会究竟应当怎样做才能比旧党委更得民心和民众拥护？而是整日处在"新政权风雨飘摇"的危机感之中，一门心思想着如何"誓死捍卫彻底巩固新政权"。再者，"无产阶级专政"前提条件与"继续革命实践"的内在矛盾任何人也无法绕过。结果，越"誓死捍卫，彻底巩固"就越混淆群众善意批评与反文革势力捣乱破坏的界限，就越拒绝甚至压制群众的批评监督，越加速回到"旧党委"那样"少数代表人物专政"的窠臼去了。

2. "大民主"不再时髦

在夺权较晚的省市自治区，革委会大都是武官们主持组建并成了实际的主宰。"军人的天职是服从"，军队的决策体制是"首长临机独裁专断"，容不得七嘴八舌的大民主。（早在五十年代"正规化"

中，毛主席建立的红军民主集中制就"昨是而今非"了，废黜了"士兵委员会"，只剩下"支部建在连上"）。他们一旦主政地方革委会，难免照葫芦画瓢发扬军队作风奉行"一言堂"。不论是被结合干部还是群众组织代表，都由他们审查批准，凡是"头上长角，身上长刺"的人一律拒绝"入阁"。如此革委会，谈何"大民主精神"？

3. "造反精神"又成了打压对象

革委会新当权派（造反派领导干部和群众组织代表），又一次重复了共产党夺取政权前后政治立场和政治态度的转变过程：夺权前高呼"革命造反精神万岁！"造反派民众也被视为"一个战壕里的亲密战友"。然而，革委会成立了"印把子"夺到手了，造反派及其造反精神却迅速贬值，似乎又恢复到原来的"反动性、破坏性"。而保守派的安分守己则行情看涨，成了革委会可靠的社会基础，顺民精神又成了判定"革命、不革命、反革命"的首要标准。如此革委会到底有多少继续革命的含量？除了增加了几个群众组织代表作陪衬，与传统的"苏联模式"新官僚专制究竟有多少差别？

革委会新政权与平民大众民权诉求之间矛盾的对立或对抗依然存在并日益激化。

4. 自发的群众组织被取缔

民众自治的文革打碎了党委领导的文革旧秩序，为革委会的建立奠定了基础。然而，革委会一旦建立并稳固下来，却成了民众自治文革的终结者。平民大众造反派追求民权民主的群众运动，变成了少数几个代表人物在革委会新政权舞台上的独角戏。

革委会建立后，不论是"中央首长"讲话还是媒体舆论，片面强调"秩序纪律，集中统一"，批判"无政府主义"和"多中心论"，忽视社会主义大民主的制度建设，忽视民主监督机制的落实，误以为：只要有了群众组织代表，就具有了并可永葆人民性。为了维护"新政权权威"，在"批判多中心主义"口号中，群众组织被取缔解散。

没有民主政治体制保障，任何群众代表都不可能保证永远能代表群众，更何况就群众性或人民性而言，仅经过半年"文革大风大浪"考验的新干部，也难能与历尽二十八年血与火考验的老当权派相比，其"暴发户"心态更浓重，官僚化速度更迅速。

5. "新政权"重复旧习惯

例如，1964年山东省委党校成立了"学生班"，都是各中学保送的德才兼备优秀学生。作为同样的热血青年，文革中大都成了造反派。不幸的是，校长王立波（原省委副秘书长）成了省革委常委，"誓死保卫校党委"的教师和"干部班"保守派，也随之成了"响当当的造反派"，而"学生班"的青年学生却成了"反对省革委的修正主义苗子"。

王效禹抛出"王、王、庄"后，"学生班"的厄运并未结束。"干部班"利用擅长走后门儿拉关系的优势，又投靠到王效禹门下，依然是"响当当的造反派"。

1969年"九大"前夕，"学生班"终于被省革委明令撤销解散，所有学生被发配回原籍。群众戏称："修正主义分子拔掉了修正主义苗子"。

事实证明，"反修防修"继续革命的历史任务是何等艰巨而沉重，绝非通过一次文化大革命和夺权斗争就能一劳永逸。

第五章　军人当政的文革

（1969.4—1973.8）

　　中苏边境冲突急剧升级，军事重压日增。毛主席一向深知生存与发展的辩证关系，此时不得不把"最高统治者"的社会责任提升到第一位，"继续革命者"的历史使命随之退居次要地位：一切为了维护国家安全，"要准备打仗，准备打大仗打核战争"，所有国事都必须服从这个中心。

　　"要准备打仗"靠谁呢？只能靠军队和武官们。然而，坐天下时的武官已非打天下时的"指挥员"，单凭"运筹帷幄，决胜千里"的智慧和谋略，越来越难能让武官们"指到哪打到哪"了，必须首先满足他们的利益和诉求，才有望他们"一切行动听指挥，步调一致才能得胜利"。

　　只可惜像文官一样，武官们的利益和诉求早已不再是"为国为民"，而是相当大部分是为自己、为本山头、为本阶级阶层。当时，他们最根本的利益就是维护权威地位，维护经济的和政治的特权；最强烈的诉求则是镇压造反派乃至整个文革派的"无法无天，胡作非为"。

　　再者，除了毛泽东领导打天下的红军实行过民主集中制，任何国家的军队和军人与民主自由绝缘，所以资本主义发达国家的宪法规定：严禁军人干政！以军人和军队的专制化，换取整个社会的民主化、自由化。然而，中国当时所有主客观条件一拥而上，再一次把毛主席逼进了两难选择的死胡同，只能将全国地方政权统统交给了武官们。这或许是他亲自发动和领导的文化大革命的最大无奈和悲哀。

第一节 "一打三反"运动

正如文化大革命的熊熊烈火，发端于中央文化大革命，是毛主席亲自点燃的。对文化大革命的反攻倒算，则发端于"庐山会议"，是"林副主席"亲自发动的。

一、"庐山会议"——反攻倒算总动员

1970年8月23日到9月6日，在中共九届二中全会开幕式上，林彪借机发难，打着维护毛主席"天才"地位为幌子，声称有人"利用毛主席的伟大谦虚，贬低毛泽东思想"，矛头直指张春桥，发动了一场围攻"笔杆子"（中央文革小组）的突然袭击。

一时间，反文革派大官尤其武官们欣喜若狂，纷纷涌向主席台，向"林副主席"表示衷心感激和坚决支持。会后，叶群、吴法宪、李作鹏、邱会作、陈伯达、汪东兴等，大肆进行非组织活动，叶群强调要统一口径："会上发言不要点名啊！林总讲的是'陆定一式的人物'。"

远在北京坐镇的黄永胜通过电话遥相呼应："刚才，吴胖子（吴法宪）来过电话了，知道山上的大好事，不需要再讲了，真高兴啊！晚上还真多吃了一碗饭。"

陈伯达连夜搞了恩格斯和列宁"论天才"的语录，汪东兴打印后散发，并煽风点火说："我们再也不要糊里糊涂的，这里面问题严重呢""现在是笔杆子压枪杆子，可厉害着呢！"并要求吴法宪发动空军、海军、总后的武官们群起而攻："过了这村就没这店了。今天发言表示你旗帜鲜明立场坚定，明天发言就算随大流了。"

经过串联鼓动，华北组的讨论会成了愤怒声讨"笔杆子"的批判会。众武官们抢不到麦克风的干脆跳起来高喊口号："谁反对毛主席就打倒谁！""把反对毛主席的人揪出来示众！斗倒批臭，千刀万剐！"

他们又发了"华北组六号简报"（毛主席称"反革命简报"）："大家听了伯达同志、东兴同志在小组会上的发言，感到对林副主席讲话

的理解大大加深了。……竟有人妄图否认伟大领袖毛主席是当代最伟大的天才，……这种人就是野心家、阴谋家，是极端的反动分子，是帝修反的走狗，是坏蛋、是反革命分子，应该揪出来示众，……批倒批臭，千刀万剐，全党共诛之，全国共讨之"。正如毛主席所说："大有炸平庐山，停止地球转动之势。"

毛主席识破了林彪一伙围剿"笔杆子"的阴谋，责令陈伯达等人检讨，收回华北组六号简报，发表了《我的一点意见》。林彪点燃的这股向文革派反攻倒算的邪火，终于被扑灭了。

然而，这股反文革邪火却通过手握地方政权的武官们，变本加厉烧地向了全国，而且越烧越旺，演变成反文革派对文革派的血腥镇压。

二、"一打三反"运动

武官们为了恢复秩序巩固"军政府"的独裁统治，在全国大开杀戒开展"一打三反"运动，开始了"赤裸裸的野蛮行为和无法无天的报复行为"。（马克思《法兰西内战》）

正如镇压巴黎公社的刽子手梯也尔对公社社员那样，"军政府"根本就不承认文革派是"政治对手"，而是把他们统统当成"刑事罪犯"！"一打三反"在严厉"打击严重刑事犯罪"的旗帜下，所有文革派在文革中的言行，大都成了"严重的刑事犯罪"。

在全国统一行动中，各省、市（自治区）乃至地（市）、县造反派群众组织负责人都成了"文革犯"，"有历史问题"或"民愤极大"的一律枪毙，其他数以万计的人被判死缓、无期徒刑、有期徒刑。

为了镇压一小撮、震慑大多数，山东省"军政府"在体育场举行了10万人公判大会，规定：各单位必须由专人负责，组队将造反派头头儿带到现场"受教育"，笔者忝列其中。

三、"全封闭学习班"

1970年春节后，王文俗随同军宣队悄无声息地离校，从此开始了后半生落魄动荡的降职发配生涯。先是下放到惠民军分区，后又调往烟台军分区，都是最末一位副司令。堂堂副军级大校，只混到师级单位的党委委员。张海亭也下放到益都县（现青州市）武装部任副政委。其后，山东大学更换过两次军宣队，最终置于济南部队炮兵32师军事管制之下，最高首长是"赵政委"（炮32师政治部主任，外号"赵秃子"）。莫说校部机关，即使各个系每个教研组都由一两个军代表主政。人数之众多，控制之严密，远远超过建国初期的"军管会"。

7月，在昌乐县炮32师营房内举办了"全封闭学习班"，学员是三派学生头头儿和干部教师骨干，共40几人。笔者所在的二班，班长是x营教导员和原教育厅副厅长刘辛人，学员有柳明瑞、崔延奇、王东才、辛可温、侯永祥、戚兆芳等十几人。

与后来两次"隔离审查学习班"相比，堪称"真正的学习班"！活动内容是学习相关文件、"斗私批修"等，虽有检查交代问题的规定要求，但是注重政策、批评教育，启发自觉自愿。另外，"集体学习，相互促进"，大家并无多大精神压力，依然心情舒畅，纷纷"竹筒倒豆子"。

笔者自信：违法的不吃、犯罪的不干，身正不怕影子斜，没有什么见不得人的。所以，凡是自觉错了的或大家关心的事件和言行，都毫无保留、实事求是地交代清楚。最终，"学习合格，准予毕业"。

四．"学习班"见闻

"学习班"历时4个多月，记忆最深刻的有两件事。

1．"教导员"比"副厅长"大

刘辛人原本温文尔雅、慢声细语，又刚被军人"解放"调来山大工作，处处谨慎小心少言寡语，讲话难免不甚符合军宣队意图。被x教导员当众训斥，与家长训斥孩子、首长训斥下属别无二致。

大家都愕然沉默，为"刘老头儿"尴尬。

2. 真正认识了"孙书记"

虽然与孙汉卿不在同一个班,但除了小组会议,都是集体活动。这是笔者第一次与他平等的面对面接触交流,有两件事记忆特别深刻。

①. 一天晚上看露天电影,放映前大家谈笑风生闲聊,他一连说了好几个英语单词,不仅词义完全正确,而且语音也相当纯正,全无讲汉语时那样满嘴的胶东腔。令笔者愕然感佩,虽然知道他曾是清华学生,但辍学革命已经 30 多年了。可见,即使学生时代,也绝非庸碌之辈。

②. 历经 4 个多月,几乎所有人都交代清楚了问题,取得了谅解。唯有他始终消极抵触,拒不"竹筒倒豆子",坚持"浮皮蹭痒"。最终,"态度顽固,不准毕业"。

然而,紧接而来的"清查五一六"运动却证明了:他是何等有先见之明,政治素养远非"毛孩子"们所能望其项背!他与笔者同时隔离在化学楼近一年。因为没有先前的"自供状"为基础,根本找不到"突破口",只能泛泛地"政策攻心"。再加他继续"顽固不化,拒不交代",专案组无计可施、疲劳无果,遂使审查味同嚼蜡。不久,"隔离"成了闲居。而笔者正相反,因为学习班上的"自供状"有太多的"突破口"。再加,专案组断定:在没有压力的情况下就交代了那么多的问题,如果加大心理压力和政策攻心,就一定会交代出更内幕更严重的问题。随之而来的是,接连不断的强大攻势和三堂会审。不论交代什么、交代多少,都是"只闻竹筒哗哗响,倒出来的全是豆荚皮"。直到"九·一三"后方才能喘口匀乎气儿。

每当忆及此,对"孙书记"就肃然起敬自叹弗如。

三、"运动需要,暂缓分配"

返校不久,开始六九、七零两届学生毕业分配,除了六六届毕业留校学生,其他各届留校学生一律随之重新分配。

笔者与孙玉朝被"运动需要,暂缓分配",到化学系工厂劳动,继续享受助学金，等待"运动需要"。

正是"暂缓分配"，让笔者因祸得福，有幸成了山大"终身教员（反面）"。若随其他同学一起分配到基层，就凭笔者这种"臭嘴乌鸦"的抗上秉性，在其后的两次大清查中，纵然能侥幸承受住名目繁多的刑讯逼供而死里逃生，也难能在长期的歧视压抑中安身立命忍辱求生。而山大，毕竟有 70 年"唯理是从"的学人传统，文明基因比县城乡镇多的多了，在两次大清查中，笔者从未遭受过皮肉之苦。而且，其求理的遗风与笔者的"腐儒"秉性也相合，方才得以混到退休苟活至今。

每当忆及此，由衷感恩炮 32 师军宣队和曾经的校革委"常委"王象效老师。

第二节　清查"五一六"运动

1970 年 3 月 27 日，中共中央发出《关于清查"五一六"反革命阴谋集团的通知》。"一打三反"运动之后，紧接而来的是"清查五一六反革命组织"运动。

如果说，"一打三反"运动是重点打击有小辫子可抓的造反派头头儿的话，那么"清查五一六"则是专门为整个文革派量身定做的，是对整个文革阵营的大清算和大镇压。而且，像德国法西斯头子希特勒、格林所制造的"国会纵火案"一样，它完全是共和国历史上莫须有的冤假错案！

一、全国"清查五一六"

所有文革派官、民、军代表，都受到了前所未有的"历史惩罚"：地方造反派干部和群众组织头头儿一律清除出革委会，其中许多人被送进监狱、送上断头台。据不完全统计，仅湖北一省就有 68 万人被打成"五一六分子"，受到"无产阶级专政"的严惩。

他们的亲朋好友以及所有造反派民众，都要进行"肃清极左思潮流毒"的洗脑和再教育。……举国上下，株连"十族"——"九族"

之外再加无任何血缘或姻亲关系的老同学、老朋友。

这是共和国历史上最严重的军人专政"绿色恐怖"时期！即使建国之初的"镇反"运动也无法望其项背。那时，只是肃清反革命分子，并无批判和肃清"反动思想"，感到恐怖的只是少数敌视共和国新政权的旧政权军、警、宪、特历史反革命分子和现行反革命分子，广大人民群众乃至包括上述人等的家属，都是主动协助政府检举揭发。

二、山东"清查五一六"

中央《关于清查"五一六"反革命阴谋集团的通知》早就指出："五一六"是"反革命阴谋集团"，既然是"阴谋集团"，就绝不可能人数众多。然而，山东军政府却把造反派民众重新夺回省革委大院的"五·七事件"，定为"五一六"最严重的"阴谋和罪行"。山东"清查五一六反革命阴谋集团"的运动名正言顺地成了"彻底清查五·七事件"的运动。

他们的意图昭然若揭：就是要向所有文革派反攻倒算，彻底清算一切拥护文革的言行！

其一，王效禹为首的省革委以及各级革委会的所有新当权派，都成了清查对象的"重中之重"。

其二，不论是曾经拥护"二·三夺权"的温和派，还是曾经反对"二·三夺权"的激进派，凡是参加过"保卫红色新政权"活动的造反派民众，都成了"参与过五一六活动"，都被勒令"讲清楚"。即使济南以外地区的造反派民众，也被勒令"清除五·七事件流毒"。

其三，奉毛主席之命来山东解决军、地矛盾冲突的张春桥、姚文元成了"黑后台"。

其四，支持省革委的省军区《五点声明》成了"大毒草"，童国贵司令员尤其何致远政委也随之成了"军队叛徒"。

至于毛主席"很好，正确，范例，仿行"八字批示的是非对错，"你们自己去慢慢体会吧，我们可什么也没说……"何等精妙绝伦的设计！

三、"隔离学习班"

1971年春节刚过，校军管会按照省军政府统一命令，将笔者隔离审查，名曰"隔离学习班"。专案组组长是胡正生，成员有杨景和、蒋德华等等。

隔离室先是在新校学生宿舍6号楼三层原政治系一间宿舍，后又搬迁至化学楼二楼原系办公室，外间是祁学勇、冯绪胜等五、六位专案组监管人员，里间便是笔者的卧室兼起居室。

随后，便开始了正式的"隔离学习班"生活。内容无非两项：一是"三堂会审"，专案组排坐成半圆弧，笔者则坐在圆心处，或"政策攻心"或启发交代或追问疑点。二是潜心反省并按要求写交代材料。经历过"一打三反"的震慑和公判大会的"再教育"，笔者早已有了最坏的精神准备，此时并不感到有多大压力。又经历过"昌乐学习班"检查交代的预习，对三年文革生涯的所作所为，也大都已条理明晰烂熟于胸，第二次交代更驾轻就熟了。尤其是，自觉"毛主席挥手我前进"光明磊落，没有什么可隐瞒的。至于检查交代，不就是"回忆录"或"亲历记"吗！

到食堂买饭、晚饭后一小时散步、上厕所大小便等还有两三个"警卫员"。……唯一感到有点不舒服的只有没完没了的"圆弧和圆心"的会审，唯一的精神压力并"誓死不交代"是曾经对"林副主席"大不敬。

当时，"隔离"的含义就是要保证审查对象：绝对隔绝与亲友熟人的接触交流，绝对隔绝外界报纸、电台等一切文图、音像等信息来源。

"九·一三"约半月后，笔者到厕所大便，看到手纸篓内半张人民日报，遂如饥似渴认真拜读了一遍，终于获知"林彪叛逃，折戟沉沙"。唯一的精神压力也烟消云散了。一天，专案组又摆开"圆弧和圆心"阵势。胡正生说：我们有大量证据，你还有许多严重问题没有交代，希望认清形势、丢掉幻想，彻底"竹筒倒豆子"，不要再继续耍花招"只听竹筒哗哗响，倒出来的全是豆荚皮"！

笔者沉吟片刻说：我确实还有一个严重问题没交代，"一打三反"前，我与山师高洪德等人谈起究竟谁是右倾翻案否定文革的黑后台。我反驳他们说：不是周总理，而是这个！（边说边做了个握枪姿势）。并说看看他"5·18讲话"就知道这股血腥气的源头了。实际是恶毒影射林副主席！"

笔者话音刚落，胡正生大喝道："宋书星，不要再演戏了！林彪已经完蛋了，以后不准再称他林副主席！"笔者故作惊愕呆愣。从此，"圆弧和圆心"终止了，改为闭门思过、补充完善既有交代材料。

年春节将近，专案组人们要回家过年，"隔离学习班"宣告结业，转为到化学系稀土材料厂监督劳动。

1972年秋季，笔者方才从隔离学习班"正式毕业"，请假回乡探亲，第一次父子相见时儿子已经快满周岁了。

四、乐陵县"五一六黑后台"

同时，笔者家乡乐陵县也开始轰轰烈烈的"清查五一六反革命阴谋集团"运动。笔者也有幸成了"乐陵县五一六黑后台"，不论是亲戚、朋友、同学、师长乃至中学领导，凡是与笔者有过交往的在职人员，一律被划为"与五一六有组织联系"，定为重点清查对象，勒令"竹筒倒豆子"彻底坦白交代，并主动揭发批判。

即使笔者母亲"农村老太太"，虽然大字不识一个，连造反派与保守派也说不清道不明，同样成了为笔者"窝藏黑材料的嫌疑犯"，不止一次被和风细雨的"启发动员，政策攻心"。

唯一例外是，二姑家二表哥张书起，他既是公安局保守派骨干，又是保守派头头儿革委会副主任程彩章的老战友、铁哥们儿。

随之，各种传言在七大姑八大姨中不胫而走，越传越邪乎："他被北京来的七八个人坐飞机抓到北京去了！"吓得母亲吃不下睡不着病了两场。直到"九·一三"后，专程跑到学校，在各级领导陪同下亲切会见了笔者，亲眼看到儿子"不像是受苦的样儿"，这才把心放到了肚子里。

五、无尽的困惑

笔者对"清查五一六"运动的许多问题百思不解:"九大"后党中央的政治格局究竟发生了什么大变化?政治路线为何如此大幅度向右转、倒向了反文革阵营?毛、林、周各自都充当了什么角色、发挥了怎样的作用?……

困惑探问了 30 多年"为什么",无数次对毛主席"设身处地,换位思考",体会他继续革命的艰难困苦,直至懂得了他"继续革命者"与"最高统治者"的双重社会角色和历史使命,方才得以解脱。

1. 谁是"清查五一六"运动的主谋?

毫无疑问,在全国各省、市(自治区),"清查五一六反革命阴谋集团"运动的操控者是官僚权贵武官。但是,如果没有党中央的统一部署,不可能形成对文革阵营的全国性大镇压。"九大"后,全国政局急剧向右转,始作俑者是周恩来还是林彪?当时造反派内部就产生了分歧和争论并持续至今。

其实,"庐山会议"的风波证明了,林、周两人的政治倾向大同小异,就是要对文革的"无法无天"纠偏,要"清除极左,恢复秩序"。但是,有两点区别应当注意:一是出发点和立足点不同,林彪是出于政治利益考量,周恩来则是职责所系;二是行为方式不同,林彪更刚猛血腥,周恩来较温和策略。"清查五一六"运动的血腥气,带有更多的林彪特征。

然而,毋庸置疑,最后拍板定音者只能是毛主席!当时,他依然大权在握,牢牢掌握着国家大事的最后裁量权。"清查五一六"运动,不论是林彪的要求,还是周总理的提议,如果没有毛主席同意或默许,不可能形成党中央正式文件下发到各地,形成席卷全国的政治飓风。

2. 毛主席:国家安全重于继续革命

毛主席批准开展"清查五一六"运动,是出于本意还是迫于无奈?他为什么会同意官僚权贵武官向文革派痛下杀手?

要解开这些谜团困惑，只能求助于毛主席"亦圣亦王"的双重社会角色和历史使命这把钥匙：作为"继续革命者"，他必须高举"反修"大旗，义无反顾地进行继续革命，以绝官僚化"内忧"；作为"最高统治者"，为了应对帝国主义（包括苏联社会帝国主义）的军事威胁和武装入侵，确保国家安全，必须同时高举"反帝"大旗，"要准备打仗"，以防"外患"。

"九大"后，中国面临苏联巨大的军事压力，外患迫在眉睫。毛主席不得不转换社会角色，"继续革命者"让位于"最高统治者"，继续革命服从国家安全、服从"无产阶级专政"这个前提条件。因而，不得不向武官们反文革立场妥协，以换取他们保卫祖国、效命疆场。为此，不能不忍痛割爱让文革派官与民为国家安全作出必要的牺牲，哪怕是无辜而惨痛的牺牲。

官僚权贵武官们，领受了"最高统治者"毛主席国家法权的尚方宝剑，高举"巩固无产阶级专政，保卫国家安全"的旗帜，向胆敢藐视和冒犯新官僚权威的文革派"乱党"和"反贼"开始了疯狂报复。整个文革阵营遭到前所未有的灭顶之灾。

像历代官僚阶级一样，凡是要剿杀"乱党"和"反贼"的上级指示，各级当权派执行起来无不层层加码、无限扩大。结果，自上而下对文革派和文革成果的反攻倒算一级比一级疯狂而血腥。作为"文革主力军"，文革派官与民的下场则一级比一级更惨烈。

难怪，毛主席晚年曾有记者问他：你改变了中国什么？他无奈地回答："我连北京周围都改变不了……"

第三节 "赴京上访"

自从第一次见到儿子，一人吃饱全家不饿的"快活流浪汉"心态荡然无存，越来越感到巨大的生存压力，再也不能安心劳动享受每月16元的助学金了。先是向学校军宣队"要饭吃"，几次遭遇拒绝驱逐。1973年春节刚过，干脆擅自脱岗跑到社会上"自寻生路"。

当时，军政权的严密控制已大大弱化，许多"文革犯"人心浮动开始秘密串联沟通，探寻求生之路。笔者先找到杨丰宝，再找到马福田，最后找到造纸东厂王文符、李x清、万德荣、张承良等。

中国人哪！大都"唯官是从"。因为有原省革委常委张承良，造纸东厂便成了交流议论探求出路的根据地。队伍逐渐扩大，铁路大厂徐传孝、乔世俊（原省革委常委）等也先后汇聚进来。只可惜，张、乔两位能力和水平有限，同样不知所措。连续数月，众人只是七嘴八舌议论纷纷，始终未找到切实可行并立即行动的出路。

一、集体赴京上访

6月中旬，原省革委常委彭世杰从青岛来济南上访，住在纬四路山东省第二招待所，很快就联系上并融入"探路者"队伍，并提议：集体赴京上访！不论"山工总"还是"山工联"都要广泛联络、多多益善。这无异于在暗夜里指明了方向和道路。众人立刻行动，全力联络所能联系到的人，尤其是原来的造反派头头儿们。

笔者串联过几乎所有能找到的"老战友"，他们大都口头上同情支持，行动上却"不便参加"。只有原"山工联"董金福资助了30元上访经费。

后又与徐传孝一起找到原济南市革委副主任张廷藻，他慨然答应、立即行动。当时，他正抱着未满两周岁的女儿琪琪下楼去公园，随即将孩子递给妻子小安，与我俩下楼"公干"。孩子在母亲怀抱里挣扎哭闹："上公yuai（园）！上公yuai（园）！"笔者心中掠过一丝凄苦和酸涩。其后，每当见到孩子，内心都难免浮上一丝欠疚。

临沂、昌潍、淄博、枣庄等外地区的"求生者"也陆续来到济南汇合。大家商定："秘密"赴京上访，立即行动！并预定了出发时间、集合地点，组队分批次出发。

说来真是令人汗颜，所谓秘密，完全是有名无实的自我安慰！其实，市公安局早就在酝酿上访人员中安插了坐探（李登高？）。1974年在北京"批林批孔汇报会"上，省公安厅革委会主任姜成栋亲口对笔者说："你们组织者和参加者人数、名单、出发时间、集合地点等等，公安厅甚至比你们自己的人还清楚。"但是，集体上访始终未受到官方阻拦和"截访"。这或许也是前后"两个三十年"的区别吧。

某日深夜，笔者与彭世杰、张承良、乔世俊、张庭藻、徐传孝等六、七人，由王培基（青岛铁路局开往北京的列车员）领进济南站，一起上车……

二、十七天睡马路生涯

大家先是住进前门大栅栏一个小旅馆内。晚上，大家都上床要睡了，张、乔二人一言不合相互攻击谩骂起来，最后赤条条站在床上就要动手，被彭世杰喝止。这是笔者第一次与"省革委常委"们同室共眠，见识了各自的庐山真面目。两相比较，更彰显出彭世杰的杰出优秀，并暗下决心：只听他一个人的！

次日，在天安门广场南端会齐各路人马，分批到了陶然亭公园附近"中央和国务院群众来访接待站"。众人陆续到达，笔者负责清点登记：共107人。堪称前所未有的上访大军，其他省市"散兵"上访者戏称"新梁山一百单八将"。

白天在陶然亭集会活动，早晚各一盘2毛钱的炒饼。晚上就铺上能找到的旧报纸、破草席等在接待站门前水泥地上和衣而眠。一般都在40人左右（有时37、8人，有时43、4人），乔世俊等多数人则投亲靠友"享安逸"去了，只是白天来参加集会。晚饭后，每当列队到宿营地时，数十名外省"上访专业户"都热烈鼓掌欢迎。如此生涯虽然凄苦，却并不寂寞。

一旦安顿下来，笔者就开始了紧张的文字工作，公园石桌或亭子围栏木板成了办公桌。上访团所有告状材料和书面要求，都由笔者起草，交由张庭藻、徐传孝过目提出增删修改意见，修订后再交彭世杰审阅后呈送接待站。

告状材料送上去十来天了，始终不见答复，大家如坐针毡。最后决定直接给毛主席党中央发电报。笔者起草时严格遵从三个原则：一是抓住要害、突出重点，实事求是，客观公正；二是注重政策，打击面压缩到最小，矛头集中于袁升平一人；三是简明扼要，戒除一切废话，字数缩减到最少（一是方便首长阅读，二是钱包实在太可怜了）。耗费了两天，反复推敲多次，彭和大多数人都嫌"火力不足，软不拉塌，杨得志罪责难逃……"要求再改。

所幸，张、徐二人完全赞同笔者意见，对其他人的意见"认真倾听，拒绝修改"。因为，任何时候都不应"一口吃个胖子"扩大打击面！杨得志虽为山东和军区"第一把手"，但必须坚持"扬、袁分开"。最后，由我们三人到长安大街东四路北一个邮电所，笔者照原稿填写到电报稿纸上发了出去。每字4分，共40几元，董金福资助的30元不够，全由徐传孝补足（他文革前就是厂办主任正科级，是上访团的"高薪阶层"）。

其后，听说袁升平被中央定为"林彪集团的人"隔离审查。笔者额手称庆：我们的要求无意中符合了中央解决山东问题的精神。

电报发出好几天了，依然毫无动静。一天半夜刚过，突然下起瓢泼大雨，接待站门前积水很快没过了脚面。那些老上访户，有的睡马路2、3年了，都有帐篷、雨伞、塑料布等防雨设备。我们却只能站立着直接承受暴雨洗礼，大家实在坚持不住了，个个悲愤交加、群情激奋，一致赞同彭世杰提议：冒雨去中南海请愿！并明确限定到西便门儿，以免造成太大的负面影响。大家站好队清点人数，一共37人。

正要出发，接待站四、五个工作人员出来劝阻。不一会儿，某负责人出来把大家请进接待站大厅，先是向大家道歉"接待不周"，继而宣布：中央决定召开"解决山东问题批林整风汇报会"，参加者是地区革委会常委以上人员，其他人暂回本单位耐心等待。

天刚蒙蒙亮，接待站用汽车将笔者等够条件的十几人送到国务院第一招待所住下。次日，又把其他几个够条件的人送来，一共约十五、六人。其他人陆续离去。

17天的睡马路生涯终于结束了。

三、"批林整风汇报会"

在中央通知济南部队和省委负责人来京参会期间，笔者也开始了紧张的文字准备工作，主要是紧紧围绕："五·七事件"来龙去脉、根源起因，各方的所作所为及意图目的，以及各自的错误教训。重点是为省革委一方"割断机要通讯电缆"迫不得已的错误行为辩护。因为，这是"五·七事件"被定为"五一六反革命事件"的主要依据。重点部分写成完整文章，准备照本宣科；其他部分则列出详细提纲，以便即席口述。

两三天后，"汇报会"正式开始，会址在人民大会堂新疆厅。主持人名义上是张延成（潍坊柴油机厂造反派工人，"九大"中央候补委员、"十大"委员），此时他正在北京参加"工农兵中央委员读书班"。实际主持人是列席者王洪文秘书班子的米士奇（记忆不确）及其七、八个记录员。

汇报方是上访团代表：彭世杰、张承良、乔世俊、张庭藻、笔者，以及临沂地区顾泰山、曹德雨、xxx，淄博地区牛光春、胡昭所、董学诚，昌潍地区李乃孝、陈 xx 等。

听取汇报方是省委副书记白如冰和济南部队副司令员张致锈等十多个人（大都是军人）。

1. "主题汇报"

首先，由笔者作主题汇报，因为准备比较充分，发言紧紧围绕"五·七事件"，尤其是突出了袁升平否定"省军区五点声明"和毛主席八字批示，否定张春桥、姚文元执行毛主席党中央方针的全部工作，否定省革委等所有文化大革命成果。并把杨得志和白如冰完全洗刷出来，强调他们迫不得已的处境。整个发言一如既往坚持实事求是、客观公正原则。发言用时一整天加一上午，笔者自觉把相关主要问题都讲清楚了。

中午休会，白如冰紧步赶上来，双手紧紧握住笔者的手老泪纵横，连说了好几声"谢谢"，并说："以后有什么困难直接找我！"

2. 终于明白了

当时，笔者对白如冰的"失态"不甚理解："地方大员对草民学生，至于吗？"

事后联想起1970年"昌乐学习班"学习班上，军宣队一个小小营级干部当众训斥原副厅长刘辛人，那种盛气凌人实在令人难堪。……终于明白了："省委副书记"白如冰在军政府里的处境可想而知，怕也少不了被呼来喝去、低三下四。对笔者的"失态"并非作秀。

3. 自由发言

接着是其他人自由发言。顾泰山和曹德雨讲述204师秘密发枪支弹药武装"马陵山游击队"，疯狂报复地革委和造反派，武装抢劫、打死打伤普通民众。李乃孝等则揭露昌潍地区五花八门儿的刑讯逼供，xx县对被清查者某年轻女性（忘记名字），像拉大锯那样用草绳子拉阴道。许多刑罚前所未闻！

其后，便是董学诚"大批判"。他大段大段地熟练背诵马恩列斯毛的语录，以及卓越的口才、充沛的情感，给米士奇等"列席者"留下深刻印象。据说，米曾向他当面表示：要吸收他参加"中央读书班"，像张延成等那样"被重点培养"。

直到"上访团"实在没话可说了，米士奇班子起草了几条《汇报会纪要》（内容忘光了），张延成宣读后，一致通过。

约半个月的"山东批林整风汇报会"宣告结束。

四、笔者成了"山东名人"

回山东后，"上访团"陆续散去。白如冰新省委和济南部队党委则开始传达贯彻《汇报会纪要》和中央指示精神。

在南郊宾馆"两委联席会议"上，杨得志和白如冰讲话中，盛赞笔者"实事求是、客观公正，重政策、有水平"。其后，全省各级传达贯彻会议又不止一次重复。

在青岛市革委常委座谈会上,"新省委"政治部主任徐雷健更赞誉:"山东造反派头头儿,宋书星最年轻也最有水平!"

笔者随之成了"名人",结束了"故人相见不相识"形同陌路的处境。不论在济南还是到青岛,联络者、求见者应接不暇。回乡探亲时,老师、同学乃至县里一些中上层干部等在职者,只要能扯上一点儿关系,都争相宴请交流。

他们的心意无非是想借助笔者"争取进步"。中国人这是怎么了?连最起码的生存权都得不到保障的大有人在,距离民权更是十万八千里,就纷纷做起了官权梦。可见官本主义社会基础和习惯势力是何等深厚而强大。唯有母校的老师们,不仅没有宴请和赞誉,反倒比以前多了些疏远和生分。由此,笔者终于理解了:五七年何以出了那么多"右派"?

所有这些领导赞誉和众人追捧,笔者固然感到某种精神慰藉,但对于远离官场的草民而言,并无"大如天,重如山"飘飘然之感。远没有"被落实政策"那样的满足和欣喜:正式分配留校工作,补发三年多工资 1070 几元(扣除助学金)。终于如愿争得了工作权、生存权等最起码的人权!

五、徐雷健征求笔者意见

当时,徐雷健已是新省委政治部主任,具体分管所有人事安排。一天,见到笔者主动征求意见:"你想干点儿什么呢?"

笔者早有自知之明——这种性格根本不适合当官,与其德不配位地胡混,何如干点儿自己喜欢的?沉吟片刻答道:"我这种臭脾气能干乎呀?怕是只能搞点儿理论研究工作。"

他笑着说:"这可难了,文革前省委还有个政策研究室,现在也没了……"

笔者也笑着说:"不忙,再说吧。"

第六章 "二次革命"

（1973.8—1976.10）

中共"十大"，正式褫夺了林彪的"副统帅"地位，并指令八大军区司令员对调，以防他们坐大不听招呼。随之，开始了"打扫庙宇，请回真神；老帅归位，小兵回营"。至此，四年多军人当政的文革结束了，步履蹒跚地进入"二次革命"新阶段。

军人当政的文革是对文化大革命的否定和反动，除了毛主席羽翼下的江青、张春桥、姚文元和上海市，几乎所有文革派和文革成果都被扫荡一空。

"批林批孔"运动，是对军人当政的文革一次小反弹；邓小平刮起的"右倾翻案风"则是对军人当政的文革借尸还魂；"反击右倾翻案风"和"学习无产阶级专政下继续革命理论"又是对邓小平"右倾翻案风"的小反弹。

政局步履蹒跚、摇摇摆摆，每一步都是"迫不得已的两难选择"和"两害相权取其轻的自残"。

第一节 北京"批林批孔汇报会"

军人当政的文革结束后，全国再次出现了权力真空，并开始新一轮权力再分配。

像全国一样，山东也遵照毛主席"小兵回营""请回真神"的部署，仿照中央大量提拔任用工农群众代表的示范，在"还权于文官"的同时，也开始逐渐重新安排原革委会中造反派群众组织头头。这又刺激了一些不安分的"勇敢分子",也希望在权力再分配中分得一杯羹。

同时,整个官场都在忙于权力交接和权力再分配(武官还权,文官受权),对民众控制的严密性和高效性,难免大为松弛和弱化。这又给"新老勇敢分子"们提供了"自由驰骋,放手大干"的空间。

人心浮动跃跃欲试,社会安定和生产秩序又面临新挑战。1974年初春节刚过,为了稳定既有的生产和生活秩序,中央决定举办"山东省批林批孔汇报会"。

一、"汇报会"概况

地点:北京西直门国务院第二招待所。

主持者:国务院副秘书长袁木为首的领导小组及工作班子。

1. 参加者及分组

①. 省直组,以副书记苏毅然为首的省委代表;省革委常委徐金华、孙振发、彭世杰及其随从宋兆义、房公金、刘焕鲁;"山工联"代表董金福和项观奇;501厂(张店铝厂)两派群众代表胡兆所和盖x兰;923厂(胜利油田)两派群众代表牛xx和xxx;姜成栋(公安厅革委主任)、孙维臣(原省委机关造反派核心 组成员)和笔者等省直单位群众代表。

②. 济南机车工厂(铁路大厂)组,除了现当权派,还有徐传孝、韩仁俊、高士健为首的造反派骨干,以董昊为首的保守派骨干。

③. 枣庄煤矿组,现当权派、两派群众头头和骨干。

④. 新汶煤矿组,现当权派、两派群众头头和骨干。

同在二所参加"汇报会"的,还有四川大足汽车厂的人,都在一起开大会、在一个餐厅吃饭。共约四、五百人。

2. 会议程序

先是各位领导主动自我批评,继而群众代表"充分鸣放",批评领导们的错误。

王洪文、李先念等中央领导接见全体参会者，并由李先念代表党中央国务院发表重要讲话，严厉批判愈演愈烈的错误思潮——背离毛主席革命路线的无政府主义、破坏生产秩序和团结稳定的"拉队伍，立山头"等等，要求大家团结一致，共同"抓革命，促生产"。

扭转了汇报会方向，开始人人"斗私批修"、自我批评。为了启发人们的阶级觉悟，还专门开展了"忆苦思甜"。

二、董金福装神弄鬼儿

一天，省直组在北楼二层大会议室"忆苦思甜"，袁木等领导人悉数到场。董金福照例坐在前排大会议桌前，当讲到"今昔对比"处，激情迸发抽咽不止，直挺挺地从椅子上慢慢出溜到桌下，"痛苦过度，昏厥过去"。

众人涌上前将他高高抬起送医务室抢救，他则像死尸一样僵硬，直挺挺的像根木头。莫说昏厥之人，即使刚死的尸体，也绝不可能僵硬得如此之快！仅凭这一点，笔者就断定：这小子装神弄鬼儿！

可笑的是，这却成了袁木亲自发现和树立的好典型——"阶级感情无比深厚的老工人"，并成了轰动整个汇报会的重大事件。专门在全国政协礼堂召开了表彰大会，大张旗鼓地号召大家"向老工人董金福学习"。

董金福自从当了"山工联80万产业工人领袖"，眼睛既不近视也不老花却戴上了眼镜，并像"自以为大人物"的邵长文等一样整天批扇着军大衣，一副走江湖的流氓无产者标准相。

再者，笔者从未听说过他有昏厥的毛病，包括被收监的那一年多里。回校以后，曾先后询问过汽车班老司机，得到的答复，要么是摇头一笑，要么是不屑的一声："操！"

为此，笔者感慨至今：这是怎么啦？上有国务院副秘书长，下有各路群众"英雄"，中有副书记等省委领导，堂堂四、五百大活人，我就不信没人看破这种装神弄鬼的拙劣伎俩！拟或像笔者一样看破了也不说。究竟是袁木需要被骗并以此骗人？还是大家都需要相互欺骗？直至数十年后从网上知道了袁木等数以百万计的"人民公仆"及其家属，都到美国等外国去"重吃二遍苦，重受二茬罪"，方才真正明白了他们的"伟光正"，这些疑问也迎刃而解。

三、省委："双管齐下"

北京汇报会转向后，为了稳定局势、巩固刚刚建立的"文官政权"，省委立即开始"双管齐下"：一是对省市革委群众组织代表"落实政策，封官上位"；二是"削平山头"，收回被抢占的招待所。

1. "落实政策"

原省市革委群众组织代表，一律恢复原来主任、常委等名号，并安排相应工作。例如：王竹泉，省委常委、省革委副主任；徐金华，省卫生厅副厅长；孙振发，团省委副书记；张庭藻，市革委副主任兼财贸办公室主任，等等。

2. "削平山头"

在北京"汇报会"同时，省会济南又"群雄蜂起"抢占招待所，各种"山头"相继破土而出。例如，"山工联"派抢占了泉城路上的省一所，"山工总"派抢占了市二所。其他各种名目的"山头"也在其他招待所扎了根。

然而，与文革初截然不同，所有这些"山头"都是建在沙滩上的，空有显赫名号，并无多少人马，更无群众基础。北京汇报会风向一转，经过省委"大力整治"，都铩羽而归、烟消云散了，上演了一出乏味的闹剧。

3. 蒙难民众"盼星星，盼月亮"

只可惜，"落实政策"的温暖阳光，一如既往难能及时照耀到普通民众，他们只能耐心等待祈盼。

在四年多的军政权时代，像笔者一样的受难者大有人在。然而，像笔者一样的幸运者却寥寥无几。譬如，原红卫（历下）区革委主任朱存宽，文革前是临时工，解除清查隔离后就丢掉了饭碗，失去了工作权、生存权等最起码的人权。夫妻俩连同六个年幼的子女，只能靠到垃圾箱捡拾菜帮菜叶和其他破烂儿维生。他们最需要"落实政策"，却无论怎样"盼星星，盼月亮"，总也等不来温暖的阳光。

第二节　山大"批林批孔"运动

自1973年春串联赴京上访，到1974年7月"汇报会"后返校，一年多时间里，学校也发生了天翻地覆的变化。华山（原农学院书记）、郭林、李震成了正副书记，张侠（华山夫人）、徐经泽成了政治部主任。

群众又分裂成了三派：翻案派、红旗队派、红二·三派。虽未像社会上那样立起"有形山头"，但已经拉起队伍，并展开了大字报战。校党委完全倒向翻案派，成了"翻案派党委"。随之，群众也分成了"捍卫派"（翻案派）与"炮轰派"（红旗队派和红二·三派）两个阵营。并演绎出不少趣事。

一、翻案掌控了学校

翻案派孙良臣（保卫处校警）、李廷朝（历史系教师）等编写印发了"大事记"。名为客观记录，实乃"春秋笔法"：失忆与演绎携手，虚拟与误解比翼。例如，对工宣队清队两个月就致12人自杀身亡的刑讯逼供，笔者曾抨击曰："以革命的名义，干尽复辟的勾当""大事记"里却变成"红二·三头头儿宋书星自己承认，红二·三打着革命的旗号，干了复辟的事情"。以证明：翻案派"一贯是正确路线的代表"，其他各派都是"复辟势力"

二、"现书记"向"前书记"追讨黑材料

还有更离奇的。在"军政权"还权于文官之初，原保守派干部群

众纷纷"强烈要求孙汉卿同志复位"。结果,省委却派来了华山等"外来人",难免"不受欢迎"。这却成了新当权派们的心腹大患,认定:孙汉卿是对自己的"最大威胁"。与翻案派一拍即合。

经过一番研究,副书记郭林跟着孙良辰等几个翻案派群众到孙汉卿家里,义正词严地勒令他"交出黑材料"!

孙汉卿是何等样人,岂能屈服于此等拙劣伎俩!结果,只能悻悻空手而归。

"现任书记"率领一派群众向"前任书记"追讨黑材料!此等荒唐笑话,恐怕在全国也实属罕见。

三、原保守派猛烈炮轰校党委

校党委完全倒向翻案派,激起了其他各派尤其原保守派民众的强烈不满,成了"炮轰派"纷纷以各种形式炮轰校党委。

其中最抢眼的当属邵长卿(原电子系教师)。在一次校部机关大会上,他猛烈抨击校党的所作所为,有理有据义正词严,且夹带着尖刻与嘲讽。连笔者都替华山、郭林们感到难堪。

文革被彻底否定后,邵长卿成了教育学院党委书记,后又升迁到省政府大院儿,或许与此不无关系。

四、张发玉杀回学校

不知何故,当时还有个驻校军代表浮耀庭(济南空军),与华、郭等意见不合。为了治理学校乱象,成立了"调研组"到生物系"解剖麻雀"。他自任组长,并指定回校不久的笔者任副组长,组员有马长义、汲代昌等多人。笔者对此缺乏热情,却有幸了解了另一件趣事。当时,浮耀庭单身住在老校8号楼二层,几次到他房间开会,几乎每次都遇见张发玉,笔者疑问:"他早在1968年就分配离校了,又调回来了?"

与浮耀庭几次见面后方才得知:"批林批孔"之初,张就"杀回了学校"在 8 号楼二层安营扎寨,恰巧与浮比邻而居,并粘上了浮:"要求调回学校,辅佐他掌权执政"。就此,浮还专门询问过笔者。

五、校党委挽救了笔者

回校不久,董金福便调到交通厅就任副厅长了。笔者却一直不见动静,虽不急切渴盼,也总是悬念磨人。不久,传出了"内部消息":对笔者工作安排,省委提出三种预案征求校党委意见:化工厅副厅长、《大众日报》副总编、团省委副书记。结果,被校党委否决或无限期拖延了。又一次因祸得福被挽救了,为笔者成为山大"终身教员(反面)"提供了第二个契机。

作为党员,服从组织决定是最起码的义务,必须无条件接受。而三种预案的任何一种,都直通农村公社或工厂企业基层。"四人帮"被捕后,都难免跌落到最底层,难逃刑讯逼供暴风骤雨的洗礼。就像董金福那样,从副厅长到副经理、从副经理到副队长,一路"减负"直至回归于汽车司机本业,从山大汽车班司机变成了运输公司汽车三队司机。

每当忆及此,就由衷感恩华山书记及其夫人张侠主任,尤其感恩徐经泽老师!山大所有旧人旧事,华山夫妇悉数交由他取舍定夺。

正是这些颠颠倒倒的历史往事和热热闹闹的官场现实,让笔者浮想联翩:"你若爱谁,就让他当官,那是富贵乐园;你若恨谁,就让他当官,那是坑人陷阱"……

第三节 "批林批孔运动"喜与忧

整个文革时期,充满了迫不得已的两难选择和两害相权取其轻的自残,"批林批孔"运动同样是喜忧参半。

一、毛主席"批孔"

"批林批孔""批儒评法""评水浒"等,这种"纯粹意识形态革命"远离平民大众的民生和民权诉求，不可能得到工兵乃至绝大多数知识分子大众的真心拥护积极参与。

最值得欣喜和关注的，莫过于毛主席关于孔子的一系列重要讲话。"历来反动派都是尊孔的。""如果共产党到了自己没法统治或者遇到难处了，也要把孔子请回来，说明你也快完了。"前者是对中国两千多年历史规律一剑封喉的总结，后者则成了对"邓时代"执政党蜕变的准确预言。

今天活生生的现实证明了：他老人家是何等高瞻远瞩！

二、"批林批孔批周公"

最令人悲哀的莫过于：周恩来与文革阵营分道扬镳，毛主席"继续革命司令部"分崩离析。

1. 周恩来与文革派分道扬镳

重新掌控官权的官僚权贵文官们，急需要一位新的核心以凝聚力量，继续与孱弱却顽强的文革派和"可怕的文革惯性"相抗衡。虽然邓小平重新上台，但是在群众大批判下，昔日的权威已经大打折扣，号召力更难与毛主席相提并论。众望所归，只有周恩来了。

毛主席曾说："他组织上是紧跟我的，思想上是跟刘邓等的"。此时，面对自己和毛主席病入膏肓不久于世，面对反文革势力汪洋大海汹涌澎湃，面对"四人帮孤岛"日暮途穷却依然咄咄逼人，他不得不作出新的抉择：顺应大势，融入以邓小平为代表的新官僚权贵主流。结果，与江青等文革派的矛盾冲突空前尖锐起来。于是，便有了"批林批孔批周公""评水浒批投降派"。

所幸，周恩来满怀对毛主席的尊重和敬畏，凭着几十年老战友和老盟友的情谊，始终未与之彻底决裂，而是在继续革命者毛主席与邓小平等反文革势力之间左右逢源，维持若即若离的动态化平衡。

2. "周恩来何许人？"

"周恩来何许人？"自文革初期就存在争议，造反派乃至整个文革派内部亦然，一直延续到现在。有的说"是中派"，有的说"是右倾势力总后台"等等，笔者都不敢苟同。"邓中央"复辟后，为"反毛"而"拥周"，说他"迫不得已说了违心的话、做了违心的事"。其实，1957年"开门整风，大鸣大放"时，他就是毛主席"纵容自由化"的坚定盟友（七常委中的唯一），并一直是毛主席继续革命的支持者。尤其是文革中，他虽然"思想上是跟刘邓的"，但对毛主席指示却"理解的要执行，不理解的也要执行"。

历史证明，毛主席与周总理是中国历史少有的"最佳君相配"。如果说毛主席是共和国大厦的"设计师"，周总理就是建筑施工的"工程师"；如果毛主席是掌控大局调兵遣将的刘邦，周总理就是总理朝政筹措粮草的萧何。他对于继续革命实践探索同样功不可没！

三、周、江矛盾浅析

周总理与江青同志之间确实存在矛盾，到"二次革命"时发展到了半公开状态。这是客观事实，不应回避更不能掩盖。

周、江矛盾的根源何在？就在于毛主席身兼"最高统治者"与"继续革命者"双重社会角色，在于"反帝"与"反修"同时并举的双重历史使命，在于两者之间的内在矛盾冲突。

周、江矛盾不过是上述矛盾冲突的人格化呈现！

众所周知，为了顺利开展文化大革命，毛主席预先做了组织准备：林彪掌控军队，保证国家安全和社会稳定；周恩来掌控内政外交，保证正常的生产生活秩序，免除"吃饭穿衣"等后顾之忧；江青则率领"中央文革小组"造反秀才，向刘、邓掌控的"旧世界旧秩序"冲锋陷阵。

不论是力保民主人士，还是力保当权派大官，拟或举荐起用邓小平，周总理都是在实现毛主席的本意，替他尽"最高统治者"的社会职责。而江青乃至整个文革派则站在"继续革命者"立场上，不能不对此强烈抵触。二人职责所系，矛盾在所难免。

第四节 "反击右倾翻案风"

军人当政的文化大革命终结了，却未能终止反文革的政治走向，而是以文官反文革势力，取代了武官反文革势力。正是重新上台执掌官权的文官，为邓小平大刮"右倾翻案风"，提供了强大而坚实的社会基础支撑。

一、邓小平"右倾翻案风"

邓小平等重新上台的大官们，反文革政治立场没有根本改变甚至根本没有改变，只是韬光养晦——忍。为了骗取"最高统治者"毛主席信任而复出，口头上"拥护文革，永不翻案"，实际上把对文革的阶级仇恨埋藏在心底，并把它伪装成了对"林彪反党集团"的仇恨。

邓小平复出后，立即采用惯用的伎俩，"打着红旗反红旗"否定文革，高喊"抓革命，促生产"口号，推行"以生产压革命"路线，以"安定团结，整顿秩序"之名，行清除毛主席继续革命路线的社会基础之实。

为了填补"小兵回营"出现的权力真空，毛主席迫不得已还权于文官，"犯走资派错误的老同志"一阵风似地回归官场，分享权力再分配的盛宴。

早在1967年1月16日，《人民日报》发表了毛主席的一段讲话："从党内一小撮走资本主义道路当权派手里夺权，是在无产阶级专政条件下，一个阶级推翻一个阶级的革命，即无产阶级消灭资产阶级的革命。"

历经两年多夺权斗争和"全面内战"和四年血腥镇压文革派的"绿色恐怖"，偌大中国除了早已去世的刘少奇，"死不改悔的走资派"一夜之间全都消失了。只剩下"林彪反党集团"和王、关、戚等"坏人"，"重点是整党内走资本主义道路的当权派"的三年文化大革命，竟成了堂吉诃德大战风车。

二、"反击右倾翻案风"

邓小平刮起的翻案风,令毛主席大失所望,不得不又迫不得已地"反击右倾翻案风"。只可惜,"反击"只能是"批林批孔"那样的"文字讨伐",在报刊上发几篇指桑骂槐"空对空"的批判文章。远离活生生的阶级斗争现实,远离平民大众尤其文革派的疾苦。

按理说,"二次革命"是"文革犯"们得以平反昭雪的唯一机会。然而,阶级力量对比实在太悬殊了,为了维护"无产阶级专政"声誉,对武官们血洗文革派的暴行讳莫如深。无辜群众所遭受的残酷迫害一律被禁言,被错抓错判的"文革犯"们"抓错的放了就行了"。侥幸活下来的毕竟有幸享受到了"落实政策"的一缕阳光,那些冤死于"无产阶级专政"刑场上和武斗枪炮之下数以十万计的冤魂,只能"死者长已矣"!

正是基于此,文革被彻底否定后,复辟的官僚权贵反倒成了"无辜受害者",声嘶力竭地控诉"文革浩劫""造反派暴行",真正的最大受害者——文革派,却成了十恶不赦的"加害者"。

这是怎样的"无产阶级专政下继续革命"啊?究竟是继续革命错了,还是"无产阶级专政"名实不符?

历经四年多的残酷镇压,文革派一蹶不振,广大民众的政治热情也跌入了冰谷,"反击右倾翻案风"不可能形成真正的群众运动,唯一的成果就是再次罢免了邓小平等人。

然而,反文革是整个新官僚权贵阶层自发或自觉的阶级行动,目的就是要维护既得利益!罢免一个或几个邓小平如何能扭转乾坤?

文革派造反半年、执政两年,最终遭到了长达四年的残酷镇压。不仅民权解放和民主诉求没得到伸张,甚至连普通人起码的人权——生命权和生存权也被剥夺殆尽。平民大众也早已厌倦了你死我活、血雨腥风的阶级斗争悲剧,厌倦了"革命口号震天响,你方唱罢我登场"的政治斗争闹剧。

如此社会基础决定了,"反击右倾翻案风"只能是有气无力的强弩之末和短命的昙花一现。伴随着毛主席病入膏肓,它只能强支孱弱的病体，摇摇晃晃地踯躅了半步，最终油枯灯灭过劳而死了。

三、"中发1976年4号文件"

文化大革命幸存的全部成果，除了锻炼教育了广大人民群众尤其文革派，再就是毛主席尽余生之力，把王洪文、陈永贵、吴桂贤等一批普通工农兵代表扶上了中央及各级领导岗位，尽到了"继续革命者"最后的历史责任。

然而，在官场反文革势力的汪洋大海里，区区几个草民代表纵然有三头六臂，也难有什么作为。此举的历史意义仅在于，以典型人物向历史证明："薪金不得高于工人的工资"这条马列主义原则，对于防止"社会公仆"蜕变为"社会主人"，不仅非常必要，而且完全可行！

社会客观环境对于任何人的制约力都强大无比！毛主席晚年"亦圣亦王"的双重社会角色和历史使命出现了分离对立：在政治实践上，不得不把"最高统治者"责任摆在首位，对昔日臣属部下，只要口头上"拥护文革"就一律重新起用回到官位上来。在思想理论上，依然执着于"继续革命者"的理想追求，超脱任何尘世羁绊和精神束缚，孜孜以求至死方休，达到了前所未有的光辉顶点。

1976年中央4号文件发表了毛主席一系列最新讲话。尤其是，关于"资产阶级法权残余"的讲话，首次指明了共产党蜕化变质的根源，不再是"思想认识问题"和阶级敌人"糖衣炮弹"的攻击，而是："作了大官了，要保护大官们的利益。他们有了好房子，有汽车，薪水高，还有服务员，比资本家还厉害。……搞社会主义革命，不知道资产阶级在哪里，就在共产党内，党内走资本主义道路的当权派。走资派还在走。"

无产阶级专政下继续革命理论真正完整而系统了，成了当之无愧的马列主义继续革命科学原理顶峰！

张春桥《论对资产阶级的全面专政》同样值得大书。虽然依旧沿用"苏联模式"马列主义传统概念，把新官僚阶级混同于资产阶级，难免似是而非。但是瑕不掩瑜，其思想认识空前深化，首次明确指出：社会主义公有制和领导权"不是名义上而是实际上归哪个阶级所有"。将官僚主义和新官僚阶级产生的根源，追寻到了经济基础层面，使之超脱了"思想认识问题"的偶然性，落实到了"维护既得利益"的必然性和实然性。

只可惜，毛主席自知不久于尘世，没有时间和余力"理论联系实际"了。在为后人留下至理名言的同时，只能无奈地忍看继续革命实践探索江河日下气息奄奄。

四．"四·五天安门广场事件"

1976年1月8日，周总理心血熬尽溘然长逝，全国人民笼罩在巨大的悲痛之中。出殡时，数十万民众自发聚集上演了"十里长街送总理"的悲壮一幕。建国27年来，他日理万机恪尽职守，而且在中共政治局七常委中，是唯一始终追随毛主席继续革命脚步的忠实盟友，为文革——继续革命实践探索——"鞠躬尽瘁，死而后已"。理应受到各阶级阶层民众的尊敬和热爱。

然而，江青等人却无视周总理的卓越功绩和巨大魅力，无视他在全国人民心目中的崇高威望和号召力，误以为他的去世"削弱了反文革势力，值得庆幸"。在他去世后，违逆民众的情感和意愿，限制群众自发的悼念活动。甚至，利用手中的舆论工具压低悼念规格，剥夺了他理应享有的"伟大的马克思主义者"荣誉。

他们太缺乏政治家胸怀和政治智慧了，无知地把行政实践混同于理论研究和"革命大批判"，把聪明才智都浪费在咬文嚼字上了！结果，"为渊驱鱼，为丛驱雀"，把大批不明真相的普通民众推到了"四·五天安门广场事件"。

事实证明，1976年"四·五天安门广场事件"绝非"群众的自发行动"，而是大官们"隐秘而成功的杰作"！他们指使其子女、秘书、部下等，利用当权派掌控的政府资源，串联组织亲朋好友、同学同事，高举"悲情主义"大旗，以"为周总理讨还公道"的名义，向病入膏肓的"继续革命者毛主席"发难示威。毛主席一针见血地指出：这是一次有组织的反革命事件！

文革被彻底否定后，胡耀邦等当事人透漏出事件内幕："直径好几米的大花圈，自发的群众是做不出来的……"

毋庸讳言，这是一次成功而漂亮的反革命事件！（邓小平窃国复辟后，胡耀邦奉旨成了"总书记"，与此不无关系）整个天安门广场，一片悲壮肃穆，哀哀动人催人泪下，一副"受害弱者"的无辜奇冤，又不乏"死士"冒死直言的慷慨气概，呼天抢地"大义凛然"……

正相反，江青等人的"二次革命"，却始终带有毛主席"撞到南墙不回头"和江青"倒驴不倒架"的性格特征：百折不挠、勇往直前、直面险阻、永不言败，革命豪气冲天，拒绝悲情哀怨。原本已是夕阳西下的强弩之末，却依然气势如虹咄咄逼人。虽然令人感佩，却犯了政治斗争的大忌。自古哀兵必胜！过分的强势和高调，不仅未能鼓舞起士气，反倒把悲情连同道义拱手让给了反文革势力，原本是反对新官僚封建特权的文化大革命，却成了"君主专制"的代名词和替死鬼！

五、惊闻毛主席逝世

1976年7、月份，北京传来毛主席临终讲话："搞得不好，有可能血雨腥风。你们怎么办？只有天知道。"继续革命实践探索到头儿了！去青岛享几天清闲等待那最后时刻的来临吧。

早饭后，笔者正在鲁迅公园一处海边礁石上观澜，有线广播里传来毛主席逝世的讣告。虽然早有思想准备"这一天不会太久了"，还是难免震惊得呆若木鸡，欲哭无泪脑子一片空白，根本无法进行连贯思考，一些乱七八糟毫无关联的念头却纷纷涌来。不吃不喝在礁石上呆坐到傍晚。回家路上，各店铺收音机里传出的依然是铅一样沉重的讣告和哀乐。

唯一明确清晰的念头儿是：中国将会怎样？自己将会怎样？"只有天知道"！等着吧。

第七章　宫廷政变与过渡政府

(1976.10——1978.12)

除了秦始皇和隋文帝的变法，历朝历代的改良运动大都伴随国君驾崩或退位而被废止。"继续革命者"毛主席逝世后，文化大革命也同样未能避免被彻底否定的历史命运。

1976年9月9日毛主席去世了，"覆巢之下，焉有完卵"，10月6日，他去世不足一月正所谓"尸骨未寒"，"新四人帮"（华国锋、叶剑英、汪东兴、李先念）背着大多数政治局委员，发动了反革命宫廷政变，用阴谋手段逮捕了"老四人帮"（党中央副主席王洪文、政治局常委张春桥、政治局委员江青和姚文元）。开创了用刀枪解决党内分歧矛盾的罪恶先例。

"二次革命"结束了，进入"华国锋过渡政府"时代，开始了向文化大革命反攻倒算的第一阶段，文革派官与民面临灭顶之灾。

一、真政变粉碎假政变

中共官方文件的定论是：以华国锋同志为首的党中央，一举粉碎了"四人帮"篡党夺权的反革命政变阴谋。所谓"铁的事实"无非两条：一是江青不守妇道、不安分守己为"领袖丈夫"守孝，反而到处自我标榜鼓吹"吕后亲政"，"篡党阴谋昭然若揭"；二是王洪文电话指使上海"工人民兵"提高警惕准备应付突然事变，"武装政变图谋暴露无遗"。

明眼人一看便知，"四人帮"的一切言行，无不是预感到危险将临而自我防护的本能反应。

假的就是假的！"华中央"贼喊捉贼的伎俩可以蒙骗一时，却不能蒙骗一世。不久，他们的阴谋内幕就被他们自己暴露无遗了。最典型的是中央电视台等官媒关于纪念邓小平、李先念等政要们诞辰（或逝世）的长篇文章和纪录片：阴谋政变的罪犯都成了新官僚阶级复辟的大功臣！

毫无疑问，所谓"粉碎四人帮的反革命政变阴谋"，不过是一场拙劣的宫廷政变。它对中华民族文明发展的反动作用在于：打着"毛主席放心的接班人"和"文化大革命捍卫者"的旗号，对文革派进行了第四次血腥镇压，"假继续革命"国家法权与复辟的新官僚阶级官权联手，对平民阶级民权解放和民主诉求进行疯狂的反攻倒算！

二、华国锋——小人得志，小官得势

在毛主席心目中，华国锋是王陵式的"老实人"。然而，为什么毛主席尸骨未寒就向"毛夫人"和"毛家族"继续革命派开刀呢？答案：见利忘义！典型的小人得志小官得势的"暴发户"。

作为国家法人和法权代表，"国君"的首要职责理应是：左右兼顾抑强扶弱，维持各阶级、派别和各种不同意见的动态平衡，促进相互之间共生互补、协同进化。

然而，华国锋原本是湖南省中小官僚，因为领袖家乡父母官的身份和机遇，得以进入毛主席的视野。再有他老实（平庸！）无缘跻身大官们的帮派，因而成了"文革暴发户"，由湖南省革委会主任调任国务院副总理。周恩来去世和邓小平第二次被打倒后，又因其小心翼翼不露锋芒，文革派和反文革派双方都能勉强接受，遂成了中共中央第一副主席和国务院总理。

他无德无能无威，在顶层毫无政治根基和势力，凭借的仅仅是毛主席"你办事，我放心"。如此"英明领袖"，根本无力驾驭平衡两大政治派别。"毛主席信任"的政治资本也必然随着毛主席去世而烟消云散。

要想保住并彻底巩固既得地位和权势，唯一的出路只能是"打着红旗反红旗":背叛毛主席继续革命路线,倒向并仰赖强势方——叶、李等"中派"(文革抵制派)。经过一番利害得失权衡,抛弃势单力薄的潜在对手"四人帮",伙同叶、汪、李发动了反革命政变,把"四人帮"投入大牢。

他之所以要高举文化大革命旗帜,坚持"两个凡是",原因是:作为文革爆发户,毛主席"最高指示"和文革经历是主要的政治资本。否定了毛主席和文革,就是否定了他自己,只能回到地委书记"州县吏"位置上去。

华国锋"过渡政府"的小职员心态鲜明而强烈,最突出的是"政治人格分裂":左顾右盼羞羞答答,毫无大丈夫主沉浮敢做敢当的王气或霸气,惯于鼠窃狗偷的阴谋伎俩。"打着红旗反红旗",既当婊子又立牌坊。"高举毛泽东思想红旗",颠覆继续革命灵魂;"高举文化大革命旗帜",血腥镇压文革派。

后来,连他的山西老乡都说:"此人不忠不孝不仁不义!"

三、享受"王耀武、李先洲待遇"

1977年3月7日春节刚过,厄运再次如期而至,没想到的只是笔者竟然僭越成了全省四十几个"重点清查对象"之一,隔离审查升级到了山东省看守所(原战犯管理所),有幸享受到与王耀武、李先洲等战犯的同等待遇。

看守所分为三部分,最前面是管理处办公室、食堂、医院、理发室等。前院儿口字型四层楼房原来关押国民党校官战犯,当时关押着韩金海、张美智、刘崇玉、国恕连、孙文广等被逮捕或判刑的政治犯。后面是一排五座独立小院儿,内有里外大小两间正房,院内有洗漱水槽和厕所等,原是王耀武、李先洲等将官战犯关押处,当时又成了部分"重点清查对象"的隔离处。

江青同父异母哥哥李干卿(铁路局退休工人)第一个进去,隔离在最西头院内;笔者是第二个,隔离在中间院内;公安厅花光隆是第三个,隔离在笔者西邻;南郊宾馆革委会主任张xx(五•七事件"割通讯电缆者）是第四个，隔离在笔者东邻。

省军区某部一个连队 80 多人负责看守所外围警卫。内部监管则由专案组抽调本单位职工组成监护组。小里间是笔者的卧室兼书房，监护组约七、八人住在大外间，白天"共管"，夜间轮流值班。

1. 随时准备转捕

如此阵势震慑力强大，只是笔者早有最坏的精神准备，并不感到惶惶不可终日。一日三餐监护组都集体跟着笔者一起去食堂买饭，在经过前院的山路上，不止一次遥见（相隔约 150 米）国恕连、孙文广戴着脚镣手铐分别在院内"放风"。精神准备更充分了：离他们一步之遥，随时做好转捕准备。并在心中构思一首《无题》以自勉：卅三风雨今初度，仰天长啸意何如？朝看光剑刺阴霾，夜梦柴斧断玉笏。（五、六两句忘了）披红戴花笑对刀，蹙眉侧目不丈夫。

2. 检查交代——小菜儿一碟

至于检查交代，更是小菜儿一碟。历经"一打三反"的"隔离学习班"小学阶段和"清查五一六"的"隔离审查"中学阶段，已经阔步迈入驾轻就熟的大学阶段了。

再者，文革中曾经脱离官方口径非议过的大人物，全都成了"十恶不赦的大坏蛋"，所有"恶毒攻击"嫌疑的忧虑和精神压力都烟消云散了，有点儿心轻如云优哉游哉：爱咋咋地吧……

不久，所有交代材料都写完了，专案组的疑难问题也都答疑解析清楚了。剩下的日子，除了旁听内卫监管人员和几个外围监管连队战士海阔天空摆龙门阵，还跟着于保平初学了治印术。内心悠悠，时光悠悠。

四、笔者又成了全省"名人"

一晃到了夏末秋初，妻子从老家来探视了。"清查办"负责人郑明训等陪同她一起乘车来到看守所，与笔者亲切会谈了近一小时。看到笔者心宽体胖，也就放心了，又由郑明训等人陪同返回学校。

1. 违规潜逃

晚上，躺在床上情绪躁动不安，翻来覆去怎么也睡不着，来不及冷静理性思考，决定回校再次与她"鹊桥相会"。风平浪静的时间太久了，监护组人们都早已精神松弛呼呼大睡。笔者穿上裤子，假装去厕所解手，看看无甚异常，便轻轻打开院门走了出去，又回身轻轻带上院门，沿山路向北走去。路经岗亭时放慢脚步，把衬衣搭在肩上点了支烟，并问站岗小战士："几点了？"他答："快 x 点了。到山上遛遛？"笔者答："太热了！睡不着。"远离岗亭后向学校方向疾步走去。

摸黑进了宿舍，"此时无声胜有声"一切都不用（也不敢）多说，紧紧相拥而卧共度良宵。工夫不大，门外就传来杂沓的脚步声，手电光在门上晃动了一会儿（或许是观察屋里有无异常动静）。笔者与妻子屏住呼吸拥抱得更紧了。不大一会儿，又来了第二批追逃者，但始终未破门而入。

待走廊上恢复了阒寂，估计天色将亮，笔者悄悄起身下楼沿原路赶回看守所。

2. "严重政治事故"

两地相距约十几公里，赶回看守所时旭日已升起，心中庆幸及时返回了。进了院子却空无一人，心知违规潜逃败露了。只能到前院看守所管理处去报告，除了值班岗哨和在办公室值班接听电话的老者，同样空荡荡的。

笔者简要报告身份和原委，值班老者说："你弄得这套可好！人们都连夜找你去了，快回去等着吧。"

上午，众人陆续返回，见笔者安静地坐在桌前写检讨，谁也不说一句话。不一会儿，进来两三个身高约一米九伟岸英挺的年轻军人，在笔者身后站住了。笔者做好准备被扭胳膊揪头发反背手铐。结果，他们只是站了一会儿，又进进出出三两次，什么也没说没做就走了。

其后就是监管组大换班大改组。后来慢慢知道，当夜所有内卫外卫都乘车分头去火车站、汽车站、洛口渡船码头搜查堵截，整整折腾了一夜。

说实在话，笔者心中还真有点儿歉疚：并非存心给大家添麻烦，更不敢戏弄隔离清查运动、挑战"无产阶级专政"机器，只是想要回一点儿最起码的人权和人事儿。

不料，这却成了震动全省的"重大政治事故"，分管清查运动的省委副书记苏毅然在各地市负责人会上严正通报后，又层层传达贯彻到各县：接受教训，进行安全大检查。

笔者又成了全省"名人"。

1978年1月春节将至，学校实在派不出愿意担负监管任务的人了，隔离清查阶段草草结束，转入到学校农场监督劳动阶段。

第八章 彻底否定，全面复辟

（1978.12—1981.6）

"小人领袖"华国锋，只能是"为他人作嫁衣"或"清道夫"。

1978年12月"十一届三中全会"，发动了向文化大革命反攻倒算的第二阶段战役。华国锋勉强维持了两年的"傀儡中央"摇摇欲坠，短命的"过渡政府"名存实亡。中国进入新官僚阶级全面复辟、彻底否定文化大革命的"邓小平新时代"。

一、批判"两个凡是"：清除继续革命国家法权残余

邓小平深知：要想树立起本朝"太上皇"的权威，必须彻底清除毛泽东的继续革命路线和国家法权束缚！否则，他就只能永远蜷缩在毛泽东的阴影里。

1. 批判"两个凡是"

首先，发起一场批判华国锋"两个凡是"（凡是毛主席的"最高指示"、凡是党中央正式文件决定，都不能否定）运动，官方自称"关于真理标准的大讨论"。

结果，毛泽东思想被腰斩了：共产党夺取政权前的毛泽东思想全部肯定和继承；"无产阶级专政下继续革命"的理论和实践却成了"极左错误"而被彻底否定。最典型的论调就是"（毛泽东）建国有功，建设有过，文革有罪"。随之而来的是，整个复辟的新官僚权贵阶层及其御用文人对毛主席的肆意诋毁涂污、诅咒谩骂。

历史总爱捉弄人！毛主席继续革命理论和实践探索被全盘否定了，"邓小平理论旗帜"却总也树立不起来，反而导致了资产阶级自由化大泛滥，对新官僚自由专制形成了严重威胁。

为了维护刚刚获得"彻底解放"的新官僚权贵的特权地位和既得利益，不得不返回头来肯定"毛泽东思想指导地位"等"四项基本原则"。

2. 一脚踢开华国锋，继承发展"华事业"

文化大革命暴发户华国锋被一脚踢进了历史垃圾堆，根本原因是："华中央"为了维护既得利益，顽固坚持毛泽东的继续革命国家法权残余。

华国锋过渡政府垮台后，又出现了另一种"中国特色"的社会怪病：华国锋靠边儿站了，残酷镇压文革派干部和群众的"华事业"却被全盘继承下来并发展到了极致，以更多的"新凡是"取代了两个"旧凡是"。

其一，凡是"文革积极分子"，不论官职大小，不论干部、群众还是军代表，一律彻底清查；凡是与上级造反派头头儿有过接触的，一律定为"与四人帮有组织联系"，统统纳入重点清查对象从严惩处；凡是能枪毙的绝不判死缓，凡是能投入监狱的绝不就地管制。

其二，至于那些没有丝毫过失和任何小辫子可抓的文革派，成了"更阴险狡猾的危险分子"。凡是文革前入党的老党员一律开除党籍，凡是文革中入党的新党员一律取消党员资格，严防他们再次混入"革命队伍"。

经过一连串的"新凡是"，华国锋没能完成的"华事业"全面完成了，平民阶级的民权解放和民主诉求被彻底粉碎了。

二、"邓小平新时代"——全面复辟"苏联模式"官僚专制

邓小平真正"划时代的伟大功绩"，不仅在于继承发展了"华事业"，更在于如下三个方面：

1. 彻底颠覆了毛主席"继续革命"的国家法权，复辟了刘、邓"彻底巩固"的国家法权。通过"修宪"，彻底剥夺了平民阶级使用"四大"武器（大鸣、大放、大字报、大辩论）争取民权解放的斗争权利，彻底剥夺了平民大众对新官僚权贵实行民主监督的权利。

2. 全面复辟了"苏联模式"新官僚专制制度，将"毛时代"加在新官僚权贵头上的一切紧箍咒（组织纪律的、法律法规乃至宪法的、理想信仰的、伦理道德的等等）打得粉碎，给了他们"第二次解放"和"第二个春天"。

所有反文革派有功之人一律提拔重用封官晋爵，并提供国家法权保护伞，纵容他们利用国家公器和公权肆无忌惮地"持权抢劫"，以充分或超额补偿他们及其子女在文革中"蒙受的伤害和损失"。

3. 以具体而专指的"反政府罪"，取代了笼统而宽泛的"反革命罪"，并定为重罪列入《刑法》和《宪法》，为强化新官僚阶级官权、剥夺平民大众民权和人权，提供了充分的法律依据和法权保护。

如此，又必然地导致了如下三种社会恶果：

1. 平民阶级权利与义务严重失衡。平民大众劳动者对社会公共事务的民主权利、对政府行政的监督权利等民权被剥夺殆尽；只剩下为国家为政府无偿作贡献的"光荣义务"，外加默默承受"改革开放"的"牺牲和代价"。

2. 上层建筑与社会基础本末倒置。一切反文革功臣和有关系有门路的纷纷"人往高处走"，如蝇逐臭般往各级政府和其他公权机关里钻，原本就已经庞大无比的官僚队伍像"吹气球"似的无限膨胀。从中央到乡镇，"四大班子""六大班子"冗员（吸食劳动人民血汗的寄生虫）翻着跟头恶性膨胀，工人农民和所有体力和脑力劳动者的负担与日俱增不堪重负。

3. 政治腐败恶性膨胀。新官僚和新新官僚们无法继续忍受"低薪"和"清贫"，大肆贪污受贿，官僚腐败、政府腐败如雨后春笋破土而出茁壮成长。经济领域，政府机关大肆倒卖紧俏物资乃至"进出口批文"，政府走私、军队走私等公权犯罪席卷全国上下。政治领域，毛主席亲手创立的"人民民主专政"及其国家法权被彻底打碎，"苏联模式"新官僚专制全面复辟,并发展到官僚自由专制新阶段。

上自"太上皇"下至村官儿"土皇帝",整个官僚阶级特权者对上无视国家最高利益,肆意破坏国家法权法律的权威性;对下无视社会公众利益,残酷镇压国民的民权和人权,按照本阶级乃至官员个人的利益和意志,自由自在地"依法治国,执法行政"。各级当权派"一把手"都成了本地区本单位本部门的"土皇帝",把"朕即国家"的封建专制发挥到了极致。

邓小平无愧于"新贵族领袖的光荣称号"!

三、二十三年图书馆生涯

众所周知,自"反右"后,图书馆就是两种人的归宿:一是无处安置的官太太和家属,二是"不能不用,又不堪重用"的"政治残疾人"。

1982年11月,笔者结束了十三年的动荡飘零,带着"严重政治错误,取消党员资格,行政记大过"结论,到了学校图书馆与书为伴,漫步于书山文海,就教于先哲前贤;寄情问道、解惑释疑;明目清心,受益良多。

1. 考英语——"唯我独清"

1998年调入参考咨询部,负责编印《高教信息摘编》和新生"图书馆利用"教育,发表了《图书馆教育学概论》专著和20余篇论文。

为了职称,考试英语,四十多人的考场只有笔者一个须发斑白的老者,其他都是二、三十岁的俊男靓女。结果可想而知。

虽然学术成果数量和质量指标超过众多博导,却最终无缘跻身于"一毛钱买十一个——个个都一文不值"的正高大军,只能苟且于"一千元买四个——个个都二百五"的副高堆里。

对此,笔者无怨无悔,反倒还真有点儿自豪:在全民皆腐的"盛世"里保持了一点儿"唯我独清"实事求是的晚节。

2. 麦克法夸尔——"文革学"导师

有幸拜读了麦克法夸尔的《文化大革命的起源》，其中"开门整风""反右斗争""党内反自由化倾向"等重要章节反复研读了多遍。终于，拨开了数十年来官方散播的层层迷雾烟瘴，看清了历史本来面目，了解了毛、周"继续革命派"极端孤立的处境，明白了"开门整风"逆转为"反右斗争"和"党内反自由化倾向"以及"整风积极分子"逆转为"右派"和"补课右派"的内幕，进而明白了毛、周"继续革命派"与刘、邓"彻底巩固派"分歧对立的根源。这不就是缩写的"简明文化大革命吗"？从此认定：毛主席继续革命实践探索的真正起点并非1966年"史无前例的文化大革命"，而是1957年"开门整风，大鸣大放"，前者只是后者的继续和发展。

一通百通，欣喜若狂！头脑中纠结了数十年的疑问和困惑大都迎刃而解。从此，笔者就一直把麦克法夸尔尊奉为"文革学导师"，戏称自己是他的"书授研究生"。最终，便有了这堆"博士前研究生毕业论文"——《云烟未散（文革记忆与反思)》。

下 部

反思：中国的社会矛盾与文化大革命

  文革是整干部的，否定文革后，如果干部队伍变好了，就证明文革错了；如果干队伍变坏了，就证明文革对了。

——网 友

第一章　中国社会结构和阶级分析

> 社会分为享特权的与被损害的、剥削的与被剥削的、统治的与被统治的阶级，……
>
> ——马克思

共和国建国以来，最重大的历史事件莫过于文化大革命了。中国为何会发生如此奇特的社会现象？或曰如此奇特的社会现象何以发生在中国？社会基础和历史渊源何在？毛泽东的"极左错误"和"林彪、江青两个反党集团"的阴谋诡计真有如此翻天覆地的神奇力量吗？若果真如此，马克思主义历史唯物论又当如何理解？对于这些疑问和困惑，不乏人类良知和历史责任精神的人们从未停止过探问和思考。

马克思唯物主义历史观告诉我们：要正确回答上述问题，答案不应当到毛主席"晚年的极左错误"中去寻找，也不应当到"四人帮"的"阴谋诡计"中去寻找，更不应当到红卫兵青年学生的"极左思潮"中去寻找，而应当到中国特有的社会结构和阶级关系等社会现实和历史传统中去寻找。

第一节　"金字塔式"等级化社会结构

自从阶级产生以后，人类社会便由原始状态的"平面网络化"结构逐步形成为"立体等级化"结构，整个社会、各个地区和各种机构都是由上、中、下三个等级的人构成的。在国家或社会整体层面上，中国古代称之为君、官、民，他们共同构成了三角形或四面体"金字塔式"等级化结构。

一、等级化社会的"金字塔式"结构

五千年来,中国经历过多次农民起义和不同民族之间的征战讨伐,诸姓王朝走马灯似的换了一代又一代。但是,基本都是止于政权更替的政治革命,少有触动社会结构的社会革命。共和国建国后依然如故,所改变的只是上层建筑的主体或政治权力的归属,原本处于社会底层的共产党造反者(主要成分是原来的农民)跃居上层建筑主体地位,成了各级政府大小官员或社会公共事务管理者。然而,君、官、民三位一体的"金字塔式"立体等级化社会结构形态及其运行机制,却至今并无根本性改变。

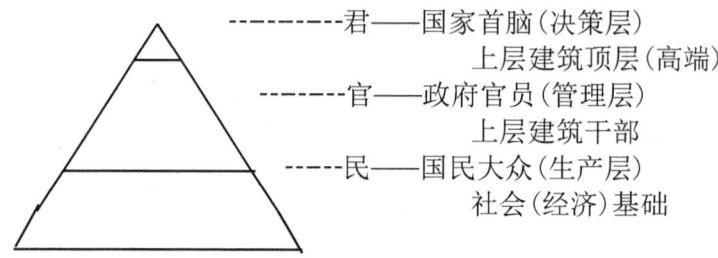

1. 君——国家决策核心及其执行机构

他们位居"金字塔"的顶尖或最高端,历史上曾被称为王及王室、皇帝及朝廷,现在称为总统及总统府、主席及其办事机构,等等。

①. 三重人格。国君(或君主)具有三重人格:既是作为个体人的他自己,又是国家元首(或法人代表),还是政府首脑——最大的官。鉴别"明君"与"昏君"的第一个试金石主要有两方面:一是看他如何处理个人与法人的关系;二是看他如何处理政府与国家的关系。不论能力高低政绩大小,凡是个人服从法人、政府服从国家、为了国家利益而牺牲个人利益和政府需要者,就不愧为明君英主。否则,凡是法人服从个人、国家服从政府、为了个人利益和政府需要而

牺牲国家利益者,则无不是昏君、暴君或亡国之君。

②. 国家法人代表。一般来说,他们的现实利益与国家的兴衰存亡是基本一致的,是国家利益的代表:既希望官僚阶级——国家柱石——坚挺,从而政府行政有力且有效;又希望平民阶级——国家根基——安居乐业,从而国家安定稳固。虽然他们"惟我独尊"的地位和"朕即国家"的观念往往导致个人说了算的君主专制或独裁,但是,明确的所有权意识也赋予了他们高度的责任精神和强烈的忧患意识。如果民富国强,他们既能英名盖世风光无限,又可钟鸣鼎食安富尊荣,还能财大气粗对臣民驾驭自如。否则,如果民穷国弱,他们不仅因国库空虚而手头拮据,而且,极容易诱发内忧外患,从而危及朝廷社稷的生存安全。一不小心就有可能江山易主成为亡国之君,不仅江山社稷毁于一旦,甚至招来杀身之祸。

③. 法权主体与双重角色。他们是国家的法权主体,其社会职责或存在价值主要有内政与外交两个方面。在内政方面也扮演着双重角色:一是"御民"的政府首脑——作为"最大的官"(最高统治者),率领各级政府"百官"驾驭民众;二是"制官"的国家元首——作为国家法人代表,控制各级政府官员,将他们的行为纳入有利于国计民生的规范之中,既符合国家最高利益,又符合民众安居乐业需求。现代政治语言称为:以立宪、行宪等国家法权为支撑,以提供社会组织产品和政治制度产品为主要手段,超越各个阶级阶层的权力和利益关系,居高临下进行宏观调控,以形成并维护兼容共存、协同进化的社会组织形态和运行机制。

当然,"君"及其"中央"的首要职责是,以法权"制官",令他们按规矩依法行政。至于"御民",则往往鞭长莫及,只能或主要是通过法权(立法或制定政策)和"御官"来实现,亦即如毛主席所说"定政策"与"用干部"。如何处理"制官"与"御民"的关系,是鉴别"国君"及其"中央"之阶级属性、品质品位的第二个试金石。凡是以民为本、利民养民、约束官员、廓清吏治者,无不是明君英主;凡是以官为本、压迫百姓、横征暴敛、养官肥官者,则无不是昏君、暴君或无道之君。

2. 官——官僚阶级（官僚特权集团）

中国称为"干部队伍"，西方发达国家称为"公共管理阶层"，中国老百姓则直呼为"当官儿的"或"各级领导"。这个阶级最重要的基本特征在于：他们是上层建筑的干部或主干，是政府政权或社会公权的权力主体，是国家法令和政策的具体执行者和实施者。

①. 多重人格。他们既是作为个人的他自己，又是本地区本单位法人代表；既是本地区或单位的民众代表，又是所在政府或管理部门的首脑。对下是国家利益和意志的代言人、国策政策的执行者，对上则是本地区本单位公众利益和民意的代言人。对于君是臣，对于民则是君，俗称"土皇帝"；对于上司是下属，对于下属是上司，对于无从属关系的官员则是同科、同仁、同僚、同志等等。

所谓忠臣与奸臣、清官与贪官的根本区别就在于：如何处理个人与法人之间的关系。凡是为国为民尽法人之责而牺牲个人利益者，就不愧为忠臣和清官。否则，凡是为了个人得失而敷衍法人责任者，凡是专事媚上傲下、欺上压下、化公为私、中饱私囊勾当者，凡是乱用法人权力、胡作非为、横征暴敛、祸国殃民者，则无不是奸臣、佞臣、昏官、贪官、赃官。

②. 中介性与双重角色。官僚阶级居于社会结构体的中间层，是君与民、国家与国民、政府与社会相互连接的纽带，其中介性与双重角色特征非常突出：既是"上意"或国家意志的下传者和贯彻者，又是"下情"和民意的接收者和上达者。只有通过他们，国家的法规政策才能贯彻下去，变成全体国民的共同行为；也只有通过他们，民众的主观愿望和利益诉求才能反映到国家决策层，并最终为国家的法律、法规和政策所接受或拒绝。

如何处理君与民、国家与国民、政府与社会的关系，是鉴别官员及其政府品质、品位的第二个试金石：凡是认真依法行政、最大限度造福于民、为了巩固国家根基而不惜忤逆圣上或上司者，则大都是忠臣、贤臣和国家栋梁；其官衙也不愧为"人民政府"。反之，凡是不顾百姓死活、谄媚邀宠，一味讨好甚至哄骗欺蒙圣上或上司者，则无不是奸臣、佞臣和误国小人，其"官衙"则无不是百姓心目中的"阎王殿"。

③. 政权（官权）主体。他们位居要津居中控制，扼守着各阶级阶层上通下达、横向沟通的渠道，把持着政府机关或权力枢纽。其一，国家对社会公共事业的一般性财政投入，都是经由他们划拨、流转和结算的；税赋减免、扶贫救济等国家的特殊性财政支出，也只能通过他们的手"惠及草野"。其二，民众向国家交纳的各种税赋，更是通过他们的手聚敛并上缴国库。当然，一般情况下，他们只是充当"过路财神"。但是，扼守国家财富聚散渠道的特殊地位，为他们提供了一种可能性：或者以政府的名义截留与分流，或者干脆"中饱私囊"。特殊的社会位置决定了：他们居中控制的地位优势和权力优势，为"中饱私囊"提供了充分的位能或势能，从而为贪污公款、侵吞国有资产以及横征暴敛、搜刮百姓等政治腐败和社会丑恶现象提供了充分的现实基础。

3. 民——平民阶级（或"第三等级"）

作为从事各种体力劳动和脑力劳动的平民大众，他们人数众多，社会地位却最低，处于等级化社会的底层，是"金字塔"的基础或底座。

①. 双重人格。他们同样也具有双重人格扮演着双重角色：其一，作为直接处理人类与自然资源、精神资源（或文化遗产）关系的实践主体，他们是主动的主体人；其二，作为社会（或群体）活动中的被管理对象，他们又是被动的工具人，是政府或官僚阶级物质刺激诱惑和权力皮鞭驱赶下的"牛马"或"驯服工具"。

②. "无权阶级"。与上述两大阶级相比，这个阶级最突出的特征就是无权无势，因而是一个弱势阶级或弱势群体。

其一，公权遥远莫及——不论是体力劳动者还是脑力劳动者，不论是穷人还是富人，他们都远离上层建筑，远离国家法权和政府官权等公权，对国事和公事少有知情权，更少发言权。更有甚者，作为物质财富和精神财富的直接或间接创造者，即使对自己所生产社会财富的分配原则和分配方式，他们同样是少有发言权，更少决定权。

其二，民权名存实亡——在"苏联模式"官僚专制制度下，因为缺乏民主制度和健全法制的有效保障，平民阶级理应享有的民权名存实亡。

其三，人权丧失殆尽——在严密的强权压迫和精神控制下，他们的"天赋人权"也几乎丧失殆尽。"组织缰绳"和"权力皮鞭"，把他们行为自主整治得遍体鳞伤，难逃"脱离党的领导，资产阶级自由化"的厄运。"舆论一律"的新闻书报检查制度，更是把他们言论自由强奸得卧床不起。就连思想自主、意识自由这种最起码的人权，也被"思想教育"和"思想改造"蹂躏得痛不欲生。更有甚者，政府乃至官吏个人，对他们的劳动就业权、私有财产权等，可以随心所欲予取予夺。只要对政府或领导意志稍有忤逆，城市人则被开除厂籍、开除公职；农村人没有什么身份可开除的，就只有被"抄没家私"甚至"扫地出门"了。

二、中国社会等级化结构的多层级性

中国社会结构的立体等级化特征非常强烈，不仅欧美发达国家无法同日而语，而且非洲欠发达国家同样望尘莫及自叹弗如，即使印度、埃及、希腊等文明古国也不能与之相提并论。这或许是最具有"中国特色"最值得历代官僚阶级骄傲和自豪的文化遗产了。这种等级化，虽然严重制约了人的主动性和创造性，但是，却非常便于君对官、官对民、大官对小官的控制，因而，被历代新老统治阶级视为亘古不变的法统或传统，并将其发展到了极致。从整个国家直到家庭细胞，人与人之间等级森严不准僭越。以至于，中国等级化社会的多层级性特征非常突出。

对中国社会进行阶级分析时，也理应遵循多层次原则：上述三大等级是最基本的划分，可称之为第一级阶级划分；他们各自还可以进行第二级阶层划分。

1. 官僚阶级的多层级性

等级社会的等级化，主要表现在上层建筑及其主体人——官僚阶级中，而非表现在社会基础及其主体人——平民阶级中。按照现代社会科学理论，整个官僚阶级乃至每一级政府（包括中央政府）的官员队伍，都可以分为三个阶层：其一，决策层——以前习惯于称之为"领导核心"，中国官场往往专指"一把手"。他们是真正的"官"，即地方或部门行政长官，是本地方或本部门之"君"。其二，管理层——各级政府部门主管，包括分管或"主抓"的政府副长官，近似于古代的"僚"。他们既是长官之"臣"，又是本部门之"君"。其三，执行层——具体办事的行政工作者，古代称之为"吏"。虽然中国自古有"宰相门人七品官"之说，但是只有在平民百姓和下级小官儿眼里才如此，在相爷眼里他们不过是"看大门儿"。同样，在皇帝和朝廷眼里，总督、巡抚等封疆大吏只是办事儿的"衙役"，在百姓眼里却是"特大官儿"。这就是等级化社会！

不论层级之众多，还是制度之森严，中国的新老官僚阶级都无愧于古代贵族阶级的正宗嫡传子孙，无愧于真正的世界第一！分封制时代，有王、公、侯、伯、子、男等爵位；郡县制以来，官位先分品后分级；等级制度之严格，早已国人皆知世界闻名。现代就更精彩了，诸如省、地(市)、县(区)、乡(镇)政府，以及省(部)、厅(司或局)、处、科、股级干部；再加正职、副职、"第X把手"等等，各级官员的权限、薪资、住房、车马辇轿等，都有严格的制度规定。

地位级别之重要，更是早已妇孺皆知，它成了决定个人乃至子孙后代尊卑贵贱一生命运的第一要素。而德性、品行以及能力和贡献，则往往是由"上级"或"上级的上级"说了算，"说你行你就行，不行也行；说不行就不行，行也不行"。所以，在官僚阶级中，人与人之间关系和差别的本质是地位等级。他们之间的关系少有同志加兄弟，多是主子与奴才、大爷与孙子；对上是奴才和孙子，对下则是主子和大爷。哪怕再平庸甚至昏庸，只要登上处长、局长之位，对于科级、处级下属，就可以颐指气使翻云覆雨；对于厅（局）长、省（部）长等上司，则仍须毕恭毕敬唯命是从。而且，这种等级化的"政治基因"极具自我复制能力,"邓式改革开放"以后,伴随着官本位制度的全面复辟和无限强化,迅速向社会各个领域传播蔓延,出现了"副省级院士"、"局级和尚"、"处级道长"等等,五花八门"创新"纷呈!

2. 平民阶级的第二级阶层划分

平民阶级最基本的共同特征是:既不掌握公产,也不掌握公权,他们所拥有的赖以生存发展的体能、智能和技能以及动产和不动产(包括土地和资本),都是他们自己的,依法拥有充分的所有权和使用权(中国尚未完全实现)。即使如此,对他们仍然可以进行第二级阶层划分:其一,按照财产多少和生存方式,可以分为富人与穷人。如过去的地主与雇农、佃农,今天的"企业家"与下岗工人、农民工。其二,按照资源占有和交换中的投入方式,可分为资本家与工人、脑力劳动者与体力劳动者,等等。

①. 地主阶级与农民阶级、资产阶级与工人阶级。他们只是平民阶级中的"二级阶层",最基本的共性是:从事物质产品生产活动。他们之间既对立斗争、又相互依存的矛盾关系,是生产关系的主要内涵,对社会的生产力解放和经济发展具有正向促进或负面制约的决定性作用。但是,他们共同的生产活动及其相互间的生产关系,无不受到政治制度的规定和制约。然而,作为上层建筑的局外人,他们对于"生产共同体"以外的政治制度支撑和维护着的社会生态环境,却难能发挥决定性作用,只能听命于上层建筑主体——各级政府官员"肉食者"。这就是上层建筑对经济基础的反作用,亦即政治制度对经济发展(平民阶级生产活动的结果)的反作用。这种反作用,绝非永远是"第二位的、非决定性的"。在中国这样的等级化社会中,其"决定性作用"妇孺皆知。那种认为"既然经济发展是社会进步的物质基础,那么,只要经济发展了,社会就一定会进步"的唯经济论、唯生产力论,既违背马克思主义原理,更背离中国社会客观现实。

②. 知识分子脑力劳动者与工农大众体力劳动者。他们最基本的共性是:除了自己的身体资源以外,别无外在的物质资源可资利用,为了获得生活资料以维持自身和家人的生存发展,必须出卖自我(包括体能、智能乃至肉体)。作为普通"士","劳心者"知识分子与"劳

力者"工农大众的差别仅在于：前者，出卖的主要是智能和心血；后者，出卖的主要是体能和血汗。当然，在特殊社会或特殊时期，也会有人被迫或自觉出卖灵魂或人格。

有的学者预言：随着知识经济时代的日益临近，社会有可能出现与现存的立法、司法和执法等"三权"并立的第四种权力——"教育权力"；继现行的暴力政治、民主政治和财富政治等三种政治之后，出现第四种政治——"知识政治"（包国庆《21世纪高等教育的哲学前瞻》）；与之相适应，社会有可能产生出一个真正的"精神贵族阶级"。但是，这毕竟只是未来预测而非社会现实，起码是距离中国社会现实还相当遥远。

三、官僚阶级是标准化的独立阶级

只要以科学客观精神和马克思主义常识正视现实，就不难得出如下判断结论：毫无疑问，官僚阶级是拥有独立经济利益和特殊政治要求的大的社会集团，是一个独立的标准化的阶级。最起码，在中国这样的等级化社会中是如此。

在理论上，马克思主义经典著作目的是研究工人阶级与资产阶级的矛盾，较少把官僚阶级（或公共管理阶层）作为一个独立的阶级进行过研究，而是将它看作资产阶级的附庸或政治代表。在实践上，所有"社会主义国家"无不以"苏联模式"政治体制和传统阶级分析方法为范本教条，同样未能把庞大的官僚集团当作一个独立阶级，而是将它当成"无产阶级"或"社会主义"国家的代表。从而，使官僚主义和政治腐败等严重的社会问题具有了现实性和必然性；最终，导致了社会主义制度彻底颠覆（俄国）或名存实亡（中国）。究其原因，正是官僚阶级"国家栋梁"们，蜕变或异化成了误国、祸国、亡国的罪魁祸首。然而，最大的赢家与获利者还是他们！不论是民主化后的俄罗斯，还是改革开放后的中国，出现了一种举世瞩目的共同社会现象："新贵原来是旧贵！"事实证明，官僚阶级拥有独立的经济利益、政治需要和价值追求：既拥有凌驾于社会整体利益之上的特殊政治利益，更拥有独立于国家最高利益之外的特殊经济利益。在中国这样的等级化社会中和专制化政治体制下，官僚阶级既非国家利益的代表，更非社会公众（主体是平民阶级）利益的代表，甚至连政府利益都不代表，他们就是而且只是——他们自己！所谓"人民公仆"和"人民政府"，往往名实不符甚至背道而驰；所谓"政府是国家最高利益的代表和维护者"，就更是"拉大旗，作虎皮；包着自己，吓唬百姓"的谎言了。

至此，如果仍坚持否认官僚阶级是一个独立阶级而非地主阶级、资产阶级或无产阶级的政治代表，那么，这些先生就无非两种人：一是被教条主义蒙蔽了心智而看不到或不愿看社会现实的人；二是为了维护非法的或罪恶的既得利益而有意掩盖或歪曲社会现实的人。

四、三种政体及其政治制度

国家、政府、社会及其主体人——君、官、民之间的矛盾，往往集中表现在政治领域的权力分配和分布上；其基本表现形式则是：国家法权、政府官权和国民民权"三权"之间既对立冲突又相互依存的对立统一关系。

权力重心所处的位置不外乎三种形态，由此形成了三种不同的政体，马克思称之为"君主政体、贵族政体和民主政体"。它们又各自实行不同的三种政治制度：中央集权制、贵族（或官僚）专制和人民民主制。

1. 君主政体及中央集权制

权力重心集中于中央政府或君主个人。它强调国家的统一和整体利益，强调"中央"的统一号令和绝对权威。地方官吏由"中央"任命或罢免，地方政务必须遵行国家（或"中央"）的法律政令。

秦灭"六国"后，废封建、设郡县，开创了中央集权制之先河。与贵族政体及诸侯封建制相比，它无疑是一种历史发展的必然趋势和巨大进步，对于贵族阶级或官僚阶级按照自身需要各自为政误国夺民等政治弊端，具有强有力的预防和矫正作用。正因为如此，不论是作为最高统治者的毛主席，还是作为继续革命者的毛主席，都对它终生心仪,并坚持始终。尤其是,他晚年发动的文化大革命,就是利用所掌控的国家法权,发动人民群众,上下夹攻,遏制"苏联模式"新生官患痼疾的伟大尝试。

2. 贵族政体及诸侯(或官僚专制

权力重心集中于诸侯贵族或地方官府官僚大员。它将政府的特殊利益和要求凌驾于社会乃至国家之上,强调地方政府的自主权力。甚至,将地方(或领地)建成"独立王国",政府行政则完全或实际上由"长官"大权独揽一言九鼎。

这种政体和政制,是古代"部落联盟"的继承延续。与中央集权制相比,它历史悠久而深入官心,拥有更久远的历史根源、更深厚的社会基础、更强烈的生命张力。纵观中国五千年历史,君主政体及其中央集权制,仅仅短暂而相对地存在于"开国明君"或其后的一、两代帝王时期。而贵族政体及其诸侯(或官僚)专制,则普遍而牢固地存在于自古至今的整个历史长河中。文化大革命被彻底否定后,"邓式改革开放"最重大的举措,莫过于彻底复辟了贵族政体及其官僚专制。不仅彻底剥夺了平民阶级利用"四大"(大鸣、大放、大字报、大辩论)监督制约政府官员的权利,而且,最大限度地削弱了"毛时代"的中央集权制,削弱了国家法律对党政权贵的规范约束,纵容他们"解放思想"放开胆量"先富起来"。

3. 民主政体及人民民主制

权力重心下移到社会基层的全体国民。它强调个体人权利自主、自由发展,强调人与人之间权利平等、共有共享,强调重大国事和公事齐抓共管、群策群力、公投公决。它基本上实现了还权于民、还政于民。

据笔者一孔之见,除了原人时代,这种政体和政制,在中国从未有过历史记载;即使出现过,也仅仅局限于上流社会的"人",而社会基层的"民",则大都被排斥于大门之外。辛亥革命后的"民国"是如此,1949 年后的"人民共和国"也大同小异。唯一的例外是,1966 年 8 月—1967 年 1 月,在"民众自治的文化大革命"中,它实实在在地出现并存在过半年。这或许是文化大革命伟大的历史功绩之一。

在官僚专政和终身制体制下，共和国掌控政权的虽然是一群昔日的造反者"民"，但是，他们一旦成为"官"，就终生不变，并逐渐形成既得利益集团——新官僚阶级，对于大多数民众的民权排斥压制，对于社会权利独断独享，使"人民民主"体制流于形式和摆设。1957年"反右斗争"后，尤其是"邓式改开"后的今天，伴随着"无产阶级专政"（实则新官僚专制）的彻底巩固，中国似乎离它越来越遥远了。

至于港、澳、台的"民主政体"，实际上只是富人民主或资本民主。掌权者一旦民选上台，对于公共事务的决策，大都遵从政治献金者——大资本家的意愿。甚至，一人一票的"直选"，都要受财大气粗者竞选造势的忽悠，故而称之为"资本主义"或"金权政治"。

第二节　共和国的"五大矛盾"

共和国建国后，在国家、政府、社会及其主体人君、官、民之间，依然存在着"五大社会矛盾"。矛盾的基础和本质是：它们（和他们）之间在现实利益、利益诉求、价值观念等诸多方面，都各不相同或相互对立。这些矛盾共同决定了社会的性质和品位，共同决定着社会发展的质量和速度。

一、政府与社会的矛盾

每个人及其共同组成的社会整体，其生命过程都是生存与发展的辩证统一过程；要保证社会健康而持续地发展，必须既不能因为外在控制过度而停止生长甚至萎缩，又不能因为失控而使强势群体"疯长"从而导致社会整体畸形发展。这就对政府及其政权同时提出了两种要求：其一，实行有力且有效的行政控制干预，营建安定、有序和规范的社会生态环境，以保证每个人的生存安全和权利安全；其二，最大限度地放松控制、减少行政干预，营建相对宽松自由的社会生态环境，以保证每个人的潜能和多样化个性得到充分发挥，并将它们整合为"合力"——社会整体的生命活力或发展动力。这两种社会需求的矛盾性，使政府及其政权往往面对两难选择。即使最廉洁最清明的责任政府，也不能保证其行政实践绝对和永远合法、合理、合情又合度。这就是政府与社会矛盾的客观基础。

就主体人而言，政府和社会双方的利益诉求和价值观念等主观因素，更是存在着对立。例如，在权力分配问题上，作为生命主体，民众谁都希望自主权、自由度等人权越大越好，谁也不希望别人太多地横加干涉。而政府和官员，则要求老百姓越老实听话、越安分守己越好，谁也不喜欢民众的民权和人权对自身的政权（官权）权威形成太大的挑战。再如，在社会财富分配问题上，老百姓谁都希望政府支出或公共管理成本越低越好，没有谁愿意自身的经济负担越重越好。相反，政府和官员谁都希望行政经费越充盈越好，越财大气粗就越能应付裕如政通人和，没有谁愿意财政拮据、入不敷出、捉襟见肘。

二、官僚权贵与平民大众（官权与民权）的矛盾

他们之间除了作为政府与社会的主体人之间的矛盾，还存在着阶级与阶级、人与人之间的阶级矛盾和利益冲突。国民大众纳税人，之所以愿意或不得不拿出一部分血汗钱上缴国家，养活那些脱离物质产品和精神产品生产活动的政府官员，并将政府行政和社会管理的公权托付给他们，目的就是为了让他们从事社会组织产品和制度产品的专业化生产、流通和消费管理，创建并维护安定、有序而又宽松自由的社会生态环境，以保证老百姓安居乐业，促进社会文明可持续发展。

然而，官僚阶级往往不顾惜平民阶级良好的愿望和初衷，像中国这样的等级化国家尤其如此。他们不过是一群拥有政治特权的普通人，其德性、品行、能力等精神人格未必有多少高尚过人之处，甚至人性本恶的人格缺陷比平民百姓更突出，主要表现为官僚化的价值观念和利益诉求：当大官、多拿钱，少做事、不做事。甚至，在行为实践中，名为国家公务员，不干公务谋私利；占着茅坑不拉屎，不做

好事做坏事。正是这种凌驾于平民百姓之上的价值观念和利益追求，导致了许多违背公理和公正的行政行为。诸如，官僚主义、形式主义、弄虚作假、欺骗民众；违法行政、胡作非为，假公济私、以权谋私；甚至以自己手中的特权（官权），取代、破坏国家法权，否定国民民权和人权，随心所欲地"运动群众"、盘剥百姓、草菅人命。这就是官僚阶级与平民阶级之间阶级矛盾和阶级斗争的根源。

在民主政治发达的社会中，能够通过国民的民主监督、合法的阶级斗争和健全高效的法制，对官僚阶级的违法行为形成有效的法权制约和有力的民权鞭策，从而使这种阶级矛盾得到及时地调整和化解。然而，在等级化、专制化的中国，这种阶级矛盾因为得不到及时调整而往往酿成破坏性冲突。在古代，常常表现为揭竿而起的农民起义；而"开门整风，大鸣大放"和"文化大革命"，则是"无产阶级专政下"的表现形式。

三、国家与国民（法权与民权）的矛盾

民，乃国家之根本；国，是国民之大家。只有民富，才能国强，国家才能保证充裕的税收，才能财源滚滚。同样，只有国家富强，才能保证国家与社会和平安定，才能保证充分的基本建设财政投入、不断改善优化社会公共设施，从而，为民众提供良好的社会生态环境。所以，民富是国家根本利益或长远利益之所在；国强则是国民根本利益或长远利益之所在。

然而，社会财富是有限的，国有与民有之间此长彼消，导致了强国与富民之间利益分配的矛盾。当然，只要国家法人代表——"国君"与"中央"不是将国家财产"留中"独占和挥霍浪费，而是"取之于民，用之于民"，这种矛盾的本质就不失为国民长远利益与现实利益的矛盾范畴，而且，也完全可以通过政策宏观调控和改革修正，寻找到一个最佳节点，使矛盾的对立性最小化而统一性最大化，从而实现无害化：国家与国民双方利益和谐统一，各自的长远利益与现实利益和谐统一。但是，如果国家的基本国策和具体政策一旦出现失误，这种矛盾的对立性或对抗性就会迅速尖锐激烈起来。例如，在

"苏联模式"的社会主义计划经济时代，优先发展重工业的经济政策、高税率的税收政策以及"先生产，后生活"的劳动政策等等，就激化了国家与全体国民之间的矛盾；而粮、棉、油等农产品"统购统销"政策，则激化了国家与农民之间的矛盾。

四、政府与国家（官权与法权）的矛盾

关于政府与国家的矛盾，在多党竞选执政的民主国家早已成了国民的生活常识。然而，在中国这样一党专政或官僚专制的国家，却成了"不可思议"的问题：书记就是党，乡长就是政府；如果政府不是国家，谁还能是国家？以至于，"国民是国家的主人"这句口号，虽然从民国初年一直喊到今天，但是，国家是什么？归谁所有？国事应当谁说了算？诸如此类的问题，至今没有多少中国人真正懂得，或者懂得了也不能说，因为政府不准说。因而，至今"这还是个问题"。

社会，是民众的集合体；国家，则是国民的结构体，是按照某种法律关系组织起来、并遵照某种社会制度和政治制度进行管理的某个固定区域的国民群体。社会，主体是民众，他们是彼此平等的人权个体；而国家，主体则是国民或公民，他们的权利关系是彼此不平等的。例如国民拥有民权，政府拥有政权，官员拥有官权、法官拥有司法权，"国君"和"中央"拥有立法权，等等。在欧美发达国家，经过资产阶级暴力革命和社会不断改革，其社会结构得到了比较彻底的改造。尤其是，通过不断深入的民权启蒙运动，不断完善民主政治制度，自由、平等、民主的价值观念早已深入人心（民心、官心和君心），国民的民权意识和民主能力已经相当强化。因为有了强大的民权基础支撑，有效保证了国家法权的权威性，从而基本实现了国家法权、政府政权和国民民权之间"三权平衡"。社会结构，也从立体等级化回归于平面网络化，国家是全体国民的"大家""国家一切权利归全体国民"的理念越来越得到实践肯定，重大国事公投公决只是具体表现之一。结果，政府与国家之间矛盾的对立性大大弱化，而统一性则得到不断放大。

然而在中国，政府与国家之间的矛盾虽然被有意或无意地掩盖

了起来，然而，它不仅客观存在着，而且比民主化国家尖锐的多、激烈的多。只是，由于国民民权和国家法权太虚弱，以至于，没有谁愿意且有能力冒得罪"国家柱石"之险，以维护国家利益而与政府利益相抗衡。好不容易出了个毛泽东，结果又被"打的粉碎-"。这种矛盾，主要表现为政权巩固与国家强盛之间的矛盾；矛盾的根源则在于：其一，以政府政权排斥甚至否定国民民权，造成国家根基虚弱国基不稳；其二，以政府政权排斥甚至否定国家法权，违法行政、执法犯法，以政府的政治需要排斥或否定国家的最高利益，以行政短期行为排斥甚至否定国家可持续发展；为了创造甚至编造政绩，不惜浪费甚至糟蹋国家的物质资源、人力资源和国有财产。

五、"百官"与"国君"（官权与君权）的矛盾

在中国古代，皇上是最大的官，是统治阶级（官僚阶级）的总代表；朝廷则是最高官府，就是国家。甚至，皇帝个人"朕即国家"。所以，一般说来，政府与国家的利益基本上是一致的，相互之间的矛盾关系相当模糊，本质是：在权力和利益分配上，朝廷与官府、大官与小官之间矛盾的统一性远大于对立性。然而，当"国君"（国家法人代表）富民强国的责任精神比较强烈、决心励精图治进行政治或社会改革从而触犯到官僚阶级的政治特权和既得利益时，政府与国家的矛盾就不可避免地演化为官僚阶级与"国君"的矛盾。

毛主席正是中国历史千古少有的这类"国君"。而文化大革命，则是这种社会矛盾的现代翻版，是毛主席与新官僚权贵当权派（彻底巩固派）之间的矛盾冲突发展到无法调和程度的必然结果。至今，恐怕不少中国人已经明白：如果说，毛主席的继续革命路线是"脱离中国国情犯了极左错误"的话，那么，它主要不是脱离了中国社会发展的现实需要，更不是脱离了平民阶级民权和利益诉求的现实，而是脱离了新官僚阶级要维护政治特权和既得利益利的现实，脱离了党政权贵对于继续革命理解能力和容忍限度的现实。因为，共产党新官僚们，越来越背弃打天下时"要解放绝大多数劳苦大众"的革命党信仰，越来越追求"打天下者坐天下"的执政党利益了！

第三节　文化大革命——阶级矛盾总爆发

正像当年有多少阶级或阶层群体人乃至个体人，就有多少种文化大革命的目标追求和行为方式，今天，他们同样也各自都拥有文化大革命的主观意象和价值判断。然而，对文化大革命的评价不论如何纷纭复杂，是"深刻的文化大革命"也罢，是"十年动乱，十年浩劫"也罢，其中有两点是毋庸置疑的。其一，它是当之无愧的"史无前例"，不仅中国历史上绝无仅有，而且，世界各国历史上也实属罕见；不仅历时之久远规模之宏大堪称历史之"最"，而且，参与者（个体人、集团或阶级群体人）之众多、涉及领域之广阔深刻，也是史所罕有。其二，它绝非"历史误会"或毛泽东的"极左错误"，而是无法调和的社会阶级矛盾的破坏性冲突总爆发，是新产生的阶级矛盾被无意忽略和人为放大的必然结果。

一、社会阶级关系新变化

共和国建国之后，整个社会结构形态虽然尚未发生根本改变，但是，随着江山易主政权更替，各个阶级原有的社会地位及其相互之间的关系却发生了天翻地覆的巨大变迁。

1. 农村：地主和农民都成了自耕农

占全国90%的农民和农村，是中国平民阶级的主干和社会基础的基础，农业和农民问题是国家命脉之所在。建国之初，实行了彻底的土地改革：将土地全部收归国有，并按人口平均分配给所有农民耕种。《土地法》颁布以后，这种土地所有权与使用权关系，又由政府政策升格为国家法律最终确定下来。因土地所有权与使用权分离而形成的土地剥削关系也随之被消灭，农村原有的阶级关系彻底改变了。其一，地主多余的土地被无偿剥夺，地主阶级被彻底消灭了，成了自食其力的自耕农。被剥夺了土地的地主当然不会甘心，更不会情愿。但是，没有了官府政权的支持，"土财主"们不可能有什么作为。要想"复辟资本主义"把土地从翻身农民手中重新夺回去，可能性几乎为零。他们除了怀恨在心梦想变天或偶尔闹事,也只能听天由命自认倒霉了。其二,雇农、佃农和贫农分得了土地,也变成了名副其实的自耕农。两千多年来"耕者有其田"的梦想终于变为现实。他们生产积极性充分调动起来了,成为共和国新政权广阔而坚实的农村社会基础。正如有的美国学者所说:土地改革是中国共产党最成功的杰作,是中国现代化速度远远超过印度的根本原因。

2. 城市:资本家和工人都成了城市人

中国城市人口不多,现代化发展程度大都也相当落后。但是,它们既是现代工商产业的经济中心,是资本主义经济形态的摇篮,又是本地区政治和文化教育的中心,具有"牵一发而动全身"的战略枢纽地位。建国后,经过工商业社会主义改造运动,城市的阶级关系也发生了彻底改变。其一,官僚资本和外国资本全部收归国有,成为国家专营企业,官僚资产阶级被消灭了。其二,通过赎买政策与"公私合营",民族资本和个体工商户成了地方国营、集体所有制或股份制企业,民族资本家和小业主的独立经营权力被迫转让出来,成了普通的食利者、管理者或生产者,民族资产阶级和小资产阶级也不复存在了,成了过去身份的符号。作为资本的被剥夺者,他们同样不情愿,但是,官府政治靠山既倒,共产党革命者又大都不信"钱能通神"这个邪。因此,也只能顺应社会主义改造的潮流,白天敲锣打鼓欢呼"公私合营伟大胜利",夜晚却为"祖宗基业毁于己手"而痛哭流涕。作为各级政府脚下的"臣民",他们几乎从来就没有过"复辟资本主义"的机会。其三,昔日的工厂"苦力"(工人)和店铺"伙计"(店员)成了工商企业的"荣誉主人",就业条件大大改善,"饭碗"有了保障,而且,对企业管理的监督和建议权利更多了。因而,生产热情空前高涨,成了共和国新政权广阔而坚实的城市社会基础。各个阶级阶层的城市居民都成了"吃皇粮"的城市人。

3. 学界:知识分子都成了"国家干部"

一切学校、医院、传媒、文化团体等"知识分子成堆的地方",都组织起来成了国家事业单位,纳入了党的统一领导之下。真正的自由职业者阶层不复存在了，一律成为国家干部或公职人员。

当时，各个阶级的人们无一例外地都成了"国家的人"，大家不分彼此，都有为国家工作的权利和为国家奉献的义务。所有农民都是而且只是国有土地的租种者和各种农业税赋的承担者；所有工人都是而且只是国家或集体企业的劳动者和生产计划任务的承担者；所有知识分子都是而且只是文化、教育、科技、卫生等社会公益事业的工作者；就连过去的军政要员、社会名流、资本家等都成了各级政府公务员、政协委员或文史馆员，以及各种企事业单位的职工。

社会阶级成分变得空前简单化了；平民阶级内部也减少了原有层次变得平面化了。普天之下，除了领导（党政官员）就是群众（平民大众）；率土之滨，除了城市人就是农村人。所有国民，除了居住地、从业单位性质和级别、社会分工等差别，原有的经济、政治和精神等社会地位的差别似乎都消失了。在平民阶级内部，穷人与富人、下等人与上等人的地位差别，以及相互之间原有的依附关系和剥削关系，已经不复存在了；只剩下了人民服从党和政府、党政官员下级服从上级。

地主与农民、资本家与工人之间的阶级矛盾和阶级斗争也随之结束了。整个社会呈现出一种全新的阶级关系格局：党政官员（新官僚权贵或公共管理阶层）成了民众乃至国家命运的唯一主宰；官僚权贵与平民大众之间的矛盾、上层建筑与社会基础之间的矛盾，这两对矛盾完全对应重合起来了，成了主导社会存在发展的唯一主要矛盾。这种全新的社会结构和阶级关系，确实为新生的共和国带来了蒸蒸日上"其兴也勃焉"的新气象。农民、工人等体力劳动者，生产热情和积极性空前高涨，涌现出一大批先进生产者、种田能手和劳动模范。知识分子脑力劳动者，更是"漫卷诗书喜欲狂"，感到从未有过的心情舒畅和精神振奋，立志为祖国振兴奉献聪明才智。许多海外学子，放弃优厚的生活待遇和治学条件，毅然奔赴祖国怀抱，出现了真正的"海归潮"。而且，他们不是为了寻求自身政治（升官）和经济（发财）的发展机遇，而是完全出于"国家兴亡，匹夫有责"的报国情怀和强国富民的理想追求，其爱国热情令笔者感佩至今！即使刚走马上任的各级新官员们，革命激情也化为"壮志得酬"的满足和振奋，勤政为民、政通人和，"新官上任三把火"也红红火火、越烧越旺……

二、党政官员的蜕变或异化

然而，在形势一派大好万众欢腾声中，社会分工和官员终身制所导致的官民之间的矛盾依然存在着，并呈现出加速度发展趋势，日益演变为新的阶级矛盾，其对立对抗性日渐突现出来激烈起来。在彻底消灭了旧阶级矛盾的共和国净土上，似乎又一次重复着人类之初阶级产生的过程：社会存在决定社会意识，社会意识决定社会行为。原本起于"州部"或"卒伍"并"以解放劳苦大众为己任"的革命者们，一旦走上领导岗位成了政府官员或公共管理者，伴随着社会地位由造反者到统治者的转变，其利益追求和价值取向也发生着急剧的蜕变或异化。它大体上经历了如下三个阶段或在三个层面上逐步完成。

1. 作为社会、社区或部门的法人代表，越来越片面强调人的整体存在，无视民众的个体存在及其民权诉求；片面强调集体利益和国家利益，忽视民众的个体利益。从而，导致了集体与个人、国家与国民之间的分离对立。

2. 作为政府官员或公共管理者，越来越片面强调"彻底巩固新政权"，以维护自己的特权地位和既得利益，忽视甚至阻挠继续革命和社会改革；片面强调政府需要乃至官员需要，无视国民的民权乃至民生诉求，压制平民大众对社会公平的渴望和追求。从而，导致了政府与社会、政治与经济、官僚权贵与平民大众、上层建筑与社会基础的分离对立。

3. 作为拥有特殊社会地位的个体人和群体集团，他们越来越片面强调自身的重要性，忽视平民大众是国家的基础和根本；片面强调自身的特殊利益，忽视社会的整体利益和国家的最高利益；将"治国平天下"的公务，当作谋求本人或本集团利益的私务。利用特权地位和权力杠杆，一方面对国家法律政策歪曲篡改执法犯法，对"国君"和国家法权口是心非阳奉阴违；另一方面，对平民大众或社会基础加重负担高压控制，削弱国家根基。从而，导致了政府与国家、地方与中央、"百官"与"国君"的分离对立。

法权规范和民权监督既失，政府官员利用政权敷衍公务、假公济私、敲剥百姓、盗窃国库、贪污腐化、中饱私囊等等丑恶或罪恶行为，迅速传播蔓延起来，最终，蜕化或异化为新官僚特权阶级。

三、阶级关系新格局与社会矛盾新走向

伴随着官僚权贵和上层建筑的蜕变或异化，社会的五大基本矛盾也日趋尖锐激烈化了。

1. 国家与国民、强国与富民的矛盾演变

国家富强社会安定，是每个公民根本利益的环境保障，更是平民阶级弱势群体生存发展的唯一期盼。对于经历过一百多年列强入侵和军阀混战苦难的中国老百姓而言，这方面的亲身感受实在太深刻了。乱世，对豪强是机遇，可以浑水摸鱼或乘势而起；对有钱的富人和达官贵人是休闲，可以进城或出国避难修养；对广大穷苦百姓则只能是灾难深重。因而，最渴望国家富强安定的，除了国君，就是平民。然而，必须看到，如果片面强调国家富强社会安定，而忽视民众的生存发展即民生问题，甚至弄到国富民穷的地步，那么，就有可能使国家与人民之间的矛盾统一性弱化，而对立性强化尖锐起来，从而造成"伤民"的后果。民伤，则国基伤；民不殷实，则国基不实；国基伤或不实，则国难立或立而不稳，国家富强就只能流连于美丽梦乡与动听口号之中了。

中国共产党领导人都是优秀的爱国者，他们目睹了民族百余年的贫弱屈辱，同样富有强烈的强国之梦。然而，在强国与富民的两难选择问题上，难免激情有余理性不足。因而，为了整个民族的长远利益，忽视民众的现实生存；过分注重国家的公共积累，忽视了养民固本，导致社会基础薄弱国家"头重脚轻"。这一点，在"苏联模式"的经济政策中表现得尤为突出：税收过重，忽视了国民个人利益；基本建设投资向重工业倾斜过大，忽视了关系人民基本生活需求的农业和轻工业；对国民劳动力资源重用轻养，强调先生产后生活，"又

要马儿拼命跑，又要马儿少吃草"，等等。凡此种种急功近利的建国方略和政府政策，都不利于人民休养生息，不利于巩固社会基础。当然，这仅是由于操之过急而导致的一种政策失误，与官僚权贵为了自己的私利而"夺民，害民"的掠夺，是截然不同的两种性质问题。不能因此而抹杀他们拯民于水火的历史功绩。而且，只要认真总结经验教训，这种政策失误也是不难纠正的。

2. 政府与社会的矛盾演变

凡是有人群的地方都需要管理，政府及其官员队伍的行政控制和公共事务管理，是任何社会都必不可少的，它是人民安居乐业的保障。但是，必须把握适当的"度"，保证上层建筑与社会基础合理配置比例适当。否则，如果非生产性管理人员过多或上层建筑过分庞大，势必导致诸多严重后果：其一，管理阶层和管理成本恶性膨胀，造成社会结构"头重脚轻，大腹便便"，加重社会基础的负担，甚至使劳动人民不堪重负。其二，人浮于事必然滋生官僚主义，相互推诿扯皮，导致管理程序复杂化，人为地降低管理效率。其三，官员闲得难受势必无事生非，导致行政干预过多过滥，甚至瞎指挥"运动群众"，束缚或挫伤群众的积极性和生产热情。其四，官僚阶层尾大不掉，形成独立于社会之上盘根错节的官场社会，使公共管理服务异化为政治专制和政治压迫，导致官僚权贵与平民大众的对立对抗乃至破坏性冲突。从而，对社会基础或经济基础，产生破坏性负面反作用。例如，在农业合作化运动和"五风大跃进"中，各级党政官员为了完成政治任务，从而保住自己的政治生命和社会地位安全，利用行政命令和权力"皮鞭"，对广大农民实行高压驱赶加瞎指挥。一向把政府官员视为"大老爷"的农民，虽然不敢公开反抗，但却惯于以柔克刚消极怠工。因而，严重制约或破坏了农业生产力。

3. 新官员与平民大众的矛盾演变

官也是人，也有追求政治生命安全和提高生活质量的强烈欲望。他们与民的根本区别仅在于：除了体能和智能等身体资源以外，还有特殊的社会地位之"势"和政治权力之"器"可资利用，拥有更多获得或支配公共财产的机会与可能性。因而,面对财富的诱惑,升官发财的欲望更加强烈,一有机会,就经常利用有利地位和政治特权,超份额占有社会公共财富,或直接侵夺百姓的私人财产。这种特权剥削,比土地剥削和资本剥削的历史更久远、更野蛮。而且,越是文明程度不高的欠发达国家,这种剥削形式的社会基础就越牢固越普遍。中国历来崇尚群体存在,忽视个体人的权利和责任;群体本位意识又往往异化为群体代表本位意识,最终导致官本主义。所以,特权剥削的社会基础特别牢固,成为一种延续两千多年最主要的剥削形式,连一些士族地主和民营资本家,也不能逃脱官府或官僚地"掠夺和抢劫"。

4. 政府与国家的矛盾演变

新官僚权贵异化变质到一定程度,对国家发展的破坏作用就不仅表现为间接的误国,而且必然发展到直接的祸国和卖国。其一,篡改、阻挠甚至公开对抗国家政策、法令和法律的贯彻实施;其二,掠夺百姓,蛀食国家根基(社会基础);其三,贪污受贿"中饱私囊";其四,与社会豪强乃至外国资本强强联手、权钱交易"吃回扣"出卖国家利益,或共同盗窃侵吞国有财产,蜕变为现代卖国贼。

新官僚阶级的异化变质,一般要经历由量变到质变、由渐变到突变的过程。其一,先是个别蜕化变质分子贪污受贿的个人行为。其二,由于国家法权打击不力——无可奈何——听之任之——默认掩盖——包庇纵容,政治腐败和公权犯罪的个人行为,迅速传播蔓延成上流社会的普遍现象,乃至上下串通内外勾结的阶级行为。其三,为了使由权力到权利转化的效益最大化,"保护伞"与违法犯罪分子沆瀣一气,营造权钱交易的统一战线,共同敲剥百姓抢劫国有资产,并经过偶然性——习俗化——制度化——法制化的途径,迅速成为"合情、合理、合法"的跨阶级行为。至此,整个上层建筑和社会基础以至于国家性质就彻底"改变颜色"了。

当然,文化大革命前尚未严重到如此程度,但是,这种发展走向和加速度趋势却日渐强劲,新官僚权贵与国家之间的矛盾,越来越演化为他们与毛主席——国家法人代表和法权主体之间日益尖锐激烈的两条路线斗争。

5. "百官"与"国君"的矛盾演变

这种矛盾并非产生于文化大革命，而是经历了如下发生发展和演变过程：它在建国时的权力分配问题上，起于青萍之末；在"三反"（反贪污、反浪费、反官僚主义）和"新三反"（反官僚主义、反命令主义、反违法乱纪）运动中，第一次正面交锋；在从"开门整风"到"反右斗争"的惊天大逆转中，第一次大碰撞；在"四清运动"中，激化为两个《后十条》与《前十条》中共中央文件的公开对抗；最终，演变为文化大革命的破坏性冲突总爆发，直至毛主席逝世、文化大革命被复辟的官僚阶级彻底否定，这种矛盾方告结束。

其实质是：作为平民领袖和理想主义者，毛主席不安于现状，不顾惜共产党"得天下，坐天下"的一党专政特权地位，更没有苟且于自己"君临天下"的显赫威势，而是决心利用手中的权力杠杆，进行"无产阶级专政下继续革命"，不断改革"苏联模式"不合理的上层建筑。如此一来，就不可避免地触犯甚至危及了新官僚权贵的特权地位和既得利益。他与集结在"刘、邓彻底巩固新政权"大旗之下的新官僚特权阶级之间的矛盾冲突就在所难免了。

一向"只准老老实实，不许乱说乱动"的平民大众，积压在内心的冤、怨、怒"三气"及其民权诉求终于有了难得的释放机会。因为有了毛主席继续革命国家法权的"尚方宝剑"，平民阶级的力量立刻变得强大起来，足以与新官僚阶级"文官"相抗衡。于是，两个阶级之间的阶级斗争便以破坏性冲突的方式爆发了。在此以前，以"人民代表"自居的新官僚权贵当权派，压根儿就不承认这种矛盾的客观实在性，把民众的一切民权诉求，统统诬蔑为"阶级敌人妄图推翻党的领导，颠覆无产阶级新政权"的阴谋。因而，它们罕有正常的释放机会。1957年"开门整风，大鸣大放"是难得的释放机会，却又遭到了新官僚权贵的残酷镇压，付出了沉重乃至生命的代价。如此，又谈何有效疏导与化解？所以，矛盾冲突一旦爆发，其对抗性、尖锐性、激烈性和破坏性就必然是史无前例的，这就是——无产阶级文化大革命！

四、社会阶级矛盾被无意忽略或有意扭曲

共和国建国之初，虽然上述五大社会基本矛盾尚处于萌芽状态，尚未成熟为名副其实的阶级矛盾和阶级斗争。但是，这丝毫也不影响它们对中国社会存在发展的主导作用，并日益引起了毛主席、周总理的警觉和重视。然而，由于复杂的主客观原因，其他中央领导大官们，对其严重性和发展趋势缺乏清醒的认识，对毛主席的继续革命思想不以为然，更谈不上思想认同和实践支持。即使毛主席本人，其继续革命思想也还处于形成阶段，对这些矛盾发展趋势的可能性认识比较充分，对其必然性认识相对不足。致使，这五大社会基本矛盾没有得到及时有效地解决，而是被无意忽略或有意掩盖下来，进而被新官僚权贵肆意扭曲和无限放大了。

1. 列强经济封锁和武装干涉：外患掩盖内忧

建国之初，以美国为首的帝国主义国家集团，对共和国实行经济封锁和武装干涉。在一百多年屈辱历史记忆的基础上，中国人民又添新仇恨，激发出了前所未有的爱国热情。举国上下同仇敌忾一致对外，自力更生奋发图强，为国家富强和民族振兴而献身，真可谓悲壮感人可歌可泣！然而，一种负面效应也悄然而至："凡是敌人反对的，我们就要拥护"，以至于，外忧掩盖了内患。朝野人士都将关注的目光集中到了国际关系方面，对国内存在的一些社会问题无暇顾及。其一，各级领导，为了不给帝国主义诬蔑攻击新政权的借口，不得不文过饰非，"在黑暗面中寻找光明面，在消极事物中发现积极因素"。其二，国大民众，在欢欣鼓舞于翻身得解放的同时，也一心扑在本职工作上，即使感受到或认识到了社会问题的存在，也大都是顾全大局、自我牺牲、为国尽忠，继续发扬宽容忍让的"高姿态"默默忍受。正所谓"国家兴亡，匹夫有责"。凡此种种，都以高尚和善良的动机，导致了养痈遗患的后果。以至于，上述五大社会基本矛盾，继续存在着并朝着破坏性冲突的方向发展下去。

2. "彻底巩固新秩序"：阶级斗争矛头错误指向

大凡一人、一族群、一政府、一国家乃至一切生命体，生存是第一位的，发展是第二位的，共和国新政权同样也面临着生存延续与优化发展的选择。一方面要应付外国反华势力的封锁颠覆和平演变，另一方面还要警惕国内敌对势力的复辟。内外交困的生存压力，使新政权精神高度紧张，"如履薄冰，如临深渊"，难免"风声鹤唳，草木皆兵"。对"资本主义复辟的危险"，宁可信其有、不可信其无。如此思想观念，又难免造成一些决策和行政实践的偏颇：对正常的社会矛盾，片面强调其对抗性，忽视其统一性；正邪不两立你死我活，斗争观念和专政原则强烈而牢固。以至于，为了新政权的生存安全，无限强化对社会和民众的警惕防范与严密控制，导致了政府与社会、上层建筑与社会基础的分离对立和对抗。结果，一是阶级斗争扩大化；二是阶级斗争矛头偏离主要对象——"苏联模式"不合理的上层建筑及其主体人的官僚化。

①. 片面强调已被推翻的阶级之复辟危险性，势必放松甚至放弃对新官僚权贵异化变质趋势的关注和防范。在对新时期阶级斗争的主观认识上，将"资本主义复辟的危险性"，归咎于帝国主义干涉、和平演变和"糖衣炮弹的袭击"等外部因素；对原本起决定作用的新官员蜕化变质的内因以及政治体制的缺陷，缺乏足够的重视。甚至，过分自信"无产阶级政党"的革命性，忽视因社会地位改变而导致的革命性退化之现实性。在阶级斗争实践上，总是揪住地、富、反、坏、右不放，没完没了地痛打"落水狗"和"死老鼠"；对官僚主义和官僚化"真老虎"的打击、防范缺乏力度和实效，致使其不断滋生繁衍和迅速传播蔓延开来。

②. 对于"满足，是社会稳定的基础；不满，是社会发展的动力"这个客观现实缺乏基本的认识。自以为建国功高，便以"救世主"自居，顽固坚持唯我独尊的"大一统"，排斥思想观念多元化。对于各种异己意见和另类思想，乃至"爱之益深，责之愈痛"的善意批评，总是冠以"反党、反人民、反社会主义"的政治大帽子，上纲上线污蔑为"阶级斗争新动向"，并予以迎头痛击坚决镇压，致使社会财富

共享、社会事务共管的社会主义民主原则以及民众监督权力沦为口号和空谈。以至于，奸佞小人阿谀逢迎谄媚钻营；广大民众安分守己三缄其口，对国家大事和社会公事睁一只眼闭一只眼，甚至事不关己莫谈国事，万马齐喑的局面愈演愈烈。

　　有效的民权伸张和民主监督既失，官僚主义和官僚化政治腐败便于无声处自由自在地繁衍蔓延开来。致使"百官"与"国君"、政府与国家、新官员与人民群众等一系列矛盾日益尖锐化，越来越不可调和。最终，导致了文化大革命——阶级矛盾和社会矛盾破坏性冲突总爆发。

第四节　官僚化——共和国的黑暗面

　　"千古之败，在于官邪"！

　　官僚腐败成为历朝历代无药可医的顽疾，社会主义国家也概莫能外。苏共和苏联以及东欧各国亡党亡国早已尘埃落定，中国共产党和中华人民共和国也正在名存实亡。无一例外，它们都"亡"于新官僚阶级官患痼疾！

　　官僚阶级及其官僚专制"贵族政体"之于历史进步的反动作用，资产阶级学者和革命家曾经进行过严厉批判和鞭挞。对于无产阶级政权如何防止"国家机关官僚化"，革命导师等先觉者也曾有过诸多警告和论述。

一、马克思、列宁等先哲的告诫

　　对无产阶级夺取政权后如何防止官僚阶级复活，马克思曾寄予过高度关注。他在总结巴黎公社经验教训时指出：为了防止国家机构官僚化，必须实施三项措施：①实行官员选举和罢免制度（废除上级任命制度）；②彻底废除等级制，官员薪金不得高于工人工资（断绝其升官发财之路）；③使人人都有权并执行监督和监察职能（无产阶级大民主）。使所有的人都暂时变成官僚，从而使任何人都不能成为官僚。

列宁在临终前不久尖锐指出：我已经目睹了旧沙皇官僚机构的复活，布尔什维克只不过给这种官僚披上了苏维埃的外衣。

托洛茨基更明确指出：苏联自上而下形成了一个与社会主义背道而驰的官僚阶层，它凌驾于社会和人民之上，成为新的剥削阶级。并严重警告："官僚阶级是长在这个工人国家身上的致命毒瘤"，如果工人阶级不能团结起来通过政治革命推翻官僚的统治，他们将成为未来资本主义复辟的力量。

何等高瞻远瞩！然而在实践上，斯大林建成（列宁初创）的"苏联模式"社会主义，迫于帝国主义阵营的军事威胁和颠覆阴谋，不得不背离先觉者们的教诲和警告，甚至把托洛茨基等人打成"反党集团"驱逐出境。以至于，苏联在成功抵御帝国主义从外部围困颠覆的同时，却任由新官僚阶级从内部将社会主义大厦逐步蛀蚀一空，最终一朝倾覆轰然坍塌。

二、毛主席："我一生干了两件事"

毛主席不仅继承发展了马、列等先觉者前贤的不断革命思想，而且将马列主义原理付诸实践，穷毕生精力进行不屈不挠的实践探索。临终前不久他说："我一生干了两件事，一是与蒋介石斗了那么几十年，把他赶到那么几个海岛上去了，抗战八年，把日本人请回老家去了。……另一件事你们都知道，就是发动'文化大革命'。"毫无疑问，他所说的"两件大事"就是"反帝"——反对帝国主义及其走狗与"反修"——反对国家公职人员官僚化。

面对中国一穷二白的贫弱现实和严峻的国际环境，为了彻底扭转中华民族一盘散沙的积弊，共和国的制度设计照搬了"苏联模式"。在官与民的权力和利益关系上，继承延续了官僚专制旧例——"官员决定一切，官权尾大不掉"。民权完全依附听命于官权，对官权的民主监督严重缺失，官员的官僚化趋势难以禁绝。昔日"为人民服务"的领导者，急剧蜕变为脱离人民群众的统治者，堕落成压迫百姓的新官僚。

当然，在"毛时代"有毛主席中央集权式国家法权的强力约束，中共执政党"去革命化"以及党政官员由领导者向封建官僚的蜕变不可能成为合法的主流。但是，对非法的暗流也只能批评和限制，难能在一个早上就清除干净，以至于它顽强地存在发展着。

早在 1957 年"开门整风"失败后，毛主席对"国家机关官僚化"以及刚刚"起于青萍之末"的新官僚阶级开始寄予高度关注。五十年代末，在《读社会主义政治经济学批注和讲话》中，称之为"既得利益集团"；六十年代，在中苏论战的"九评"中，称之为"特权阶层"；从 1964 年开始，称之为"官僚主义者阶级"。1965 年文革前夕，他写道："官僚主义者阶级是和工人阶级、贫下中农尖锐对立的阶级……这些人已经变成或者正在变成吸工人血的资产阶级分子"。（《毛泽东对陈正人关于社教蹲点情况报告的批语和批注》1964 年 12 月 12 日、1965 年 1 月 15 日）

毛主席之所以要发动文化大革命，让广大人民群众起来"自下而上地揭露我们的黑暗面"，就是因为"毛时代"同样存在黑暗面，而且"黑暗"到了毛主席和人民群众无法容忍的程度，这就是那个新生的官僚特权利益集团（"官僚主义者阶级"）的倒行逆施。文革前共和国土地上出现的所有黑暗面几乎都是他们的"杰作"。

建国初期，毛主席发动的"三反"和"新三反"运动，首次把阶级斗争的矛头从被推翻的阶级敌人转向了执政党当权派，是"无产阶级专政下继续革命"的序幕。它所反对和整治的对象——贪污、浪费、官僚主义、命令主义、违法乱纪——无一不是官僚化在思想和行动上的具体表现。

"无产阶级专政下继续革命"的对象究竟是什么？"反修防修"所说的"修"又是什么？其实就是列宁和托洛茨基痛斥过的"官僚化"！"反修"，就是反对"国家机关官僚化"；"防修"，就是防止公职人员尤其大官们蜕变成新官僚阶级。

三、新官僚阶级的产生

早在建国后不久，毛主席就警告说："治国就是治吏，'礼义廉耻，国之四维；四维不张，国将不国'。如果臣下一个个都寡廉鲜耻，贪污无度，胡作非为，而国家还没有办法治他们，那么天下一定大乱，老百姓一定要当李自成！"不幸的是，毛主席半个多世纪前的警告，今天变成了活生生的现实。

共和国建国后，作为人民群众的先进分子和领导者，共产党的各级干部成了各级政府的官员，代表人民行使"人民民主专政"职能，这原本无可厚非。然而，以刘、邓为代表的大官们，不仅拒绝与人民群众"权力共享，国事共管"，而且，以各种名目镇压平民阶级的民主监督。由人民群众的领导者，蜕变成了人民群众的统治者；由"吃苦在前，享受在后"的革命党，逐步异化成了脱离群众当官做老爷的执政党——旧官府衙门里的新权贵。

中国的新官僚权贵的蜕变过程大体经历了如下五个阶段。

1. 延续了数千年之久的私有观念、官本主义等习惯势力，在新官员心目中注入了老官僚阶级的遗传基因。

2. 在官员任命制、等级制和终身制的温床上，官僚阶级的遗传基因聚合成了"卵"——官僚主义。从此，蜕变趋势日益强劲，越来越"国家机关由社会公仆变为社会主人"，与群众同甘共苦的领路人变成了挥动权力皮鞭的牧羊人，共产党"跟我上！"的号召日渐变成了国民党"给我上！"的命令。

3. 经过从"开门整风"到"反右斗争"大逆转（官权与民权第一次大碰撞）暴风骤雨的洗礼，新官僚阶级之"卵"孵化成了"幼虫"。共同的政治地位和既得利益，促使官员们由个人自发的官僚主义行为，迅速觉醒为自觉的阶级意识；由自然聚集的官员群体，迅速凝聚成统一的官僚队伍——既得利益集团、特权阶层或官僚主义者阶级。从此，在他们心目中，平民大众的民权觉悟和民主诉求成了"无产阶级专政"的第一大严重威胁，利用一切机会冠以种种罪名，予以残酷斗争无情打击。

4. 文化大革命中，慑于毛主席继续革命国家法权与平民大众大民主的上下夹攻之势，在平民造反派"四大"（大鸣、大放、大字报、大辩论）风暴冲击下，新官僚阶级"幼虫"收缩成了"蛹"，冬眠蛰伏起来。即使"无产阶级专政柱石"——新官僚权贵武官们，除了赵永夫、陈再道等少数几个亡命徒，大都在发几句牢骚的同时也夹起尾巴做人。他们对文革的敌视和仇恨却深深埋藏在了心底。

5. 邓小平窃夺国家法权以后，高喊"解放思想"的口号，拆除了毛主席建立的约束限制官权恶性膨胀的一切藩篱，打碎了毛主席制定的限制官僚特权的一切"紧箍咒"（法律法规乃至宪法的、组织纪律的、理想信仰的、伦理道德的等等），彻底复辟了"苏联模式"新官僚专制制度，并进一步将其发展到了官僚自由专制的极致，使他们得以"决定一切，占有一切"。整个新官僚阶级欢呼雀跃，迎来了"第二个春天"，羽化成了新官僚阶级之"蛾"——名副其实的官僚阶级"成虫"，放手演绎出了"春天的故事"。

在政治领域（上层建筑），无限强化官僚特权。一方面，高举"坚持无产阶级专政"和"法治"招牌，彻底剥夺了平民阶级的民主权利，践踏甚或血腥镇压国民的民权诉求，彻底废除了群众运动和群众监督。另一方面，高喊"民主"和"分权"口号，颠覆毛主席继续革命国家法权的权威和神圣，变"治吏"为"治民"，单纯依靠军警维稳，形成了历史上罕见的官僚自由专制和分赃政治。在经济领域（经济基础），打着"改革开放搞活"旗号，推行官僚买办垄断资本主义经济制度，疯狂持权抢劫——"夺民"，寡廉鲜耻恣意妄为，贪污无度前腐后继，最终"大官大贪，小官小贪；凡官必贪，无官不贪"。在文化领域（意识形态），高喊"精神文明，文化多元化"口号，黄、赌、毒横行，公款吃、喝、嫖、赌世界第一，"二奶""三奶""N奶"成了"人民公仆"的时髦和荣耀。……开创了五千年来一切污秽、肮脏、黑暗和腐朽堕落之集大成的"官权盛世"。

第五节　新官僚阶级——文化大革命之因

任何运动都是矛盾双方共同完成的，是双方对立与并存、斗争与妥协的统一过程。世界上既不存在无主体的运动,也不存在无对象的运动。作为群体人,社会或政治运动中的矛盾双方,都是主动作为者与被动应对者的统一体,他们互为主体和对象。中共中央1966年"五一六通知"和"十六条"指出:此次运动的重点,是整党内那些走资本主义道路的当权派。所谓"当权派",就是当官执政手握权柄的新官僚权贵。在整个文化大革命过程中,他们是阶级斗争或政治斗争的一方,既是运动的对象,更是运动的主体。他们绝不是什么被动的"无辜受害者"!而是同样拥有自己的利益追求、价值取向等动机,同样是文化大革命产生、存在与发展的动因和动力。

要研究文化大革命历史,就不能不研究他们。

一、新官僚阶级产生的根源

社会分工终身化和等级制度绝对化,使共和国又一次重复了阶级产生的历史过程:地主、资本家和政府官僚等旧的阶级被消灭了,在平民大众构成的社会基础之上,又出现了一个专门管理国家和社会公共事务的新官僚阶层——拥有特别权力和特殊利益的党政官员既得权利集团。他们的组织形态和活动机构被称为"新政权",他们制定的法律法规、国策政令及其行政和司法实践活动,则构成了整个"社会主义上层建筑"。现在的问题是,作为非法的地下党或合法的在野党,共产党的人民性与革命性曾经是那样强烈而卓绝。然而,夺取全国政权成了执政党以后,为什么同样未能跳出"其兴也勃焉,其亡也忽焉"的周期律,反倒以超过历史上任何王朝的蜕变速度,逐步而又迅速地堕落成了新官僚特权阶级?答案是:根源在于"苏联模式"政治体制缺陷:官员任命制、等级制和终身制。

建国之初,政治制度设计选择了"苏联模式",这是由国内社会基础和国际大环境所决定的。当时,中国社会尚未经过资产阶级民主革命的彻底改造,国民(包括新政权官员)的"独立之精神,自由之思想"还相当淡薄,自主自控能力和社会责任能力还相当弱化。为了避免在一盘散沙的基础上,再次出现弱肉强食的军阀混战、党阀混战或商阀混战,为了避免被环伺国门的帝国主义群狼武力颠覆或和平演变,为了避免偏安于台湾的"蒋家王朝"卷土重来,只能依靠强大的权力杠杆对社会进行有效的控制。马克思的科学社会主义学说和无产阶级专政理论提供了控制主义的理论支撑;"苏联模式"政治制度则提供了实践经验。

然而,"苏联模式"政治制度的缺陷不久就逐渐暴露出来:对社会(平民大众)绝对控制的同时,对政府(新官员)的监督控制却"手大捂不过天来"。尤其是,在国家决策层,"彻底巩固派"人多势众,毛主席遏制和预防官僚化的继续革命主张始终处于极端孤立的地位,其继续革命实践探索屡屡遭到刘、邓为首的既得利益集团消极抵制或歪曲篡改,限制官权强化的初衷大都导致官权膨胀民权遭劫的结局。致使官权日益无限强化恶性膨胀,国家法权、政府官权与国民民权"三权"配置严重失衡。

其一,刘、邓等掌控的部分国家法权与政府官权强强联手,共同压制国民民权,致使国民的权利连同主动性、积极性和创造性日益弱化萎缩。

其二,由于失去了国民民权的基础支撑,毛主席坚持的马列主义国家法权对政府官权的规范控制日益弱化,各级"土围子"的"土皇帝"迅速形成并坐大,共和国名为"中央集权"实则官僚专权。毛主席继续革命的"经文"越来越被大大小小的"歪嘴子和尚"有意无意地"念歪了"。

其三,"人民民主专政"越来越名实不符,组织实体和运行机制的实际保障越来越形式化,致使国民对官员、民权对官权的监督越来越困难重重,只能俯首帖耳"听党的话,跟政府走"。

其四,由于既失去了国家法权的有效控制,又失去了国民民权的有力监督,政府官员及其官权、国家机关乃至整个上层建筑迅速异化变质恶性病变:人民公仆迅速蜕化变质为"假公务之名,谋一己之私"的新官僚。1965年,毛主席称之为"官僚主义者阶级"。

二、官患痼疾——文化大革命之因

正如毛主席所说：文化大革命"是一场政治大革命""是完全必要的非常及时的"。所谓"完全必要"（即必然性）就在于，中国传统的官患痼疾不仅依然存在，而且愈演愈烈难以禁绝。所谓"非常及时"则在于，当时党政官员的蜕化变质尚未坐大而形成"资本主义全面复辟"。

1. 维护既得利益：制造阶级斗争扩大化

各级党政官员是共和国最主要的既得利益得主，拥有更多独立于社会之上和国家之外的特殊利益和欲望追求。对"有了政权就有了一切，失去政权就失去一切"正反两个方面的体验最为深刻，更是格外小心警觉。对于任何外在的和内部的威胁，大都具有神经质式的高度戒备病态心理，致使为了维护自身或本山头、本集团的政治生命和特权利益，往往采取一些非常措施和极端方式，以攻为守、先发制人，打击别人保护自己，"宁可错杀三千，不许一人漏网"。毫无疑问，阶级斗争扩大化的真正制造者不是毛主席而是新官僚权贵大官们。

2. 对治下民众分而制之

他们曲解毛主席"凡有人群的地方都有左中右"的论断，对属下民众分而治之，以民制民严密控制；以"驯服工具"的忠君（"土皇帝"）敬上、安分守己，达到维护自身特权地位和既得利益的目的。为此，他们以个人得失而非国家法律和党性原则为标准，将民众划分为积极分子亲信（"良民"）、一般群众（"群氓"）和落后分子（"刁民"），自己则凌驾于他们之上。对亲信呵护有加，以利用他们制衡大多数民众，甚至挑动群众斗群众。所有这些大都是披着"合法"或"神圣"的外衣，以党和政府乃至国家的名义进行的。其危害性不言而喻：一是人为破坏民众团结乃至民族凝聚力，加剧了共和国社会基础松散、分裂、一盘散沙；二是人为破坏党和政府乃至国家的声誉，分裂党和政府与人民群众的鱼水关系。

3. 对异己分子和不同政见坚决镇压

把威胁到自己特权地位的反对派及其不同意见，一律污蔑为"阶级异己分子"和"阶级敌人的复辟阴谋"，严加防范；一有"乱说乱动"的苗头，就坚决镇压彻底消灭。即使对于圈内同僚中的竞争对手或潜在竞争对手，尤其是对那些德才兼备的异己者和反对者，更是忧惧忌恨排斥打击。一旦时机成熟，就借各种政治运动之机，巧立名目将他们列为运动对象，残酷斗争无情打击，"必欲置之死地而后快"。这些人，才是阶级斗争扩大化和"冤假错案"的真正制造者。他们既扼杀了大批国家栋梁优秀人才，又腐蚀了上层建筑干部的结构强度和支撑能力。而且，往往株连九族殃及无辜，弄得民不聊生。上层建筑干部尚且如此，又谈何社会安定团结？

4. 对上阿谀奉迎与阳奉阴违并举

大官选拔任用小官的人事制度，沿用了数千年之久；与上司关系的亲疏远近，直接决定着官位的稳定程度和升迁机会。"关心领导就是关心自己""为人民服务，不如为上司服务""会干的不如会演的，会演的不如会舔的"，……许多官员惯于媚上傲下、欺上压下，对上巴结奉迎，对下压制拉拢。一旦站稳了脚跟，管辖地区或部门就成了自己的"封地"，大搞"独立王国"和地方保护。对上级政策乃至国家法令法律，不论是非曲直，凡是对自己有利可图的，一律层层加码无限放大；凡是对自己不利或有害的，不论如何有利于国计民生，一律层层剥皮歪曲篡改。正如百姓所说："国家的经再好，都让歪嘴子和尚念歪了。"正是这些现代诸侯，使上层建筑的行政渠道严重堵塞，阻碍或破坏了政通人和，极大地制约了政府职能发挥和公共管理效率。对于毛主席继续革命理论和社会改革实践，就更是阳奉阴违、歪曲篡改直至疯狂对抗。

5. 人为激化社会五大基本矛盾

由于缺乏民主政治制度保障，国家法权和国民民权极度弱化，只能任由新官僚阶级按照自己的现实利益和主观意志自由行政、胡作非为。如此，就不可避免地造成了三种严重的社会后果。其一，激化了官僚权贵（或公共管理阶层）与平民大众之间矛盾的对立冲突，激化了官僚权贵与平民领袖继续革命者毛主席之间矛盾的对立冲突。其二，他们作为政府代表，激化了政府与社会之间矛盾的对立冲突，激化了政府与国家之间矛盾的对立冲突。其三，他们作为"国家代表"，激化了国家与国民之间矛盾的对立冲突。尤其是，作为上层建筑干部和上通下达、横向交流的唯一通道，严重阻碍了各阶级、阶层价值观念和利益诉求的平等交流、融会整合、优势互补，致使社会机体的调节机制、免疫能力和自组织整合能力等生命张力严重弱化。结果是，社会五大基本矛盾不仅得不到及时有效地疏导与化解，反而人为激化加剧了其对立对抗性，使兼容统一性日渐衰微。从而，大量淤积下来凝聚起来，形成了社会"痈疽"或"毒瘤"。并且，在扩大化的阶级斗争中，往复振荡不断放大，恶性循环霉变化脓。一旦时机成熟，就难免酿成破坏性冲突总爆发。1957年，从"开门整风"到"右派闹事"再到"反右斗争"是如此；1966年，毛主席亲自发动的无产阶级文化大革命，更是为这五大社会基本矛盾的破坏性冲突总爆发，提供了史无前例的最佳时机。

三、文化大革命——阶级矛盾发展的必然归宿

官僚阶级当权派和御用文人们，把文化大革命的根源说成是：毛泽东要加强君主集权树立个人迷信，等等。这种狗屁论调，既违背马克思历史唯物主义原理，更违背客观历史事实。如果说在文革前期和中期还有一定市场的话，那么，到了文革被彻底否定二十多年后的今天，它就更加不攻自破、原形毕露、狗屁不通了。

1. 文化大革命不可避免

在"苏联模式"政治制度下，民权极度弱化，广大国民既无充分的民主权利，更少对政府官员行政的监督权利。一个庞大的官僚既得利益集团，只靠"领袖"教育和中央政府少数大员督察，难免力所不及，而落入形式主义，不可能形成有力且有效的监督机制。因为，国民民权基础极度弱化，必然导致国家法权的权威软弱无力，即使有

"法",也是有名无实有法不依。尤其是,如果没有自下而上的基础保障和渠道畅通,自上而下的体制本身也势必落入官僚专制的窠臼。正因如此,在共和国与共产党的红旗下,新官僚阶级的蜕化得不到有效遏制,蜕化变质趋势愈演愈烈,以空前的加速度急剧蜕变下去。

"苏联模式"阶级斗争传统理论和实践,在处理阶级矛盾的方式方法上,更是存在着致命的内在缺陷和功能局限。其一,片面强调阶级矛盾的对立性和对抗性,以官僚权贵少数人对广大民众的专政,排斥各个阶级之间的协同合作、优势互补。其二,新官僚权贵统治者,未经过资产阶级民主的基础教育,所谓的"社会主义大民主",也无异于小学生搞"核实验",难免力不从心,导致误读误解、驴唇不对马嘴。其三,一些投机分子为了升官发财而入党从政,一旦大权在握,便极力谋取和维护既得利益,信口胡说胡作非为,将阶级斗争和专政对象扩大到整个平民阶级,造成了官僚权贵与平民大众的矛盾日益激化,种下了破坏性冲突的祸根。并且,通过压迫与抗争、控制与挣扎的反复较量,不断震荡放大,不可避免地酿成暴烈冲突。最突出的例证有如下三次:1957年"开门整风"、1966年文化大革命和1989年"反官倒,反腐败"。

2. 毛主席被"逼上梁山"

早在延安时代,毛泽东就高度警惕官僚主义和政治腐败问题,再三告诫共产党人:不要脱离群众,要全心全意为人民服务。闹革命打天下时是如此,执政坐天下后依然如此。以免陷入像李自成和历代王朝那样"其兴也勃焉,其亡也忽焉"的周期律。而且,自信已经找到了走出这种周期律的道路,这就是——民主。

在"进京赶考"前的"七届二中全会"上,他再次告诫共产党官员未来的国家栋梁们:"要务必继续保持艰苦奋斗的作风,务必继续保持谦虚谨慎不骄不躁的作风。"果然,自共和国建国之初至1957年,中国出现了历史少有的"其兴也勃焉"的政治清明。当时的社会,虽然上层建筑及其主体(党政官员),开始呈现出官僚主义政治腐败的强劲势头,但毕竟是尚处于萌芽状态;与今天相比,可谓小巫见大巫不可同日而语。

然而，毛主席强烈的平民意识和彻底革命精神以及追求社会公平的理想决定了，对于尚未形成主流的官僚主义政治腐败，他同样是切齿痛恨！决心"开门整风，大鸣大放"，结果，因整个新官僚既得利益集团的拼死反抗而彻底失败。

其后，他反复发出警告：如果不搞无产阶级专政下的继续革命，那么，"少则几年、十几年，多则几十年，就不可避免地会出现全国性的资本主义复辟，马列主义的党变成修正主义的党、法西斯党，整个中国就要改变颜色了。"可谓高瞻远瞩！倘若四十年前对这段话还不甚理解甚至疑似"危言耸听"的话，那么，文化大革命被彻底否定后的今天，面对如此政治腐败、贫富悬殊和世风堕落，不难做出客观公正的历史结论了吧？

眼见得新生共和国又要重复历代王朝兴衰存亡的周期律。平民领袖的责任意识和革命者的造反精神，使毛主席决心冲破官僚权贵的居中阻隔，绕过他们的层层封锁抵制，建构"君民一体，制约百官"的政治格局；把"关心国家大事"的民主权力连同"四大"武器（大鸣、大放、大字报，大辩论），直接交给人民群众。并号召他们：自下而上地揭露批判那些走资本主义道路的当权派，直至罢免他们的公职、剥夺他们的公权。

文化大革命无愧于史无前例！它开创了社会主义条件下继续革命的道路：国家法权与国民民权携手，共同遏制政府官权恶性膨胀蜕化变质，不断改革"苏联模式"不合理的上层建筑，以遏制、预防国家机关官僚化。

毫无疑问，文化大革命绝非毛主席"老年糊涂，极左错误"的结果，而是他被迫做出的一种两难选择：要么"彻底巩固新秩序"，继续维护"党的绝对领导"，任由新官僚主义者阶级胡作非为，最终"党变质，国变色；卫星上天，红旗落地"。要么为了遏制他们的官僚化趋势和"资本主义复辟"，不惜对共产党新政权"自毁长城"，对"苏联模式"不合理的上层建筑进行继续革命。

毋庸置疑，这种"大手术"难免伤筋动骨的副作用，损耗共和国"体力"和元气，不利于社会安定和国家稳定。然而，不如此，又能怎样呢？难道有什么更好的灵丹妙药吗？难道任由官僚化政治腐败的毒瘤自由自在地发展下去吗？

毛主席经过十多年痛苦的反思和探索，最终做出了痛苦的抉择：宁可冒失去"九五之尊大位"而"被打的粉碎"的风险，也决不做误国亡国之君！

第二章 毛主席
——文化大革命总导演

> 我一生干了两件事，一是和蒋介石斗了几十年，把他赶到一群海岛上去了，抗战八年把日本人请回老家去了。……另一件事，你们都知道是发动了文化大革命，这件事拥护的人不多，反对的人不少。这两件事还没完，这笔遗产要交给下一代，怎么个交法，如果说和平交不成的话，那就在动荡中交，搞不好要血雨腥风，你们怎么办？只有天知道。
>
> ——毛泽东

对于上述五大社会基本矛盾和国家机关官僚化的严重性、潜在危险和发展趋势，在共和国决策层中，有一个人始终保持着清醒认识和高度警惕，他就是——毛主席。仅凭这一点，他就不愧为中国历史上堪与"秦皇汉武"比肩的明君英主，也不愧为有史以来影响整个人类文明进程的第20位世界伟人（在[美]迈克尔·H·哈特《中外名人排行榜》中，作为中国人，毛泽东在孔子、蔡伦和秦始皇之后排第4位；作为马克思主义者，他仅次于马克思、列宁排第3位）。如果说文革具有某种偶然性的话，那么，它主要"偶然"在历史恰恰选择了毛泽东作为共和国的元首或法人代表。

纵观五千年人类文明史，励精图治纵横捭阖的明君英主不胜枚举，学富五车圣火高擎的巨擘大德如过江之鲫。但是，像毛主席那样平民情结始终如一而胸怀宽广仁厚、目光犀利如炬、思想博大精深集于一身的智者和行者却绝无仅有。

第一节　不断革命论"信者"与"行者"

毫无疑问，毛主席是马克思不断革命论最忠诚最伟大的继承者和发展者，他集"智信者"与"践行者"于一身，成就了"毛泽东＞马克思＋列宁"，成就了"毛泽东思想是马列主义发展的第三个里程碑"。

一、"怎么看"——继续革命思想理论

他将马克思不断革命论创造性地运用于"苏联模式"社会主义社会，创建了"无产阶级专政下继续革命"理论，其基本要点大都集中体现在《五一六通知》中：①社会主义时期始终存在着阶级、阶级矛盾和阶级斗争，存在着资本主义、官本主义等旧制度复辟的危险。②共和国建立初期，复辟的危险主要来自国内被推翻的阶级和国外帝国主义列强。③新政权巩固以后，复辟的危险主要来自共产党内尤其是中央顶层官僚化的"修正主义"，"混进党里、政府里、军队里和各种文化界的资产阶级代表人物，是一批反革命的修正主义分子，一旦时机成熟，他们就会要夺取政权，由无产阶级专政变为资产阶级专政。"而且是最坏的资本主义——法西斯，把中国重新推入半封建、半殖民地深渊。④共产党蜕化变质（官僚化）的根源主要是"社会存在决定社会意识"——大官们要维护他们"比资本家还厉害"的既得利益。⑤避免旧制度复辟的唯一出路是通过继续革命实行大民主，发动人民群众起来进行民主监督，利用"四大"（大鸣、大放、大辩论、大字报）"自下而上揭露我们的黑暗面"。

他正视现实而不拘泥于现实，在官僚化刚"起于青萍之末"时，就用发展的眼光洞察到其发展的必然趋势和潜在危险，指出了"苏联模式"社会主义社会的病症和病根。共和国70年尤其是"邓式改开"40年的历史充分证明了：他的"无产阶级专政下继续革命"理论是何等高瞻远瞩见微知著！

二、"怎么办"——继续革命实践探索

毛主席伟大崇高之所以远远超过耶稣、释迦穆尼、穆罕默德等先哲前贤，更在于他知行合一、言行一致，一旦形成继续革命思想理论，就毅然投入实践探索，把继续革命变成亿万人民群众的行动。他抛弃"九五之尊大位"的羁绊，利用掌控的国家法权开展"开门整风"、推广"鞍钢宪法"、进行"社教运动"等，直至甘冒被"打的粉碎"的风险发动了文化大革命。虽然这些运动内容各有不同，但是，却始终围绕同一个主题——实行民主监督，限制官僚特权。

作为行政实践，继续革命实践探索要比创建继续革命理论复杂的多困难的多。他不得不高度关注"可行性"和政策与策略，以化解或减小强大阻力。"怎么办"集中体现在《十六条》中，主要是：①实行"适度自由化"，解放民众关心国事和公事、投身民主监督的积极性，冲破旧秩序的束缚"以乱求治"。②不断革命论与革命发展阶段论相统一，继续革命之路要一步步走，积小成为大成，以免贪多嚼不烂陷入"蛇吞象"的险境。③反复强调政策和策略的保障作用，缩小打击面、扩大教育面，减少社会矛盾的破坏性冲突，以化解继官僚权贵的强大阻力，最大限度地降低继续革命的成本和代价。④密切关注群狼环伺国门的外部环境，反帝与反修两面大旗同时并举，努力控制运动局势，不能"天下大乱"得太甚太久，以免列强趁火打劫火中取栗。

虽然，他继续革命的实践探索遭到了刘、邓等"苏联模式"官僚专制卫道士们的阻挠、歪曲和破坏最终以失败告终，但是，却为今人和后人留下了绝无仅有、弥足珍贵的历史经验和教训，尤其是他不屈不挠孜孜以求的探索精神，必将永垂后世指引后人砥砺前行。

三、"高处不胜寒"

任何人都无法超越阶级斗争和社会发展的客观规律，毛主席同样概莫能外。"巨人中的巨人"太高大了！在官本主义封建文化浸淫了两千多年的国度里，他"阅尽人间春色"的同时也饱尝了"高处不

胜寒"的孤独和无奈。

他昔日的战友今日的大官们，大都被既得利益和权势蒙蔽了良知和心智，鼠目寸光居功自傲，日益由为人民谋幸福的共产党员蜕变成骑在人民头上作威作福的官老爷、土皇帝。对他的继续革命理论和实践消极抵触、阳奉阴违，甚至百般阻挠、拼死对抗；对民众的民主监督一律视为"反党反革命"，实行"无产阶级专政"，残酷斗争无情打击。

跟随他继续革命的民众，同样未能超越官本主义封建文化羁绊，更缺乏民主监督的实践锻炼，不懂得阶级矛盾的对立统一规律，片面强调对立斗争，忽视依存统一；片面强调不断革命论，忽视革命发展阶段论。执着于"正邪不两立，你死我活"，违反政策和策略的行为难以禁绝。而且，一旦民主就"一切都要主，只准我主，不许你主"，狗撕猫咬内战不休，不知道世界上没有绝对的民主，只有集中指导下的民主——"民主集中制"。以至于，始终未能像民主革命时期那样形成步调一致的继续革命大军，他的战略部署和政策策略迟迟不能化为群众的统一行动。

结果，阶级矛盾空前激化，文化大革命演变成了"武化大革命"血雨腥风的破坏性冲突，毛主席"实行民主监督，限制官僚特权"的初衷化为泡影。这固然是由阶级斗争客观规律尤其中国阶级斗争历史传统所决定的，但是，其中的"人祸"也无法否定，值得认真反思总结。

更可悲的是，半个多世纪后的今天，有些"毛派"朋友依然用"十六条"否定"五一六通知"，用继续革命实践探索（"怎么办"）的政策和策略，否定继续革命思想理论（"怎么看"）的基本判断，在"文化大革命多此一举"的泥淖边缘徘徊⋯⋯

毛泽东，是上天派来拯救中华民族的，却被这个民族"打的粉碎"⋯⋯

第二节　双重社会职责和历史使命

面对文革乃至"毛时代"国家政策左右摇摆翻覆无常,像其他求索者一样,笔者同样曾经深感疑问困惑,在1968—1969年认为:他"为了搞平衡政策,先是用左打右,又用右打左",内心也不乏"被利用,被愚弄"的郁闷怨怼。历经数十年痛苦反思和求索,熬过无数个轮回的自我"肯定——否定——否定之否定",终于找到了一把拨云见日的钥匙——毛主席的双重社会角色和历史使命。

他既是马克思不断革命论前无古人的伟大信者和行者——继续革命者,同时又是全国各族人民的伟大领袖——共和国最高统治者"国君"。有的网友称之为"亦圣亦王"。这种双重社会角色,赋予了他及其掌控的国家法权双重的社会责任和历史使命:"反帝"与"反修"两面大旗同时并举。

要正确认识文化大革命乃至"毛时代"27年,首先应当正确认识毛主席的双重社会角色和历史使命,正确认识他"反帝"与"反修"同时并举的治国纲领和艰难困苦。要正确认识毛主席的双重社会角色和历史使命,就应当:尊重历史,正视现实,出于公心,换位思考。

一、最高统治者——"反帝"

建国后,作为取得政权的共产党领袖,毛主席成了共和国当之无愧的"国君"——"最高统治者"。身处帝国主义列强群狼环伺国门的险恶国际环境,"最高统治者"的社会责任和历史使命要求他:不能再像当年"造反匪首"那样只是"打碎旧世界",而是必须"破"与"立"、革故与鼎新、革命与建设、"打碎旧世界"与"建设新世界"同时并举。一方面,必须不断清除旧社会遗留下来来的污泥浊水,不断切除新社会自身滋生的"毒瘤";另一方面,还必须担负起两项重任:一是确保国家政权稳固,以应对帝国主义列强的经济封锁和军事威胁,确保国家安全。二是维护正常的社会秩序,将继续革命对社会稳定的负面影响降到最低限度,以保证人民群众安居乐业衣食无忧。

为此,他不得不兼顾各个阶级、阶层的现实利益和政治要求,调整、平衡它们之间的矛盾冲突，以求共生、共处、共进。否则，阶级矛盾、阶级斗争一旦失控，就有可能势不两立、你死我活，内乱不休、民不聊生，甚至风雨飘摇、血雨腥风，社会崩溃、国家危亡。若然，不论继续革命的动机和目的如何高尚、神圣，对于国家富强、民族振兴，都无异于缘木求鱼、南辕北辙。作为最高统治者"国君"，也难逃祸国殃民、国家败亡的历史罪责。

或许这就是"无产阶级专政下继续革命"的"底线"。这种"有条件的继续革命"或"有限革命"，必须控制在"无产阶级专政"前提条件之下，以兼顾现实生存与未来发展相统一。既要"以阶级斗争为纲"，又要"以斗争求团结"，各个阶级相互依存、共生共处；既要继续革命"将文化大革命进行到底"，又不能"天下大乱"得太甚太久。

正是"最高统治者"毛主席的社会职责及其对继续革命的限制政策，导致了他与平民大众先觉者的民权觉悟和民主诉求之间的矛盾冲突。不论是1957年的"右派"，还是文革中的"造反派"，乃至以"中央文革小组"为代表的整个文革派官与民，不少人对他都曾有过"不理解"的困惑，甚至诸多"被欺骗，被抛弃"的怨尤。根本原因就在于：他们忽视了毛主席最高统治者的社会角色和社会责任，对"无产阶级专政下继续革命"的"底线"和规则不甚了了。

二、继续革命者——"反修"

其次，毛主席又是马克思不断革命论的信仰者和践行者，他坚信"革命是历史进步的火车头"，"夺取全国胜利这只是万里长征走完了第一步"。要遏制共和国新政权急剧膨胀的官僚化趋势，避免重蹈"其兴也勃焉，其亡也忽焉"的周期律，就必须坚持"无产阶级专政下继续革命"，不断改革"苏联模式"不合理的上层建筑。

1. 他终生追求社会公平理想，立志为大多数劳动人民求解放谋幸福，不断推动社会改革。"得天下"后，为了消除贫富两极分化的历史积弊，在基本实现了"耕者有其田"后，又将占人口90%的农民组织起来，彻底改变延续了数千年之久的一盘散沙的社会结构，统一意志、统一行动，形成民族合力，开辟了社会主义共同富裕的康庄大道。

2. 他在不断改善人民群众物质生活的同时，也不断进行意识形态领域的革故鼎新，引领全国人民并身体力行"与私有观念彻底决裂"，净化心灵、潜心向善，"毫不利己，专门利人"。他告诫手握权柄的官员们，要"全心全意为人民服务"，不要脱离群众当官做老爷；他号召知识分子文化人，要与工农民众相结合，不要轻视嫌弃劳动人民，等等。

3. 他始终坚持对"苏联模式"不合理上层建筑进行继续革命，践行"共有（公有），共管，共享"的社会主义原则，反对少数人垄断独享社会财富和公共权力，反对官员恃权凌弱骑在人民头上作威作福。为此，他把大民主权利交给人民，不断发动群众开展"反修防修"的政治运动，大刀阔斧整顿吏治，遏制官僚主义恶习，坚决清除蜕化腐败分子。

"自古圣贤皆寂寞"。正是这种继续革命者的社会责任及其奉行的继续革命路线，经常遇到民众私有观念习惯势力的消极抵触。尤其是，遭到新官僚权贵集团的坚决反对和拼死抵制，导致了共和国君权（国家法权）与政府官权的矛盾冲突接连不断。最终，被复辟的新官僚阶级利用民众的私有观念习惯势力"打的粉碎"。

不难设想，如果他不是坚持继续革命因而得罪了整个新官僚权贵集团，而是与他们一起"彻底巩固民主主义新秩序"，稳坐江山、安享"胜利果实"。那么，新官僚权贵集团——共和国真正的主人——不仅不会把他"打的粉碎"，而且千秋万代都会对他感戴德、山呼万岁。李锐之流"（毛泽东）建国有功，建设有过，文革有罪"的论调，完全代表了这个阶级的心声！

其"功"在于，他带领他们从"泥腿子造反者"变成了"人上人官老爷"。其"过"在于，他总是搞什么群众运动，阻挠他们"由社会公仆变为社会主人"，致使"官不聊生"。其"罪"在于，他利用所掌控的国家法权发动人民群众"造共产党的反"，并与平民大众民权结成继续革命神圣同盟，"大闹天宫"上下夹攻，将"苏联模式"官僚专制闹了个人仰马翻，差一点使他们升官发财安富尊荣的美梦化为泡影。

三、"民主集中制"的蜕变

综观毛泽东一生的"反帝"斗争（包括建国后的抗美援朝、抗美援越、对印自卫反击战等），无不得心应手指挥若定，游刃有余势如破竹，最后稳操胜券。其中一个重要原因就在于，他手握"民主集中（集权）制"这个"利器"或"法宝"！

1929年在"古田会议"上，他首创"民主集中制"，并落实为组织实体："支部建在连上"（集中）和"士兵委员会"（民主）。由此，逐步形成为红军及共产党的组织、管理和决策体制：民主基础上的集中，集中指导下的民主。

正是这个"利器"，赋予了他超人的智慧和神奇的力量，使原本宗派盛行、山头林立的共产党红军队伍集合团结到了"毛泽东旗帜"下，实现了"大权独揽，小权分散""既有统一意志，又有个人行动自由、心情舒畅"的政治局面。从领袖到士兵，每个人都各司其职、充分发挥主动性、积极性和创造性，整个队伍焕发出旺盛而强大的生命张力。

然而，共产党"坐江山"后，一旦"真正尝到权力的滋味"（宋美龄语），就开始悄悄而急速地发生着变化：在社会主义建设和革命中，原本是"反帝"斗争的"利器"，却越来越变成了"玩具"；本应同属于对立统一体的民主与集中，越来越分离对立、相克相害。

首先，重心向集中急剧倾斜，民主日益蜕变成了口号或"口红"。尤其是1957年"反右斗争"后，民主更是成了"党内"（官场）的专利蜕变成了官主。"支部建在连上"遍布城乡每个角落，"士兵委员会"之类的民主组织则成了"非法"或"反动"，被取缔、被"专政"。

早在1965年毛主席就指出："井冈山时，我们摸索了一套好制度、好作风，现在提倡的是艰苦奋斗，得到重视的是支部建在连上，忽视的是士兵委员会。……但自觉接受群众监督、实行政治民主，保证我们党不脱离群众，比井冈山时士兵委员会要差多了。全国性的政治民主更没有形成一种制度、一种有效的方式。"直到建国60多年后的今天，即使"隆重纪念古田会议"的活动，从上到下依然绝口不提"士兵委员会"，似乎它压根儿就没出生过。

其次，在"党内"（官场），"民主"（官主）日益脱离"国君"毛主席的"集中指导"，对他的一切继续革命实践探索（反对官僚化，限制新生的封建特权），一律消极抵制或公开对抗。本应是"中央集权"的"民主基础"，却日益蜕变成了最大的阻力和障碍。"国君"的"中央集权"从未有过继续革命的"统一意志"，而且日益被大大小小"土围子"里的"土皇帝集权"所取代。最终，被"打的粉碎"。根源就在于：新官僚权贵的"民主"只为符合本阶级既得利益和政治诉求的中央集权及其集中指导提供基础支撑！

到了邓大人的"新时代"，终于形成了"党内"（官场）的"统一意志"——"让一部分人（官员）先富起来"！更可悲的是，就连最底层的工农民众都以为自己也属于"先富起来"的那"一部分人"，对"太上皇"感恩戴德山呼万岁，形成了"十亿人民九亿商"的世界奇观。正是在这种雄厚的"民主基础"支撑起的"邓式改开"舞台上，"人民公仆"们"春天的故事"热热闹闹地演唱至今，创新无限、精彩无限、高潮迭起……

第三节 对"苏联模式"继续革命

近代以来，中国贫弱落后一穷二白，兵连祸结社会动荡，民众一盘散沙饥寒交迫。共和国建国时，毛主席为首的中国共产党选择确立了"苏联模式"社会主义制度。面对帝国主义经济封锁和军事威胁，这是迫不得已唯一正确的历史选择，完全符合中国国情和国际环境。对于经济复苏、社会稳定和民心凝聚，发挥了重要的历史作用。但是，"苏联模式"本身也存在着致命的内在缺陷。

一、"苏联模式"的致命缺陷

"苏联模式"社会主义制度存在着难以克服的内在矛盾和致命缺陷:生产资料所有权归社会全体成员所有,而生产活动乃至一切公务和国事的管理权却由少数官员垄断专制。管理权与所有权的分工(分离)固定化,难免由分离而隔离,由隔离而对立,最终造成官僚专制上层建筑与公有制经济基础的矛盾——"苏联模式"社会主义社会的主要矛盾!由此,又导致了官与民(干部与群众)、政府与社会、新官僚阶级与平民阶级等一系列社会矛盾。而且,由于缺乏民主监督机制的鞭策和疏导,所有矛盾的统一性日益弱化而对抗性日益强烈。

在官员任命制、等级制和终身制的政治体制下,专门从事生产管理和公共管理的官员及其官权日益恶性膨胀,大肆侵夺民众的所有权,官员对公共财产和公共事务的管理权异化为占有权,使社会主义公有制蜕变为名义上的公有制实际上的官有制。最终社会公仆完全蜕变成了"官权+资本"的新官僚阶级。为了世世代代独占独享社会财富,他们疯狂持权抢劫国家财产,彻底剥夺劳动人民的所有权,废除了公有制,复辟了私有制。

二、截然相反的两种"中国特色社会主义"

"社会主义"的标准是什么?

马克思科学社会主义的基本原理和原则是"三共"——共有(公有)、共管、共享。亦即:生产资料所有权由社会全体成员共同占有,生产活动、公共事务和国家大事由社会全体成员共同管理,生产成果或社会财富由社会全体成员共同分享。

凡是完全忠于并实行"三共"原则的,就是"完全社会主义";凡是部分忠于并实行"三共"原则的,就是"部分社会主义",凡是背离"三共"原则的,就是"假社会主义"或"反社会主义"!

邓小平的"中国特色社会主义"彻底背叛了科学社会主义"三共"原则,是彻头彻尾的冒牌儿货,是"官僚自由专制政治+官僚买办资本主义经济"，是当代中国最大的制假贩假，是一切制假贩假猖獗横行屡禁不止的总根源！

真正的中国特色社会主义，是毛主席所开创的社会主义发展道路，是对马、列社会主义理论和实践的重大发展。它有两个内涵：一是完全忠于马克思科学社会主义的基本原则——"共有，共管，共享"；二是立足于中国国情实际和时代发展的实际，对"苏联模式"传统社会主义制度坚持不断改革完善，对其不合理的上层建筑坚持继续革命。

自建国之初，毛主席就对"苏联模式"坚持不断改革完善，从"三反五反"严惩贪官污吏和不法奸商，到"开门整风"发动群众实行民主监督；从取消军衔制，到规定干部参加劳动；从主动降低高薪，到实行人人平等的凭票供应；从《论十大关系》，到《关于正确处理人民内部矛盾的问题》；从批判资产阶级法权，到社会主义教育运动等等，一以贯之始终如一。

结果，由于以刘邓为代表的新官僚权贵的抵制和歪曲，体制内的改革都无果而终，甚至异化变质。最终，毛主席被"逼上梁山"，不得不干了一生中的"第二件事"，发动了史无前例的文化大革命，对"苏联模式"传统社会主义制度不合理的上层建筑，进行继续革命实践探索！

三、中国特色社会主义的探路者和开创者

建国之初，"苏联模式"的致命缺陷就暴露出来了，且愈演愈烈。毛主席在大张旗鼓反对官僚主义、惩治贪污腐化的同时，也不断进行理论反思，并于1956年4月至1957年2月，先后发表了《论十大关系》和《关于正确处理人民内部矛盾的问题》的讲话，公开表明对"苏联模式"的"不同政见"。前者，全面揭示了社会主义社会的矛盾（在这种意义上可称之为"论十大矛盾"）；后者，则集中论述了官与民、政府与社会的矛盾。

首先，它提出了两个论断：其一，过去许多被误认为"反党、反

人民、反社会主义的阶级敌人的复辟阴谋",其实是人民内部不同思想意见、不同利益要求的正常分歧,应当正确处理。其二,人民政府与人民群众之间同样存在着矛盾,虽然属于人民内部矛盾,但是,存在着"矛盾转化的可能性"。如果任由政府官员的官僚主义和贪污腐化泛滥下去,"有可能转化为对抗性敌我矛盾"。

基于上述两种判断,又提出三种执政理念:一是,思想文化领域要坚持"百花齐放,百家争鸣;长期共存,互相监督"的"适度自由化";批判了"利用行政力量,强行推行一种风格、一种学派,禁止另一种风格、另一种学派"的一言堂,倡导各种文化和思想"兼容共存"。二是,"少数人闹事"的主要原因是"领导上存在官僚主义、主观主义,在政治或经济政策上犯了错误";并强调"游行示威自由"是宪法规定的民主权利,"罢工并不违反宪法"。三是,国家机关和官员要"厉行节约,勤俭建国",要"精简机关,下放干部,使相当大一批干部回到生产中去",以保证他们不脱离群众、不蜕化变质,并减轻社会基础和劳动人民的负担。

这充分证明,他对共和国官与民、政府与社会、上层建筑与社会基础之间矛盾所潜在的对抗性,认识已经相当深刻了。

尤其是未公开发表的《读社会主义政治经济学批注和讲话》,更是指明了社会主义发展道路,理论认识达到了超越任何前人的高度!譬如,"教科书"中提到1936年的苏联宪法规定苏联公民"有劳动权利,休息权利,受教育权利,年老、患病及丧失劳动能力时获得物质保证的权利"等等。毛主席在"教科书"的这段文字旁边批注道:"最大的权利是管理国家",并明确指出:"这里讲到苏联劳动者享受的各种权利时,没有讲劳动者管理国家、管理军队、管理各种企业、管理文化教育的权利。实际上,这是社会主义制度下劳动者最大的权利,最根本的权利。没有这种权利,劳动者的工作权、休息权、受教育权等等权利,就没有保证。"(今天的现实证明:毛主席是何等高瞻远瞩料事如神!)这无疑是对"苏联模式"传统社会主义理论和实践的重大突破和超越,为继续革命实践奠定了坚实的思想理论基础。

在实践上,毛主席也从未放松对"苏联模式"缺陷的纠正,这种例证不胜枚举。最值得一提的是，他1960年3月充分肯定并积极推广"鞍钢宪法"（"两参一改三结合"——实行民主管理，干部参加劳动，工人参加管理，改革不合理的规章制度，工人群众、领导干部和技术人员三结合）。它彻底纠正了"苏联模式"之"马钢宪法"的"一长制"（厂长专制），实现生产活动的"共管"原则，开创了社会主义企业管理体制。

只可惜！作为"苏联模式"的信徒和卫道士，以刘、邓、陈（云）为代表的新官僚权贵集团，对"马钢宪法"情有独钟忠实推行，对"鞍钢宪法"却阳奉阴违消极抵制。以至于，"鞍钢宪法"的社会主义企业管理模式在中国寸步难行。

值得深思的是，德国西门子、日本松下等跨国公司对"鞍钢宪法"却如获至宝忠实贯彻实行，成效显著蒸蒸日上……

四、继续革命目标——平等，自由，民主

古今中外多少政治家和革命家在野或没上位时，"自由，平等，民主"口号喊得震天响，一旦执政或上位就把巩固既得权位当成重中之重，"自由，平等，民主"口号抛到九霄云外。"伟人中的伟人"毛主席，却把"自由，平等，民主"当作毕生的理想追求，即使贵为"国君"，依然一以贯之矢志不移。

毛主席之所以受到世界人民的爱戴和各国政要的尊重，重要原因之一：他始终坚持为大多数人谋幸福，坚持追求社会公平理想，勇于正视和否定"苏联模式"的弊端，倾注晚年几乎全部精力，大胆对其进行革故鼎新的继续革命。其奋斗目标：一是"革故"，革除"苏联模式"的致命缺陷和必然恶果——国家机关官僚化；二是"鼎新"，追求社会平等，倡导"适度自由化"，探索社会主义民主制度，呼唤人人都能监督政府。

为此，他不惜置"九五之尊大位"于度外，涉险犯难甘愿冒被"打的粉碎"的风险，发动了文化大革命。他这种"天下为公"的博大胸怀和恢弘气度，在中国前无古人，在"国际共运"史上也绝无仅有。

1. **追求平等，一以贯之**

早在延安时期，经济还相当困难，普遍实行干部供给制，边区政府（共和国雏形）的官僚化（特权等级化）趋势已经初露端倪，大官吃"小灶"，中官吃"中灶"，小官和士兵吃"大灶"。毛主席为了维护中共内部的团结以应对艰难困苦，不得不认同和屈从多数人的意见。但是，对他们抛弃井冈山时期"非正规化"官兵平等的"正规化"，始终心存芥蒂和无奈。1947年3月胡宗南部队占领延安后，他明确表示："这是好事情"，至少是迫使中共首脑机关"打碎了庞大机构、官僚腐化"，改变了"衣分三色，食分五等"的等级化供给制，并说："供给标准就这样好，打到南京、上海都不要再提高了。"可见他对特权等级化官僚制度苗头是何等厌恶！

2. **民主建国——权利共享，国事共管**

中央政府组建时，在国家权力分配上，毛主席坚持"多党协商，共同建国"的纲领，不顾大多数中共大官们的反对，坚持实行延安时期的"三三制"（共产党、民主党派、民众代表各占三分之一），并且确保非共产党官干部"既有职位，又有实权"。从而，引发了中共大官们的强烈不满和抱怨："早革命不如晚革命，晚革命不如不革命，不革命不如反革命。"……当听说民主党派要解散时，他当即明确表示反对：不但不能解散，还要继续发展。并指示：要解决各党派的经费问题、干部学习和失业问题，要求对民主党派干部与共产党的干部一视同仁。直至1956年，他先后两次强调：要继续巩固和扩大人民民主统一战线，团结一切可以团结的力量。他说"究竟是一个党好，还是几个党好？现在看来，恐怕是几个党好。不但过去如此，而且将来也可以如此，就是'长期共存，互相监督'。"进而郑重提出两个口号："共产党万岁！民主党派万岁！"

这种"一党主政，多党合作"的体制，无疑是对"苏联模式"一党专政的纠正，向"权利共享，责任共担"的社会主义大民主迈出了第一步。

3. 反对新官员高薪制

建国后,新统治者们的官僚化和特权等级化势头更强劲了,好房子、好汽车、服务员、警卫班……,一切都免费供给、按官职分配,等级森严不可僭越。1955 年,改供给制为工资制,照搬"苏联模式"的官员高薪制,等级化差别进一步扩大到 30 个级别,最高与最低工资差距高达 31 倍,一度高达 41.6 倍。显然,它是绝大多数新权贵们的众望所归,是他们集体意志的体现。对此,毛主席虽然心存不满,但"手大捂不过天来",无法包办一切,只能尽力而为罢了。

首先,他明确批评:"现在的工资标准把收入的差距拉得太大了""高级干部拿的薪金和人民生活水平相比,悬殊是太大了""不仅是薪金的问题,实际上还有特殊待遇的问题",并强调:增加工资,"主要加在下面,加在工人方面,以便缩小上下两方面的距离。"

其次,他主动降低自己的高薪,由 649.6 元的最高工资,降为每月 404.8 元。(以上资料大都引自:杨奎松.《从供给制到职务等级工资制——新中国建立前后党政人员收入分配制度的演变》)

4. 严厉惩治新官僚腐败

国家机构官僚化和官员特权等级化是"苏联模式"的政治特征,在"全盘苏化"年代,既完全"合法",又完全符合大多数新官僚权贵的意愿。对此,毛主席同样众意难违无力回天。但是,对于非法的贪污腐化——持权"抢劫和掠夺",他则严厉打击绝不手软!

经过"镇反"运动,政局一旦稳定下来,他即刻把阶级斗争矛头转向了国家机关官僚化,连续发动了"三反"(反贪污、反浪费、反官僚主义)、和"新三反"(反官僚主义、反命令主义、反违法乱纪)运动,严厉打击少数违法犯罪的新官僚,警戒、遏制大多数官员的官僚化趋势。

1951 年他断然拒绝了众多大官们官官相护的说情,处决了大贪官刘青山、张子善,并警告说:"治国就是治吏!'礼义廉耻,国之四维。四维不张,国将不国。'如果一个个都寡廉鲜耻,贪污无度,胡作非为,国家还没有办法治他们,那么天下一定大乱,老百姓一定要当李自成！国民党是这样，共产党也是这样。……谁要搞腐败那一套，我毛泽东就割谁的脑袋！我毛泽东若是搞腐败，人民就割我毛泽东的脑袋！"

5. 倡导民主监督，主张"适度自由化"

1957年，毛主席对于国家机关官僚化的认识发生了突破性飞跃，即刻选择了继续革命道路——"这条新路，就是民主。让人民来监督政府，政府才不敢松懈；只有人人起来负责，才不会人亡政息"。亦即：解放民权，监督官权；以民众的"适度自由化"，遏制官员的官僚化。他发动了"开门整风"运动，号召人民群众（包括民主党派）"大鸣大放"，帮助共产党和政府整顿官僚主义。

以知识分子民权先觉者为代表，群众的民主热情空前高涨，各种批评意见夹杂着冤怨怒"三气"，如暴风雨般席卷全国。就连赫鲁晓夫为首的苏联特权官僚集团也坐不住了，《真理报》发文痛斥"毛泽东纵容自由化"。以刘、邓、彭"铁三角"为代表的新官僚权贵集团，更是感到既得权势和利益受到了严重威胁，奋起"反击右派分子的猖狂进攻"。

结果，毛主席在政治局决策层陷入了空前孤立。面对内部强大的阻力和社会动乱的压力，尤其是面对帝国主义群狼环伺国门、伺机趁火打劫的严峻国际环境，为了维护共产党的统一和共和国政局稳定，他不得不暂时妥协，"开门整风"逆转为"反右斗争"。

"开门整风"运动失败了，以知识分子为代表的民权诉求付出了惨痛的代价。毛主席则落下双重"罪责"：在新官僚们心目中，他负有"背离马列主义""纵容自由化"的罪责；在知识分子心目中，他又成了"欲擒故纵，引蛇出洞，残酷镇压"民权先觉者的"罪魁"。毫无疑问，1957年"开门整风"是1966年文化大革命的预演，是继续革命实践探索的真正起点。在共和国历史上具有多方面的里程碑意义。

①,执政党开始由团结统一逐渐分化，形成"继续革命"和"彻底巩固"两条路线和两个派别。

②. 共和国"君权"（毛主席继续革命国家法权），开始突破"苏联模式"政治体制的限制，向平民大众的民权寻求支持，利用群众运动遏制政府官权的官僚化蜕变。

③. 在继续革命国家法权的鼓动和保护下，人民大众的民权意识在沉睡了数千年之后开始复苏萌动，由对共产党感恩戴德，开始转化为对新官僚专制不满、抵制和抗争。

④. 新官僚特权集团的阶级意识迅速觉醒，由自发的官僚主义逐步集结为自觉的官僚队伍，进而成熟为独立的官僚阶级。他们掌控的政府官权也随之恶性膨胀一权独大，无视民权、藐视君权，利用一切政治运动，对民权严厉打击残酷镇压；对毛主席的君权（国家法权）则阳奉阴违歪曲篡改，甚至公然对抗。

⑤. 毛主席确立的各阶级阶层"共和"的"人民民主专政"，急剧蜕变为以刘、邓为代表的新官僚权贵对平民大众的"无产阶级专政"；共和国也随之急剧蜕变为形式上的"党国"实质上的"官国"。

⑥. 以"开门整风"逆转为"反右斗争"为起点，毛主席所发动的所有政治运动——继续革命实践探索，在新官僚权贵的具体运作和操控下，无一例外地被严重扭曲异化，他强化民权推行民主的初衷却导致了民权惨遭镇压的结果。而新官僚特权则进一步无限强化恶性膨胀。

⑦. 从此，鉴别"左派"与"右派"的标准被完全颠倒了，原本对官僚化持现实批判主义的左派成了"反党、反人民、反社会主义"的"右派"，维护新官僚特权现实的守旧派或右派却成了"爱党、爱人民、爱社会主义"的"左派"。

6. 制止"五风"，怒斥人祸

刘、邓为代表的新官僚权贵集团，乘"反右斗争伟大胜利"的东风，高举"大跃进"旗号大刮"五风"（共产风、浮夸风、干部特殊风、强迫命令风、生产瞎指挥风），严重破坏了农业生产力，致使合作化道路的生命力奄奄一息，大大激化了农村各种矛盾（官民矛盾是主要矛盾）。毛主席努力批评制止，尤其是，刘、邓干将吴芝圃、李井泉等"大官"草菅人命制造了"信阳事件"等等人祸，以血淋淋的现实证明："苏联模式"的新官僚专制是何等贪婪、野蛮和暴虐。它极大地震动了毛主席的爱民之心，愤怒痛斥："反革命利用新官僚和糊涂人，把坏事做尽！"

7. 建立民主制度，落实群众监督

1963年5月，刚刚度过"三年困难时期"，毛主席就决定在农村开展社会主义教育运动，并专门颁布了中央文件"前十条"。其基本精神是：以社会主义思想教育为先导，建立民主监督体制，遏制官员腐化变质。例如，第7条规定："贫下中农的代表、委员和主任，都应当由贫农、下中农选举产生。……社、队一切重大事情都应当同他们商量，使他们了解，不得加以封锁。"第8条规定："今后，除了按六十条的规定，定期公布各项账目之外，每年还要大清一次到两次，使'四清'（清理账目、清理仓库、清理财物、清理工分）成为人民公社、大队和生产队，首先是基本核算单位一项经常制度。"

然而，经过"反右斗争"的锻炼，新官僚权贵早已今非昔比。"前十条"颁布仅4个月，刘、邓就利用"主持工作"的实权，于1963年9月制定了"后十条"取代"前十条"，其基本精神是："以阶级斗争为纲"，重新划分阶级成分，清查漏网的阶级敌人，清查"四不清干部"及其与地富反坏右的联系，并硬性规定"地主、富农的子女，一律不能担任本地的基层领导干部，一般地也不宜担任会计、保管员、出纳员、社队企业和事业的管理人员等重要职务"。关于贫下中农组织，要求"必须采取访贫问苦、扎根串连，随着运动的深入，由小到大，逐步发展的方法。"一切由"工作组"掌控，完全取消了民主选举！1964年9月，又下发"'后十条'修改草案"，全面推行王光美的"桃源经验"，运用秘密调查和逼供信方式，深挖"四不清"干部。一场整治百姓的闹剧席卷全国山乡农村：大官整治小官，城里吃皇粮的洋干部整治农村挣工分儿的"土包子"基层干部。

毛主席"通过社会主义思想教育，建立群众民主监督制度"的本意再次被歪曲篡改、猥亵玷污。

五、文化大革命——逼上梁山

面对刘、邓新权贵集团的歪曲篡改和抵制对抗，毛主席意欲在体制内对"苏联模式"进行"补天"的一切努力都失败了。他百折不挠的不断革命信仰和"湖南骡子"的执著个性，以及"反修防修"遏制"国家机关官僚化"的社会责任和历史使命，迫使他在古稀之年彻底放下"九五之尊大位"，做一次"最后的斗争"，发动了文化大革命！

文化大革命究竟"我是谁"？就是：毛主席掌控的继续革命国家法权，突破"苏联模式"新官僚专制体制的束缚，绕过政府官权的居中阻挠，直接与平民大众民权结成继续革命神圣同盟，对新官僚特权阶层上下夹攻，并授予民众"大民主"权利和"四大"武器（大鸣、大放、大字报、大辩论），"自下而上揭露我们的黑暗面"，以遏止国家机关的官僚化趋势。

如果说，1957年"开门整风，大鸣大放"是对"苏联模式"官僚专制进行继续革命试探的话，那么，1966年文化大革命则是突破"苏联模式"官僚专制政治体制的政治大革命。它之于人类文明进步的意义，是以往任何革命运动都无法比拟的！

只要认真回顾一下历史，看一看当时欧、美各国人民尤其青年学生对文革是如何热烈推崇、全力仿效，看一看中国复辟的新官僚阶级对文革是如何刻骨仇恨、心有余悸，看一看帝国主义政客及其走狗对文革是如何丑化诋毁、诅咒谩骂，就不难理解上述结论的真实性了。

只可惜"曲高和寡"，曾经"唤起工农千百万"的革命领袖，如今的继续革命壮举却"拥护者不多，反对者不少"。即使曾经患难与共的老战友、今日的权贵政要们，大都也是阳奉阴违，甚至公然拼死对抗。他无产阶级专政下继续革命的实践探索，不仅未能再造打天下时"敢叫日月换新天"的辉煌，而且自己被"打的粉碎"。就连妻女子侄、家人亲属也受到了"无产阶级专政"的严惩而下场悲凉。在为人民解放事业奉献了六位革命烈士之后，又奉献了多位"历史罪人"。

这种史无前例的悲剧，原因何在？后人评说纷纭。但是，有一点可以肯定：他犯了"人君"大忌，得罪了"国家柱石"——新官僚权贵这个最强大的既得利益集团。而且,他不是出于个人利害得失而采取的昏愦迷乱的"极左"盲动,而是为了共和国前途而做出的义不容辞的自觉选择。

壮哉,此公!这是何等的博大胸怀和雄伟气魄,敢问苍茫大地:上下五千年明君英主如织,谁能与伊人齐驱共饮?

第四节　个人崇拜与崇拜个人

新官僚阶级御用学者们把文化大革命诬蔑为"造神运动",不仅将其动因归咎于个人崇拜或崇拜个人,甚至,将其动机也说成是"毛泽东要搞个人崇拜,树立个人绝对权威,强化君主专制",等等。这种论调同样狗屁不通!在理论上,完全落入了历史唯心主义窠臼;在实践上,它抹杀了政治运动的阶级斗争本质,以毛主席的个人行为掩盖官僚权贵与平民大众的阶级矛盾斗争,主动迎合或被动适应新官僚特权阶级的政治需要。

要研究文化大革命,就不能不研究毛泽东;要研究毛泽东,就不能不研究个人崇拜或崇拜个人。

一、个人崇拜是人类文化进化的必然现象

懂得崇拜,亦即具有崇拜意识,是人类与其他动物的根本区别;自然崇拜——神灵崇拜——自我崇拜,这是人类从蒙昧到野蛮、再到文明的文化进化"三阶段"的重要标志(迷信,则是崇拜发展的一种极端现象)。要客观科学地认识对毛主席的个人崇拜社会现象,应当首先认清如下三个基本问题。

1. 人是自然个体与社会关系的统一体和统一过程。其中自然生命个体是显性存在的;社会关系则是隐性存在着。所以,人类对自身的认识,开始时毫无例外地都是以个体人而非群体人为对象逐步展开的。这或许就是个体本位论社会观念存在发展至今的现实基础。正因为如此,在相当长的历史时期内,绝大多数人的人类自我崇拜,不可能是群体崇拜,而只能是个人崇拜或群体代表人物崇拜。

2. 崇拜，是对崇拜对象人格内涵及其社会价值的认同与肯定，而且，也是崇拜者对某种人生价值原则的理想追求。一般来说，崇拜对象就是崇拜者的学习榜样和应然自我。在这种意义上，崇拜他人是个体人思想开放的标志，它蕴含着强烈的自我否定、自我修正意念，因而是自我创造、自我超越和自我完善的起点。而且，它还是人类"取长补短，共生共进，协同进化"的主观动因和思想基础。毫无疑问，崇拜他人不仅比不懂得崇拜的蒙昧状态高明的多，而且，比那些"老鸹讥笑猪腚黑"的自我崇拜者高尚的多！

3. 个人崇拜是客观现实，而且还将长期存在下去；越是文明程度不发达的社会就越是如此。要正确认识个人崇拜，还应区分如下两种社会现象：其一，搞个人崇拜，是一切政治专制和精神控制者共同的本质特征和政治需要，从各种宗教的上帝崇拜、神灵崇拜，到专制社会的天子崇拜、官僚崇拜，莫非如此。其二，民众自发地对个人崇拜，是检验此人重要的客观标准，民众对此人的崇拜越自发越广泛越强烈，就证明其人其行越高尚越合乎人性和民意。

如果对"人崇拜""个人崇拜""对个人崇拜"与"搞个人崇拜"等现象和概念不加分析，笼统地批判"个人崇拜"，并把它归咎于"毛泽东的严重错误"，不仅有失客观公正，而且也暴露出了概念定义混乱，更证明了思想理论浅薄。

二、毛主席——看破个人崇拜的智者

毛泽东的出身和终身角色之一是"读书人"，同样也具有中国知识分子的传统价值观念和理想追求：既具有"位尊未敢忘忧国"的爱国情怀，又怀有"达则兼济天下，穷则独善其身"的远大抱负；重理轻利，重功名轻利禄；特别爱惜自己的名节清誉。"处江湖之远"，决不随乎流俗，而是起义造反、拯民于水火；"居庙堂之上"，也决不骄奢淫逸、祸国殃民。当然，他也渴望得到人民对他的拥戴和崇拜，以此作为对自我人生价值进行社会检验的标准，并将此当作人民群众给他的最高奖赏和力量源泉。同时，作为马克思主义者，他深知领袖与群众、权威控制与信仰自主的辩证关系；希望通过提高"领袖"被民众崇拜的程度,以提高共产党对群众的吸引力和凝聚力。而且,他从不浅薄地全盘否定对别人的个人崇拜(包括孔子、"秦皇汉武"等古人以及蒋介石、斯大林等今人)。他也从不自吹自擂作态作秀,以骗取群众对自己的个人崇拜,更不会以暴力压榨或利诱收买来制造对自己的个人崇拜。

尤其是,对于普遍存在的民众对他的个人崇拜,他从未忘乎所以失去理智,是历史上少有的智者和明君。例如,在非马克思主义者面前,他从不以马克思主义者自居用革命辞藻唬人。例如,他对埃塞俄比亚皇帝说:"你是皇帝,我也是皇帝。"对于别人强加的"伟大导师、伟大领袖、伟大统帅、伟大舵手"等头衔,他说:"我只要'导师'(teacher),因为我本来就是小学教师。"对出于各种目的而鼓吹对他个人崇拜的林彪等人,他一针见血地指出:无非是"拉大旗,做虎皮""为了打鬼,借助钟馗。"他对党内存在已久的领袖崇拜不正常状态,也常常颇感苦恼,为听不到属下官员的真心话和民生的真实情况而抱怨或发火,不得不让身边的工作人员去调查了解。或者与党外贤达人士进行平等对话和双向交流,或者阅读史书向先哲前贤求理问道,以消解内心的困惑和寂寞。即使是容忍过对他的个人崇拜,也可以用"官话常用语"来解释:那只不过是为了革命需要,以民众对他的个人崇拜,弥补共产党新官僚们梦寐以求对自己个人崇拜、却又实在没有什么可崇拜的缺憾,以增加一点共产党新政权在民众心目中的威望。

三、个人崇拜之源——政治隔离与信息封锁

作为一种社会现象,个人崇拜既是在人类文化进化过程中自然形成的,又是在一定历史条件下人为制造的。一方面,在一切贵族或官僚专制时代,实行的都是政治隔离制度,政府行政和公共管理无不暗箱操作,不仅把广大民众排斥于公共管理活动之外,而且,对他们实行"民可使由之,不可使知之"的信息封锁和愚民政策。在"苏联模式"制度下,更有严格的保卫制度和保密措施,将领袖的常人生活和情感世界,用"铁幕"或"竹幕"掩盖起来,呈现给公众的是经过

严格审查和包装粉饰的政治活动与宏旨高论，俨然超凡脱俗不食人间烟火的"神仙圣人"。另一方面，由于生产力不发达，绝大多数平民大众为自身和家人的生存而日夜奔忙操劳终生；还要负担沉重的赋税，以养活上上下下、大大小小的官员们。他们既少有闲暇和能力从事文化教育等精神消费活动，更无权利和机会参与或接近政治活动。因而，在成为传统或现代文盲的同时，更成了彻头彻尾的"政盲"。隔离产生陌生，封锁造成无知；陌生与无知导致对权力及其权威的神秘感和"不可知论"。在"苏联模式"制度下，虽然领袖人物乃至整个上层建筑遥不可及，但是，其"领导一切，决定一切"的威力和影响却无时无处不在，主宰着每个老百姓的命运。于是，盲目的领袖崇拜乃至领袖迷信便油然而生，并日益浓烈起来了。

四、官僚阶级统治者——个人崇拜的制造者

个人崇拜，既是一种精神现象，更是一种政治现象；既是欠发达社会生长起来的"产物"，更是统治阶级刻意制造出来的"产品"。毫不夸张地说，任何阶级社会的所有统治阶级，无不是个人崇拜和个人迷信的制造者与推销者，共和国概莫能外。

1. 他们深知水涨船高的道理，作为"圣上"或领袖的下属，如果他成了"圣人"，他们自然就成了"七十二贤者"；如果他成了"上帝"，他们也就随之成了"天使"或"圣徒"。通过"树领袖"，可以"树自己"；"为了打鬼，借助钟馗"。这等利人又利己的好事儿何乐而不为？

2. 在心理层面上，民众对领袖的个人崇拜或个人迷信越普遍、越强烈，对领袖所代表的上层建筑及其主体人——新官僚权贵——就越敬畏、越有归属感或依附感，从而对民众的控制管理和驱赶役使就越容易。在行为层面上，民众越愚昧无知，对领袖和领导的神圣感或神秘感越普遍越强烈，对政府就越敬而远之或"畏而从之"，对政府官员及其行政行为的监督能力就越弱化、越低效。从而，越有利于大小官员们独占独享政治权力，越容易利用政治特权随心所欲、自由自在地谋取非法的经济利益，超额占有他人劳动或社会公共财富。

所以，自古至今，所有新老官僚权贵无不擅长两手：其一，不惜一切代价，推行愚民政策和欺骗宣传，宣扬政治的神圣性和神秘性，不遗余力地制造个人崇拜乃至个人迷信；并利用对"圣上"或领袖的个人崇拜，对民众进行精神控制。其二，自己对"圣上"或领袖的指示则"活学活用，各取所需"，甚至"打着红旗反红旗"。一旦旧的个人崇拜危害到他们的特权地位和既得利益，他们就断然弃之若敝履，伴以极尽诅咒诬骂之能事。同时，千方百计再制造一种新的个人崇拜乃至自我崇拜取而代之。那位"副统帅"尤其是"总设计师"不就是如此吗？

第三章 红卫兵：文化大革命先锋

在文革后相当长的时间里，复辟的官僚阶级对毛主席在民众中的崇高威望心有余悸，更担忧：如果对他个人否定太多，有可能引发无法控制的连锁反应，从而危及他们自己的权威和统治地位。因此，对文化大革命的否定和控诉，实际上成了绕过毛主席的两种政治运动：一是揭露声讨"林彪、江青两个反党集团"的罪行；二是批判清算造反派红卫兵的"打砸抢暴行"。绝大多数"受迫害"者的批判文章和讲话内容，也大都兼及这两个方面，他们笔下的造反派红卫兵，不是"篡党夺权的'帮四人'或四人帮爪牙"，就是无法无天胡作非为的"打砸抢分子"。

人们不禁要问：为什么旧中国的"五·四""一·二九"等学生运动都是爱国的，而新中国的"大鸣大放"、文化大革命和"六·四事件"等学生运动却尽干些"反党夺权、浩劫暴乱"的反革命勾当？为什么旧中国培养出来的青年学生是那样革命而"拥共"，而新中国培养出来的青年学生却如此"暴虐无道不齿于人类"？究竟是青年学生变了还是共产党变了？如果社会主义新中国竟然使原本那样革命的青年学生变得如此堕落，那么，她的伟大究竟表现在哪里？

诸如此类的问题，恐怕无人能够说明白。仅就造反派红卫兵而言，如此下场也算不得"无妄之灾"，更够不上"冤假错案"。因为，他们毕竟是文化大革命的主角之一。如果没有他们，毛主席个人不可能搞起文化大革命，更无力"把老干部整得如此悲惨"；"四人帮的反党夺权阴谋"也不可能那样一呼百应势不可挡。

正因如此，要研究文化大革命，就不能绕过文化大革命的主角和先锋——造反派红卫兵青年学生。

一、知识分子——社会理想的载体

社会的本体是人。现存社会形态和既有秩序存在的基础，是大多数人对生存状态基本满意或可以承受；而社会发展的动因和动力，则是人们对现有生存状态不满或无法承受，并要求彻底改变或部分改变，使社会生态环境更符合理性和人性。当然，这种满意或不满的根源，主要不在于善与恶、高尚与卑鄙的道德原因和精神原因，而在于实际利益与利益需求之间的比例关系。一般来说，人们的文化程度越低、知识越贫乏，其心理敏感性就越弱，而承受力则越强，从而对现状就越容易满足，甚至逆来顺受。反之，文化程度越高、知识越丰富，心理敏感性就越强，而承受力越弱，从而对现状就越容易不满，进而多有批评指摘。毫无疑问，在任何时代、任何社会中，知识分子虽然不是最贫困、最不幸的群体，但是，他们却往往是最早对社会不合理现象进行理论批判、并要求改变现状的先知先觉者。当然，他们的改革要求能否实现以及实现程度如何，则取决于他们"批判的武器"（理论批判），能否转化为大多数民众"武器的批判"（实践批判）。

另外，人的存在及其对社会环境的态度和行为方式也是多层面的：其一，利益欲望（为了生存，趋利避害）——它是一切生命体所共有的，代表着人类对物质利益和生存安全的基本需求。其二，道德理性（自利利他，共生共进）——它是人类特有的人生智慧，标志着文明发展的程度，决定着人们行为目的的合理性和行为结果的高效性。三是审美情感（摈弃丑恶，追求完美）——它既是人类本源的精神存在，也是比理性更高层次的精神存在，是真、善、美的理想动机和追求动力，决定着行为目的和结果的审美性与高尚性。

个体人，如果只会吃喝拉撒睡，而没有美好的梦想或理想追求，就无异于行尸走肉；如果总是神志不清地胡思乱想，也无异于精神错乱。同样道理，一个社会，如果只有物质的生产生活和现实利益需要，而没有憧憬未来的精神追求，就无异于"一群动物"；如果失去了对真、善、美的理想追求，不会进行理性思考，只会胡思乱想、胡说八道、胡作非为，也同样是一群愚昧野蛮的"野兽"或神志不清的"疯子"。

知识分子"文化人",正是社会机体的理性基因和审美基因,是人类面向未来追求真、善、美的社会理想载体。

他们对旧社会、旧秩序的批判主要是理论的或理性的,而且,批判的目的不仅是要彻底否定它,而是"打碎旧世界"的目的是为了"建设新世界"。或者,在批判旧世界的同时,新世界的意象或蓝图就已经朦胧地存在于心目中了。对旧秩序的批判,也是在与新秩序的比较中展开的。所以,真正的知识分子"文化人",大都不仅是旧秩序的批判者,而且是文化进化与美好理想的追求者和导向者。当然,旧世界的辩护士不在此列。因为,他们早已不是平民阶级知识分子"士",而完全异化为官僚阶级统治者代言人的"仕"了。

只可惜,自秦、汉尤其"废黜百家,独尊儒术"以来,中国的"文化人"越来越"政治家"太多而"学问家"太少了。在"学问家"中,"学得文武艺,货于帝王家"的人越来越多,而真正"达则兼济天下,穷则独善其身"的人越来越少了。在"苏联模式"的"一言堂"下,一切都"泛政治化,为政治服务",学人与学术成了政治(政府)的"驯服工具",趋炎附势、见风使舵的人越来越多,而信守"独立之精神,自由之思想"的人越来越少了。到了"邓式改开新时代",一切都"向钱看","文化人"及其学术不是沦落为官僚权贵的"包二奶",就是沦落为向国内外资本卖淫的"野鸡"。古今中外绝无仅有的胡说八道应运而生,不仅与官国彻底决裂的平民领袖毛泽东成了"十恶不赦的千古暴君",而且,空气污染的根源"不是汽车太多,而是自行车太多"……

"知识分子的堕落是社会最后的堕落"!养育着如此学人与学界的民族啊,未来希望在哪里呀?

二、青年学生——社会革命或改革的急先锋

纵观数千年中国历史,固然是一部农民起义斗争史,但是,其间秀才造反的"学生运动"也不少。而且,农民起义斗争也多是秀才们策划或参与策划的。例如,"大楚兴,陈胜王"的出土石板,只能是知识分子的杰作。再如,洪秀全是策划组织者,张良、陈平等则是参

与策划者；中国共产党发起者和领导人也莫不是"造反秀才"。历史上社会改革的鼓吹者就更是在野派知识分子"士"了，明末"东林党"是如此；清末"戊戌变法"也是从康、梁等举子们"公车上书"闹起来的；"五·四"爱国学生运动，就更是"新民主主义运动的开端"和"中国共产党的思想准备"了，进而成了中国现代史与近代史的分水岭。

毫无疑问，在知识分子"文化人"中，最积极、最活跃的当属年轻知识分子——青年学生，他们往往充当各种社会改革乃至革命运动的急先锋。因为，与成年和老年知识分子相比，他们大都具有如下四种基本特征。

1. 对"现实合理性"的苟同意识较少。他们更热衷于对未来的理想憧憬和热切追求，更富有抨击社会丑恶现象和追求完美的火热激情，革命要求更强烈。

2. 教条式理论定见束缚较少。他们学术功底不深，但却思想活跃而激烈，反叛精神更强烈。对旧秩序的批判虽然不很深刻，较少学术价值，但却"偏激"而尖锐，鼓动性或煽动性更强，更具有唤起民众的价值。

3. 阅历较浅，城府不深，顾虑较少。他们更少对得失利弊和"可行性"的权衡，因而更容易将思想付诸行动；而且，一旦行动，又较少瞻前顾后、左顾右盼的犹豫和踌躇，更具有闯劲儿和冲击性。

4. 家庭拖累和生活负担较轻。他们大都孤身一人，"自己吃饱了全家不挨饿"，生存压力较轻。所以，一旦选择了反叛道路，更容易全身心地投入，较少后顾之忧。

正由于上述原因，自古以来造反秀才就多是年轻气盛、激情燃烧、"不知天高地厚"的青年人，文化大革命也概莫能外。

三、"无产阶级专政下"知识分子的命运

共和国建国后，新的社会矛盾格局，造成了知识分子错综复杂的社会地位和历史命运。

1. 知识分子与工农民众的矛盾

知识分子的社会地位尤其是文化教育等精神地位，比工农民众优越的多。社会地位的差异，导致了思想情感和价值观念的差别，相互之间难免诸多矛盾，甚至相互鄙薄。工农民众对知识分子，一方面羡慕或敬重他们"无所不知"的学识渊博，一方面又讨厌或鄙视他们脱离实际的一味空谈。而知识分子对工农民众，一方面同情他们勤恳劳作却度日艰辛，一方面又鄙视他们愚昧落后、麻木不仁、"一身泥土，两脚牛粪"。从而导致了，知识分子的思想观念和理想追求往往脱离工农民众的现实需求。建国后，共和国《宪法》规定：国家体制是"以工人阶级为领导、以工农联盟为基础"；工农民众也往往以"国家主人"自居，鄙薄知识分子的穷酸相，经常跟着政府和官老爷们的"皮鞭＋麦穗"，盲目攻击"臭老九"。不过，他们之间矛盾的本质，是现实主义与理想主义、现实存在与未来理想的矛盾，是取长补短、优势互补、相辅相成的关系。

2. 知识分子与国君的矛盾

毛主席的双重社会角色和历史责任，决定了他对知识分子的双重要求。其一，作为不断革命论者，他把知识分子当作一支重要的革命力量。在延安时代就曾说过：我们革命队伍有两支大军，一支是"朱总司令"领导的拿枪杆子的，另一支是"鲁总司令"领导的拿笔杆子的（汇集于"鲁迅艺术学院"的知识分子）。在这方面，他要求他们：既要保持高于工农民众的精神境界和不满足于现状的现实批判精神，又要求他们不脱离群众，进而宣传发动群众起来拥护支持革命。其二，作为共和国最高统治者，他要求他们：既要承担在野派"士"批评时弊、教育群众的文化责任，又要担负原本属于在朝派"仕"（当权派）维护"无产阶级专政"的政治责任；既要宣传教育群众，又要接受"工农兵再教育"；既要义无反顾做继续革命的"圣徒"或"天使"，又要"夹起尾巴做人"，等等。如此双重要求，说起来容易，做起来却难乎其难！以至于，他们经常陷入困惑迷茫、左右为难、无所适从。

更可悲的是，自古以来，中国的知识分子大都"先天不足"。莫说"自觉觉他，救苦救难"的"圣徒"使命意识，即使"富贵不淫，威武不屈，贫贱不移"的"清流"气节，真正能言行一致者实在太少了。他们追求真求理的社会责任观念淡漠，追求功名利禄的个人奋斗意识浓烈。甚至，为了"学而优则仕"而不择手段，出卖真理、出卖人格。与毛主席"解民倒悬，救苦救难"的博大胸怀相比，精神境界距离实在太大了，难能望其项背，经常陷于因不理解而猜忌、非议。

如此一来，他们与毛主席之间的矛盾冲突就在所难免了。在1957年从"开门整风"到"反右斗争"的惊天大逆转中，因新官僚权贵居中操控因势利导，使这种矛盾冲更加严重恶化了。其实，就本质而言，作为知识分子中的一员，毛主席原本并不讨厌知识分子追求完美理想的现实批判精神，因为他自己就是旧社会的批判者和社会完美的追求者。他对知识分子感到失望的无非两点：其一，脱离工农大众，因而"墙头芦苇，头重脚轻根底浅；山间竹笋，嘴尖皮厚腹中空"；其二，脱离实际、急于求成，帮忙不多、添乱不少，甚至"帮倒忙"干扰继续革命大局。

毋庸置疑，这种矛盾属于理想与现实、合理性与可行性、理想追求与策略考量之间的矛盾，只要按照毛主席"批评与自我批评"的原则正确处理，不难"达到新的团结目的"。然而，建国以来尤其是"反右斗争"后，知识分子的文化价值受到了新官僚权贵政治需要的严重束缚。结果，他们只有维护"无产阶级专政"的责任，毫无当权派"决定一切"的权力，什么都要他们负责，却什么也负不了责。最终，连本应属于他们的思想自主和学术自由也丧失殆尽了。

3. 知识分子与新官僚权贵的矛盾

社会阶级矛盾和阶级斗争在总爆发以前，往往表现为知识分子在野派"士"与在朝派"仕"、在朝派清流与当权派豪强之间在思想领域的对立斗争。一般情况下，斗争的实质是：前者，代表平民大众弱势群体的要求，主张通过社会变革、部分改变不合理的旧制度，实现社会不断完美的理性化和人性化。后者，则代表权贵豪强既得利益集团的要求，主张彻底巩固现存秩序。新中国建国后，这种矛盾对立不仅依然存在，而且，在"无产阶级"专政条件下变得更加错综复杂了。其一，当权派经常以"工农政权"或"人民政府"的名义，压制知识分子对社会不公平现象的理性批判，挑动并组织不明真相的工农民众"大革文化人的命"，对知识分子开展愚昧批判文明、奴性压制人性、现实排斥理想的斗争。其二，当权派为了培养更多有文化的奴才或"驯服工具"，以维护其特权地位和既得利益，歪曲篡改毛主席对知识分子的双重要求，利用一切政治运动，转移斗争大方向，对他们的理想主义、现实批判精神和追求社会公平的理念等最宝贵的文化属性和社会功能，进行残酷斗争、无情打击乃至彻底消灭。

复杂的社会阶级关系和官僚专制政治体制，压制着知识分子文化价值的现实发挥，从而弱化了社会的文化内涵和文化进化。毛主席所希望和呼唤的"百花齐放，百家争鸣"之生动活泼政治局面和文化繁荣，很少真正实现过，知识分子"如履薄冰，如临深渊"的精神紧张也少有真正改变过。

但是，知识分子尤其是青年学生，从未放弃过现实的批判精神，更不可能放弃对社会公平和完美的理想追求。从而，为毛主席发动、导演文化大革命，准备好了充分而理想的人力资源或主角演员。

四、文化大革命与学术权威

在整个文革时期，许多知识分子尤其是学有所成的学术权威也是无辜的受害者。因而，被邓小平等反文革复辟势力把文化大革命诬蔑为"大革文化命"。新官僚阶级复辟后，高举"尊重知识，尊重人才"的旗帜，将知识分子阶层（造反派青年学生除外）从平民阶级中拉出去，充当了他们彻底否定文化大革命的同盟军和吹鼓手。这又是一个"特色社会"的怪现象，是一个既说不清道不明又无法回避非说不可的重大问题。

作为学人"士"，知识分子大都崇尚真理拒绝强权，崇尚自由反对专制。而文化大革命则是一场政治大革命，它将民主权力和言论自由归还给平民，发动他们利用"四大"武器（大鸣、大放、大字报、大辩论），揭露批判新官僚权贵当权派的黑暗面。就本质精神和价值取向而言,包括学术权威在内的知识分子,理应是文化大革命的积极参与者和坚定拥护者。然而,复杂的阶级关系现实,却造成了他们的"错位"和"乱道",从而造就了他们"中国特色"的特殊历史命运。

1. 向"反动学术权威"开刀

1957年,从"开门整风"到"反右斗争",是以刘、邓、彭(真)"铁三角"为代表的新官僚权贵们第一场大张旗鼓地"大革文化人的命",知识分子的现实批判精神遭受第一次致命打击。但是,他们对真理和社会公平的理想追求没有被消灭,周谷城老先生就是代表之一,其"时代精神汇合论",既是对"百花齐放,百家争鸣"社会文化生态环境的呼唤,又是对思想多元化和政治民主化的理论阐释,也是对官僚专制"一言堂"的间接批判。它的真理性价值毋庸置疑!然而,在复杂的阶级斗争现实面前,它却被严重扭曲了,被赋予了专指性的政治目的,成了新官僚官权对毛主席继续革命国家法权,进行阶级斗争的理论工具。其一,它对阶级矛盾统一性的认同和肯定,被用来掩盖官僚阶层对平民大众的政治压迫和精神控制,因而成了"阶级斗争熄灭论"的佐证,成了否定继续革命理论的工具。其二,它对自由、平等、民主等时代精神的呼唤,被利用来挑战毛主席的继续革命国家法权和"君主专制",其目的并非要人民群众的"大民主",而是要新官僚权贵内部的"小民主",亦即:无限强化官僚专制,彻底巩固"大官"们的政治特权。

对阶级斗争的这种新特点,继续革命派一度缺乏具体分析,将理论探讨混同于政治斗争;将知识分子追求社会完美的理想和理论,混同于官僚权贵反对继续革命的政治阴谋。从而,将理应是文化大革命拥护者或主力军的知识分子(包括学术权威)"士",混同于新官僚权贵彻底巩固派代言人的"仕",误把他们当成了继续革命的对象之一,进行"超学术理论"的政治大批判。难免使意识形态领域的阶级斗争扩大化,注定了文化大革命在悲壮之外又多了几分悲哀。

2. 新官僚权贵"大革文化人的命"

邓小平窃国后,众多知识分子尤其是学术权威把彻底否定文大革命当成了获得了新生的"第二个春天",其情感因素的合理性毋庸讳言。然而,在理性层面上,这实在是由于历史误会所导致的知觉麻痹和理智迷乱。

①."二月提纲"。它是刘、邓、彭"铁三角"企图扭转文化大革命方向的纲领性文件,其中最著名、最有号召力的口号是:"真理面前,人人平等!"这不正是各国各民族、历朝历代所有知识分子共同的社会理想和期望吗?然而,切莫欢呼得太早!一旦把它放到阶级斗争现实的天平上,就不难发现:正如杨献珍先生的"合二而一论"被阶级斗争和政治斗争现实所扭曲一样,这个口号的目的实指与语义能指之间并不完全相符,甚至完全不相符!"提纲"中的"人人",绝非平民知识分子"士",而是官僚权贵彻底巩固派代言人"仕"。高喊口号的目的,也绝非为了保护所有人在真理面前的平等权利和言论自由,而是要保护新官僚阶级彻底巩固派代言人"仕"免遭文革的批判。否则,如下事实就无法解释:1957年"开门整风"时,他们把"真理面前,人人平等"忘了个一干二净,抱怨或公开抵制毛主席"纵容自由化",并胁迫他将民众畅所欲言、大鸣大放的"整风运动"逆转为"反右斗争"。时隔不到九年,当毛主席要"整党内走资本主义道路的当权派"时,他们却终于想起了"真理面前,人人平等"。前后态度截然相反,其中奥妙何在?如果历史尚不能使知识分子和学术权威们明白起来,就请再看看文革现实吧。

②."横扫一切牛鬼蛇神"——转移文革大方向。运动之初"党委领导的文化大革命",不可能认真贯彻执行"五一六通知"和"十六条",不可能"放手发动群众,揭露批判走资派",而是继续采用他们惯用的"打着红旗反红旗":其一,镇压群众——发扬"反右斗争的光荣传统",对胆敢揪"走资派"的"反党分子",坚决实行"无产阶级专政"(蒯大富那样被关押的重点人物,各地区、各单位大有人在)。其目的无非是杀一儆百,震慑"与党离心离德"的民众,从而"把轰轰烈烈的文化大革命打下去"。其二,转移运动大方向——为了保护自己,"真理面前,人人平等"的神圣口号像破鞋一样被"走资派"彻底抛弃了。刘、邓等当权派利用对运动的实际控制权力,抛出了"三家村",企图把文革烈火引向"反动学术权威"。并指令各级

党委，从上到下层层搞起了"挖三家村，揪黑后台"。而所有"三家村"的村民，无不是尚保留着一点独立思考和独立人格的知识分子学人；所有"黑后台"，也无不是尚未彻底官僚化、尚保留着一点学人本色、因而有名分无实权的"文化官"或学术权威。

毛主席"炮打司令部"以后，造反派纷纷"踢开旧党委闹革命"，"走资派"对运动的控制迅速弱化。即使到了这时，他们也绝不甘心自动退出政治舞台，而是疯狂对抗毛主席"彻底批判资产阶级反动路线""对走资派造反有理"的号召，利用控制着的舆论工具，煽动"横扫一切牛鬼蛇神"，制造混乱，转移运动大方向，保护走资派。并利用政治权力，将保守派青年学生，组成"官办红卫兵"，指使他们对"黑五类"大打出手。而所谓"黑五类"或"一切牛鬼蛇神"，在"走资派"的政治词典和当时的社会观念中，就包括"资产阶级知识分子右派"！至此，两个司令部、两条路线、两个政治派别、两种运动对象的两种文化大革命——文革与"反文革"，便泾渭分明、昭然于天下了。

人民群众也因此大分化为造反派和保守派。前者，置地、富、反、坏、右"黑五类"和"学术权威"于不顾，专门把揭露批判的矛头指向"走资派"，因而，一向被当权派和保守派诬蔑为"右派翻天""与地、富、反、坏、右穿一条连裆裤"等等。彻底否定文化大革命后，他们也因此成了永远的专政对象。而后者，则坚决执行"党的指示"，贯彻彭真"将北京建成水晶城市"的经验，专门对包括"资产阶级右派"（知识分子）在内的"黑五类"，进行斗、抄、挖、赶，直至把他们驱逐出城市，发配到农村。对各级党政当权派，却是"坚决保护，誓死捍卫"。因此，自1969年"九大"后，他们就一直都是"革命事业接班人"或"新新官僚"后备军。文化大革命被彻底否定后，更是坐上了"直升飞机"，一路腾飞到了各级领导岗位，并以远远超过他们"敬爱的老领导、老前辈"的胆略和气魄，大肆贪污受贿、吃喝嫖赌，成了让"邓中央"放心的"现代化新新官僚"和"政治腐败接班人"。

面对如此明显的历史真相和客观事实，众多理应视真理为生命、明察秋毫的学术权威("学术精英")们,却充当了新官僚权贵彻底否定文化大革命的学界同盟军,把平民领袖毛泽东诅咒为"昏君,暴君"乃至"千古罪人"。……这究竟是怎么了?如果说,因为伤害了众多学人和学术权威而造成了文化大革命的悲哀和教训的话,那么,因为自己曾经受到过某些伤害,不分青红皂白跟在复辟的新官僚阶级屁股后面彻底否定文化大革命,则无论如何都像阿 Q 头上的疤癞一样,永远也成不了什么"正义与光荣",只能是"中国特色"学界和学人永远也抹不去的耻辱!

第四章 文革分析
——阶级、派别及矛盾

> 过去的全部历史是阶级斗争的历史,在全部纷繁和复杂的政治斗争中,问题的中心始终是社会阶级的社会和政治的统治,即旧的阶级要保持统治,新兴的阶级要争得统治。
>
> ——恩格斯

从文革之初起,"文化大革命是毛主席亲自发动和领导的"就几乎成了人们的口头禅;1981年以后,它更成了《决议》盖棺论定的历史结论。正是基于中国人和中国文化的这种高度概括习惯和传统,所有受过伤害的人们,不论阶级属性和社会地位如何,不论何时、何地、被何人、因何原因"迫害"过,都把"血泪账"记到了文化大革命头上,又把文革时期的一切"罪恶"统统归咎于发动者领导者毛泽东。进而,趋炎附势跟在复辟的官僚权贵屁股后面,充当了彻底否定文化大革命的同盟军。

同胞们哪,你们的独立精神和独立思想都到哪里去了?

毋庸置疑,只有当把中国文化大革命仅仅当成一个不可分割的整体时,上述口号和结论才能成立。然而,中国文化大革命并非不可分割之物,而是一个全国性的重大历史事件,几乎囊括了举国上下各个阶级阶层所有人们的所作所为。再者,自1965年11月《评新编历史剧——海瑞罢官》公开发表,至1981年6月27日通过《建国以来党的若干历史问题的决议》,"文革时期"持续了十五年又七个月,历时之漫长史无前例。作为阶级斗争和路线斗争一方的一个人(即使是"统帅"),毛主席既然是"人"而不是"神",那么,在如此广泛而漫长的历史事件中(即使"十年浩劫"),他就不可能领导一切、决定一切,更不可能领导始终、决定始终。毫无疑问,不论在空间范畴上还是在时间范畴上,文化大革命都具有可分性,直至社会最基本的元素——个体人及其每个具体行为。

客观性是科学认识论的基础,分析法是科学方法论的支柱。要正确而深刻地认识中国文化大革命,并做出客观公正的是非判断,就必须遵照科学的客观性原则和分析方法——实事求是,对当时的阶级和政治派别、阶级矛盾和派别矛盾及其发展演变过程进行客观分析。

第一节 文革的阶级和派别

文化大革命的阶级、派别和阵营

三个阶级＼两个阵营	文革派	反文革派
	继续革命阵营	彻底巩固阵营
中央顶层（国家法权）	毛司令部	刘、邓司令部
官僚阶层（政府官权）	继续革命派	"走资派"
平民阶级（国民民权）	造反派	保守派

首先,要对中国文化大革命进行空间范畴上的阶级和派别分析,认清各个政治派别及其所代表的阶级、阶层的人们在文革中都干了些什么?各自的追求是什么?从而透过纷纭复杂变幻莫测的"天下大乱",发现并确切把握中国社会的阶级矛盾和阶级斗争本质内涵。当时,不仅全国平民大众分化为"造反派"和"保守派"、整个官员阶层(或公共管理阶层)分化为"继续革命派"和"彻底巩固派",即使国家高端决策层,同样也分化为"两条路线,两个司令部"。所以,包括从中央到地方各地区、各单位在内的"中国文化大革命",其运动主体实际上包括如下两大阵营及其两条路线(文革派与反文革派)、三个基本阶级或等级及其三种权力(君权、官权和民权)、六个政治派别。整个中国文化大革命"历史新篇章",都是由他们共创造、共同书写的。

一、文革派（继续革命阵营）

毛司令部、官僚权贵继续革命派和平民阶级造反派的共性是：不满足于现状或对社会现实不满，从社会的或个人的、高尚的或卑微的理想主义立场出发，对"苏联模式"上层建筑"黑暗面"，采取批判现实主义态度，并付诸实践行动，努力改变不合理的现状。显然，这是社会发展的推动力。正是基于这种共性，构成了"君、官、民三位一体"的继续革命派文革阵营，以对抗彻底巩固派反文革阵营，反对他们为了维护既得利益而破坏继续革命的图谋。

1."毛司令部"

共和国建国后，毛主席不断革命的脚步没有停止不前，而是凭借君临天下之"势"和国家法权之"器"，加快了推动继续革命实践探索的步伐，以改革"苏联模式"不合理的上层建筑，遏制党政官员的官僚化趋势，并逐步形成了无产阶级专政下继续革命的思想理论和政治路线。

而刘少奇则主张：共产党夺取全国政权以后，中国的主要矛盾是"落后生产力与先进社会主义制度之间的矛盾"，党和政府的工作中心是要"彻底巩固民主主义新秩序"，亦即彻底巩固"苏联模式"的官僚专制政治制度和社会秩序，并在此基础上大力发展经济。

显然，后者完全符合绝大多数共产党大官——新官僚权贵——维护既得利益的主观愿望和政治诉求。因而，毛主席众多昔日的老战友老部下，越来越与他离心离德分道扬镳，转而拥护刘少奇思想及其"彻底巩固"路线，"毛泽东思想是全党全军和全国人民的指导思想"越来越名存实亡了。

正如毛主席所说："党外无党，帝王思想；党内无派，千奇百怪。"1957年从"整风运动"到"反右斗争"的逆转，同样引发了共和国决策层的"大动荡，大分化"，绝大多数政治局委员反对了毛主席"纵容自由化"的"大鸣大放"政治路线，站到了"刘少奇思想"的大旗之下（[英]迪克·威尔逊著《毛泽东》）。原本团结一致坚如磐石的领导核心——中共中央——产生了裂痕，原来思想层面的认识分歧演化为实践层面的政治路线分歧，进而演变为组织实体层面的两条路线对立。作为"全党全军和全国人民最高领袖"的毛主席不复存在了，形成了"毛、周共同体"和"刘、邓、彭（真）铁三角"两个司令部（隐形）。经过"反右斗争"和"党内反自由化倾向"斗争的考验，"刘、邓、彭铁三角"成了共产党新政权的坚定维护者，成了整个新官僚权贵既得利益集团的"精神领袖"。"毛、周共同体"却落得个"一君一相"孤家寡人的下场，只有康生、柯庆施尚追随左右。这就是共和国历史上最早的"毛司令部"和"刘、邓司令部"。

面对党政官员日益严重的官僚化现实，毛主席的认识不断深化，从1958年的"既得利益集团"，到"九评"时的"特权阶层"，直到1965年1月将其定性为"官僚主义者阶级"，并指出："官僚主义者阶级是和工人阶级、贫下中农尖锐对立的阶级……这些人已经变成或者正在变成吸工人血的资产阶级分子"。"无产阶级专政"下继续革命的对象，正是这个官僚主义者阶级！

然而，他不可能彻底抛弃"苏联模式"这个唯一的社会主义实践经验，不可能超脱"亦圣亦王"（继续革命者与最高统治者）的双重社会角色和历史使命。因此，这种"继续革命"，不再是"一个阶级推翻另一个阶级"的暴力革命，更不是要把官僚主义者阶级从肉体上消灭的铁血革命，而是要"革他们官僚化的命"，利用群众运动的"鞭子"，鞭策他们"灵魂深处爆发革命"。

显然，这种继续革命的动机慈悲而神圣，理论认识上却过分强调"犯罪"的主观因素，忽视制度缺陷等客观基础，难免脱离阶级斗争现实，尤其脱离中国政治斗争的血腥传统。从而注定了，"毛司令部"的继续革命实践举步维艰，"拥护的不多，反对的不少"，也造就了文化大革命的悲壮命运。

2. 新官僚权贵"继续革命派"（造反派干部）

也许是受当权派和保守派蛊惑宣传的影响，在很多年里，笔者对这个政治派别，一直存有某种怀疑和偏见：作为新官僚集团的一部分,他们之所以造反,究竟有多少人、在多大程度上,真正理解并接受了毛主席的继续革命思想理论呢?究竟有多少人、在多大程度上,是站在平民大众的立场上而真心追求社会公平公正呢?究竟有多少人、在多大程度上,不是瞄准了当权派的地位和权利呢?又有多少人在多大程度上,不是因为官场失意或在历次政治运动中受当权派迫害而企图"翻盘"呢?……

感谢马克思唯物史观的教诲,感谢中国传统文化"设身处地,将心比心"的换位思考方式!终于使笔者想通悟透了:任何人都不是圣人、天使等抽象人,而是处于现实社会特定位置上的具体人;社会改革的大动荡、大冲突,更不是心平气和、咬文嚼字地做文章。运动中的人们,有谁不是首先从自己特定的立足点出发,通过顺境或逆境的亲身经历来感受它,并决定站到哪一边呢?难道笔者自己不正是因为经历坎坷而对现实不满,才走上"造反"之路的吗?难道满嘴革命口号和高调的当权派,果真是为了"巩固无产阶级专政,加强党的领导",而"高尚"地血腥镇压"文革派"吗?

毋庸置疑,就"无产阶级专政下继续革命"而言,对于社会改革尤其是改革不合理上层建筑,这个政治派别的历史作用和现实价值不容忽视!要衡量和鉴别该政治派别的是非功过,同样应当遵循如下三项标准:其一,对"苏联模式"官僚专制的黑暗面,是自己带头并支持群众揭露批判,还是捂盖子压制群众?其二,对上层建筑的黑暗面,是通过学习马、列、毛的不断革命理论,将亲身感受升华为理性认识,不断将自发造反升华为自觉革命,还是永远停留在"失势即骂娘,得志便猖狂"的旧官僚水平上?其三,一旦上台成为当权派,是革故鼎新造福于民,还是"新瓶装陈酒",为了保官、保权、保地位而压制民众批评监督?

3. 平民阶级造反派

面对"苏联模式"绝对官僚专制的经济掠夺、政治压迫和精神控制,平民大众对社会现状日益失望和不满,冤怨怒"三气"与日俱增,强烈渴望进行彻底的或部分的政治改革,改变不公平、不合理的社会现状。毫无疑问,这就是社会发展的原动力。然而,这种不满情绪和改革要求，不可能同时由亿万民众异口同声地传达出来，只能是少数民权意识的先觉者和勇敢分子首先挺身而出，向新官僚阶级的专制统治和政治压迫发难，进行合法的或非法的阶级斗争，以争取人性解放、思想自由、命运自主和社会公共事务民主。这类人，在1957年"反右斗争"中被称为"右派"，在1966年文化大革命中被称为"造反派"，在1989年"六四事件"中则被称为"动乱分子"。

文化大革命中尤其是被《历史决议》彻底否定后，在复辟的官僚阶级及其同盟军的口诛笔伐中，所有造反派无不成了"胡作非为、无恶不作、迫害干部、篡党夺权"的"打砸抢分子"，无不成了"私欲膨胀、权迷心窍、争权夺利的官儿迷无赖和跳梁小丑"。这种无耻谰言足以证明，他们完全堕落成了古代封建官僚阶级的孝子贤孙，完全继承了老祖宗的腔调，诬蔑改革派官员是"乱党"，诬蔑反抗官府的民众是"暴民"，诬蔑农民起义军是"反贼"，等等。任何稍微有点理智会独立思考的人，只要不是顽固坚持新官僚阶级的立场，而是站到平民阶级和整个中华民族的立场上，就不难洞彻其颠倒黑白的反动伎俩。

另外，还应当指出如下几个问题。

①．就绝大多数造反派而言，他们"迷心窍"并渴望得到的权，并非国家法权和政府官权等社会公权，而是原本属于国民大众自己的、却被新官僚阶级剥夺殆尽的人权和民权。

②．即使少数"坏头头儿官迷"争夺权利的行为，固然根源于"升官发财"的官本主义习惯势力，但是，新官僚权贵17年的言传身教也功不可没。面对他们为了消除丢官丧权的危险，疯狂镇压"右派"（1957年）；面对他们为了保官保权，故伎重演疯狂镇压造反派（1966年）；面对他们像乌眼鸡似的争权夺位，对本党同志、同僚痛下杀手。……连傻瓜都会受到启发：当官儿掌权或许真是头等重要的大好事！凡是稍有正常理智的人们怎能不虚心学习"领导"们的"光辉榜样"？须知，"以吏为师"是中国数千年的光荣传统啊！

③．党政官员们，一边高喊"为人民谋幸福"，一边千方百计以权谋私，侵夺国家和国民的合法权利。当平民阶级要把原本属于自己

的合法权利讨要回来时，反倒成了"争权夺利"十恶不赦的"罪恶"，这就是他们的公平公正！

④．马克思主义的革命灵魂就是号召工人阶级"自己解放自己"，中国共产党（昔日的造反者）正是这样的典范。然而，一旦成了执政党当权派，为什么只准自己"获得整个世界"，却不准平民百姓"打碎身上的锁链"呢？

⑤．毫无疑问，造反派不是顺民、良民或"驯服工具"，而是专爱与领导找麻烦的"不良分子"，这恰恰标志着他们是民权意识和民主精神的先觉者。假如国民大众都能如此，而且不被"邓大人"修正主义国家法权彻底否定，今天的贪污受贿、权钱交"持权抢劫"等政治腐败和公权犯罪，何至于猖獗横行到如此地步？

二、反文革派（彻底巩固阵营）

"刘、邓司令部"、官僚权贵彻底巩固派（当权派）和平民阶级保守派的共性是：对现状或社会现实比较满意，从社会的或个人的、高尚的或卑微的现实主义立场出发，对"苏联模式"个上层建筑，采取完全或基本肯定的态度，对于"恶毒攻击"的异类言论和"反党乱政的反革命阴谋"，一律坚决、彻底、干净、全部地消灭，以誓死捍卫执政党的或个人的既得利益。显然，这是社会秩序的稳定力。正是在这种共性基础上，形成了"君、官、民三位一体"的彻底巩固派反文革阵营，以对抗继续革命派文革阵营的"极左错误"、"篡党阴谋和反党罪行"。

1．"刘、邓司令部"

作为"毛司令部"的对立物，它同样是形成于1957年从"整风运动"到"反右斗争"的大动荡、大分化中，是新官僚权贵反对并抛弃毛主席继续革命路线（"纵容自由化"）的结果。对它有必要强调如下几点。

①．其形成时间早于"毛司令部"。这种判断，虽然没有现实的史料根据，却有充分的逻辑依据：如果不是遇到了强大的、无法克

服、无法绕过的障碍，致使继续革命思想主张和政治路线无法贯彻下去，像毛泽东这样"猴儿气"十足的智者和政治家，怎么可能放着"全党的主席"不当，非要去当"大闹天宫"的"造反司令"呢？

②．因为它完全代表了党政新贵们维护政治特权和既得利益的政治要求，所以得到了举国上下几乎整个新官僚阶级的竭诚拥护和坚定支持，真可谓一呼百应、众志成城，社会基础稳固，骨干力量坚挺。

③．它在思想理论、政治路线和行为实践上，没有"毛司令部"那样的两难选择困境，而是一切都顺理成章：为了"彻底巩固民主主义新秩序"（实则彻底巩固新官僚阶级的特权利益），对于一切胆敢"妄图推翻共产党领导的反动言论和行动"，就是要坚决镇压、彻底消灭。因而，一旦行动，就如泰山压顶、势如破竹，摧枯拉朽、彻底干净。

④．就当时党内"反自由化斗争"中的公开表现而论，最敢于触犯"逆鳞"而砥柱中流者当属彭真。从而证明：彭真并非稳坐中军帐、运筹帷幄的统帅，而是冲锋陷阵、攻城略地的战将。

⑤．作为毛主席一手培养起来的接班人，刘少奇"党性很强"，对毛主席还心存感激或敬畏。或者，羽翼未丰，无力对毛主席痛下杀手、取而代之，只是想纠正其"纵容自由化"的错误路线。在反对继续革命的实践行动上，多是遮遮掩掩"打着红旗反红旗"，在执行过程中另搞一套。

⑥．邓小平则流氓成性，他汲取了刘少奇的惨痛教训，毫无遮掩地彻底否定毛主席的继续革命国家法权，全面复辟"苏联模式"的官僚专制政治制度，并以自己"太上皇专制"取代毛主席"君主专制"，不仅自己成了"特色社会主义开创者"，荣膺"改革开放总设计师的"盛名，而且，为子孙后代乃至整个新官僚阶级，开创了持权抢劫先富起来的"新时代"。

2. 新官僚权贵"彻底巩固派"（"走资派"）

对于这个政治派别，在第二章中论述已经相当充分，此处只想强调：他们不仅是文化大革命真正的制造者或"成因"，而且，在中国文化大革命的绝大多数时期，他们都是真正的主力军和主宰者。其一，正是他们的愚昧野蛮胡作非为，人为制造或扩大了社会主义上层建筑的黑暗面，激化了各种社会矛盾，从而为文化大革命奠定了坚实的现实基础。其二，正是他们贪婪本性和骄横无度的"暴发户"心态，使他们不仅拒绝接受毛主席"两个务必"的劝告，而且顽固对抗毛、周反对官僚主义、整顿党政作风的继续革命路线，使把毛主席逼进了两难选择的死胡同，从而为文化大革命准备了发动者及其主观动因。其三，正是他们在运动中死死抓住官权和既得利益不放，不断变换花样负隅顽抗，复辟后又以"百倍的仇恨，疯狂的热情"，对毛主席继续革命路线和文革派进行反攻倒算，从而创造并书写了纷纭复杂、起伏跌宕、血雨腥风、了犹未了的"文化大革命历史新篇章"。

3. 平民阶级保守派

他们是传统而标准的中国人，是官僚阶级心目中的良民或模范公民。他们的共同特征是：在思想上或精神人格方面，现实主义总能战胜理想主义；在实践上或行为人格方面，奉行安分守己的顺民主义或奴隶主义，组织观念比较强烈，甘心或被迫跟着官僚权贵的"皮鞭+麦穗"走。

①. 保守派普通群众。在思想上，他们信仰"民不与官斗""平安是福"的祖训，习惯于"人家咋活咱咋活呗"。在行动上，从众心理浓重，习惯于随大流依附强者，以避免政治强权的皮鞭抽打到自己孱弱的身上。

②. 保守派头头儿。在思想上，他们信仰"背靠大树好乘凉""听话的孩子有好好儿吃"。在行动上，受趋炎附势心理支配，习惯于唯命是从跟着当官儿的（强权者）走，看着领导的眼色行事，以求"多弄俩麦穗吃"。在"反右斗争"和文化大革命之类的社会大动荡来临时，正是他们与"右派"和造反派价值观念、精神人格和行为人格的差异，成了平民阶级分化和对立的内因基础。

当然，笔者对他们毫无鄙薄之意，而是深为同胞感到悲哀。因为，他们之所以奴性十足,并非人性本恶生来如此,而是新老官僚阶级前仆后继、鞠躬尽瘁、呕心沥血创造出来的"杰作"。

数千年来,在贵族或官僚专制政治压迫和精神控制下,平民百姓的民权意识和自主能力被窒息扼杀殆尽。尤其是,与美好理想和大道正义相比,社会现实的教训和驯化能力强大的多有效的多。从商鞅到"戊戌六君子",从黄巢起义到太平天国,一茬又一茬"乱党"被车裂、斩首或凌迟,一批又一批"贼寇"人头落地、祸灭九族……真可谓尸骨如山、血流成河!除了少数几个勇敢分子亡命之徒之外,还有多少"贱民"能不胆战心惊俯首帖耳呢?

第二节 文革的阶级、派别矛盾

上述两个阵营、三个基本阶级及其三种社会权力(国家法权、政府官权和国民民权)、六个政治派别之间,形成了错综复杂的十五对阶级矛盾和政治派别矛盾,其中主要是如下三大类、十三种矛盾。

文化大革命的阶级和派别矛盾

中央顶层:　　　　毛司令部　　　　　刘、邓司令部

官僚阶层:　　继续革命派　　　　　　　彻底巩固派

平民阶层:　　　　　造反派　　　保守派

一、错综复杂的矛盾

共和国的阶级矛盾和社会矛盾原本就错综复杂,在文化大革命中,毛主席"最高统治者"与"继续革命者"的双重社会角色以及"反帝"与"反修"的双重社会责任,使原本就错综复杂的阶级和派别矛盾更加错综复杂了。

自共和国建国之时起,毛主席就同时兼具双重社会角色和社会责任,既是继续革命者,又是最高统治者,有网友称之为"亦圣亦王"。他所掌控的国家法权也同时兼具两项社会责任和历史使命——"反帝"与"反修"两面大旗同时并举。

①. 面对帝国主义列强的军事包围、经济封锁和武装干涉,必须高举"反帝"大旗,巩固人民民主专政或无产阶级专政,以保卫国家安全、维护国家主权,从而维护社会安定,确保人民安居乐业。

②. 面对执政党新统治者屡禁不止的官僚化趋势,面对共和国新政权蜕化变质的危险,为了避免重蹈苏联"卫星上天,红旗落地"覆辙,必须高举"反修"大旗,不断改革"苏联模式"不合理的上层建筑,直至发动人民群众对"官僚主义者阶级""造反有理"。

这或许就是文化大革命——"无产阶级专政下继续革命"的初衷和真谛。可惜,绝大多数文革派(包括中央文革小组主将们),对"无产阶级专政下继续革命"的真谛同样有个认识过程,难能准确把握"反修"与"反帝"继续革命与"无产阶级专政"前提条件的辩证统一关系,致使与最高统治者毛主席之间的矛盾冲突时有发生。

二、同级异派(两个阵营、两条路线)矛盾(3种)

矛盾双方处于同一等级(阶级)的社会地位上,价值观念与政治主张(路线)却根本对立。

他们一旦公开冲突便势不两立,正所谓两条路线斗争没有调和的余地,"不是东风压倒西风,就是西风压倒东风"。同时,相互间是"棋逢对手,将遇良才"的平等较量;一旦胜负分明,政治派别的对立性也容易化解于阶级的统一性之中,胜方对败方也不失起码的尊重,正是"同声相应,同气相求"。

1. 国家顶层(决策层):毛司令部与刘、邓司令部的矛盾

它是国家决策层内部两条道路、两条路线的矛盾,是平民阶级与新官僚阶级矛盾的集中体现。毛主席要对"苏联模式"不合理的上层建筑继续革命;而刘、邓则要"彻底巩固民主主义新秩序",实则彻

底巩固新官僚阶级的既得特权利益，矛盾不可避免。它最初形成于1957年从"整风运动"到"反右斗争"的大动荡、大分化、大逆转中。"毛、周联盟"发动"百花齐放，百家争鸣"的开门整风运动，希望借助党外人士和人民群众的力量，揭露批判党政领导者的官僚主义。结果，以彻底失败而告终。毛、周因为犯了"包庇纵容自由化"的严重错误，而受到党内质疑和批评，被迫交出一部分权力。而刘、邓、彭"铁三角"则坚持"彻底巩固新政权，彻底巩固党的绝对领导"，坚决抵制毛、周为代表的"党内自由化"倾向，坚决反击"右派分子"的猖狂进攻，获得了全面胜利。刘少奇也赢得了全党的坚决拥护，成了整个新官僚阶级的政治代表和精神领袖和"国家元首"。

2. 新官僚阶级：继续革命派与彻底巩固派的矛盾

它是新官僚阶级内部的矛盾：继续革命派官员（大都是非当权派或非主流派）不满足于现状，要求打破既有的官权分配格局，实行官权再分配；而当权派官员为了维护既得利益，则要坚决维护既有的官权分配格局（当然，此论是仅就大多数官员而言的，并不否定确实存在着江青、张春桥、戚本禹等真正理解、接受毛主席继续革命路线的官员）。这种矛盾的产生根源和形成时间，与"矛盾一.1"基本相同或相似，而且，基本上或完全从属于"矛盾一.1"。

因为，在中央集权制国家或历史时期，如果没有最高领袖或国君之国家法权的支持和保护，官僚阶级改革派根本就不可能分化出来；即使分化出来了，也难免被淹没在整个官僚阶级的汪洋大海里，甚至遭到正统派或守旧派的残酷镇压。即使在国君卵翼下实行了改革，一旦国君驾崩或转向，不仅"新政"尽遭罢黜，改革派本人也大都沦为"乱党"而身败名裂。从"商鞅变法"到"王安石新政"，从"戊戌维新"到文化大革命，历朝历代所有真正的社会或政治改革无一例外。

3. 平民阶级：造反派与保守派的矛盾

它是平民阶级内部的矛盾，是开始觉醒的民权意识、民主诉求与顺民心态、奴隶主义传统习惯势力的矛盾。共和国建国后，它主要有两种表现形式：其一，就整个社会而言，表现为以老党员、老工人、老模范等为代表的工农大众的现实主义与知识分子（民权意识先觉者）理想主义之间的矛盾，本质是传统与现代、奴性与人性的矛盾（当然，代表被推翻的国内外敌人之政治要求、以颠覆共和国社会主义制度为目的的极少数右派分子不在此列）。此类矛盾在 1957 年"反右斗争"中表现得比较明显。其二，就具体地区或单位而言，则表现为"积极分子"与"落后分子"、党的"驯服工具"与"不安分刁民"之间的矛盾，其实质是民权与官权、"民主"与"官主"的矛盾附属。此类矛盾在文化大革命中表现得尤为突出。

它类似于资本主义社会初级阶段工人罢工斗争与黄色工会的矛盾。不论是其形成的因与缘，还是发展的业与果，它都完全从属于"矛盾一.1"和"矛盾一.2"。最终，沦落为刘邓"彻底巩固"国家法权和走资派官权与平民阶级民权之间矛盾斗争的附属物。因为，"无产阶级专政"前提条件对民权具有内在的排斥性，绝对不允许平民阶级成为独立的政治势力，更不允许他们采取独立的政治行动，只能绝对听命服从于国家法权和政府官权。尤其是，如果没有继续革命派的国家法权保护和政权支持，不要说造反行动，即使是异类言论和不同政见，也早已像 1957 年的"右派"那样，成为"无产阶级专政"对象，被完全、彻底、干净、全部地消灭了。

三、异级同派矛盾（4 种）

矛盾双方虽然政治主张相同或相似，但是，政治派别的统一性永远也不可能掩盖或取代阶级矛盾的对立性。因为它是同一阵营中"兄弟阋于萧墙"的内部矛盾，所以，你死我活、不共戴天的对抗性也相对较弱。然而，在中国这种"苏联模式"专制主义政体下，一切是非曲直、黑白善恶乃至成败存亡，都是由地位高低和权力大小来决定的，大权在握就是真理在手。所以，他们之间一旦发生冲突，便成为不对称或不平等较量，胜负不言自明，毫无悬念可言。

1. "毛司令部"与官僚阶级继续革命派的矛盾

这种矛盾的本质是：毛主席之"最高统治者"国家法权与继续革命官员之官权的矛盾。是"统帅"之全局与"将领"之局部的矛盾，是继续革命大目标与阶段性策略的矛盾，是革命必要性与政治可行性的矛盾。其产生根源则是：继续革命派官员片面强调"反修"和"继续革命"；而毛主席则要"反修"与"反帝"、"继续革命"与"无产阶级专政"同时兼顾，为了保住国家法权这个"权力杠杆"以推动继续革命，不得不坚守"无产阶级专政"这个前提条件。

它在1957年从"整风运动"到"反右斗争"的大动荡中起于青萍之末；在1966年文化大革命错综复杂的政治派别关系和政治斗争中，则几度"偶尔露峥嵘"。最突出的表现莫过于：王力、关锋、戚本禹因为"揪军内一小撮走资派"，而被"毛司令部"彻底抛弃。"九大"后，毛主席为了应对"苏联社会帝国主义"的军事威胁，不得不暂停继续革命步伐，以恢复秩序、稳定大局，从而将国家法权的砝码，押给了林彪为代表的武官，抛弃了夺权最早的山东、山西、贵州、黑龙江等省革委会新当权派。他对"四人帮"恨铁不成钢地善意而严肃的批评，则是这种矛盾夕阳西下前的最后一瞥。

2. "毛司令部"与平民阶级造反派的矛盾

这种矛盾的本质是：毛主席的最高统治者国家法权与平民阶级民权诉求的矛盾。是领袖与群众的矛盾，是集中统一与民主自由的矛盾，是"无产阶级专政"前提条件与"继续革命"要求的矛盾。"最高统治者"毛主席，要求"反修"与"反帝"同时兼顾，继续革命要服从国家安全、置于无产阶级专政前提条件之下。而平民阶级造反派（尤其是激派或极左派），则要求彻底"打碎旧世界"。矛盾无法避免。

它与"矛盾二.1"产生的根源、形成的时间基本相同或相似，主要差别则在于：平民阶级造反派与官僚阶级继续革命派相比，在思想观念上，他们更不认同和尊重"无产阶级专政"前提条件，要求彻底废除官僚专制（不论称"党委会"，还是称"革委会"），实行"群众说了算"的彻底"大民主"。在行为实践上，更不认同和尊重"政策和策略是党的生命"，更倾向于：凡是不符合自己理想诉求的，就"怀疑一切，否定一切，打倒一切"。因而，他们与"毛司令部"之间的矛盾冲突性更明显而尖锐。"极左"与"极右"互为因果，官僚阶级彻底巩固派终于等到了翻盘的机会，借"反极左"之名，行否定毛主席继续革命路线之实。平民阶级造反派也因此而遭遇悲惨厄运：身败名裂、身陷囹圄，甚至身首异处。1957年的"右派"是如此，文革中上海"红革会"、东北"炮轰派"、山东"山工联"同样是如此。

尤其是，毛主席"亦圣亦王"的双重社会角色及其双重社会责任决定了，文化大革命只能是"无产阶级专政条件下的继续革命"。它要求：既要继续革命，又不能"彻底打碎旧世界"；既要"固无产阶级专政"，又不能"彻底巩固"。如此继续革命，实践起来何其困难！任何人都无力把握一个准确的度，难能保证所有行为都合理合度。"最高统治者"毛主席与平民阶级造反派的矛盾冲突在所难免。

3. 官僚阶级继续革命派与平民阶级造反派的矛盾

这种矛盾的本质是：官僚阶级继续革命派官权与平民阶级造反派民权的矛盾。其根源主要有二：其一，中国的官僚专制延续了数千年之久，"苏联模式"政治体制下，新官僚阶级继续革命派的专制主义习惯势力，与平民阶级造反派民权意识和民主诉求之间的矛盾在所难免。其二，平民阶级造反派大都不懂得"不断革命论与革命发展阶段论相结合"，片面强调"继续革命"，无视"无产阶级专政"前提条件，对官僚阶级继续革命派"巩固阶段性既得利益"，不认同甚至坚决反对。虽然，双方在反抗"旧党委"当权派的政治压迫中，立场观点是一致的，但是，政治派别的统一性同样掩盖不了阶级差别的对立性。这种矛盾，在"向走资派夺权"的斗争中，以及"革委会领导的文化大革命"阶段，表现得尤为突出。只要大众民主政治体制一天不建立健全，只要平民阶级造反派一天不真正成熟起来，这种矛盾就不会真正缓解。

旧当权派打倒了，各级革命委员会建立了，除了几个群众组织代表成了革委会成员而有权参政以外，大众民主或人民民主政体却并未真正建立起来，在"坚持一元化，反对多中心"政令下，群众组织被"边缘化"，取消了参政议政权利，甚至被迫解散。政府决策依然是"领导干部"或"军代表"长官（或"一把手"）说了算，社会公共事务依然是"当官儿"的说了算。为了巩固已经到手的"胜利成果"，革委会新当权派虚心向他们的老前辈（"党委会"老当权派）学习，依然片面强调秩序稳定，排斥压制不同意见。对于平民阶级的"造反派脾气"，一改昔日"热烈欢呼，坚决支持"的态度，采取高压控制甚至无情打击。而造反派的政治素质又太稚嫩了，不懂得社会改革发展的常态是渐进式的量变改良，不懂得"只有存在，才能发展；只有站稳脚跟，才能继续前进"的道理，不懂得无产阶级专政下的继续革命并非"一个阶级彻底推翻另一个阶级"的农民起义和工人暴动，不懂得在"无产阶级专政"条件下，利用法律政策开展合法斗争。因而，经常犯无政府主义、绝对自由主义等"左派幼稚病"，以至于"狐狸没打着，反惹一腔臊"。

4. 官僚阶级彻底巩固派与平民阶级保守派的矛盾

这种矛盾的本质是：官僚阶级彻底巩固派官权（专制主义威权）之反人性本质与平民阶级保守派主体人能动性之间的矛盾，公职公权有限性与"接班人"权利诉求无限性之间的矛盾。其一，自古至今，各级官老爷从来不把下级官吏当作平等的主体人看待，只是把他们当作手中的"驯服工具"或"办事衙役"，更何况保守派平民大众。其二，当权派控制指挥保守派头头儿的主要手段无非两种：一是权力"大棒"威胁，诸如"批评教育""组织处分"等等；二是利益"麦穗"诱惑，诸如"重点培养"、封官许愿等等。前者难免造成抵触和对立，后者则难免捉襟见肘。因为，任何社会，当官儿的只是极少数，官位数量有限；而渴望当官儿的却大有人在，正所谓僧多粥少、狼多肉少、供不应求，矛盾不可避免。这就是官僚阶级彻底巩固派与平民阶级保守派头头儿之间矛盾的根源。

文化大革命曾一度出现过有趣的现象："刘、邓司令部"被打倒了，"毛主席党中央"又坚决支持造反派，保守派成了"晚革命或不革命"，保守派头头儿更是因为"站错了队"而眼看着断送了锦绣前程,"革命事业接班人"的希望与梦想眼见得要化为泡影。怪谁呢？只能怪罪于蒙蔽利用他们的当权派！于是，极度的失望和屈辱化为满腔怒火和切齿痛恨，一改昔日的"无限忠于，誓死捍卫"，以十倍于造反派的仇恨，对早已"被打翻在地"无职无权的旧当权派，采取了"暴烈的革命行动"。从而，使这种矛盾激化到了空前的程度，这或许也是文化大革命史无前例的"罪恶"之一吧。

文革被彻底否定后，多亏邓小平开创了"第二个春天"，通过多次大幅"提拔重用年轻干部"，终于使这种矛盾得到了缓解。

四、异级异派矛盾（6种）

这类矛盾最为错综复杂尖锐激烈。其一，矛盾双方社会地位尊卑贵贱的差别悬殊，强权一方根本不把弱势一方当作平等的对手，而是看作"犯上作乱的罪犯"；对他们既怀有因政见分歧而导致的敌视，更有因自身尊严被下等人冒犯而激起的羞愤和暴怒。因而，它既具有政治斗争的尖锐性，更具有阶级斗争的残酷性，是真正的"势不两立"。

1."毛司令部"与官僚阶级彻底巩固派的矛盾

这种矛盾的本质是：毛泽东继续革命派国家法权与官僚阶级"彻底巩固"派官权的矛盾。毛主席及"毛司令部"要继续革命，部分改变既有的政治权利格局；新官僚阶级彻底巩固派要维护既得利益，并不断谋求更多更大的特权利益，两者之间的矛盾不可避免。它几乎与共和国同时产生，经过毛主席发动的"三反""新三反""开门整风，大鸣大放"等运动，直至文化大革命，这种矛盾完全成熟为两个阶级、两条路线不可调和的对抗性矛盾了。

矛盾之初，身为"最高统治者"的毛主席，当然根本用不着搞孤家寡人的"毛司令部"；其继续革命思想也仅仅表现为他个人的思想主张和实践探索的初级阶段。同时，新官僚阶级的政治需要和行为实践，也大都仅仅表现为官僚主义（新官僚阶级初级阶段）。因此，他们之间的矛盾，尚算不得严格意义上的派别矛盾或阶级矛盾。然而，到了1957年从"整风运动"逆转为"反右斗争"时，这种矛盾也发生了质的变化。党中央决策层由思想分歧演变为政治派别对抗，形成了刘、邓、彭"铁三角"与毛、周"共同体"两个司令部和两条路线的对立。整个新官僚阶级不同观点的人们，开始纷纷向各自选定的司令部靠拢，在各自的政治路线旗帜下聚集起来，开始采取统一的政治派别行动。从此，两大政治派别诞生了。官僚阶级彻底巩固派与"毛司令部"继续革命路线之间的矛盾冲突也随之由自发自在的不同意见或思想分歧，发展成为自觉自为的政治派别矛盾乃至阶级矛盾。文化大革命时机一到，它便以"破坏性冲突"的方式彻底爆发出来。

2. "毛司令部"与平民阶级保守派的矛盾

这种矛盾的本质是：毛主席继续革命国家法权之民权基础需要与平民阶级民权意识弱化、安于现状之奴性之间的矛盾，继续革命之批判现实精神与维持现状之社会惰性的矛盾。

任何社会改革都是对现存秩序和固有平衡的破坏，"改革不合理的上层建筑"更是对新官僚阶级特权地位和既得利益的限制和侵夺，必然地遭遇到他们的拼死抵抗，从而导致社会动乱。作为弱势群体，平民阶级大多数更习惯于安贫乐命逆来顺受"民不与官斗"。因为，社会动乱为他们提供的发展机遇远远小于对他们的祸害。所以，他们虽然也渴望社会改革能带来更多的公正与公平，但却不愿意承担变革所带来的风险，宁愿继续安分随时维持现状。此即平民阶级保守派的思想根源，它对于毛主席继续革命实践，无疑是一种社会惰性力，只能成为彻底巩固派对抗继续革命的社会基础。至于少数从"走资派"那里得到了（或渴望得到、自以为得到）"一杯羹"的保守派头头儿，他们的态度就更可想而知了。

与上一种矛盾（矛盾三.1）一样，它始于1957年"整风运动"和"反右斗争"中，主要表现为老党员、老工人、老模范、积极分子等对"右派"（知识分子）的愤怒和反击。在知识分子之理想主义反抗新官僚权贵专制主义的斗争中，他们第一次充当了新官僚当权派的同盟军，自己却浑然不知：他们在把"右派"分子"脏水"泼掉的同时，也把毛主席继续革命实践的"婴儿"一起泼掉了。在相当长的时期内，这种矛盾只不过是"毛司令部"与官僚阶级彻底巩固派国家法权及政府官权矛盾的附属物。

然而，在文化大革命中，尤其"毛司令部"公开支持平民阶级造反派之后，这种矛盾越来越明朗清晰起来，并迅速由自发自在而升华为自觉自为。典型代表，莫过于"武汉7·20事件"中"百万雄师"与"毛司令部"剑拔弩张拼死对抗。还有，不论是文革中"无限忠于党委书记"却不拥护党中央主席，甚至对毛主席怀疑抱怨抵触非议，还是毛主席逝世后对他极尽诋毁谩骂，都是这种矛盾的病态化表现，并成了复辟的官僚阶级"反毛非毛"的社会基础。

3."刘、邓司令部"与官僚阶级继续革命派的矛盾

这种矛盾的本质是：彻底巩固派之官僚专制主义国家法权与官僚阶级非实权派希望改变现实的继续革命诉求之间的矛盾。不论其表现形式还是产生根源以及形成时间，它都与"矛盾一.1"基本相同或相似，最突出的爆发有两次。

①."反右斗争"取得彻底胜利之后，"毛、周共同体"因为犯了"纵容自由化"的政治错误，只能"夹起尾巴做人"。以刘、邓、彭"铁三角"为代表的"党中央"，又在党员干部队伍（新官僚集团）中开展了"党内反自由化倾向"（"反右补课"）运动，所有对党政各级当权派（"一把手"）三心二意、离心离德的知识分子"清流"党员干部，以及由于种种原因与当权派不合流的"异类"，一律被视为"阶级异己分子"，毫无例外地受到了党内"大扫除"的关照，被扣上"右派分子"帽子，统统打入"慎重使用，不可重用"的另册，甚至被"双开"（开除党籍政籍）。从而，为后来的文化大革命准备好了一大批造反派干部后备军。

②．文化大革命被彻底否定后，"以邓小平为核心的第二代领导集体"，又一次对造反派党员干部进行了彻底清查和严肃处理，并明文规定：文革前入党的造反派头头儿——包括一大批各级领导干部——则一律"开除党籍，清除出党"。

4. "刘、邓司令部"与平民阶级造反派的矛盾

这种矛盾的本质是:彻底巩固派之官僚专制国家法权与平民阶级之民权觉悟及民主诉求之间的矛盾,是官僚专制与人民民主或大众民主之间的矛盾。

5. 官僚阶级彻底巩固派与平民阶级造反派的矛盾

这种矛盾的本质是:彻底巩固派政府官权与平民阶级民权之间的矛盾,是官僚专制与人民民主或大众民主之间的矛盾。

上述两种矛盾,在1957年"反右斗争"中爆发了第一次大冲突:彻底巩固派之官僚专制国家法权和党政官权同仇敌忾,对平民阶级的民权觉悟和民主诉求进行了共和国历史上第一次血腥镇压。"大鸣大放,开门整风"的发动者毛主席,希望借助民权遏制官僚化,结果却落了个"对右派分子引蛇出洞"的骂名!在长达十五年又七个月的文化大革命中,这两种矛盾冲突起伏跌宕,接连不断爆发了五次,平民阶级造反派的民权意识和民主诉求也被残酷地血腥镇压了五次。最终,以彻底巩固派之官僚专制国家法权和党政官权全面复辟而"功德圆满"。

6. 官僚阶级继续革命派与平民阶级保守派的矛盾

这种矛盾与"矛盾三.2"基本相同或相似,其本质是:官僚阶级非实权派干部之继续革命官权与平民阶级保守派之安于现状之惰性之间的矛盾。造反派干部要继续革命"打碎旧世界",强烈要求平民阶级民权提供社会基础支撑。然而,历尽数千年官僚阶级的残酷镇压,平民阶级保守派的民权觉悟却极端弱化,为了明哲保身而苟且于旧秩序的习惯势力,矛盾不可避免。然而,在最早夺权(真正造反派夺权)的省、市、自治区,随着革委会新政权渐渐稳固下来,又出现了另一种有趣的怪现象:官僚阶级继续革命派与平民阶级之间的矛盾关系发生了悄悄的变化。其一,继续革命派(革委会新当权派)与平民阶级保守意识之间的统一性日益占据主导地位;保守派民众纷纷承认新现实、归附新领导,成了革委会领导的文革之社会基础。其

二，革委会新当权派与平民阶级"造反派脾气"之间矛盾的对立性日益占突出，不断发生隐性摩擦乃至公开对抗。最终，以"造反派脾气"屡受批判或镇压而宣告结束。

所有这些政治派别的矛盾，都是阶级矛盾的具体表现，都掩盖着经济、政治、文化等社会地位的差别或对立。在长达15年又7个月的文革时期，它们此消彼长交替登场，构成了不同的发展阶段，演绎出了文化大革命全部历史，真可谓错综复杂、波澜壮阔，你死我活、血雨腥风……

第五章　阶级矛盾和阶级斗争

文化大革命是毛主席继续革命路线由思想认识走向实践探索的必然结果，是马克思主义阶级斗争经典理论在"无产阶级专政"条件下的复活和具体运用。新官僚阶级政治精英和学术精英们深知：要想彻底否定文化大革命，就必须彻底否定毛主席继续革命理论；要想彻底否定毛主席继续革命理论，就必须首先彻底否定"无产阶级专政"下的阶级、阶级矛盾和阶级斗争。正是基于这种逻辑判断，复辟的官僚阶级对平民阶级民权诉求进行了血腥镇压的大规模阶级斗争之后，又极力否定阶级、阶级矛盾和阶级斗争理论和现实。

因此，当代中国社会究竟还存在不存在阶级、阶级矛盾和阶级斗争？存在不存在官僚阶级（上层建筑）对平民阶级（社会基础）的经济剥夺、政治压迫和精神控制？成了对中国社会现实最重大的基本认识问题，成了深化社会改革尤其政治体制改革、促进现代化发展的首要认知前提。

第一节　阶级斗争现实无法掩盖

毫无疑问，迄今为止任何等级化社会都存在着阶级、阶级矛盾和阶级斗争，当代中国也概莫能外。共和国建国后，国民党官僚阶级被推翻了，地主阶级、资本家阶级被消灭了，旧的阶级矛盾随之消失。然而，新的阶级矛盾又产生了，这就是新官僚阶级与广大平民阶级的矛盾斗争。而且，共产党新政权一旦彻底巩固下来，这种新的阶级矛盾即刻上升为社会的主要矛盾，成了中国国家性质和社会发展方向的决定性因素。它在经济、政治和思想三个领域同时展开。尤其是，文化大革命被彻底否定以后，伴随着官僚自由专制制度的彻底巩固，阶级分化和阶级差别越来越明显、阶级矛盾越来越尖锐、阶级斗争越来越残酷了。

一、经济领域：剥夺与反剥夺的矛盾斗争

在"苏联模式"社会主义社会中，共和国名义上是生产资料公有制。然而，由于民主化组织实体及其运行机制严重缺失，实际上日益沦落为政府所有制的公产垄断，乃至官有制的按权分配。集体或国有生产资料的所有权和使用权，以及社会公共财产的分配处置权，实际上只能把持在官僚阶级少数人手中；广大平民阶级——生产资料使用者和社会财富创造者，却毫无发言权更无决定权。以至于，平民阶级劳动者莫说对社会公共事务乃至国家大事当家作主，即使对自己所创造的社会财富的分配和劳动所得，也完全听命于党政官僚们的恩赐，由他们按照政府需要乃至长官意志予取予夺。最终，经由国家资本主义蜕化演变为官僚资本主义。

尤其是"邓式改革开放"以后，大搞私有化纵容各级大小官僚持权抢劫，社会主义公有制蜕化为名符其实的官有制，经济领域的阶级矛盾和阶级斗争急剧尖锐起来。

1. 官僚阶级对平民阶级的经济剥夺

官僚阶级通过如下五种方式（或途径），进行疯狂的公产垄断和持权抢劫。

①. 为了"彻底巩固新政权"的政府需要而非社会发展的需要，随意加重平民阶级税、赋、捐等合法的政策性负担。据香港学者郎咸平研究：大陆民众每消费100元商品，其中的64元以各种税费名义被政府拿走了。

②. 政府官员利用政治特权，通过卡、拿、索、要，非法剥夺平民大众个人的、集体的和国家的财产。

③. 政府官员结党营私勾结串通，以买官卖官、行贿受贿等分配方式，共同进行集团式或阶级性公权犯罪，贪污侵吞国有资产或社会

公共财产。

④. 官僚阶级利用国家法权和政府官权，通过垄断经营和"国有企业改制"，化公为私抢劫国家资产，人为制造出一个官僚资产阶级"私生子"，国民大众连"全民所有制"名义上的所有权也被剥夺精光。

⑤. 贪官污吏与国际资本内外勾结，通过跨阶级、跨国际的官商勾结、强强联合、权钱交易，出卖国家经济命脉和金融主权，并以"回扣"和贿赂方式进行分赃式再分配。

2. 平民阶级对官僚阶级的反剥夺

在无产阶级专政条件下，平民阶级要求改善物质生活条件的斗争权利，不仅在社会实践上几乎被剥夺殆尽，而且，在道德理念上也冠以"个人主义""非无产阶级思想"而被彻底否定。但是，他们为了生存活命，不得不进行如下四个方面反剥夺的合法斗争或"有限斗争"。

①. 农民个人或集体上访，向大官和媒体哭诉或呼吁，乞求他们指令其属下"现管"高抬贵手。

②. 为了自我保护财产安全、减轻经济负担，不惜冒险偷逃、抵制各种苛捐杂税，直至暴力抗税。

③. 在职工人"按酬付劳"消极怠工；为了反对无理克扣工资、要求提高生活待遇，为了反对"国有企业改制"，举行罢工斗争。

④. 下岗工人为了"要工作，要饭吃"争取生存安全，开展静坐、请愿、游行示威斗争。

二、政治领域：压迫与反压迫的矛盾斗争

一切阶级斗争都是政治斗争，一切政治斗争都是阶级斗争。

共和国名义上是"无产阶级专政"，实际上是"苏联模式"官僚专政，亦即少数代表人物终身化、永久性地专制。在等级化社会制度和政治隔离制度下，官与民被彻底分割开来，本应是人权平等的

"人",本应是民权平等的"国民",被分割为掌权的和无权的、统治的和被统治的两大阶级(官僚阶级与平民阶级)。同时,经济和政治地位的巨大差异,决定了两个阶级利益追求和政治主张的巨大差异,从而导致了政治领域的阶级矛盾和阶级斗争。

矛盾斗争本质是:决定社会公共事务和国家大事的公权,是由少数官僚阶级权贵政要独占独享、独裁专制?还是由全体国民民主——权利共享,责任共担?

1. 官僚阶级对平民阶级的政治压迫

他们通过如下四种方式或途径,对平民阶级进行政治压迫和政治统治。

①. 为了维护并彻底巩固本阶级的特权地位和既得利益,极力推行公权垄断和政治隔离制度,阻挠、压制民众的参政议政要求,剥夺他们对政府执政和行政行为的民主监督权利。

②. 只准平民阶级老老实实,不许他们乱说乱动;只准他们坚定不移地跟政府走做党的驯服工具,不许他们"脱离政府控制,搞资产阶级自由化"。

③. 利用官员所控制的一切资源和手段,分化瓦解平民阶级,以封官许愿收买拉拢积极分子;以"闹事罪""上访罪"等各种罪名,镇压"敌对势力",剥夺他们原本就少得可怜的人权;杀一儆百震慑大多数。

④. 高举"稳定压倒一切"大旗,对于平民阶级反对政府官员违法行政、胡作非为、贪污受贿等公权犯罪的政治行为,实行彻底的高压政策,干净全部地严加防范,扼杀于萌芽状态;或者出动武警、特警、防暴警察乃至野战军装甲部队,进行血腥的大规模武装镇压,通过逮捕、监禁、屠杀骨干分子,坚决、彻底消灭平民阶级的政治反抗。

2. 平民阶级对官僚阶级的反压迫

在"苏联模式"绝对的官僚专制制度下,平民阶级的人权和民权被剥夺殆尽,更不允许他们"脱离党的领导"自发地组织社团、形成独立的政治力量，致使他们无法进行反对压迫的有组织的政治斗争。然而，挣脱压制、张扬个性的生物本能，使他们利用一切法规、政策的"缝隙"和机会，对官僚阶级的政治压迫进行自发地有限政治反抗——"反专制，反压迫；要平等，要民主"。

①. 经济领域同样置于党政一元化领导下，就本质而言，平民阶级经济贫困和生存危机，主要是官僚专制政府的杰作。所以，一切反剥夺的经济斗争，无不具有深刻的政治斗争内涵。至于"非法"的盗贪官、抢贪官、杀贪官，在官僚阶级心目中就"更是严重的政治问题"了。

②. 利用人民来信、群众上访、大众传媒等官方允许的合法渠道，揭露官僚阶级贪污腐败、镇压群众、草菅人命等违法犯罪的丑行和罪行，以示强烈愤慨和抗议。

③. 利用投弃权票、反对票等合法形式，反对形式主义的假民主、伪民主；或者利用合法的选举程序，进行民告官、民究官、民罢官的政治斗争。

④. 当平民阶级再也无法忍受官僚专制统治和高压政策时，就会爆发大规模脱离官僚专制的政治运动。1957年"大鸣大放"、1966年文化大革命和1989年"六四事件"，就是典型代表。他们共同的特点是：由于"中央领导"（国家法权）支持平民阶级"适度自由化"，打破了国家法权、政府官权、国民民权"三权平衡"旧秩序，使政府官权"一权独大"的阶级力量对比发生了变化，使民权暂时挣脱了官权控制而得以伸张。

三、思想或精神领域：控制与反控制的矛盾斗争

经济和政治地位的巨大差异，又导致了两个阶级价值观念和理想追求的巨大差异；官僚阶级对平民阶级大搞信息封锁、精神控制和愚民政策。如此，思想或精神领域的阶级矛盾和阶级斗争就在所难免、势在必行了。

其本质是：在社会公共活动中，是"唯权力是从"？还是"唯真

理是从"？是官僚阶级强权者"一元化，一言堂"？还是人民精神自主、思想自由以及多元思想兼容互补、平等交流？

1．官僚阶级对平民阶级的精神控制

官僚阶级对平民阶级的精神控制，最突出且有效的措施莫过于如下四种。

①．利用对舆论工具的垄断，顽固坚持信息封锁政策，掩盖隐瞒、歪曲篡改重大问题的事实真相，进行愚民政策的欺骗性宣传。

②．顽固坚持舆论一律，对学界和文化教育界实行行政管制式控制，通过"书报和新闻检查"制度，压制或取消思想自由、言论自由和学术自由，"利用行政力量，强行推行一种风格、一种学派，禁止另一种风格、另一种学派"。

③．利用垄断的专政机器和"武器的批判"，对持不同意见或政见者（"异类"思想载体）进行人身监禁和肉体消灭，达到压制或消灭异己意见和异类思想的政治目的。

④．利用一切传媒，大肆宣扬"先富起来"的私欲、淫乱无耻的肉欲和低级下流的吃喝玩乐，以转移民众对官僚阶级贪赃枉法、鱼肉百姓、祸国殃民等罪恶的关注，麻痹他们关心国家大事的政治觉悟，泯灭他们反贪官、反腐败的斗争意志。

2．平民阶级对官僚阶级的反控制

精神控制却不像经济剥夺和政治压迫那样简单易行，往往是捉襟见肘、弄巧成拙。原因或许主要有二：一是精神思想无形无质难以把握，"钳口寝说"容易，思想却难以有效禁止；二是知识分子学人文化素质较高，不如工农民众那样好欺骗；即使"高压＋收买"，依然封不住所有人的嘴巴，更不能停止他们头脑的思考。平民阶级反精神控制的斗争难以禁止。

①．众多知识分子学人，以科学理性和现实批判精神为武器，通过书文著述表达个性化思想意见，或利用合法方式"打擦边球"，对不合理的社会现实黑暗面，不论是痛切直陈、上书建议，还是迂回隐

喻、批评指摘，都是代表了真理对权力、平民阶级对官僚阶级的批判和抗争。

②. 广大民众则通过民间或私下"非法"的渠道，利用口头相传，编撰传播民怨官、民骂官的政治笑话、顺口溜或谚语等，以通俗化的语言，揭露官场丑行、政治腐败等社会黑暗面，发泄对官僚专制政治制度的冤、怨、怒"三气"。

③. 诸多不畏强暴、犯颜直言的民权思想先觉者，不惜牺牲生存安全，甘冒坐牢、杀头的风险，大声疾呼、痛斥时弊，更是喊出了平民阶级的心声，代表了国民的民权诉求，代表了"最大多数人民群众的根本利益"。

四、"阶级斗争熄灭论"——剥夺平民阶级的抗争权利

复辟的官僚阶级高举"邓小平理论"——"阶级斗争熄灭论"旗帜，彻底否定当代中国阶级、阶级矛盾和阶级斗争的客观现实，其政治目的不言而喻：其一，彻底剥夺平民阶级为了维护合法利益、争取人权和民权而反抗官僚阶级的斗争权利；其二，让官僚阶级"思想再解放一点，胆子再大一点，步子再快一点"，对平民阶级进行经济剥夺、政治压迫和精神控制；从而"继续坚持无产阶级专政，大力加强党的一元化领导"。如此，以法权、政权和民权"三权"配比关系为标志的社会结构和阶级关系就更加严重失衡了。

1. 平民阶级民权极度弱化、奄奄一息

平民阶级，莫说为争取或维护合法权利而违反政府规定的群体性阶级斗争，即使违背长官利益和意志的个人思想与言行都成了"非法"，一律在彻底查禁和严厉打击之列。其一，争取工作权力、合法利益的经济斗争，无不成了"怀有不可告人的政治目的"；其二，争取民权和人权的政治斗争，无不成了"妄图颠覆共产党领导和无产阶级专政的政治阴谋"；其三，"反官倒，反腐败"，就更是"把矛头指向党政领导干部的反革命暴乱"了；其四，甚至，避开下级政府、越级哀求上级"青天大老爷"主持公道的上访，都成了"不安定因素"

而列入各级"人民政府"严加防范、围追堵截的"政治事件"。平民阶级所有争取合法权益的行为，统统都列入坚决镇压和彻底消灭之列。

如此，平民阶级的权利和义务严重失衡就在所难免了：所有的民权乃至人权都被彻底剥夺，只剩下为国家或政府（实乃官僚阶级）做贡献的义务，只许从事生产物质财富和精神财富的经济活动，不准"僭越"妨碍政府官吏行政管理，真正成了"会说话的生产工具"。

2. 新官僚阶级官权恶性膨胀、异化病变

国民的民权丧失殆尽，平民阶级的任何组织及其阶级独立性都是"非法"，致使其阶级力量被分化瓦解而更加弱化，根本谈不上对政府或官僚阶级行政行为进行有效的民主监督。有力且有效的民主监督严重缺位，彻底巩固和无限强化的政府官权恶性膨胀成了"超强霸权"；超强霸权垄断又反过来使官僚阶级成了全社会乃至整个国家命运的真正主宰。于是，官僚阶级像脱缰的野马随心所欲地撒起野来，肆无忌惮、横冲直撞、胡作非为：横征暴敛、搜刮民脂民膏，贪污受贿、侵吞国家财产。如果说，文化大革命之前官僚阶级对平民阶级的阶级斗争，主要表现为政治压迫和精神控制，经济剥夺主要是以政府和国家名义存在着的话，那么，文化大革命之后的阶级斗争则是迅速扩展到了经济领域，演变成了官僚阶级对原本属于全体国民的国家财产、社会公产和平民百姓个人财产进行疯狂抢劫和掠夺，从而成为全面的、名副其实的阶级斗争了。

大小官僚都在"日理万机"地忙于捞取和聚敛经济的与政治的利益，无暇顾及政府机关原本具有的社会宏观调控职能。以至于，政府职能及其行政能力急剧恶化，公共管理严重缺位，管理质量空前低劣。同时，普遍存在的政治腐败又造成了更严重的社会恶果：阶级矛盾得不到有效调整与化解，整个社会在"安定团结"的假象下，无规则、无序化的混乱局面愈演愈烈；一些平民阶级强势群体也纷纷学习父母官们的"光辉榜样"，贪婪地坑害、掠夺、宰割平民大众弱势群体，制假贩假、破坏生态环境等丑恶现象日益猖獗。而广大平民百姓只能安分守己、任人宰割，原本就举步维艰的生存条件和生活质量雪

上加霜进一步急剧恶化。致使阶级矛盾越来越错综复杂、尖锐对立，不断地人为制造"破坏性冲突"。

3. 国家法权形同虚设，法律法规一纸空文

失去了民权的基础支撑和有力保障，国家法权必然日益软弱无力、形同虚设，除了对地方大员的任免权力以外，中央政府对各阶级、阶层利益分配关系的控制权力、调节功能严重弱化、名存实亡。正如老百姓所说："政令不出中南海"。其结果：对平民阶级弱势群体"守法者"，超限施法、作威作福；对官僚阶级强势群体贪污受贿的公权犯罪，却"法不责众"听之任之，法律和法权无异于一纸空文，毫无权威性可言，"保护弱者，规范强者"的法理原则丧失殆尽。

国家法律法权的不公平，进一步导致更加严重的社会恶果：官僚阶级把法律法规视为可以任意玩弄、奸污的妓女，自己有法不依、违法不究，胡作非为、横行无忌；却利用手中的执法权和司法权，将法律法规当作惩罚平民百姓的皮鞭或尚方宝剑。对原本已经奴性十足、安分守己、逆来顺受的老百姓，任意威吓驱赶、征讨杀伐。以至于，抑强扶弱的法理原则和社会公平原则成了一堆破烂垃圾，致使强者更强、弱者更弱，社会结构格局本末倒置、严重失衡，国家发展头重脚轻、步履蹒跚。

更有甚者，自"邓时代"以来，国家法权就以"彻底巩固无产阶级专政"为最高政治原则，急剧向官僚阶级一边倒；并与政府官权强强联合、上下勾结、沆瀣一气，共同镇压平民阶级争取民权和人权、维护合法权益的诉求。面对官僚阶级贪污腐败、践踏法律、横征暴敛、胡作非为等公权犯罪，"邓中央"和"江三代"虽然感受到了对执政党政治安全和统治寿命的严重威胁，惊呼这是"关系到党和国家生死存亡的严重问题"，并幻想适度遏制。但是，在国家法律和法权的包庇纵容下，官僚阶级及其政府官权早已无限强化得尾大不掉、难以控制了，除了"法不责众，法不责强"而听之任之，已是黔驴技穷了。

结果，连"总书记"和"委员长"也不得不反躬自省：既然贪官

污吏们不肯"与党中央保持一致",为了保持"全党统一",只能"见贪思齐"与"太上皇"为首的贪官污吏保持一致了。于是,趁大权在握之机,为子孙后代大捞一把之后方才退休,放心地将"革命事业的重担"交给了下一代。

第二节 阶级斗争理论无法否定

为了更有效地掩盖社会阶级矛盾,从而使平民阶级弱势群体更加愚昧无知、更加俯首帖耳,任凭党政官僚们驱赶和宰割,官僚阶级政治精英和学界精英,在否定社会阶级矛盾和阶级斗争客观现实的同时,又进一步从理论上彻底否定"马列毛"的阶级、阶级矛盾和阶级斗争理论,推出了"邓小平理论"——"马克思主义新发展",大肆宣扬"阶级斗争熄灭论",并顺应官意宣布:从此不再搞大规模的群众运动。其实质就是:以强权(国家法权和政府官权)剥夺平民阶级为维护自身利益进行阶级斗争的权利。只准官僚阶级对平民阶级进行经济剥夺、政治压迫和精神控制,不许平民阶级对官僚阶级进行任何反抗,否则就是"违法犯罪"。

当前,承认不承认"中国特色社会主义"社会存在阶级矛盾和阶级斗争?承认不承认平民阶级争取人权和民权的阶级斗争权利?当代中国的社会问题,究竟是"生产力落后不适应先进的特色社会主义上层建筑",还是"特色社会主义"(官僚自由专制政治+官僚买办资本主义经济)阻碍和破坏生产力发展?

要弄清这些理论问题的政治本质及其产生根源,不能不分析研究阶级、阶级矛盾和阶级斗争理论的历史演进过程。

一、阶级斗争理论是文明进化的理论基石

多年以来,在中国朝野人士潜意识中,阶级斗争学说成了"马克思主义的重要组成部分"。然而,马克思却说:"在我以前很久,资产阶级的历史学家就已叙述过阶级斗争的历史发展,资产阶级的经济学家也已对各个阶级做过经济上的分析。我的新贡献就是证明了下

列几点：(1)阶级的存在仅仅同生产发展的一定历史阶段相联系；(2)阶级斗争必然要导致无产阶级专政；(3)这个专政不过是达到消灭一切阶级和进入无阶级社会的过渡。"(《马克思恩格斯书信选集》第63页)马克思这段话告诉了人们一个基本的历史事实：阶级、阶级矛盾和阶级斗争学说的创立者是资产阶级学者。

在中世纪的封建专制时代，社会分为三个等级或阶级：王室和王族、官僚和僧侣等贵族阶级、"第三等级"（平民阶级）。与之相对应，历史上也存在过三种政治体制：君主专制及君主政体、贵族（或官僚）专制及贵族（或官僚）政体、民主政治及民主政体。他们分别是这三个阶级的政治信仰求或理想追求。

为了方便比较分析，姑且称之为阶级、阶级矛盾和阶级斗争古典理论。

1. 资产阶级和资本主义的三大历史功绩

纵观人类文明发展史，资产阶级和资本主义有三大历史功绩：一是创立了平等自由的工业社会，二是创建了民主政治制度，三是创造了科学技术繁荣。在此基础上，又创造了空前的物质文明、政治文明和精神文明。三者相辅相成、协同进化，形成了良性循环的社会发展机制，共同促进了人类近代文明大发展。正是不断发展与普及的科学精神和科学原则，不仅为机器工业生产提供了高素质的人力资源和技术方法，而且，为政治民主化和社会自由化提供了充分的理性原则和理论指导。同样，正是不断发展完善的民主化政治制度和自由化社会制度，使每个国民的创造个性和创造潜能得以充分发挥，造就了科学精神和民主精神武装起来的人，不仅为科学技术和机器工业大发展，提供了先进的第一生产力，而且，为社会整体结构优化，提供了高素质的个体元素"物质基础"。

由此可见，对于人类文明进化，科学与民主、科学精神与民主精神，是社会有机整体不可分割的两个侧面。在某种意义上可以说：凡是科学的都是民主的，凡是民主的都是科学的。或曰：科学即民主，民主即科学。科学，尤其是科学的客观性原则，是民主精神和民主原则在处理"人与物"（主体与客体）关系活动中的具体运用及其结果；而民主（民主化政治体制和自由化社会制度），则是科学精神和科学原理在处理"人与人"（主体与主体）关系活动中的具体运用及其结果。

2. 阶级斗争学说是民主政治的理论基础

仅从科学的角度来看，资产阶级的历史贡献并非仅是如何处理人与自然关系的科学技术，它同样也包括如何处理人与人关系的社会科学。其中，建立在社会阶级客观分析方法之上的阶级、阶级矛盾和阶级斗争学说，则是一切社会科学的理论基石，是人类精神文明的伟大成果之一。它标志着人类对自身（社会）的认识从朦胧模糊走向了清晰明确，从关于"抽象人"的玄学走向了关于"具体人"的科学，从"抽象人"的共性化深入到了"阶级人"的个性化，实现了社会科学的客观性和精确化原则，为人与人之间兼容共生、优势互补、合理竞争、协同进化，提供了科学理论与理性原则指导。

正是在阶级斗争学说的指引下，资产阶级运用"批判的武器"，对中世纪反人性、反理性的等级化社会制度和贵族（或官僚）专制政治制度，进行了理性批判；最终，通过资产阶级革命"武器的批判"，将它彻底否定。资本主义民主国家，也正是在阶级斗争学说的指引下，发挥国家法权对各个阶级、阶层权力和利益分配关系的调节、控制和规范作用，把"天赋人权"和国民民权，真正（相对）交还给了平民阶级国民大众，包括：对政府的民主监督权，对社会公共事务的平等参与权，对国家大事的民主裁量权，对政府和社会丑恶现象的揭露批判权，以及罢工、游行示威等阶级斗争权利。最终，实现了社会结构平面网络化、个体人（生命主体）自由化、社会人（权利主体）平等化和政治（公事和国事的决策）民主化。

正是处理阶级权利、阶级矛盾和阶级斗争的科学与民主理念，及其指导下的自由、平等、民主制度，又进一步保障了国家法权、政府官权和国民民权三权相对平衡，将政府官员置于法权"缰绳"和民权"皮鞭"的规范鞭策之下，较好地调控整合了各阶级、阶层的权利关系，保证了政府的行政能力和公共管理质量。同时，进一步弱化了阶级矛盾的对立对抗性,实现了空前的社会和谐——各阶级、阶层的人们兼容共生、合作互补、合理竞争、协同进化。

二、马克思主义阶级斗争经典理论

毫无疑问,马克思和恩格斯是阶级斗争古典理论最伟大的继承者和发展者,其伟大贡献就在于:他们不仅认定了奴隶主对奴隶、地主对佃农的野蛮剥削以及由此产生的阶级矛盾和阶级斗争,而且,通过揭示剩余价值的奥秘,揭示了在"等价交换"条件下,资本所有者如何占有雇用劳动者的劳动,从而将阶级矛盾和阶级斗争理论,深入到了"完全平等"的第三等级内部。进而,在充分肯定资本主义生产方式和社会制度之于人类文明发展之伟大贡献的同时,也站在人本主义立场上,深刻批判了资本主义违背理性与人性的致命缺陷。从而,为人类在资本主义社会基础上,迈向更符合人本主义或人道主义的共产主义社会,指明了前进方向。

像其他理论学说一样,马克思主义阶级斗争经典理论同样是"有所不为而有所为",因而存在某些"疏漏"。

①. 强调资本与劳动、资本所有者与雇用劳动者之间矛盾的对立对抗性,对"生产共同体"内双方相互依存的矛盾统一性论述相对不足。

②. 强调"经济基础对上层建筑的决定作用",对政治制度确立后对经济基础的反作用(正向促进或负面阻滞)论述相对不足。

③. 强调资本主义国家法权和政府官权对资本的依赖性,对它们相对的独立性和超阶级性(凌驾于资产阶级和工人阶级之上)论述相对不足,致使"资本主义社会的政府"与"资产阶级政府"二者差异比较模糊。

④. 强调资本主义反人性、反理性的罪恶,轻视其自我修复、自我完善的生命活力。

然而毫无疑问,马克思主义阶级斗争经典理论的真理价值和历史贡献,不应当更不可能被否定。尤其是,马克思、恩格斯一贯严厉批判公职人员等级化和官僚化，并提出了预防措施。早在1848年就强调，共产党人必须坚持"所有官员的薪金没有任何差别"的政治原则，以争取最大程度地限制因等级制所造成的种种流弊。1871年马克思在《法兰西内战》中更明确指出，无产阶级政权的公职人员应当一律实行低薪制度，高度赞扬巴黎公社："从公社委员起，自上至下一切公职人员，都只能领取相当于工人工资的报酬。从前国家的高官显宦所享有的一切特权以及公务津贴，都随着这些人物本身的消失而消失了"。

对于建设廉洁政府，至今仍具有极其重要的指导意义。

三、"苏联模式"阶级斗争传统理论与实践

到了列宁主义时代，马克思主义阶级斗争经典理论产生了分化。欧洲各国的社会民主党、工党及其"第二国际"，一方面坚持法兰克福学派理性控制主义和马克思社会主义理论，一方面对马、恩阶级斗争经典理论和暴力革命道路，采取了"修正主义"态度。最终，通过非暴力革命的竞选，发展为"福利社会主义"或"民主社会主义"的理论和实践。同时，却忠实地实践了马、恩反对政府公职人员等级化和官僚化的基本原则。包括政府首脑在内，政府公职人员工资收入至今依然差别最高为8—10倍。

以列宁为代表的苏联共产党，则继承发展了马克思主义暴力革命及无产阶级专政理论，创立了"苏联模式"阶级斗争传统理论和实践，坚持工人阶级武装夺取政权的暴力革命，彻底推翻了沙皇封建王朝和"临时政府"资本主义制度。在政治和社会实践上，面对帝国主义群狼的经济封锁和武装干涉，为了苏维埃政权生存安全的政治需要，列宁将控制主义理念发展到了极致，实现了工人阶级全面专政，并明确表示：既然要独裁，与其你（资产阶级）独裁，不如我（工人阶级）独裁！尤其是，面对西方国家的敌视和围困，他忽视了资本主义的合理性及其自我优化的生命张力，做出了"帝国主义是资本主义的垂死阶段"的诅咒式预言，为其后的所有社会主义国家提供了理论指导和精神支撑。在苏维埃政权自身建设问题上，他忠实信守马克思

主义基本原理，始终保持清醒的头脑，高度重视并带头实践"巴黎公社原则"。

然而，到了斯大林时代，"苏联模式"阶级斗争传统理论及其政治实践发生了蜕变。

①．在"无产阶级专政"旗帜下，无偿剥夺了富裕农民的私有财产，以集体农庄（专制主义集体化）的组织形式，强行剥夺了农民的土地使用权，将其置于各级政府新官僚的控制下。没有民主体制的保障，集体化难免异化为束缚农民积极性的枷锁。

②．工人阶级将管理国家的政治权利全部交给了少数代表人物——共产党新官僚，因为没有民主政治体制的保障，被完全隔绝于国家大事和社会公事管理的大门之外。

③．面对严厉的书报和新闻检查制度，平民大众的思想自由、言论自由丧失殆尽。

④．知识分子学人更是成了重点控制和防范对象，对苏维埃政权有利无害的自然科学的社会地位一路攀升；最容易滋生不同政见的社会科学却日益萎缩，除了重复甚至曲解马列主义教条"一言堂"，一切不同政见都严厉禁止。

⑤．宣称剥削阶级全部被消灭了，阶级矛盾和阶级斗争不存在了。却进行大规模肃反运动，秘密警察的监视、监禁和暗杀活动，将"无产阶级专政"（新官僚专制）无限强化到了"红色恐怖"程度。

⑥．面对帝国主义武装包围，为了彻底巩固苏维埃政权的政治需要，违背马、恩、列关于无产阶级政权建设的基本原则，复活了沙皇时代的官僚专制，实行公职人员职务工资等级制，宣称："谁根据平均主义原则来规定工资等级制度，谁就离开了马克思主义，离开了列宁主义。"以至于，公务员内部的分配差距日渐扩大，官员与工人的分配差距更大，远远超过了欧洲资本主义国家。

所有这些，都为苏维埃政权的蜕化变质和轰然坍塌，埋下了致命的隐患。

四、共和国的阶级斗争传统理论和实践

中国共产党建党之初,就完全处于"共产国际"(苏共中央对外联络部)的控制干预之下,其马克思主义信仰和阶级斗争传统理论,也无不是照搬"苏联模式"。原本是农业大国,90%以上人口都是农民,产业工人不足百万,却要搞什么"工人阶级革命"。

面对大革命失败的教训,毛泽东首先独辟蹊径,抛弃了"苏联模式"的工人城市暴动,回归中国传统的农民起义道路——"武装割据,土地革命;农村包围城市,夺取全国政权",最终梦想成真。

然而,共和国建国后,尤其是"反右斗争"后,阶级斗争理论及其指导下的政治实践,依然全盘照搬"苏联模式",实行新官僚专制政治制度,在"工人阶级领导、无产阶级专政"旗帜下,对平民大众实行严密控制,国民民权丧失殆尽。人民群众的民主监督权力既失,整个上层建筑就成了滋生新官僚的温床。

1. 毛主席:纠正"苏联模式"阶级斗争传统理论

共和国建国之初,官僚主义就日益猖獗起来,国家机关的官僚化趋势屡禁不止。尤其是,1955年公务员改供给制为工资制,全盘照搬"苏联模式"的官员高薪制,等级化差别进一步扩大到30个级别,最高与最低工资差距高达31倍,一度高达41.6倍。另外,还有住房、医疗、警卫等各种等级化的特权。为政府官员的官僚化提供了温床。

还是毛主席,对"苏联模式"阶级斗争传统理论不断进行反思和纠正:将关注社会矛盾的目光,由资产阶级与无产阶级的矛盾,转向了官僚主义(新官僚阶级的雏形)与人民大众的矛盾。将阶级斗争的矛头,由地、富、反、坏等党外的阶级敌人,转向了执政党内部的"当权派"。并认识到:只有依靠人民,充分发动群众,实行"大鸣、大放、大辩论、大字报"的民主监督,经常不断地"自下而上揭露我们的黑暗面",才能有效地防止共产党政权的官僚化蜕变,避免重蹈"其兴也勃焉,其亡也忽焉"的周期律。于是,便有了1957年"纵容自

由化"的"开门整风,大鸣大放"运动。

结果,遭到了顽固坚持"苏联模式"的刘、邓、彭等大官们群起而攻之,以彻底失败而告终。1966年的文化大革命,不过是1957年"开门整风,大鸣大放"运动的继续和发展;"无产阶级专政下继续革命"理论,也不过是"纵容自由化"(大民主)思想的理论化。

当然,作为马克思主义社会控制主义的信者和行者,作为共和国的最高统治者,毛主席同样难能超脱客观现实的局限,难能一步到位与"苏联模式"彻底决裂。但是,毫无疑问,他是对"苏联模式"弊端最早的先觉者和改革者。"苏联模式"和"欧美模式"两相比较,他更欣赏"欧美模式"。曾不止一次对戚本禹、谢静宜等身边的人说过:我们宁可要英美资产阶级民主,也不要贝利亚法西斯专政。所谓"贝利亚法西斯专制",就是"苏联模式"的代称或必然归宿!正因为如此,他才执著地坚持进行无产阶级专政下继续革命实践探索。在他所发动的"开门整风,大鸣大放"和文化大革命运动中,人民群众创造的大民主和"四大"方式,是人类历史上第一次人民民主尝试,是超越资本主义程序民主、真正属于广大劳动者自己的大民主!

这就是国内外一切反革命派诅咒谩骂和妖魔化文化大革命的根本原因。

2."邓小平理论"——彻底背叛阶级斗争学说

"邓式改开"后,越来越多走出国门的中国人,终于看到了梦想多年的"优越社会制度",终于明白了什么样的社会才是"真正的社会主义"。而且,通过比较分析,认识到了中国社会问题的症结所在。(这或许也是邓小平的历史功绩)

复辟的新官僚阶级面对如此国内外环境,如果还继续重复"苏联模式"阶级斗争传统理论的陈词滥调,不仅彻底暴露了自己愚昧野蛮的阶级本性,而且,极有可能导致两种严重后果:一是阶级斗争烈火最终烧到新官僚阶级自己头上,从而落入毛主席"继续革命"的"陷阱";二是经过镇压与反抗的反复震荡,最终导致全面的资产阶级民主革命,官僚专制的政治制度被颠覆。

然而，中国人和中国党实在太英明（精明）了！"邓中央"对平民阶级民权和人权进行了血腥镇压和反复清剿之后，又毅然采取了两种基本国策：其一，"不管白猫黑猫，抓住老鼠就是好猫"，管他姓"社"姓"资"，只要能发展经济"先富起来"，从而彻底巩固"无产阶级专政"（官僚专制），就只管放心大胆地做来，"老子大权在握，我说了算，就这样干。"所谓"不争论"，其实就是不讲理！我不与你讲理，更不准你讲理。其二，彻底背叛马列主义阶级、阶级矛盾和阶级斗争理论，重新祭起"阶级斗争熄灭论"的破旗，以不再搞政治运动的"宽宏大量"，麻痹平民阶级的阶级斗争觉悟。

结果，GDP发展了，官僚自由专制的"无产阶级专政"彻底巩固了，在"安定团结，和谐盛世"中，政治腐败、公权犯罪突飞猛进，官僚阶级及其子孙后代自由自在地先富起来了。

五、"邓式改开"——清末洋务运动的现代翻版

文化大革命被彻底否定了，"邓式改革开放"及其"中国特色社会主义"理论和实践成了"马克思主义划时代的重大发展"。人们见过厚颜无耻的，没见过如此厚颜无耻的！

共和国真正的改革者是毛主席！土地改革、文字改革、教育改革、医疗改革等等暂且不说。自建国之初，他就从未停止过改革"苏联模式"不合理上层建筑的步伐，带头降低高干薪金、取消军衔制、干部参加劳动、工人参加管理，等等。对外开放的开创者也绝非邓小平，而是毛主席和周总理，其根本标志则是中美关系正常化和中国恢复联合国常任理事国席位。进而，形成了中国为首的"第三世界"，改变了美苏"两霸"主宰世界的格局，实现了世界的多极化或多元化。

而"邓式改革开放"，是彻头彻尾的背叛和复辟！其一，所谓"改革"，经济上，背叛了苏联开创的社会主义道路，复辟了弱肉强食的官僚买办资本主义。政治上，背叛了资本主义的政治民主，背叛了毛主席限制官僚特权的继续革命路线，复辟了"苏联模式"官僚专制，并将其发展到了官僚自由专制的极致。其二，所谓"开放"，背叛了"第三世界"被压迫民族和被压迫人民，完全投入以美国为首的帝国

主义怀抱，沦为任由美国蹂躏的小妾。它背叛并出卖共和国的主权，将中国的经济命脉拱手送给外国资本，实现了老帝国主义坚船利炮想做而未做到的梦想，使一个堂堂的主权大国，沦落为美帝国主义的马仔和"奴隶总管"。再者，"开放"仅仅是"对外"，国门洞开任由甚至鼓励外国资本及其腐朽文化自由出入，以便内外勾结、官商一体，榨取掠夺中国百姓的血汗。相反，对内却顽固坚持政治隔离和公权垄断，国事和公事更加紧密地"闭门锁窗"，严禁本国老百姓问政质疑，连受害民众上访、讨薪都成了"违法犯罪"。

历史和现实充分证明："邓式改革开放"不过是清末洋务运动的现代翻版，邓小平也不过是满清老官僚阶级洋务派的衣钵传人。他们共同的特征是：面对西方发达国家工业经济和民主政治等现代文明的猛烈冲击，不得不打开千疮百孔再也关不上的破国门。同时，却顽固坚持官僚专制政治制度，搞什么"中学为体，西学为用"，或曰"资产阶级科学技术为无产阶级政治服务"。以至于，将科学与民主彻底割裂开来，"用市场换技术"，对最值得引进的科学精神和民主精神、政治民主和社会自由，却畏之若毒蛇猛兽，拒之于国门乃至心扉之外。

结果，清末的改革开放，造就出了"老佛爷独裁＋老官僚专制＋洋务运动"的东方怪物；而"邓式改革开放"，则造就出了"太上皇独裁＋新官僚专制＋官僚买办资本主义经济"的"特色"杂种。它排斥了资本主义政治民主和科学社会主义"共有、共管、共享"，却全盘继承并发扬了前者"弱肉强食"的丛林法则和"苏联模式"新官僚专制这两个野蛮孽种，构建了最腐朽黑暗的特色社会。

仅就科学技术和生产力发展而言，"邓式改革开放"的反科学本质也是显而易见的。官僚专制制度只能造就出平民阶级"驯服工具"的奴性，不可能培养出中华民族的主动性与创造性、民主精神与科学能力；即使少数科学素质较高的"精英"，其创造潜能也不可能得到充分发挥。更有甚者，在自然生态环境急剧恶化的同时，社会生态环境恶化更严重，数以十万计的学者和学生被迫背井离乡出国求生，老百姓用血汗养育出来的人才资源大量流失，从而进一步导致了民族整体素质大滑坡。如此一来，没有整个民族的民主精神、科学素质等主体因素保障，谈何科学技术创新发展生产？"振兴中华"的说教怎么能不沦落化为一枕黄粱的白日梦？

第三节　"苏联模式"阶级斗争传统理论批判

复辟的新官僚阶级否定阶级、阶级矛盾和阶级斗争客观现实和科学理论的如意算盘，仅用"不再搞群众运动"的一句承诺，就得到了平民阶级尤其知识分子大多人的"热烈欢呼，坚决拥护"。问题的症结究竟在哪里呢？对此，仅仅抱怨中国民众阶级觉悟和民权意识薄弱，是无济于事的，应当到"苏联模式"阶级斗争传统理论和实践的无理化及其对平民大众的毒害中去寻找答案。

一、"阶级"并非仅仅是经济范畴

在《反杜林论》中谈到阶级消亡时，恩格斯指出："社会阶级的消亡是以生产高度发展的阶段为前提的，在这个阶段上，某一特定的社会阶级对生产资料和产品的占有，从而对政治统治、教育垄断和精神领导的占有，不仅成为多余的，而且成为经济、政治和精神发展的障碍。"列宁在《伟大的创举》中更明确指出："所谓阶级，就是这样一些大的集团，它们在社会生产体系中所处的地位不同，与生产资料的关系不同，在社会劳动组织中所起的作用不同，因而取得归自己支配的那份社会财富的方式和多寡不同。……由于他们在一定的社会结构中所处的地位不同，其中一个集团能够占有另一个集团的劳动。"从马克思主义经典论述中，可以得出如下结论。

①.阶级、阶级矛盾和阶级斗争，是具有经济、政治和精神三种内涵的社会范畴，而非仅仅单一的经济范畴。

②.阶级是等级化社会中"大的集团"，各集团之间的社会地位及其现实利益和价值追求不同；而集团内各成员之间的社会地位及其现实利益诉求则基本相同。

③.阶级差别、阶级矛盾的本质和阶级斗争的根源是"一个集团

能够占有另一个集团的劳动"。而且，在等级化社会中，这种占有往往是合情、合理、合法的，具有充分的可能性和现实性，因而是经常的和普遍的。

二、阶级斗争传统理论的内在缺陷

共和国新政权在全盘照搬"苏联模式"绝对的官僚专制政治制度的同时，也全盘照搬"苏联模式"阶级斗争传统理论和阶级分析方法。无疑，它既不符合资产阶级学者的阶级斗争古典理论，也不完全符合马克思主义阶级斗争经典理论，更完全不符合像中国这类等级化社会的客观现实，因而存在着诸多无理化的内在缺陷。

1. 阶级分析职业化

片面强调阶级的经济内涵和表象，以经济收入方式取代经济、政治和精神三个方面的社会地位，将职业或行业差别混同于阶级差别。例如，工人阶级与农民阶级，除了职业、居住地域、劳动场所、劳动对象、经济收入方式等不同以外，他们的社会地位并无本质差别，都是处于社会的最底层。而且，随着社会形态或劳动力供求关系的变化而经常相互转化。在中国这样的"前工业时代"更是如此。当农民在农村无法忍受"土皇帝"的横征暴敛或生活无着时，就进城打工，成为"农民工"；当城市经济萧条、因劳动力过剩而失业时，工人也往往到农村承包经营土地、荒山而成为"工人身份的农民"。当然，他们之间少有或根本没有"劳动占有与被占有"的剥削关系。他们的差别大都是户口制度、分配制度等政府政策人为制造而非自然形成的。

2. 阶级分析概念化

阶级分析过分牵强附会于西方学界经典著作的概念，将马克思对资本主义工业社会的阶级分析，照搬到自然农业和等级化社会中，影响了与中国社会现实的契合程度。例如，将知识分子划入"小资产阶级"与事实明显背离。因为，他们除了主观知识和生活资料以外，并无任何"产"可"资"。

再如"官僚资产阶级",它不过是官僚阶级掠夺社会财富、吸食劳动人民血汗的"吸盘"和方式,是他们人为制造出来的"私生子"。它是从等级化社会向资本主义社会过渡时期的特殊产物,根本算不上独立的阶级,充其量只是官僚阶级中的一个阶层。请问:不论是晚清时代的洋务运动,还是蒋家王朝的四大家族,拟或特色时代的国有企业乃至整个国家,究竟有多少资本主义成分?又有多少不是披着时代外衣的官本主义变种?尤其是太子党、衙内党企业,其孳生根源是:新官僚阶级要持权抢劫以实现"老子当官掌权,儿子经商捞钱""一手抓权,一手捞钱"的升官发财富贵梦;其存在发展并非真正的资本运作,而是"权利垄断+资源垄断+市场垄断"。其基本属性,并非资本主义的平等竞争,而是官本主义(封建主义)的专制垄断;并非仅仅凭借资本经营来剥削雇佣工人,而是凭借政治特权和经济特权掠夺全体平民大众消费者。譬如,国际市场原油每桶 140 美元时,国内燃油每升 3-4 元;现在,国际市场原油降到每桶 40 美元了,国内燃油却飙升至每升 6-7 元。

3. 阶级分析片面化

阶级斗争传统理论及其阶级分析方法无理化:片面强调阶级的经济内涵,以至于成了仅仅是经济基础、社会基层和平民阶级内部的阶级分析,而非整个社会的阶级分析,完全忽略了主宰整个社会乃至每个人命运的上层建筑及其主体人——官僚阶级。

①. 阶级分析的客观基础是社会等级化;在任何等级化社会中,其等级特征主要表现在"上流社会"(上层建筑),而非社会基础的"平民社会"。分封制时代、郡县制时代和现代等级化社会皆然。

②. 上层建筑与经济基础的矛盾,是决定国家性质和社会发展方向的基本矛盾;就主体内涵而言,就是官僚阶级与平民阶级之间的矛盾!而土地占有者与租种者、资本所有者与雇佣劳动者之间的矛盾,只是平民阶级内部的"阶层矛盾",是社会的次要矛盾。后者对前者的依赖性远大于决定性,在等级化社会中莫非如此。

面对官僚专制及其政治腐败,面对官僚阶级的横征暴敛、敲骨吸髓，包括士族地主和民营资本家在内的所有平民阶级，都无一幸免、苦不堪言。即使那些富而不贵、没有政治背景的地主和资本家"土财主"，一旦与官府发生矛盾冲突，也大都同样难免倾家荡产家破人亡的可悲下场。

再如，富士康在台湾、美国等地规规矩矩合法经营，唯独在中国大陆敢于制造并造成"十三连跳"，究竟是富士康抹黑了"特色社会"，还是"特色社会"扭曲了富士康？

4. 阶级分析主观化

按照政策需要而非现实社会地位和政治经济学范畴进行阶级划分，主观随意性强烈而客观科学性不足。例如，没有土地的地主阶级和没有工厂商店的资产阶级存在了数十年。原本仅具有人口统计学意义的出身经历，成了压在众多国民及其子孙后代头上的"成分大山"。近年来，就更有点不着边际了，众多凭借政治特权贪污受贿的贪官，依然是"公务员""革命领导干部"；众多腰缠万贯的国有股份制企业和私营企业大老板，成了"工人阶级的一部分"，并以"先进生产力"的代表身份，昂首阔步跨入人民代表大会的殿堂乃至"工人阶级先锋队"。照此逻辑，不仅应该追认"爱国主义模范岳飞同志"为"工人阶级先锋队员"，更应任命邵逸夫等为"模范共产党员"，增补为"中央委员、政治局委员"。因为，他们捐献个人财产造福于社会，远比那些号称共产党员的"国级副国级"大老虎更具有"共产党员的先进性"。

更有甚者，阶级分析主观化又成了恬不知耻的谎言欺骗。官府乃至朝堂早已被身家亿万的"公仆"们所把持，整个上层建筑沦为"持权抢劫犯的乐园"，却依然自称"无产阶级专政"。

三、阶级斗争传统理论的功能局限

阶级斗争传统理论及其阶级分析方法完全背离了中国社会现实，导致了国家法权、政府官权与国民民权"三权"关系严重失衡：民权奄奄一息，官权恶性膨胀，法权名存实亡。从而，造成了两种社会病：阶级斗争扩大化与"阶级斗争熄灭论"同时并存互为因果，"交叉感染"周期性发作。

1. 阶级斗争扩大化

新官僚阶级一旦大权在握，为了"彻底巩固新政权"从而独占独享社会公权，将平民阶级所有不同意见或政见，一律认定为"对抗性敌我矛盾、阶级斗争新动向乃至阶级敌人妄图颠覆无产阶级专政的复辟阴谋"。

片面强调阶级矛盾的对立对抗性，无视阶级矛盾的统一性，否定各阶级阶层的共生和互补关系，将原本属于非对抗性矛盾，任意扩大为对抗性矛盾。继而，把阶级矛盾和阶级斗争进一步扩大为你死我活、不共戴天、一方彻底消灭另一方的讨伐战争。最终，导致了阶级斗争扩大化，人为制造和加剧阶级矛盾，将阶级斗争和"无产阶级专政"对象扩大到整个平民阶级。以"风声鹤唳，草木皆兵"的神经质病态心理，随心所欲地"运动群众"，望风捕影地搜查寻找乃至人为制造政治运动对象。

在官僚阶级强势群体的实际操纵与具体运作下，这些政治运动大都偏离甚至背离发动者毛主席的初衷或本意，异化为当权派强权者排斥异己、消灭"另类"的政治工具。致使在各种运动中，罚不当罪的"倒霉蛋"和"冤死鬼"大有人在，众多无辜民众屡遭涂炭。

邓式改开后，政界当权派和学界主流派，无不把建国后阶级斗争扩大化地罪责归咎于"毛泽东的极左错误"。这种贼喊捉贼卑鄙伎俩既反历史更反现实。

①. 在阶级社会中，一切统治阶级对胆敢反抗的被统治阶级"反贼"，以及同情被统治者弱势群体的改良派"乱党"，无不是"宁可错杀一千，不许一人漏网"，满门抄斩、诛灭九族。

②. 中共自成立之日起，就全盘继承了"苏联模式"阶级斗争和党内斗争的衣钵，反右、反左、反"立三路线"，肃托、肃反、肃"AB团"，残酷斗争无情打击，"冤假错案"贯穿整个党史。

③. 建国后至文革前，历次政治运动的倒霉蛋——高岗、刘伯承、

粟裕、彭德怀等等大官，有几个是因为"反毛泽东"而获罪的？又有几个不是因为得罪了刘、邓等当权派现管而倒霉的？

2. 阶级斗争熄灭论

正是新官僚阶级一手制造的阶级斗争扩大化，弄得民众战战兢兢、如履薄冰、怨声载道。当他们需要掩盖阶级矛盾以便舒舒服服地"先富起来"时，又为他们的"阶级斗争熄灭论"提供了充分的前提。

可见，权力真是个好东西儿！只要掌握了这根魔杖，就能将旧罪恶点石成金，使之成为证明新罪恶"神圣无比"的充分依据。于是，他们凭借地位优势和政治强权，片面强调阶级矛盾的统一性，否定阶级矛盾的对抗性，将经济、政治和精神等社会地位相差悬殊的不同阶级，统统塞进"工人阶级"和"人民群众"的筐里。统治者与被统治者、剥夺者与被剥夺者都成了"一家人"，"一个集团占有另一个集团的劳动"也随之合法化、道德化甚至神圣化了。

不论每个人的动机如何千差万别，"阶级斗争熄灭论"现实后果却是完全相同的：包庇纵容官僚阶级强权者与不法工商业主"强强联合，权钱交易"，甚至官商一体、特权与资本联手，以发展经济的"高尚"名义，自由自在地放手敲剥吸食民脂民膏，抢劫社会或国家公有财产。同时，还要被剥夺者平民百姓对"父母官"和大老板等"自家人"感恩戴德感激涕零。

3. 掩盖官僚阶级和上层建筑的阶级性

从斯大林开始，所有共产党执政者的阶级斗争传统理论，都存在一个重大缺陷：无意忽略或有意掩盖新官僚阶级统治者及其上层建筑的阶级性和独立性，把少数代表人物的专政混同于"无产阶级专政"。结果，诸如赫鲁晓夫、邓小平等大官们，早已抛弃了共产党的宗旨，背叛了无产阶级和人民大众，由无产阶级和人民群众的领导者和代表蜕变成了新统治者，却依然理直气壮地冒充"无产阶级专政"或"人民民主专政"，恬不知耻的否认利用政治特权对平民大众的"掠夺和抢劫"。

毛主席最早摆脱了"苏联模式阶级斗争传统理论"的束缚，把阶级斗争的关注焦点,从地富反坏右等被推翻的阶级敌人,转移到正在形成的"新阶级"上来。

然而,由于认知和思维惯性,"苏联模式"阶级斗争传统理论的余毒难能一时彻底清楚,在宣传中,依然是将新官僚阶级混同于资产阶级,将官本主义混同于资本主义,将半封建半殖民地复辟的危险性混同于"资本主义复辟的危险性",以"无产阶级专政"模糊了"苏联模式"上层建筑对社会基础的压迫。从而,导致了广大民众对无产阶级专政下继续革命的对象认识模糊、似是而非,弱化了继续革命理论对继续革命实践探索的指导作用。

第四节　阶级斗争"新说"

面对共和国新政权日益严重的官僚化趋势,还是毛主席率先突破了"苏联模式"阶级斗争传统理论的束缚,把阶级斗争的关注重点转向了执政的共产党内部,逐步形成了"无产阶级专政下继续革命"理论,并倾尽晚年几乎全部精力进行百折不挠的实践探索,成就了"马列主义发展的第三个里程碑"伟大的历史功绩。

文革中,杨曦光、张宗鲁等提出"阶级关系变动论"和"彻底革命论",虽然与毛主席继续革命思想理论有某些相通之处,年轻人的独立思考精神更难能可贵,但是,仍然未能跳出概念化、公式化科窠臼,只是从阶级斗争传统理论的极端跳到了另一个极端,把"官僚化"等同于"官僚阶级",把"病人"等同于"死人",否定任何"救治"行动,像预言"新生儿必死无疑"的"真理"一样幼稚可笑。在实践上,更是有百害无一利,只能把官民矛盾推向更加势不两立、你死我活的血雨腥风,把民众推进血泊之中。如果以此就想否定毛主席的继续革命理论和实践,只能是蚍蜉撼树不自量力,连那点儿弥足珍贵的独立思考精神也自我涂污丑化了。

立足于中国社会现实,对阶级斗争古典理论、经典理论、传统理论,进行比较推求和不断反思,笔者对毛主席"无产阶级专政下继续革命"思想理论和实践探索理解更深入了,不揣冒昧提出阶级、阶级矛盾和阶级斗争"新说"。所谓"新说",是相对于"苏联模式阶级斗争传统理论"而言的,其实它不过是:立足于中国社会现实,以马克思阶级斗争经典理论和毛主席"无产阶级专政下继续革命"理论为指导,吸收资产阶级的阶级斗争古典理论和历史经验以及资本主义发达国家现代阶级斗争理念,所形成的关于阶级、阶级矛盾和阶级斗争的一孔之见。

一、阶级斗争"新说"的基本观点

阶级、阶级矛盾和阶级斗争"新说"的基本观点如下。

1. 等级化社会存在三个等级（或阶级）

所有国家尤其是尚未经过资产阶级革命彻底改造的国家,实际上都存在着三个等级:一是位居上层建筑顶端的国君及朝廷、国王及王室、总统及总统府、主席及"主席办公室"。二是位居上层建筑（社会干部）的官僚阶级,发达国家称为公共管理阶层。三是处于社会底层或基础的平民阶级,既包括工人、农民等体力劳动者,也包括知识分子脑力劳动者,还包括有财产、无公权的"士族地主"或"民营资本家"。

他们分别是国家、政府和社会的主体人,是国家法权、政府官权和国民民权的权利主体。

2. 官僚阶级是一个独立的、标准化的阶级

官僚阶级是社会地位最优越、组织系统最严密的"大集团",不仅拥有凌驾于社会之上的现实利益和价值追求,而且拥有独立于国家之外的政治利益和经济利益。他们是上层建筑的主体,是国家政权的实际占有者和操控者。政治权力是人类所创造的一切"外力"总和,其强大无比仅次于自然力。因而,这个阶级是三个等级中力量最强大的政治集团和利益集团,是全社会乃至整个国家命运的真正主宰。

3. 官僚阶级与平民阶级的矛盾是社会的主要矛盾

官僚阶级与平民阶级的矛盾，是决定国家性质、社会运行机制及其发展质量的主要矛盾。其物化表现形式则是政府与社会的矛盾，马克思主义称之为"上层建筑与经济基础的矛盾"。这种矛盾的根源在于：官僚阶级对平民阶级坚持经济剥削、政治压迫和精神控制。而且，官僚阶级利用政治特权对平民阶级进行"掠夺和抢劫"，自始至终都是一种最主要的、历史最悠久的经济剥夺形式。

4. 地主与佃农（或雇农）、资本家（非官僚资本）与工人的矛盾是平民阶级内部的阶层矛盾

不论是过去地主与佃农（或雇农）的矛盾、资本家与工人的矛盾，还是现在"民营企业家"与"打工族"的矛盾，都同属于平民阶级或第三等级内部的阶层矛盾。在社会常态下，"生产共同体"中生产资料与劳动力之间不可分割的统一性决定了，这种阶层矛盾的统一性大于对立或对抗性。而且，它往往是被官僚阶级与平民阶级这个主要矛盾所决定的，处于主要矛盾的正向规范或负面制约之下。或者像发达国家那样，被后者有效地调节、缓解与整合，致使矛盾的统一性大于对抗性；或者像中国这样，被后者无限放大、加剧和激化，致使矛盾的对抗性大于统一性。

5. 在社会常态下，政治制度对生产关系、上层建筑对经济基础的决定性远远大于依赖性

正如官僚阶级对平民阶级的决定性远远大于依赖性一样，官僚阶级主导的政治制度对于平民阶级内部生产关系的决定作用、上层建筑对于经济基础的决定作用，远远大于被决定性。而且，政治制度对生产关系、上层建筑对经济基础的依赖性，只存在于社会革命或改革的"变态"时期，只有当社会要对政治制度或上层建筑革故鼎新时，它才得以显现出来。而某种政治制度或上层建筑一旦确立，社会进入相对稳定的常态时期，这种依赖性就日渐弱化，而决定性也随之呈现出来，并上升为主导或主宰因素。不论是中国这样的等级化社会

和官僚专制政治制度，还是发达国家那样的平等化社会和民主政治制度，都概莫能外。两者的差别仅在于：这种决定性作用的方向不同罢了。

6. 革命（或改革、改良）的主要对象是"不合理的上层建筑"

阶级斗争传统理论所谓的"地主阶级政府"或"资产阶级政府"，其真实性非常有限，远不如"官僚阶级政府"更具有历史与现实的真实性。封建社会的农民起义，必须首先夺取政权打碎官僚阶级旧的国家机器——封建社会上层建筑，然后才能剥夺地主阶级，进行经济基础层面的"分田地，均贫富"。同样，资本主义社会的工人起义，必须首先夺取政权打碎资产阶级旧的国家机器——资本主义社会上层建筑，然后才能"剥夺剥夺者"，彻底或部分地改变经济基础层面的生产关系和分配关系。

资本主义发达国家的文明或高明之处就在于：对于"不合理的上层建筑"，不是通过革命彻底否定或打碎，而是通过定期更换政府，不断进行"微调"，调整经济基础层面的利益分配关系。从而，缓和了阶级矛盾，化解了破坏性冲突，弱化了工人阶级的反抗情绪，消除了革命的根源。

7. 上层建筑的阶级性不在于统治者原来的出身成分

正像评价个体人的标准不在于他姓甚名谁、出身如何，也不在于他口头上说什么，而在于他实际上干了些什么。同样，任何国家上层建筑的阶级属性，并非取决于统治阶级掌权者出身的阶级成分，更不在于"××党"和"××主义"的名号和招牌，而在于它实际上代表哪个阶级的现实利益和政治要求，在于实行怎样的政治制度、社会制度和施政纲领，在于如何配置处理国家法权、政府官权和国民民权等"三权关系"。

不论统治者出身阶级成分如何，如果以"国君"（国家法人代表）个人为本，片面强调并无限强化君主政体和国家法权，它就是君主专制；如果以政府官员为本，彻底巩固并无限强化官僚政体和政府官权，它就是官僚专制；如果以平民阶级大多数人为本，充分肯定并维护民主政体，切实保障国民民权，它就是民主制或人民民主制。

二、阶级斗争"新说"的合理性

只要以科学精神和客观态度面对中国社会现实，阶级斗争"新说"的合理性就显而易见。它不仅完全符合中国等级化社会的客观实际，而且可以正确回答一些存在多年的理论疑问和现实困惑。

1．利用政治特权占有他人劳动算不算剥削？

阶级斗争传统理论认为：与阶级社会三种形态相对应，人类历史上存在过三种剥削形式：①奴隶主凭借对奴隶的人身占有，通过强制性剥夺直接占有奴隶的剩余劳动；②地主凭借土地占有，通过契约地租直接占有佃农或雇农的剩余劳动；③资本家凭借资本占有，通过与雇佣劳动力等价交换间接占有工人的剩余劳动。

人们不禁要问：既然阶级剥削的本质是"一个集团占有另一个集团的劳动"，那么，凭借占有政治特权而占有他人劳动算不算剥削？传统理论的解释是：那只是个人行为或个别现象，而非集团或阶级行为，故而不算剥削，起码是不算"阶级剥削"。然而，不论是和珅等古代贪官，还是成克杰、胡长清等现代贪官，其千百万家产有多少是他们自己贪污公款、盗窃国库得来的？又有多少不是来自各级贪官酷吏和不法豪强剥夺的老百姓剩余劳动？又有多少不是老百姓血汗凝聚成的国家财产？如此盘根错节、上下串通、内外勾结不是集团或阶级行为又是什么？若果真是"少数人的个人行为"，那么，中央政府三令五申反贪廉政，却有令不行屡禁不止，甚至连神圣的国家法律都成了一纸空文，又当如何解释？

毫无疑问，利用政治特权占有他人劳动，是等级化社会中一种历史更悠久、存在更普遍、更野蛮残酷的阶级剥削，亦即马克思所说的"掠夺和抢劫"！

2．"社会基本矛盾说"与"社会发展动力说"相统一

"阶级矛盾和阶级斗争是社会发展的动力"，"生产关系与生产

力、上层建筑与经济基础的矛盾是社会的基本矛盾",这是马克思历史唯物论两条基本原理。然而,许多初学者对此想不明白,不少马克思主义理论权威也讲不明白:为什么阶级矛盾和阶级斗争是"社会发展的动力",却不是"社会的基本矛盾"?为什么生产关系与生产力、上层建筑与经济基础的矛盾是"社会的基本矛盾",却不是"社会发展的动力"?当然,对经典理论的这种困惑,主要源于对生产力、生产关系、上层建筑和经济基础等基本范畴的物化性误解,忘记了它们的主体是划分为阶级的"人"。但是,与传统理论中这些基本范畴的主体内涵模糊不清也不无关系。

阶级斗争"新说",使"生产关系与生产力的矛盾"、"上层建筑与经济基础的矛盾"与阶级矛盾统一起来,实现了"大道归一"。如此,既突出了"社会的本体是人"这个最基本的事实,又使"社会发展动力"学说的主体内涵更趋于明确化、人性化了。从而,有效化解了上述的疑问和困惑,。

3. 历史唯物主义的基本范畴与主体内涵对应起来

阶级斗争"新说"的基本观点如下:

生产力	生产关系	经济基础	上层建筑
劳动者及其体力和脑力劳动,以及生产资料所有者的资本投入	"民"间关系(生产资料所有者与劳动者和管理者之间的关系)	"民"的一切产品生产、流通活动和结果,以及全社会的消费活动	"官"的统治机构、制度法规,及其立法、执法、司法活动

①. 生产力(生产能力)。它并非仅"劳动力+生产工具",而是劳动力、生产工具、生产资料以及由此决定的生产方式所构成的"生产共同体"的生命活力总和。就主体内涵而言,它包括:一是直接的生产操作者,即劳动力(或人力资源)及其劳动投入;二是工程技术和生产管理者(或人才资源)及其管理劳动投入,包括生产工具的发明、维护和改进,生产方式和生产活动的组织管理,其本质是科学技术;三是生产资料所有者及其劳动资料、生产设备等物质资源投入。

可见，社会生产力的主体内涵，是整个平民阶级或"第三等级"。

②. 生产关系。它主要不是生产者与管理者之间的关系，而是生产者、管理者（包括物质资源管理、人力资源管理和生产技术管理）与生产资料所有者之间的关系。在股东与经理、资本所有者与生产管理者"双肩挑"的资本主义初级阶段，主要是生产者与生产资料所有者资本属性之间的矛盾关系。

③. 经济基础。平民阶级所从事的物质产品和精神产品生产、流通活动及其劳动成果，以及社会所有成员对物质产品和精神产品的消费活动。当然，在蒙昧时代和野蛮时代，精神产品的生产、流通和消费是被贵族阶级或官僚阶级垄断的，人为地脱离了平民阶级和经济基础。随着人类文明进化，它们越来越回归于平民阶级和经济基础了，从而逐步克服或弱化了人类物质存在与精神存在的分离和对立。

④. 上层建筑。其主体是手握公权（国家法权和政府官权）的官僚阶级，包括位居国家顶端的最高统治者。其本质则是他们的立法、司法和行政执法等社会公共管理活动，及其所制定和实行的政治制度和法律法规。之所以称之为上层建筑，是因为，在等级化社会中，它是高居于平民阶级社会基础之上的，是被官僚阶级或贵族阶级上流社会垄断的。上层建筑与经济基础的分离对立，实际上就是政府与社会、官僚阶级与平民阶级、政治活动与经济活动的分离对立。

⑤. 生产关系与生产力的矛盾。其本质是物质资源、人力资源、科学技术（生产工具）等"三要素"与生产资料所有制及其生产方式之间的矛盾。就主体人而言，则是生产资料所有者与劳动者、管理者（包括科学技术管理）这"三主体"之间的矛盾，它属于活动于经济领域或社会基础的平民阶级或第三等级的内部关系。在社会常态下，它们（或他们）之间矛盾的统一性远大于对立性，呈现出"生产共同体"内部各要素之间相互依存、协同互动的整体关系。

⑥. 上层建筑与经济基础的矛盾。其本质是政府与社会、政治活动与经济活动的矛盾。就主体人而言，就是官僚阶级与平民阶级的矛盾，它是等级化社会中最基本、最重要、起决定作用的主要矛盾。

所谓民主政治，实质就是政治权力和政治活动不是由官僚阶级少数人垄断独裁，而是由包括平民阶级在内的所有国民"社会权利共享，社会责任共担"。从而，使政府对各个阶级之间权力和利益关系的调节平衡与整合功能得以比较充分地发挥，弱化了上层建筑与经济基础的分离对立，化解了分离对立所潜在的破坏性冲突。显然，它完全符合生物界"共生互补，协同进化"的自然规律，有利于形成更自觉、更协调的社会整体系统，有利于形成方向和目标更一致的"合力"，促进了社会的公平公正和健康发展。

三、阶级斗争"新说"的实用性

近年来，世界出现了一种有趣的怪现象：马克思曾经批判、痛斥过的资本主义国家学界，对他和他的学说尊重有加。哈佛大学等世界著名大学，专门开设了马克思主义理论课；剑桥大学和 BBC 传媒公司公推他为"人类第二个千年第一伟人"。然而，作为马克思主义"信众"，中国学界"精英"对马克思主义却掀起了一阵又一阵的怀疑、否定之风；政界"精英"更是一面高喊社会主义口号，一面对马克思阶级斗争学说、"巴黎公社原则"和不断革命理论进行实践的彻底否定。原因究竟何在？其一，马克思主义对资本主义的理性批判，其立足点是高于资本主义的人本主义或社会主义，其批判方式则是现实主义与理想主义相统一。而中国，仍然停留在自然农业经济、官本主义文化和官僚专制政治的历史阶段，二者之间隔着四、五百年整整一个资本主义时代，根本无法理解马克思主义的价值内涵，只能照搬词语教条，难免"驴唇不对马嘴"。其二，一些人（包括前苏联）拖着自然农业和官本主义观念尾巴，在翻译、出版和阅读马克思主义著作过程中，难免诸多无意或有意地误读误解和曲解。因而，制约了马克思主义经典理论对"苏联模式"社会主义社会现实的普适性和针对性。

阶级斗争"新说"的实用性主要表现为：它从中国社会现实出发，运用马克思主义阶级斗争经典理论，解释当代的社会现象，而非削足适履扭曲中国社会现实，硬塞进"苏联模式"马克思主义概念和传统阶级斗争理论的"筐里"。在某些重大问题上和某种程度上，弱化了马克思主义阶级斗争经典理论与中国社会现实之间的距离与隔阂，从而，更有效地解释当代中国社会的现实问题。

1. 生产力，既包括生产者及其劳动投入，也包括生产资料所有者及其资本投入

生产者及其体力和脑力劳动当然是"生产力第一要素"。但是，只有当生产者与生产工具(科学技术)、生产资料(资本转化)相结合、从而构成完整的"生产共同体"时，才能开始生产活动，使生产者的劳动得以实现。所以，马克思在《哥达纲领批判》中对"劳动是一切财富和一切文化的源泉"提出了尖锐批判，并针锋相对地指出："劳动不是一切财富的源泉。"并进一步指出："(是源泉)这句话只是在它包含着劳动具备了相应的对象和资料时才是正确的。"此话告诉我们，任何产品或财富都是社会的，包括：一是劳动者的劳动投入或附加；二是劳动对象(物质资源)的性能转化；三是工具设备的损耗折旧。其中，劳动对象是资本的转化形态；工具设备则既包括科技工作者的脑力劳动投入，也包括资本所有者的资本投入。所以，社会的生产力，不仅包括人力资源和人才资源，而且包括资本所有者的资本投入所转化成的物质资源和文化资源。

资本家(资本或物质资源的合法拥有者)与劳动者(体力劳动者和脑力劳动者)，同属于经济基础及其生产活动的主体，同属于平民阶级。由此也决定了，资本主义的生产资料占有形式和生产方式，虽然导致了资本所有者富人与劳动者穷人(包括中产阶级脑力劳动者)之间的矛盾对立，但是，这种矛盾并非仅是"势不两立"的对立对抗关系。在常态化社会中，它更多表现为"相互依存，共生共进，协同进化"的整体统一关系。

①. 多年来，笔者存在诸多疑问和困惑：为什么资本主义制度没有像列宁所预言的那样"一天天烂下去"，反而历经多次经济危机"垂而不死死"？为什么北欧、新西兰等资本主义国家的社会主义、共产主义因素远远多于中国这样的"特色社会主义"国家？……只要正视客观现实，摆脱"苏联模式"阶级斗争传统理论束缚，这些疑问和困惑便可迎刃而解。

资产阶级与工人阶级同是"生产共同体"内的主体成员,他们原本既相互依存统一,又相互对立斗争。而且,在常态下,他们之间的统一性远远大于对立性。再者,资产阶级是"人"而非"物",同样拥有主体人的价值判断能力、行为修正能力和自我优化的生命张力。资本占有方式和生产方式,也不过是人们的一种行为方式,同样可以随着主体人观念意愿的改变而改变。尤其是,周期性爆发的经济危机及其所造成的生存危机,使资产阶级和国家决策者变得谦虚和聪明起来了,认识到了人类的兼容共生规律和协同进化效应:只有"利他",才能更好更长远地"利己"。从而,认同并部分地接受了社会主义理念,逐步改变了原来唯利是图的价值观念和无节制追求利润的行为方式,使之更人性化和理性化了。

在思想观念上,改变了对马克思主义的态度,由狂妄地拒绝排斥,转变为谦恭地扬弃吸收、取长补短;认真领受了他对资本主义的批判式教诲及其真理性(科学性)内涵,理解并包容了他为无产阶级伸张正义的阶级情感。

在行为实践上,改变了原来为了追求利润或效益最大化而不顾工人死活的愚昧野蛮行为方式,选择了有限的"社会财富共享,社会事务共管"等社会主义原则,从而有效地弱化了资本与劳动、资本家与工人、物质资源与人力资源之间的分离对立,强化了他们(和它们)之间的优势互补、协同进化关系,有效地发挥了劳资双方的积极性和两种资源的潜在价值,获得了更高的利润回报。

如果说发达国家工人阶级变得革命性越来越退化的话,那么,原因是资产阶级(阶级矛盾的始作俑者和主导方面)首先异化(自我改造)得越来越不像原来那么愚蠢贪婪了,越来越"社会主义化"了。当然,这种"向好的方面转化"的原动力和推动力,只能来源于工人阶级追求生存安全和社会公平的阶级斗争!(主要是合法的罢工斗争)

②. 资本占有形式固然重要,资本使用方式和使用质量,同样不可忽视。在这方面,发达国家的资产阶级,起码比"社会主义国家"那些挂着共产党招牌的贪官酷吏聪明的多、文明的多、高尚的多。例

如，香港一位七十多岁的富商李先生向大陆"希望工程"捐赠了 1700 多万港元，在上海办理捐赠手续期间，坚持住每天 60 元的小旅馆，办公路途再远也坚持提前挤坐公交车。而中国"以三个代表为己任的人民公仆们"呢？不论是国家的还是社会的公共财产，能搂的尽量搂，多多益善；不能搂的尽情挥霍，实行吃光、喝光、嫖光、赌光、糟蹋光的"五光政策"。两相比较，文明与野蛮昭然若揭。

2."科学技术是第一生产力"

在阶级斗争传统理论及其阶级分析方法体系中，将科学技术的主体人排斥于生产力、劳动者乃至平民阶级之外，生产管理者成了"资方代表"，科技工作者成了"小资产阶级"；不仅违背了客观现实，而且导致了一系列悖谬。

①. 管理者及其管理活动的价值在于：组织整合、调节控制生产"三要素"的匹配关系，使之有机结合、优势互补，共同构成"生产共同体"及其生产活动过程系统，从而充分实现了它们的应然价值。对于生产活动和生产力的现实发挥，具有正向放大或负面制约的决定性作用。对此，马克思在《资本论》第二十三章"利息和企业主收入"中，曾经做过深刻论述："凡是直接生产过程具有社会结合过程的形态，而不是表现为独立生产者的孤立劳动的地方，都必然会产生监督劳动和指挥劳动。"所谓"监督劳动"和"指挥劳动"，其实就是管理。它明确告诉我们：其一，管理是一种劳动方式；其二，管理的对象是"社会结合过程的形态"，亦即生产要素之间关系的整合；其三，管理虽然不直接参与产品生产活动，但是，它同样是生产能力和生产活动必不可少的要素，是生产力"放大器"和生产活动"催化剂"。传统理论正是由于无视这种基本事实，忘却了马克思主义经典论述，才产生了诸多错误判断，将管理者排斥于生产力和平民阶级之外，从而使"向管理要效益"的口号失去了现实根据和理论支撑。

事实也充分证明了这一点：1995 年中国的生产工具(生产线)和生产技术，与发达国家的差距已经大大缩小，然而，生产效益(每千克能源产出的 GNP)，与印度是 1∶2，与美国和世界平均水平是 1∶3，与泰国是 1∶5，与日本是 1∶9(易纲《我们需要怎样的发展》)。

面对这组数字，人们不禁要问：生产效益如果不是生产力的标志还能是什么？别国多出来的那部分生产效益为何在中国就平白无故地消失了？这种大量吞噬生产效益的"黑洞"除了"管理漏洞"还能是什么？如果管理不是生产力，那么这种现象又如何解释？

毫无疑问，生产管理者及其管理劳动同样是生产力！

②. 知识分子的劳动成果（科技文化产品）当然属于意识形态，但是，据此便将知识分子排斥于生产力、平民阶级和社会基础之外，同样是既违背客观事实，也不符合因果关系逻辑规律，更不符合马克思"科学技术是第一生产力"的论断。

其一，"科学技术是第一生产力"，科学技术的创造发明者——知识分子及其研究开发脑力劳动反倒"不是生产力"，这种"见物不见人，要蛋不要鸡"的非人道主义价值观念符合逻辑吗？

其二，如果知识分子脑力劳动者不属于生产力，那么，企业文化建设、职工培训和继续教育等还有什么意义？岂不成了劳民伤财瞎折腾吗？

其三，如果知识分子脑力劳动者不属于生产力，那么，"人才资源是经济发展的第一资源要素"又当如何解释？"知识经济"会从天上掉下来吗？

毫无疑问，知识分子脑力劳动者及其劳动成果（文化知识和科学技术）不仅是生产力，而且越来越成为"第一生产力"了。其中，科技人员的科学研究和技术开发，不仅为生产活动提供着先进的生产工具和生产技术，而且，也提供着先进的管理理念和管理手段，是重要的生产力"软件"要素。其他知识分子的文化教育活动，更是极大地提高着生产者和管理者的精神境界和专业技能，呼唤和激发他们的积极性、主动性、创造性和劳动热情，是"生产生产力的生产力"。恩格斯在《家庭、私有制和国家的起源》中的论述："生产又有两种。一方面是生活资料即食物、衣服、住房以及为此所必需的工具的生产；另一方面是人类自身的生产，即种的繁衍。"显然，所谓"人类自身的生产"，既包括生物人格的生产，也包括社会人格和精神人格的生产，后两者正是"教科文"活动及其主体人——知识分子的社会价值之所在。

众所周知，奴隶社会的终结者是地主阶级而非奴隶阶级；封建社会的终结者是资产阶级而非农民阶级。据此，笔者大胆妄断：如果说工业社会发展的必然归宿是知识经济或信息社会的话，那么，资本主义社会的终结者就一定是知识分子阶层，而非工人阶级！这种大趋势的征兆越来越明显了。除了失业工人和农民工，工人阶级又多了一个更强有力的竞争对手，他们的体力、体能和灵巧的双手，日益被自动化、智能化生产线或机器人所取代。最终，将变成"无用阶级"被挤出生产操作领域，或变成知识分子脑力劳动者。

四、"新说"与马克思主义经典理论不尽相符

毋庸讳言，阶级斗争"新说"不仅与"苏联模式"阶级斗争传统理论及其阶级分析方法存在着巨大差异，而且，与马克思主义阶级斗争经典理论也不完全相符，原因主要在于如下两个方面。

1. 社会环境与观照对象不同

马克思主义阶级斗争经典理论，面对的是资本主义文明社会，资产阶级民主革命早已完成，官僚阶级及其专制制度和公权垄断早已被彻底否定，社会结构形态已经由立体等级化进化到平面网络化，基本实现了社会平等、经济自由和政治民主。而"新论"面对的中国现实社会却是：70%以上的人口尚处于农牧业自然经济时代，政治制度则是"苏联模式"官僚专制；社会等级化和公权垄断发展到了极致，劳动人民的经济自主和政治民主等民权丧失殆尽。老官僚阶级被推翻了，"正在出现一个新的特权阶层，一个掌权的官僚阶层，一个脱离人民的官吏阶层"（毛泽东·转自：斯诺《我们同毛泽东谈了话》，意大利《时代》周刊，1971.4.18）。

2. 视点和视角不同

在马克思主义阶级斗争经典理论看来：剥削，主要是剥削者与被

剥削者双方情愿、以土地租种契约或劳动雇用合同认定的劳动成果"合法分配关系"。而官僚阶级利用特权或暴力对平民阶级的经济剥夺，是赤裸裸地"掠夺和抢劫"，是明目张胆地公权犯罪，如果将其也归入"剥削"，未免太抬举、美化他们了！而且，这种"掠夺和抢劫"已是尽人皆知的常识，资产阶级学者和资产阶级革命，早已完成了对它的理论批判和实践否定。他自己的历史使命则是：揭示剩余价值产生的奥秘，从而揭示资本所有者与雇佣劳动者矛盾冲突的根源，揭示无产阶级革命的必然性。为此，只要证明在自由平等、公平交换、合理合法的常态下，前者如何占有了后者的剩余劳动就足够了。因而，他关注的视点，集中于"第三等级"内部，集中于资产阶级与工人阶级在经济基础领域的活动，集中于他们相互之间的交换关系。而"新论"，则是对中国社会整体结构进行客观阶级分析的结果，其任务则是要证明：官僚阶级利用政治特权占有平民阶级的劳动，同样是一种阶级剥削，而且是比土地剥削和资本剥削，更残暴更野蛮的一种阶级剥削！

如果有人据此便给"新说"戴上"背叛或篡改马克思主义"的帽子，那实在是对一个社会科学门外汉的抬爱和谬赞。笔者虽受之有愧，却深感荣幸。

第六章　文革之败

正是无产阶级专政下继续革命理论及其指导下的实践探索——文化大革命，证明了毛主席绝非刘邦、朱元璋等那样的"平民皇帝"或"平民领袖"，而是"巨人中的巨人"、"毛泽东大于马克思加列宁"、"毛泽东思想是当代马列主义顶峰"。

然而，毛主席继续革命理论和实践却严重威胁到新官僚权贵们的既得利益和统治地位，必然招致他们的刻骨仇恨和疯狂报复，最终被彻底否定。

第一节　文革被彻底否定

毛主席逝世后，历经"华（国锋）中央"的反革命宫廷政变和"清查四人帮残渣余孽"的"揭批查"运动，以及"邓中央"的"继续深入清查"和"解放思想，批判两个凡是"，所有文革派官与民都遭到了"无产阶级专政"一轮又一轮的残酷镇压。上自毛主席的继续革命国家法权，下至平民阶级的民权诉求和造反精神，一律被彻底清算，直至1981年6月27日作出了《关于建国以来党的若干历史问题的决议》。

文化大革命被复辟的新官僚阶级从组织上和理论上彻底否定了，并遭到持续数十年诅咒和涂污。

一、分清两个文革概念

文化大革命被官权彻底否定了，但是，她在亿万民众思想情感中的"流毒"不可能被彻底肃清,对于"邓式执政党"终究是个隐患,令心有余悸的官僚阶级余恨未消、寝食难安。于是,伴随"邓式改革开放"的倒行逆施,"肃清文革流毒"的运动持续了三十多年,"妖魔化文革"的逆流浊浪排空。其中,最著名、最甚嚣尘上的莫过于"十年浩劫"之说。按照叶剑英 1978 年 12 月 13 日在中共中央工作会议闭幕式上的说法:"文革整了一亿人,死了两千万人"。可谓言之凿凿,"十年浩劫"铁案如山了。

然而,他绝不会进一步说实话:"文革整了一亿人,死了两千万人"的真正罪魁祸首是谁?

自古邪不压正!要想彻底"妖魔化文革",绝非像炮制一个"历史决议"那样容易,复辟的官僚阶级不得不采用卑鄙无耻的流氓伎:首先混淆两个文革概念把水搅浑,继而颠倒黑白嫁祸于人。

毫无疑问,历史上存在两个文革:

一是毛主席继续革命实践探索,即文化大革命艰难前进时期(文革派进攻阶段)。它开始于 1965 年 11 月发表《评新编历史剧海瑞罢官》,结束于 1969 年 4 月"九大"召开。其中心诉求就是"实行民主监督,反对官僚特权"。

二是一个特定的历史时期,即"文革时期"。它自 1965 年 11 月发表《评新编历史剧海瑞罢官》开始,至 1981 年 6 月 27 日发表《关于建国以来党的若干历史问题的决议》结束,包括如下三个阶段:艰难前进时期——文革派进攻阶段(1965 年 11 月—1969 年 4 月)、反复争夺时期——文革派与反文革派相持阶段(1969 年 4 月—1976 年 10 月 6 日)和彻底否定时期——反文革派复辟阶段(1976 年 10 月 6 日—1981 年 6 月 27 日)。在此期间,两派互为主体和对象,各自都按照自己的主观意愿和诉求进行了反复较量和充分表演。

复辟的官僚阶级之所以极力把截然不同的两个文革混淆起来抹煞二者的区别,其罪恶目的就是要:把水搅浑,把文革时期发生的一切罪恶,统统嫁祸于毛主席继续革命实践探索,统统嫁祸于文革派。这无异于把抗日战争时期日寇的"三光政策"嫁祸于抗日军民!

为了彻底妖魔化毛主席继续革命实践探索,他们这种卑鄙无耻的流氓伎俩反复用过多次，除了"十年浩劫"，主要还有两次：一是1957年"（毛泽东）欲擒故纵、引蛇出洞，抓了五十五万右派"；二是"大跃进饿死三千万人"。

对这种卑鄙无耻的流氓伎俩，拙作没有足够的篇幅予以揭露，只是指出如下史实：

1. 1957年毛主席发动"开门整风，大鸣大放"运动，提倡"适度自由化"，初衷是解放包括民主党派在内的国民民权，实行民主批评监督，以遏制"国家机关官僚化"。然而，面对以刘、邓、彭"铁三角"为代表的整个新官僚权贵集团的拼死抵制，面对知识分子忘乎所以和社会动荡愈演愈烈，"反帝"（防止帝国主义颠覆）的社会责任迫使他不得不中途刹车，给了官权向民权疯狂反攻倒算可乘之机。此前，毛主席一再重申"一个不杀，大部不抓"；"开门整风"逆转为"反右斗争"后，又不止一次强调：全国的"右派"不超过数千人（最早估计3千，后来改为5千）。

而刘、邓则利用主持一线工作的权力大开杀戒，一下子抓了55万，甚至硬性下达指标："右派"与在职人员的比例为4%左右。

然而，文革被底否定后，"邓中央"一边制造大量"文革犯"冤假错案，一边大张旗鼓地为"右派"平了反（几经甄别，最后只剩下5千多真右派未平反。毛主席当年的预见何等客观准确！）如此一来，"反右斗争"对民权残酷镇压的罪责就全部转嫁给了毛主席。

2. 1958年毛、周倡导的"大跃进"对中国工业化发展居功至伟。

而刘、邓乘机刮起的"五风"则是彻头彻尾的人祸！百年不遇的好年景却糟蹋个"丰产不丰收"。"人造粮荒"之后，又是他们驱使吴芝甫、李井泉等地方大员亲信，开展"反右倾机会主义，反瞒产私分"运动，向挣扎在饥饿线上的农民口中暴力夺粮，饿死人的事件接连不断。河南省"信阳事件"仅是其中一例。

毛主席对横行中的"五风"多次批评制止，莫说刘少奇支持的"亩产小麦百万斤"，即使对有些人所说"亩产十万斤"，他也不相信："我种过地，亩产十万斤？堆也堆不起来，你们骗不了我！"对"信阳事件"，他更是愤怒痛斥："反革命利用新官僚和糊涂人，把坏事做尽！"

无数史实证明："饿死人"的罪魁祸首不是别人，正是刘、邓及其代表的新官僚权贵集团！

然而，新官僚阶级复辟后，"邓中央"篡改历史、颠倒黑白，极力混淆毛、周"大跃进"与刘、邓"五风"两个根本不同的概念，把他们自己一手制造的"饿死人"的人祸，全部转嫁给了"大跃进"，转嫁给毛主席的"头脑发热"。

二、文革时期：究竟谁浩劫了谁？

"邓式执政党"的流氓伎俩虽无耻却有效。有的网友说：文革"对走资派是浩劫，对人民群众是盛大节日"。他们对文革认知太概念化了。因此，对于民权先觉者（包括左翼和右翼）而言，亟需要廓清的第二个问题是：在整个文革时期，究竟是谁浩劫了谁？

1. 早在群众运动之前，"五一六通知"就指出：文革运动的重点对象是党内那些走资本主义道路的当权派。造反派红卫兵正是因为始终牢牢把握揭批走资派这个大方向，一直被当权派和保守派污蔑为："反党""与地富反坏右穿一条连裆裤"……

那么，众多的"反动学术权威"和"黑五类"及其子女是被谁浩劫的呢？毫无疑问，是新官僚权贵当权派及其操纵的官办红卫兵！2013年8月之后，陈小鲁（陈毅之子）、宋彬彬（宋任穷之女）等人掀起的"道歉风"提供了确凿的证据：老舍先生等大批无辜者就是被他们——"保爹保妈派官办红卫兵"迫害致死甚至直接打死的！

山东省文革史也完全证明了这一点。

为了维护他们岌岌可危的统治，山东省委当权派秉承刘、邓的指示，转移文革大方向，集中火力对准"反动学术权威"，炮制了"《历下夜话》黑店"冤假错案，把"黑店老板"文菲（《大众日报》总编）抛出来后，又相继将其"黑后台"余修（副省长）和"总后台"王众音（省委常委、宣传部长）"深挖"了出来，彻底批判、愤怒声讨。至此，省级领导层仅有的两名高级知识分子清流干部无一幸免。同时，各地（市）、县乃至公社的当权派也"坚决照办"，挖出了本地的

"黑店"，大批无辜的专家学者甚至普通知识分子被批斗、罢官、撤职、关"牛棚"……

至于"黑五类"及其子女被浩劫，更是官僚阶级当权派为了自保而操纵"官办红卫兵"创造的"杰作"。当时，山东省委和济南市委秉承彭真"要把北京市建成水晶城"的未了心愿，组织"官办红卫兵"掀起了声势浩大的"斗、抄、挖、赶"运动。所有无辜的"黑五类"市民被抄家、批斗、游街示众之后，连同他们的子女一律驱逐出济南市，遣返回农村原籍。

复辟后的官僚阶级把平民阶级造反派打成"制造浩劫的暴徒"，这完全是颠倒黑白栽赃陷害的流氓行径，是最大的冤假错案。当时，距离后来造反派夺权执政还有好几个月，他们既无"挖"（内查外调）的财力，更无"赶"（迁移户口）的权力！

2. 文革群众运动之初，毛主席主持制定的"十六条"就明确指出：文化大革命"是一场触及人们灵魂的大革命"，"要用文斗，不用武斗"。其后，又不止一次强调：对批判对象"要文斗，不要武斗。文斗可以触及灵魂，武斗只能触及皮肉。"

几千年来，平民阶级安分守己的顺民精神根深蒂固，造反派虽然对本单位、本地区当权派造了反，但是，对于党中央毛主席的指示依然坚信不疑坚决照办"毛主席挥手我前进"，严格执行"要文斗，不要武斗"的政策。即使批斗"走资派"时，也不过是搞点儿低头、弯腰、"喷气式"而已。

那么，文革武斗风是如何刮起来的呢？毫无疑问，是刘、邓为首的新官僚权贵操纵的"官办红卫兵"的"杰作"！

山东大学文革史可以作证。

在大辩论阶段，校办金工厂造反派工人朱福东与保守派学生辩论时，情绪过激发生了肢体接触，成了轰动全校的"武斗事件"，被保守派愤怒声讨了好多天。从此，每当大辩论时，人们都倒背起双手，以避"武斗"之嫌。

更滑稽的是，把全校造反派从校党委和工作组高压控制下解放出来的，既不是党中央毛主席，也不是"两报一刊"社论，而是北京"八一战校"（原第十四中学）一男一女两个十六、七岁的红卫兵！解放我们的方式很简捷：跳到主席台上，对"走资派"孙汉卿，用军用皮带劈头盖脸一顿猛抽，……会场顷刻大乱，校党委及工作组的高压控制土崩瓦解。

"八一战校"校名和他们所穿着的毛料军装可以证明：他们绝非平民百姓的孩子，而是级别相当高的大官尤其武官的"衙内"和"小姐"！

3. 仅凭"官办红卫兵"的军用皮带，绝无可能"整死两千万人"，罪魁祸首必定另有其人！它只能是——新官僚权贵当权派（文官和武官）及其手中的"无产阶级专政"暴力机器，只有他们才有能力创造出"整死两千万人"的"丰功伟业"。

①. 自古以来，作为国家法人或法权代表，"国君"（包括毛主席这样的开国明君）的君权只是一种决策权和话语权。固然，这种决策权和话语权对于国家存亡兴衰至关重要，但是，一个人的力量实在太有限了。即使决策完全正确，一旦触犯大官们（国家栋梁和柱石）的利益，一切都是嘴上抹石灰——白说，甚至被"歪嘴子和尚"歪曲得面目全非。而且，史实证明，毛主席一贯反对乱杀人："反右"前后明令"一个不杀，大部不抓"；文革中多次呼吁"要文斗，不要武斗"、对造反派"要高抬贵手"……

"整了一亿人，死了两千万人"的浩劫绝不是毛主席制造的！充其量只能诬赖他发动文化大革命的"极左路线"。

笔者不禁要问：毛主席为什么要发动文化大革命？为什么他不顾失去"九五之尊大位"甚至被"打的粉碎"之险？不就是因为对你们新官僚权贵大官骑在人民头上拉屎拉尿、草菅人命的倒行逆施忍无可忍了吗？你们可以凭借垄断政治权力的淫威指鹿为马、颠倒黑白，但绝不可能垄断道义！

②. 平民阶级造反派除了忧国忧民的满腔热血和孱弱的血肉之躯，几乎一无所有，唯一的资本就是毛主席继续革命国家法权赋予他们"揭露黑暗面"的大民主权利，以及"四大"（大鸣、大放、大辩

论、大字报)"批判的武器"。仅仅凭借这种权利和"武器",怎么可能制造出"整了一亿人,死了两千万人"的浩劫?退一万步讲,即使他们全都是"篡党夺权、十恶不赦的打砸抢暴徒",也有贼心无贼力!

③. 只有对文化大革命怀有刻骨仇恨而又垄断着所有政治权利和暴力机器的人,才既有贼心又有贼力制造出"整了一亿人,死了两千万人"的浩劫,他们就是而且只能是——包括文官和武官在内的整个新官僚权贵阶层!他们只有他们,才是制造文革时期空前大浩劫的罪魁祸首!

对此,包括各国学者、政要在内的"天下人都知道",只有众多的中国人自己不知道,他们或被一己的利害得失蒙蔽了良知,或被"美邓颠覆派"的谣言迷失了心智。一旦中国人也全知道了,这帮刽子手的反人类罪行必将被永远钉死在历史耻辱柱上!

三、文革时期——文革派的浩劫

毫无疑问,除了文革初期被浩劫的"反动学术权威"和"黑五类"及其子女,整个文革时期被浩劫时间最长、程度最惨烈的,正是被复辟的官僚阶级诬为"浩劫制造者"的文革派尤其平民阶级造反派。

1. 文革初期:被文官打成"右派、反革命"

文革初期,官僚阶级文官们转移运动大方向的一切图谋都失败了,又变换策略对造反派民众疯狂镇压。"反动学术权威"和"黑五类"及其子女的被浩劫终于结束了,造反派民众更残酷的被浩劫才刚刚开始。

刘、邓指令全国各省、市当权派,向最先"闹事"的大、中专院校派出工作组,协助学校党委大抓"右派、反革命",杀一儆百、震慑广大民众:"必须老老实实,不准乱说乱动"。企图"把轰轰烈烈的文化大革命打下去。"

仅据北京24所高等院校统计,工作组第一批就把10211名学生打成了"右派",把2591名教师打成了"反革命",有的已经被公开批斗。各地高校都大同小异。如果他们的阴谋得逞,全国将有多少无辜民众被浩劫?

2. 在夺权斗争中：惨遭武官枪杀

上海"一月风暴"开始了全国夺权斗争，文官当权派的反文革斗争暂时中止，武官当权派站到了反文革第一线，平民阶级造反派被浩劫的命运正式揭开了序幕。

叶剑英等"三老四帅"在北京围攻"中央文革小组"的同时，纵容各地武官当权派"武装支左"，血腥镇压造反派的惨案接连不断。例如，1967年2月23日，青海省军区副司令赵永夫等一手制造的"二·二三惨案"，把拥有15万多人的"八·一八红卫兵"等群众组织打成反革命，对造反派群众武装镇压大开杀戒，荷枪实弹疯狂扫射。据不完全统计，打死169人，打伤178人（戚本禹回忆录披露：347人被军队当场开枪打死，年龄最小的14岁），逮捕13414人，被捆绑吊打17293人，被搜身抄家5968人，被强迫集中劳动4279人（青海省"军管会平反组"，1967年7月15日）。

叶剑英电话称赞："你们打得好，打得好！"

这仅仅是武官们制造的诸多流血惨案中的一件。正是面对武官们的血腥武装镇压，江青才激愤地喊出了造反派要"文攻武卫"。结果，文革被彻底否定后，她却成了他们制造浩劫的替死鬼。完全是无耻地颠倒黑白！

3. 在"全面内战"中：被保守派疯狂武装虐杀

虽然，迫于毛主席继续革命国家法权的压力，武官们停止了对造反派的直接武装镇压，但是，他们并未停止对造反派民众的暴行，而是转变了策略由"一线"退居幕后，秘密用枪支弹药武装保守派民众（对外宣称：群众组织抢夺军队武器），唆使他们对造反派进行武装屠杀，制造了名副其实的"全面内战"。最典型的莫过于1968年韦国清制造的广西大屠杀。与之相比，青海赵永夫制造的"二·二三惨案"不过是幼儿园水平！

据中共广西区政党办公室编印的内部机密文件《广西文革大事

记》披露：1968年7月至8月一个多月中，全区共杀害和迫害致死"四·二二革命行动指挥部"等造反派民众共计八万九千八百一十（89810）人。文件特别注明："被屠杀者的统计数字，仅仅是有案可查的众多失踪者，至今生死不明的不在此统计数据内"！

其中，桂林市制造冤假错案11522起，杀死、打死、迫害死1128人，其中干部、工人556人。钦州地区7个县市失踪10359人，玉林地区杀害10156人。贵县杀害及迫害致死3138人，其中国家干部及职工263人，教师156人，学生47人，居民106人，农民1311人，其他1255人。临桂县杀害及迫害致死2051人，其中国家干部326人。灵山县打死、杀死、害死3222人，其中有三个公社杀人在500人以上，287个大队都发生了乱杀人事件。天等县杀死、害死1651人。上思县杀害1701人，占当时全县人口的1.33%……

4. 在"清查五·一六"和"揭批查"中：被除恶务尽

如果说，在文革艰难前进的三年中，文官和武官们对造反派的疯狂镇压，还可以用"对手争斗，伤亡难免"勉强搪塞的话，那么，在文革反弹逆转和彻底否定的十二年里，他们对整个文革派的反复清剿则完全是：战胜方对俘虏的屠杀、官府对"反贼"的剿杀、屠夫对牛羊的宰杀！与"秦军坑杀赵卒40万"的野蛮残暴别无二致。

据资料记载，在"清查五·一六"运动中，仅湖北一省，被打成"五一六分子"的文革派官与民就多达68万人，被株连浩劫的无辜民众人数也不难估算。

再如，在"清查四人帮残渣余孽"的"揭批查"和"清理三种人"运动中，浙江从省到地、县、公社直至生产队，各级革委会的干部、军代表和群众代表一律都被审查批斗，其中被枪杀、整死、判死缓、判无期和有期徒刑的难以精确计数。据有关部门统计，全省挨整人数高达400万以上，被株连的家属子女、亲戚朋友无辜者上千万人。

河南省在"揭批查"运动中，被枪杀、整死、判死缓、判无期或有期徒刑、开除和清除的，多达800万人，被株连的无辜民众可想而知。

……

历史早已证明：把毛主席、文革派和造反派打成文革时期"浩劫制造者"完全是颠倒黑白，是冠绝五千年历史的最大冤假错案！

第二节　文革失败的根源

文革被复辟的官僚阶级彻底否定了。然而，许多忠诚的"毛主义"战士从未停止过严肃认真的反思和求索，当然也包括文化大革命失败的原因。有的网友至今不承认文革失败，似乎承认文革失败就贬低了毛主席。其情可悯，其论不足取。若然，文革胜利了，中国却沦落到今天如此境地，文化大革命的意义和价值何在？再者，从"统帅"到"将士"乃至"兵勇"整个文革派全军覆没，古今中外还有如此"伟大胜利"吗？

另有一些网友，把文革失败的原因归咎于"激进派"乃至"中央文革小组"成员的"极左错误"，并多有责难和非议，似乎如果不是那样"极左"而是更注重政策和策略，文革就不会失败了。他们依然未能超脱历史唯心主义英雄史观的窠臼。阶级斗争规律尤其中国阶级斗争历史传统决定了：不论是"猛张飞"还是"笑面虎"，只要胆敢"犯上作乱"，都是十恶不赦的"乱党"、"反贼"和"暴民"，都要一律"杀无赦"，区别仅在于"枭首"、"腰斩"还是"凌迟"。

历史证明，文革之所以困难重重举步维艰，毛主席逝世后又被彻底否定，究其根源有主、客观两个方面：主观方面，一是理论上"继续革命"与"无产阶级专政"前提条件之间存在着无法克服的内在矛盾，致使难能把握"继续革命"适当的"度"；二是实践上"革命手段"与"改良目的"之间存在着无法克服的内在矛盾，致使"继续革命"与"稳定秩序"难能两相兼顾、平衡发展。客观方面，革命动力（文革派）与革命对象（"走资派"）之间的力量对比太悬殊了，文革派无力承担空前沉重而复杂的继续革命任务。

以至于，迫不得已的"两难选择"和两害相权取其轻的"自残"一个接一个，贯穿于继续革命实践探索全过程。

一、"无产阶级专政下继续革命"的内在矛盾

毋庸置疑,毛主席"无产阶级专政下继续革命"理论是对马克思科学社会主义理论和实践的重大发展,是国际共运辉煌的里程碑。然而,文化大革命乃至整个"无产阶级专政下继续革命"实践探索过程却困难重重举步维艰,最终被彻底否定,根本原因就在于:"继续革命"与"无产阶级专政"前提条件之间存在着难以克服的内在矛盾——"继续革命"的对象恰恰是"无产阶级专政"的主体人!

1. 在逻辑上

按照绝大多数人的思维习惯,"继续革命"与"无产阶级专政"前提条件相互排斥:如果认定中国是真正的无产阶级专政,那么,继续革命就是多余的,只能在"彻底巩固"的基础上在体制内通过局部微调进行改善或改良。反之,如果认定"继续革命是完全必要的",那么,就不能不从结果上否定了"无产阶级专政"这个前提条件。同理,既然要维护"无产阶级专政",就必须维护"党的绝对领导",就不应当发动平民大众起来造反,而应当说服或压服他们服从"党的绝对领导"安享"无产阶级专政"。既然发动平民大众起来造反,就不能不否定"党的绝对领导"动摇"无产阶级专政"……

尤其是,"革命不是请客吃饭,不是做文章,不是绘画绣花,不能那样雅致,那样从容不迫,文质彬彬,那样温良恭俭让。革命是暴动,是一个阶级推翻一个阶级的暴烈行动。"这段毛主席语录越深入人心,就越突显出上述的内在矛盾性。

笔者困惑数十年:究竟是"继续革命"多此一举,还是"无产阶级专政"名不副实?

2. 在实践上

更是难以把握继续革命的"度":若造反力度轻了,根本无力冲破"走资派"高压控制的旧秩序。若造反力度重了,又难免伤及"无产阶级专政"。尤其是,面对手握一切暴力机器和社会资源的"走资派真老虎",面对他们必欲将文革派斩尽杀绝的血腥镇压,赤手空拳

的平民大众造反派，除了以孱弱的血肉之躯抵挡"无产阶级专政铁拳"，有谁能保证又如何能保证打出的每一拳既有力有效又有节有度？有谁能保证又如何能保证打出的每一拳都既能把"走资派"打疼、又不能把他们打伤、更不能把他们打死？

结果，整个文革进程只能是进进退退、反反复复，没完没了地"否定之否定"，当时俗称"翻烧饼"，民众戏称"把被颠倒的历史颠倒过来再颠倒过去"。造反派头头儿在反复承受"无产阶级专政铁拳"严厉打击的同时，造反派民众同样是"犯不完的错误站不完的队，挨不完的批判请不完的罪，写不完的检查流不完的泪"……

这或许就是文化大革命之所以困难重重举步维艰、最终被彻底否定的内在原因。由此，也就不难理解：为什么中国自晚唐至今几乎所有真正的社会或政治改革都以失败告终。

3. 矛盾根源

"继续革命"与"无产阶级专政"前提条件之间的内在矛盾原因在于："继续革命"的对象恰恰是"无产阶级专政"的主体人——当权派，亦即"混进党里、政府里、军队里和各种文化界里的资产阶级代表人物"。不论是掌控党政大权的文官，还是掌控"无产阶级专政柱石"军队的武官，对文革"拥护的不多，反对的不少"。

这种矛盾的实质：是正在形成的新官僚阶级专制与平民大众民主诉求的矛盾，是政府官员日益严重的官僚化趋势与共和国"国君"毛主席继续革命国家法权的矛盾。

正是"无产阶级专政"主体人——各级官员尤其大官们的操控运作或阻挠抵制，致使毛主席"无产阶级专政下继续革命"的所有实践探索都失败了。不论是"开门整风"、"社教运动"还是文化大革命，"实行民主监督，限制官僚特权"的初衷都导致了"镇压民权，强化官权"的结局。这或许是毛主席和"毛时代"最大的悲哀。

二、"反帝"与"反修"的矛盾

"无产阶级专政下继续革命"的内在矛盾根源在于："反帝"与

"反修"对于"无产阶级专政"和"党的绝对领导"具有截然不同甚至根本对立的要求,而"亦圣亦王"的双重社会责任和历史使命又要求他必须两面大旗同时并举。

一方面,为了"反帝"以应对帝国主义列强的军事包围、经济封锁和武装颠覆阴谋,共和国必须巩固无产阶级专政(人民民主专政),必须加强共产党的领导,必须稳定社会秩序,以统一全国人民的意志和步调,避免重蹈一盘散沙社会动荡的覆辙,不给外敌入侵可乘之机。另一方面,为了"反修"又必须实行"适度自由化"方针,松动对社会的严密控制,以发动人民群众起来行使民主监督权利,遏制国家机关的官僚化趋势(1957年)。直至,发动人民群众起来"造反",冲决新官僚阶级当权派的高压控制,"自下而上揭露我们的黑暗面"(1966年)。无疑,这又势必削弱"无产阶级专政"和"党的绝对领导"。

共和国有幸!毛主席以他"千古一帝"的大气魄和大智慧,迎接并驾驭了这种两难选择的挑战,历尽千难万险克服了重重阻力,实现了"反帝"与"反修"两相兼顾、相辅相成。尤其是,抗美援朝战争的伟大胜利迫使帝国主义缩回了武装颠覆的魔爪,为共和国赢得了数十年和平发展机遇。史无前例的文化大革命,对党政官员的官僚化是空前的教训,对平民大众的民权觉悟和民主意识更是前所未有的启蒙。

然而,帝国主义列强亡我之心不死,必欲置共和国于死地而后安。他们调整战略改变策略:以军事包围开路,全面展开"和平演变"攻势。于是,便有了尼克松访华和中美建交。从此,开始了帝国主义列强对共和国"和平演变"的"新时代"。尽管他们布下了这招险恶的棋局,如若中国能继承毛主席开创的"反帝"与"反修"同时并举的大业,坚持对"苏联模式"继续革命,坚持七、八年开展一次文化大革命,遏制国家机关官僚化趋势。那么,他们"不战而胜"的"和平演变"图谋未必能得逞。

只可惜自古以来,在官僚阶级心目中,只有"国家政权"(官府)利益,没有国家利益!以邓小平为代表的新官僚阶级原本就贪婪愚昧利令智昏，对文革的阶级仇恨和复仇心理又进一步蒙蔽了心智。于是，便"开创了改革开放新时代"。

两个"新时代"内外勾结、里应外合，联手把共产党和共和国推上了亡党亡国的不归路。正所谓"天作孽，犹可为；自作孽，不能活。"

一些中共大佬在临死前终于醒悟，忏悔自己的反文革立场。然而，为时已晚、于事无补，徒发可怜的秋虫悲鸣……

三、革命手段与改良目的的矛盾

文革，名曰"无产阶级专政下继续革命"，实则"以革命手段追求改良目的"，亦即对"苏联模式无产阶级专政"进行改善或改良。

1. 文革的目的是改良

对于革命和改良，学界早有共识和定义：广义革命是"推动事物发生根本变革，引发事物从旧质变为新质的飞跃"；狭义革命是"推翻旧制度，建立新统治"。而改良，则是"在原有的制度基础上进行修补改正"，"去除或改善现存的某些缺点或错误"。以此定义对史实稍加鉴别，就不难做出正确判断：文革的目的是改良而非革命。

尤其是，运动初期有人提出：文革目的是"彻底改善无产阶级专政。"毛主席明确表示反对，并纠正说：正确的说法只能是部分地改善无产阶级专政。"部分地改善"不就是改良吗？

2. 革命手段与改良目的的矛盾

毛主席发动的"开门整风""社教运动"等体制内的民主改良都失败了，以民权解放、民主监督的初衷导致镇压民权和民主监督的结果。迫不得已，只得突破既有体制限制，用继续革命手段直接与民权联手遏制日益严重的国家机关官僚化趋势，改善或改良"苏联模式"不合理的上层建筑。

在实践上，"无产阶级专政下继续革命理论"的内在矛盾又呈现为革命手段与改良目的之间的矛盾。革命的目的是"彻底打碎旧世界"，改良的目的则是"部分地改善或修补旧世界"，二者无法相互兼容。以革命手段追求改良目的就像用菜刀或镰刀做外科手术，其副作用在所难免，最突出的表现是：群众运动与秩序稳定难能两全，只能用"自残"的方式维持两者之间的平衡，哪个过了头就"残""削"哪个，以保证"部分地改善"目的。

①. 中共自成立之日起，"彻底革命"就成了第一信条，一切改良都被贬斥得一文不值，甚至"比反动派更危险"；即使党内，凡是"对别人的斗争"也大都宁左勿右。建国后依然如故，几乎成了整个官场的思维定式。"史无前例的文革"中有几个人能摆脱？再者，面对当权派大权在握拼死对抗，造反派除了"极左"还有冲破强大阻力的更好办法吗？统帅与队伍之间的矛盾冲突在所难免："毛主席挥手我前进"，毛主席不挥手了依然刹不住车。不得不一次又一次地"反极左，抓坏人"，什么"王、关、戚""五一六"抓了一批又一批，"革命闯将"成了"臭老九"，文革动力成了"极左派"。最终，只勉强剩下了毛主席卵翼下的"四人帮"。

②. 为了尽快结束"天下大乱"，恢复"部分地改善"所需要的秩序稳定，不得不调动军队——"秩序保护神"，先是"三支两军"参政主政，后来又干脆将全国地方政权交给武官们。秩序得以稳定，却又种下了新祸根：让武官主政掌控文革，无异于"纵虎狼进羊圈"，成了文革派空前的劫难。首先，军队奉行"绝对的首长负责制"、"服从是军人的天职"，容不得七嘴八舌乱哄哄的大民主。其次，要恢复秩序必须首先"拨乱"拔掉乱根，镇压"造反闹事，扰乱秩序"的造反派"刁民"。如此，同样不符合"部分地改善"的初衷，犯了"否定文化大革命"的错误，不得不委屈地"小兵回营，老帅归位"。

经过数年"翻烧饼"似的"否定之否定"，偌大中国竟然"洪洞县里没好人"，谁干事谁有错，干得越多错得越多，不是"怀疑一切，打倒一切"的"极左"，就是"否定文化大革命"的"极右"。结果，邓小平等被打倒多年而逍遥旁观的文官"走资派"都成了"犯走资派错误的好同志"。

最终，莫说当年的"文革对象"，即使曾经的"文革动力"也大都成了对文革多有诟病的"反文革派"。以至于，"华中央"宫廷政变逮捕"四人帮"后北京市的白酒竟被抢购一空。文革的深远历史意义完全被怨怼、嘲讽、诅咒的口水淹没了……

多亏"邓式改开"构建的"无官不贪的盛世",越来越从反面映衬出文化大革命的历史光辉。

四、阶级力量对比——"三权"严重失衡

纵观中国两千多年的官本主义封建历史,掌控上层建筑的官僚阶级是一股最强大的政治势力,一向被称为"国家柱石",共和国建国后依然如此。新官僚权贵既得利益集团的政治势力之强大,在于它不仅垄断着一切自然资源、社会资源和暴力手段,而且拥有深厚的社会基础——延续了两千多年的私有观念、官本主义和官僚专制等封建文化积淀。

尤其是近代以来,武器、交通、通讯等科学技术越来越异化为人类的异己力量,国家暴力机器也随之恶性膨胀,对于平民阶级的生命威胁、精神控制越来越强大无比。在阶级力量对比中,人口多寡越来越微不足道,一切都取决于国家政权掌握在哪个阶级手中。谁控制了国家暴力机器和社会资源,谁就成了社会的真正主宰。

1. 新官僚阶级官权

毫无疑问,"苏联模式"下的新官僚阶级是最强大的阶级。

首先,他们的强大在于掌控并垄断了一切暴力机器、行政资源、社会财富、舆论工具和群众组织等等。其官权也成了强大无比的绝对权力,包括:镇压民众反抗的暴力和威慑力,收买豢养亲信党羽的金钱或财力,泯灭民众独立意识和反抗情绪的精神控制力等等。同时,他们无不是强权政治的信徒,不仅极端鄙视甚至仇视平民大众的民权诉求,即使对于国家法权的约束也是阳奉阴违、抵制对抗,大搞"上有政策,下有对策";凡是符合本阶级利益的无不层层加码无限放大,凡是违背本阶级利益的一律层层剥皮歪曲篡改。

其次,他们的强大更在于具有强烈的阶级意识和严密的组织系统。在官员终身制和特权等级制下,他们的职位已不再是职业而是地

位和身份，除了投机钻营大都百无一能。因而，权利意识和权力欲望特别强烈，"有了官位，就有了一切；失去官位，就失去一切"。进而，形成了强烈的阶级自觉性，"宁可犯政治错误，绝不犯组织错误"，不论平时如何勾心斗角争权夺利，一旦面对平民大众的反抗，就会断然同仇敌忾一致对外，仇视心态、讨伐腔调、血腥手段都高度一致。

官员任命制及其行政系统，更为他们提供了严密的组织保证，大官任命小官，"以我为中心"党同伐异招降纳叛，营建起大大小小的独立王国"土围子"，一个个"土皇帝"则称王称霸"我的地盘我做主！"进而，大圈套小圈、网中再结网，上下勾结盘根错节，"一损俱损，一荣俱荣"。

其阶级意识和组织严密，不仅国内其他任何阶级阶层都无可比拟，即使他们的外国同行也望尘莫及。

再次，他们的强大还在于拥有绝对的自由意志。政治隔离与公权垄断互为因果相互促进。有组织实体化的民主监督缺失，国家法权对政府官权的督察又"手大捂不过天来"，顾此失彼捉襟见肘。即使发现问题严重不得不处理，也是在官场内上级查处下级、京官查处地方官，难免因同志、同事、同僚而同病相怜，请托说情曲意回护，大事化小、小事化了。以至于，国家法权对政府官权约束乏力、严重失控，官僚意志和行为绝对自由几乎不受限制，"天高皇帝远，县官不如现管"，得以按照个人利益和意志为所欲为。

2. 毛主席继续革命国家法权（君权）

国家法权的主要社会职能是"制官"——约束官员依法行政，属于"话语权"（定政策，作指示）和"裁量权"（判是非，决行止），并非实体化权力。其力量在于权威性，在于官员为了趋利避害而自觉服从。这一点，在历朝历代和其他国家不难实现，因为国家法权和政府官权的现实利益和政治诉求是一致的，服从国家法权就是最有效地维护政府官权。

然而，毛主席是马克思不断革命论的信者和行者，他所掌控的国家法权为了维护平民大众的利益，坚持实行社会主义公平原则，不可避免地与新官僚阶级的特权利益和政治诉求存在着尖锐的对立冲突。以至于，遭到他们的消极怠工、抵制对抗、歪曲篡改，直至"打着红旗反红旗"，并上下封锁、居中阻隔，遂使君民隔绝、政令不畅，"经卷再好，全让歪嘴子和尚念歪了"。

虽然坚定的信念和坚强的意志促使他百折不挠奋斗不息，虽然28年浴血奋斗逐鹿中原树立起的权威无可替代，但是，在他"君临天下"的二十七年里，在社会主义继续革命问题上，面对新官僚权贵——整个决策层和管理层的"不理解"和对立对抗，他始终处于极端孤立的地位，以至于悲叹："我党真懂马列的不多"、"（对文革）拥护的不多，反对的不少"。由于缺乏官僚阶级——"国家柱石"的支撑，他所执掌的继续革命国家法权也远不如历代开国明君那样强大，而是常常举步维艰步履踉跄。

无数历史事实为此提供了明证。

①.面对官僚权贵及其官权的层层阻隔和信息封锁，他要了解真实的下情民意，不得不经常指派身边工作人员深入基层调查研究。

②.1958—1961年，他痛斥"五风"（"共产风"、浮夸风、命令风、干部特殊风、对生产瞎指挥风）的一系列讲话被刘、邓封锁抵制、阳奉阴违，甚至被扣押"留中"。

③.1963—1964年，他主持制定的关于开展社会主义教育运动的"前十条"和相关讲话，遭到了刘、邓的抵制和扣押，始终未能传达贯彻，并被他们公然以先后两个"后十条"取而代之。

④.1965年1月，他不得不手持《党章》和《宪法》，冲破刘、邓的封锁阻挠，强行参加政治局扩大会议并强行发表讲话，强烈要求政治局纠正刘、邓"大官整小官"的"四清"运动。

⑤.1965年11月，他要求发表的《评新编历史剧〈海瑞罢官〉》文章，在"天子脚下"的首都北京，竟然四处碰壁被拒之门外，不得不送到上海《文汇报》发表……

诸如此类，不胜枚举。莫说在社会主义现代国家，即使在历代王朝，也十分罕见。

由此足以证明：在"苏联模式"体制下，以刘、邓为代表的新官僚阶级及其政府官权是何等强势猖獗有恃无恐，毛主席及其掌控的继续革命国家法权是何等弱小势微举步维艰。

3. 平民阶级民权

在"苏联模式"下，"坚持党的绝对领导"是最高最基本的原则，一切群众组织都必须置于党政官员控制之下，所有的民众自发组织一律被视为"非法"。这种社会组织结构彻底改变了国家一盘散沙的历史积弊，在对抗列强军事包围、武装颠覆的"反帝"斗争中，尤其在抗美援朝、援越抗美、中印边界自卫反击战中，显示了优越性和强大生命力，取得了巨大成功。

但是，这种民众组织形式存在着致命的弊端：在官与民的权力和利益关系上，依然继承延续了几千年的官僚专制旧例，官权至高无上，民权沦为官权的附庸，完全依附听命于官权。民权对官权的批评监督严重缺失，国家机关日益官僚化，官员急剧蜕化变质，由"为人民服务"的领导者，蜕变为脱离人民群众的统治者和压迫者。

中国人口众多是世界之最，民众及其民权力量之弱也堪称世界之最。与经历过民权解放的发达国家民众相比，争权夺利维护自身权益的阶级独立性和自觉自为意识不足；与文明进化较晚的非洲民众相比，自主自为意识和维护生存权利的彪悍野性又丧失殆尽。

①. 两千多年来，官僚专制不断对民众进行双重的反复剿杀。政治上，对"反贼"血腥镇压"诛杀其身"，一律满门抄斩祸灭九族，将民众反抗压迫的动物本能及其遗传基因，以暴力屠刀从肉体上彻底消灭。文化上，独尊儒术，对百姓麻醉教化"诛杀其心"，什么"尊卑有序，上智下愚；犯上作乱，大逆不道"等等，将民众"独立之精神，自由之思想"连同原始的血性，以精神的软刀子从心性上剿灭干净。结果，平民大众的人格尊严和主动精神泯灭殆尽，阶级意识和民权觉悟奄奄一息，只剩下听天由命、随遇而安、吃苦耐劳、默默忍受的奴性和惰性，完全沦为"会说话的工具"——像牛马等畜力一样的"劳动力"。

②. 民众的力量不仅在于人数众多，更在于组织起来形成合力。无组织的民众无异于一盘散沙，人数再多也毫无力量可言。然而，在"苏联模式"体制下，一切自发的群众组织均属"非法"或"反动"，一律予以严厉禁止和严格防范。一切官办的或"合法"的各种群众组织，无不置于党政官员的绝对领导之下，其领导成员一律由党政官府指派任命，少有民意的真正代表愿，多是党政官员意志的仆从，唯上唯命是从，并且跟随党政机关一起迅速官僚化。最终，其领导成员完全堕落成新官僚特权分子，其工作机构也随之变成了官府衙门。如此"被组织起来"的民众及其群众组织，不仅丝毫不能壮民权的力量、发挥对官权的批评监督作用，反而使民权的独立地位、自主空间丧失殆尽，完全沦落为新官僚阶级官权的附庸或奴仆，成了任由他们驱赶、役使和瞎指挥的"群羊"。由此，民众的民权诉求彻底丧失了合法地位变成了"坏人闹事"，与"被推翻的阶级敌人复辟阴谋"一起成了"无产阶级专政"对象。

③. 人类的力量首先源于自我意识的觉醒，处于沉醉或昏睡中的人不论他多么身强力壮、力大无比，都无异于行尸走肉毫无力量可言。不论是个体人还是群体阶级都概莫能外。这也算"意识对存在、精神对物质的反作用"吧。然而，在"苏联模式"体制下，对民众进行严格组织控制的同时，也不断进行精神驯化。一是继续推行儒家"上智下愚"，灌输民众对官员的敬畏心理，以"感恩共产党毛主席"为名，行"绝对忠于现管上司"之实。进而，强化民众对官员、民权对官权的归属感和依附性。二是继续推行儒家"劳力者治于人"，大肆灌输"驯服工具论"、"螺丝钉精神"，要民众埋头苦干、专心本职工作，安分守己服从领导，心甘情愿充当"劳动力"，以分散他们的政治热情，转移他们对政府和官员的关注与监督。三是对不安分"刁民"进行打击和防范的同时，对于民权先觉者"争取民主权利，维护本阶级利益"的思想和行为，极尽诋毁丑化之能事，诬之为"争权夺利"、"政治野心"痛加批判和鞭挞，震慑民众对官员"多管闲事，不务正业"的批评监督，维护新官僚阶级独占独享政治权力。

正是上述历史和现实的诸多原因，造就了一个不争的事实：中国民众的民权极端虚弱奄奄一息，堪称世界之最！又因为毫无实际斗争经验和锻炼，一旦获得解放，又难免像无头苍蝇乱飞乱撞，谈何斗争艺术和成效？不论 1957 年"开门整风"还是 1966 年文革，都概莫能外。以至于：继续革命社会基础薄弱、动力严重不足，无力承担空前深刻而复杂的政治大革命历史使命。

4. "君权"与民权联手也不是官权的对手

在"苏联模式"体制下，不论是以毛主席掌控的继续革命国家法权还是平民阶级民权，都无法与强大的新官僚官权相抗衡。为了遏制"国家机关官僚化"趋势，毛主席被"逼上梁山"不得不彻底突破"苏联模式"体制限制，破釜沉舟"作一次最后的斗争"发动了文化大革命。国家法权、国民民权与政府官权之间的斗争也随之转化为文革与反文革的斗争。

毛主席挟国家法权权威推行继续革命路线，重申"造反有理"，号召民众"你们要关心国家大事"起来"造走资派的反"，冲破新官僚权贵的政治隔离和公权垄断，在斗争中"自己解放自己，自己教育自己"，打碎自 1957 年以来压在民众头上的"反党"紧箍咒。

有了国家法权的"尚方宝剑"，以青年学生为代表，民众的政治热情和民权诉求喷涌而出，迅速冲决了新官僚权贵的第一道防线——文官的高压控制，民众的力量又壮大了毛主席继续革命国家法权的声望和权威。这就是复辟的新官僚阶级所诅咒的"个人崇拜"和"造神运动"。

"兔死狐悲，物伤其类"。文官的垮台激起了武官们强烈的阶级仇恨和复仇热情。从青海赵永夫屠杀造反派红卫兵，到"三老四帅大闹怀仁堂"围攻"中央文革小组"，直到武汉军区陈再道策动叛逆兵变威胁毛主席生命安全。……史实证明：武官们才是新官僚权贵反文革势力真正的中坚力量，是继续革命"最难啃的硬骨头"。正是"武装到牙齿"的武官们站到了反文革第一线，致使阶级力量对比进一步大逆转，迫使毛主席不得不退避三舍转攻为守，扭转文革大方向，并"挥泪斩马谡"丢车保帅，牺牲王、关、戚向武官们输诚求和，这才勉强使文革与反文革对抗转入相持阶段的动态平衡——步履蹒跚、欲进还退、左右摇摆。

然而，毛主席一旦去世，整个文革阵营失去了国家法权的靠山和保护伞，成了一群无头苍蝇。阶级力量对比向反文革势力严重倾斜，相持阶段随即结束，动态平衡顷刻被打破，整个反文革阵营摩拳擦掌跃跃欲试，必欲放手一搏。一场新官僚阶级反攻倒算、彻底否定文化大革命的官权复辟运动已经势在必行不可逆转。

综上所述，在权力配置上，"苏联模式"的缺陷是致命的，国家法权、政府官权与国民民权"三权配置"严重失衡：官权一权独大尾大不掉，"控制一切，决定一切"。法权"手大捂不过天来"，对官权的约束规范势微乏力，名为中央集权，实为官僚专制。民权，极度弱化奄奄一息，对官权的监督和鞭策严重缺失。以至于，官权恶性膨胀，官僚化趋势不可逆转。诸如斯大林、毛泽东等马列主义者"国君"健在时，尚能苦苦支撑勉强维持共产党政权的人民性。他们一旦去世，即刻"人亡政息"，国家严重失控，政府机关急剧蜕化变质，政治腐败横行无忌，社会矛盾日益激化。从而，为帝国主义列强"和平演变"搭建了理想的温床，提供了自由驰骋的广阔空间。不论是苏共和前苏联已经亡党亡国，还是中共与共和国正在亡党亡国且早已名存实亡，究其原因概源于此。

第三节 社会主义制度被颠覆——彻底否定文革的恶果 之一

彻底否定文化大革命的恶果之一，就是"邓式改革开放"彻底颠覆了社会主义制度。

一、"邓式改开"——彻头彻尾的背叛和复辟

共和国真正的改革者是毛主席！共和国基本稳定之后，他就从未停止过对"苏联模式"社会主义制度的改革。例如，带头降低高干薪金、取消军衔制、干部参加劳动、工人参加管理、教育改革、农村合作医疗，等等等等。对外开放的开创者同样是毛主席和周总理，根本

标志则是：中美关系正常化和中国恢复联合国安理会常任理事国席位。从此，确立了"三个世界"鼎立的新格局，改变了美、苏"两霸"主宰世界的旧秩序，实现了世界多极化。

而"邓式改革开放"，完全是彻头彻尾的复辟和背叛！

所谓"改革"，在经济体制上（经济基础），背叛马列主义指引的科学社会主义道路，复辟了弱肉强食的官僚买办垄断资本主义。在政治制度上（上层建筑），不仅背叛毛主席限制新生官僚特权的继续革命路线，背叛社会主义大民主的"适度自由化"方针，而且背叛孙中山先生的"三民主义"——民族、民权、民生，背叛资本主义政治民主，全面复辟了"苏联模式"新官僚专制，并将其发展到官僚自由专制的极致。其结果是：纵官夺民，持权抢劫，横征暴敛，敲骨吸髓。

所谓"开放"，就是颠覆毛主席构建的"三个世界"格局，背叛"第三世界"被压迫民族和被压迫人民，完全投入以美国为首的帝国主义国际资本怀抱；就是出卖国家主权，将中国的经济主权和民族命运，拱手送给美国为首的世界列强，以换取"奴隶总管"的名分和权利以及国外家人家产的安全。从而，帮助列强实现了坚船利炮未曾完全做到的历史使命，使一个堂堂的主权大国，沦落为美帝国主义的"马仔"或"二奶"，这就是——"中美国"。

值此，收录美国中情局和平演变中国的《十条诫令》（"行事手册"或"行动手册"）。请对比现实看看，"邓式改革开放"何等"居功至伟"！是不是超额完成了美国主子"布置的政治任务"？

"一、尽量用物质来引诱和败坏他们的青年，鼓励他们藐视、鄙视、进一步公开反对他们原来所受的思想教育，特别是共产主义教条。替他们制造对色情奔放的兴趣和机会，进而鼓励他们进行性的滥交。让他们不以肤浅、虚荣为羞耻。一定要毁掉他们强调过的刻苦耐劳精神。

二、一定要尽一切可能，做好传播工作，包括电影、书籍、电视、无线电波……和新式的宗教传播。只要他们向往我们的衣、食、住、行、娱乐和教育的方式，就是成功的一半。

三、一定要把他们青年的注意力，从以政府为中心的传统引开来。让他们的头脑集中于：体育表演、色情书籍、享乐、游戏、犯罪性的电影，以及宗教迷信。

四、时常制造一些无事之事，让他们的人民公开讨论。这样就在他们的潜意识中种下了分裂的种子。特别要在他们的少数民族里找好机会，分裂他们地区，分裂他们的民族，分裂他们的感情，在他们之间制造新仇旧恨，这是完全不能忽视的策略。

五、要不断制造消息，丑化他们的领导。我们的记者应该找机会采访他们，然后组织他们自己的言辞来攻击他们自己。

六、在任何情况下都要宣扬民主。一有机会，不管是大型小型，有形无形，都要抓紧发动民主运动。无论在什么场合，什么情况下，我们都要不断对他们（政府）要求民主和人权。只要我们每一个人都不断地说同样的话，他们的人民就一定会相信我们所说的是真理。我们抓住一个人是一个人，我们占住一个地盘是一个地盘。

七、要尽量鼓励他们（政府）花费，鼓励他们向我们借贷。这样我们就有十足的把握来摧毁他们的信用，使他们的货币贬值，通货膨胀。只要他们对物价失去了控制，他们在人民心目中就会完全垮台。

八、要以我们的经济和技术优势，有形无形地打击他们的工业。只要他们的工业在不知不觉中瘫痪下去，我们就可以鼓励社会动乱。不过我们必须表面上非常慈爱地去帮助和援助他们，这样他们（政府）就显得疲软。一个疲软的政府，就会带来更大的动乱。

九、要利用所有的资源，甚至举手投足，一言一笑，都足以破坏他们的传统价值。我们要利用一切来毁灭他们的道德人心。摧毁他们的自尊自信的钥匙，就是尽量打击他们刻苦耐劳的精神。

十、暗地运送各种武器，装备他们的一切敌人，以及可能成为他们敌人的人们。"

（自"中情局"局长胡佛起，列强及其走狗一直在极力证伪和辟谣，这是他们一贯的伎俩，反倒证明他们欲盖弥彰。）

二、"亦魔亦霸"

像其他物种一样，人类的存在发展同样是个体与群体、自我与他人的辩证统一。资本主义片面强调个体的存在发展，信奉弱肉强食的"丛林法则"，危及人类群体存在发展。只有社会主义才能兼顾个体存在发展和群体存在发展的辩证统一。

什么是"善"什么是"恶"？凡是利己又利人或利己不损人的即为正常人或平常人，凡是"损己有余，补人不足"的即为善人，凡是损人利己的即为恶人；凡是"毫不利己，专门利人"救苦救难的就是天使或菩萨，凡是为了利己而害人、杀人、吃人的就是魔鬼或恶魔。

如果说毛主席是"亦圣亦王"率众向善的开国明君，那么，邓小平就是"亦魔亦霸"带头作恶的祸国魔头！

1."亦魔"

请看一则佛经故事，听一听魔王波旬所说的话，比一比邓小平所干的事，二者是不是不谋而合"保持高度一致"？

魔王波旬说："你涅槃后，我一定要破坏你的佛法。"

佛说："佛法是正法，没有任何力量能破坏。"

魔王波旬说："呵呵，正义永存，邪恶也不会消失。你在世时也不是人人都信仰你，我的徒子徒孙不也很多吗？人性本恶，学坏容易学好难。你入灭之后，信仰你的人会越来越少，信仰我的人会越来越多。"……

魔王波旬说："圣人无常心，以百姓心为心。波旬亦无常心，以百姓心为心。在顺应百姓方面，佛祖你是比不上我的。你戒律森严极力强调贪欲的危害，教人远离贪欲。而我顺应百姓的欲望，满足百姓的欲望。众生没有贪欲哪里有我波旬？……

佛说："我有佛经留世。"

魔王波旬说："经典是死文字，要教化众生，还是需要人来解释。"

佛说："我有僧宝留世。"……

魔王波旬说："到你末法时期，我叫我的徒子徒孙混入你的僧宝内，穿你的袈裟，破坏你的佛法。他们曲解你的经典，破坏你的戒律，以达到我今天武力达不到的目的……"

邓小平正是继承了魔王波旬的衣钵，控制并利用人们的私欲这个"心魔"，实现了"苏联模式"新官僚专制全面复辟。他披着共产党袈裟，用"执政党"阉割其共产主义宗旨；披着社会主义袈裟，用"中国特色"扼杀其"共有，共管，共享"灵魂。从而，开创了腐败、肮脏的官权盛世和分赃盛宴。

他与魔王波旬的唯一区别仅在于：波旬是实话实说、直言不讳。而他却是"打着红旗反红旗"，好话说尽坏事做绝！

请听："我是人民的儿子，我深深地爱着我的祖国。"言词娓娓动听。然而，行动呢？就是带头纵容家人将中国独有的战略资源——稀土矿藏掠夺采挖一空，并以白菜价倒卖给日本等列强倒入沿岸海中储存起来以备取用……

2."亦霸"

最有代表性的是他的"一句话两件事"。

一句话："不争论"。亦即，只准我动手做，不准你动嘴说；只准我倒行逆施、为所欲为，不准你说三道四、批评质疑。否则，"无产阶级专政"伺候！

两件事：一是1989年"六四"，叫嚣："你有三百万学生，我有三百万军队"，"杀他个二十万人，保它二十年太平"。并调动数以十万计整编制的野战军装甲部队，用机枪疯狂扫射手无寸铁的青年学生，血腥镇压"反腐败，反官倒"的静坐请愿，创下古今中外的"史无前例"！二是1992年"南巡"，以杨氏叔侄掌控的军队武力威胁恫吓，彻底推翻"第三代领导集体"乃至整个中共中央关于"加强经济宏观调控"的集体决议。这就是他的"民主与法治"。如此恶霸，古今中外绝无仅有。

还有，他的"取消终身制，实行任期制"就是88岁高龄的"老佛爷"擅主废立，接二连三指定甚至隔代指定"儿皇帝"、"孙皇帝"；

就是只改变官员的任职地点和头衔，其新贵族身份终生不变，即使失势被罪入狱（陈良宇、薄熙来等），也要享受"特供监狱"。甚至，特权还要惠及"死官"！当事人死后对家属的抚慰金：企业工人是10个月的工资，事业单位人员是20个的工资；政府官员则是40个月的工资……

然而，诸多本应知书达理、唯理是从的"文化人"却趋炎附势、唯权是从，对"亦魔亦霸"带头作恶的贵族领袖邓小平感恩戴德、美化吹捧，对"亦圣亦王"率众向善的平民领袖毛泽东则诋毁涂污、诅咒谩骂。"知识分子的堕落是社会最后的堕落"！如此人妖颠倒的民族还奢谈什么复兴强国？

三、祸国魔头

作为"红色贵族"领袖，邓小平笑到了最后成了"胜利者"，中华民族却被推上了不归路。如果说毛泽东是上帝派来拯救中华民族的，那么，邓小平就是撒旦派来祸害中华民族的。

1. 蛀空国家命脉生机

"礼义廉耻，国之四维。四维不张，国将不国。"正是邓小平及其"猫论"、"先富论"和"经济中心论"，把中国重新推进半封建半殖民地深渊，开创了上下五千年最黑暗最肮脏的"盛世"。

①. 他带头纵容子女利用"政治资源"聚敛上万亿家产，开创了"持权抢劫新时代"。从此，政治腐败成了"邓式改开"第一大"中国特色"，贪污索贿"拦路抢劫"五花八门创新无限，把"邓记中共"变成了名副其实的"共匪"。他们高举"邓理论"大旗，把"毛时代"积累了30年的国有和集体财产"共产"到自己的腰包里。截至2005年3月，中国"先富起来"的亿万富豪3220人，其中2932人是高干子女。维基解密披露：中共高官仅在瑞士银行开设账户就多达5000余个。……被他们洗劫一空的国家和集体财产，既包括平民百姓被盘剥的新血汗，也包括"老先富"们被"共产"的旧财产，还包括本该属于后代子孙的自然资源。

②. 他玷污了彭湃等数百万中共先烈和毛泽东等真正共产党人的英名，毁灭了中华民族的理想追求和浩然正气。例如，如果"一天等于30年"，那么，共和国历史就幻化成了：昨天，一个"大个子"率领一帮人、高举一杆红旗，把天下财富（包括"老先富"们的）"共产"到一座称作"国家"的大房子里；今天，还是这帮人、还是举着这杆旗，一个"小个子"带头儿半分半抢地搬到了自己家里。……谁还能说"老先富"后代恨那个"大个子"一点道理也没有呢？

③. 他带头把儿孙送到美国变成"美国公民"，开创了"裸官执政新时代"。目前，已有180多万官员把老婆孩子家人连同数以十万亿计的家产转移到了国外，就连"副国级"高官也持有不止一本外国护照；全国人大代表和政协委员持有外国护照的多达57.47%和76.77%，难怪有网友嘲讽：全国人大和政协是"万国俱乐部"。古今中外绝无仅有！即使汪精卫汉奸伪政权也自叹弗如，直至日寇投降，也没听说他们有几个官员和议员把家人家产转移了到国外。

④. 他把中国人潜藏心底深处的"恶"全部呼唤了出来，开创了"集体无道新时代"。整个民族道德沦丧、人性泯灭，见死不救、围观取乐甚至趁火打劫；为了"先富"互骗互害，拐卖妇女、盗卖儿童等等等等。莫说应有的群体意识和集体主义，即使"自利利他"的动物本能也丧失殆尽。为国际金融资本集团清除中国十多亿"垃圾人口"做了充分背书。

2. 拆除国家外围屏障

在外交上，他举着"韬光养晦"的旗号，奴颜婢膝地投入美国怀抱，颠覆了毛主席构建的"三个世界"鼎立的格局，拆除了国家的一切外围屏障，使中国沦为美国的小妾。

①. 他颠覆了中美苏"三国鼎立，相互牵制"的世界格局，策应美国肢解了前苏联，致使美国一霸独大，得以集中几乎全部力量肆无忌惮地围堵遏制、和平演变中国，把中国重新拖进晚清时代"人为刀俎，我为鱼肉"的深渊。美国有的学者研究认为：苏联解体的第一功臣是邓小平，里根屈居第二。

②. 他驱逐东南亚各国共产党驻中国办事处，纵容当地官府剿灭革命人民武装，扑灭东南亚被压迫人民的革命斗争火焰，拆除了中国的外围屏障，使美国为首的列强得以长驱直入把枪口杵到了中国家门口，集中力量肆无忌惮地折腾中国。

③. 他背叛"亚非拉的穷朋友"，砍倒中国这面"第三世界旗帜"，浇灭了弱小国家反对美国霸权争取民族独立的斗争火焰，致使中国众叛亲离陷于极端孤立的国际地位。在家打爹骂娘、毁师谤祖的畜生，傻瓜才相信他"扶危济困，为朋友两肋插刀"的鬼话并与之换命相交！即使用百姓血汗钱喂养的酒肉朋友也寥寥无几，只能俯首帖耳任由美国等列强蹂躏强暴。

上述诸端，对于美国（国际金融资本集团）建立"大一统世界新秩序"居功至伟，为他们彻底消除革命隐患、逐步清除"垃圾人口"、独霸独享地球资源扫清了道路。

有人认为：邓小平最大的功绩是让中国"走上了资本主义正道"。请问："康华""安邦"等邓氏家族产业和大大小小的"太子党""衙内党"产业有几个是靠资本运营发家发展的？又有几个不是靠官僚特权支撑和持权抢劫膨胀暴发的？食盐、自来水等等各种名堂的"国有"和"股份制"企业有多少不是官僚特权与国际资本强强联手共同敲剥、瓜分中国劳动人民血汗？

"邓式特色"搞的绝非资本主义，而是"官僚自由专制政治＋官僚买办垄断经济"，就是披着资本主义外衣的半封建半殖民地！如此"资本主义"，绝不可能通向"民族复兴"，只能通向特权官僚新贵族与帝国主义国际资本"互利共赢"。

第四节　腐败法制化与官僚资本化——彻底否定文革的恶果 之二

一位网友写道："我没有经历过文革，但我有我的判断法：文革是整走资派的，也就是整干部的；如果否定文革，干部队伍变好了，就说明文革错了；如果否定文革，干部队伍变坏了，就说明文革对了。"这或许是判定文革是与非最简单而又最可靠的办法了。

就请看一看,彻底否定文革之后的中国社会现实吧。

如果说,文化大革命的本质是毛主席继续革命国家法权与平民阶级民权联手共同遏制新官僚权贵官僚化的话,那么,"邓中央"彻底否定文化大革命的本质就是:新官僚阶级彻底巩固派国家法权与政府官权强强联手血腥镇压平民阶级民权的全面复辟。

他们彻底镇压了以文革派为代表的平民阶级的民权后,紧接着又提出了"阶级斗争熄灭论",并宣布"从此不再搞大规模的群众运动"。如此一来,新官僚阶级及其"持权抢劫"的政治腐败,便获得了共和国历史上前所未有的彻底解放。不仅国家法权由"紧箍咒"变成了"保护伞",而且,来自平民阶级的批评监督这个唯一的威胁也彻底解除了。官僚自由专制的官权急剧恶性膨胀,原本就相当严重的"三权"失衡更上一层楼。国家法权完全倒向了官僚阶级官权,平民阶级民权进一步枯萎,民主监督严重缺失。复辟的官僚阶级及其把持下的政府官权,更加有恃无恐横行天下。政治腐败随之成了不可逆转的大势所趋,风起云涌毫无阻拦地席卷全国上下。

一、政治腐败——官患痼疾

政治腐败,是官员利用公权谋取个人或少数人的私利、超额占有他人劳动的社会现象。其产生根源在于:少数官员及其公共管理活动,与广大国民及其生产活动和社会生活分离对立。

政治腐败,是阶级社会普遍存在的社会现象。正因为如此,在当代中国,政治腐败不仅因"历史必然性"而光明正大,日益成为官场的时尚潮流。而且,其制造者和辩护"仕",也因为"逻辑应然性"而得到了良心的自我解脱。甚至,他们不厌其烦、恬不知耻地大肆宣扬发达国家的"政治腐败",从外国同类身上,为自己公权犯罪的丑恶或罪恶,找到了"现实合理性"。

政治腐败趋势能否变成社会现实,在不同政治制度的国家是截然不同的。例如,德国法律规定:公务员在公务活动中接受超过 25

马克的礼物而不申报，就构成贪污罪。与"邓式特色社会主义"的法律相去何其遥远！而且，在民主政治发达国家，法律对公务员利用公权贪污受贿罪的惩罚，绝不会为了"维护党和政府尊严，保护干部积极性"，而比同等数额的盗窃罪更加法外开恩。然而，在"社会主义"中国，政治腐败却是"邓中央"和新官僚阶级人为制造的"杰作"。邓大人"让一部分人（官员）先富起来"，胡耀邦则宣称："就是要有人吃山珍海味，有人吃鸡鸭鱼肉，有人吃白菜豆腐。"无异于呼唤政治腐败的动员令。"邓中央"鼓励高消费、促进高增长的经济政策，又为政治腐败的恶性膨胀注入了强心剂。

当代中国的最大危险之一，不在于贪污受贿、公权犯罪等政治腐败猖獗，而在于法权规范和民权监督严重缺位。其一，国家法权名存实亡，法律充分体现"官意"，对政治腐败包庇纵容；其二，国民民权极度弱化，丧失了有效的民主监督；其三，平民阶级的阶级斗争权力被剥夺殆尽，"反官倒，反腐败"的民主运动和民权运动被彻底镇压。以至于，政治腐败沿着"偶然性——习俗化——制度化——法制化"的康庄大道，以"个人行为——团伙行为——阶级行为——跨阶级行为"的必然趋势，光明正大、畅通无阻、肆无忌惮地健康发展起来。

二、"邓时代"的政府腐败

毛主席非常重视党政官员的作用，把他们当作革命的中坚力量。他不仅用"为人民服务""吃苦在前，享受在后"的社会主义和共产主义信仰，规范引导他们，而且，用继续革命法权的"笼头"，约束他们的官僚主义倾向。因此，他的继续革命路线必然遭遇到新官僚阶级的抵制，最终被他们彻底颠覆。然而，到了"邓时代"，国家法权彻底"贵族主义化"了，国家的政策、法规乃至宪法，无不向官僚阶级强势群体急剧倾斜，社会制度和国家性质发生了根本性变化。"邓中央"同样非常重视党政官员对社会稳定的作用，但是，他吸取了毛泽东的教训，只是把他们当作彻底巩固官僚专制政权的中坚力量，超额补偿文革给他们及其子女造成的"重大损失"。同时，又为他们提供了强有力的国家法权"保护伞",包庇纵容他们利用特权地位优势,"带头先富起来",并以公款吃、喝、嫖、赌"思想解放"和高消费促进经济高增长。

一向以政治敏感性著称于世的中国新官僚和"新新官僚"们,岂能领会不到"邓中央"的亲切关怀?又岂能不珍惜"邓式改革开放"千载难逢的大好机遇?毛泽东无事生非、专与当权派"过不去"的继续革命法权"紧箍咒",终于被彻底打碎了,平民阶级的民权,就更不在话下了。"文革造反派"和"六四动乱分子",都毫无例外地受到了"无产阶级专政"的严厉惩罚。平民阶级唯一的阶级斗争武器"四大"——大鸣、大放、大字报、大辩论,也被"邓中央"从《宪法》中彻底删除了。……放眼整个中国,如今谁还能奈我何?

整个官僚阶级在热烈欢呼"第二个春天"的同时,高举"邓小平理论伟大旗帜",豪情满怀昂首阔步,踏上了政治腐败的康庄大道,合情、合理、合法地跨入了政府腐败新时代。

1. 官僚机构与官僚队伍恶性膨胀

要想"加强党的领导,巩固无产阶级专政",最简便最有效的办法莫过于增设官位、壮大官僚阶级队伍了。唯如此,方能奖赏新老大官们反文革、镇压"六四反革命暴乱"的功绩,方能满足他们"为人民币服务"的强烈欲望,方能鼓励他们"与党中央始终保持高度一致";从而,抵消平民阶级人多势众的阶级优势,对他们实行更有效地经济剥夺、政治压迫和精神控制。

首先,"邓中央"带头做出示范,将原来的四大班子扩大为六大班子,部、委、办和部级"常设临时机构"如雨后春笋破土而出,由原来的数十个迅速扩大到数百个,部、局、处级干部数量,更是突飞猛进一日千里。全党、全国闻风而动,"始终与党中央保持一致",全国各省、市(地)、县直至乡镇,纷纷建立"对口机构",官僚机构和官僚队伍恶性膨胀。

"特色社会主义优越性"发挥得淋漓尽致,不仅资本主义国家"一套班子,三权分立"根本无法望其项背,而且,在漫长的官僚专制历史长河中，也无愧于真正的史无前例。

2. 政府腐败上行下效，贯彻到底

几乎所有研究政治腐败的主流派学界"精英"，大都将政治腐败的根源，归罪于由计划经济向市场经济转轨的双轨制客观因素，进而得出结论：政治腐败是"过渡时期的必然现象"，因而也是"合理的正常现象"。笔者不仅要问：在紧俏物资投放市场时，为什么不引进发达国家成熟且成功的经验——公开拍卖？为什么任由政府机关与"官倒"内外勾结，非法侵吞国有资产？"邓中央"在镇压文革派时那样坚强有力的国家法权哪里去了？如果真是"摸着石头过河"的政策失误，当"六四"民众奋起"反官倒，反腐败"时，为什么不乘势或借势惩治腐败官员，反倒调动野战部队用坦克和装甲车，血腥镇压青年学生的爱国护法运动？

事实证明，"邓时代"的政府腐败，绝非"双轨制"时期的自然现象，而是由"邓中央"纵容、"太子党"示范而人为制造出来的人间奇迹！这是"邓中央"坚定不移的既定方向和路线：必须首先喂饱养肥官僚阶级，才能解除他们的后顾之忧，放心大胆"改革开放"，彻底巩固"无产阶级专政"。

①. 既然"邓中央"对"太子党"和深圳特区"给政策"，包庇纵容他们走私贩私"先富起来"，其他地方政府乃至中央政府机关不仅要问："同样是共产党的天下，为什么我们就不能倒卖紧俏物资或进出口批文？"于是，从上到下各级政府的经委、计委、财政、工商、税务等，所有掌握物权和财权的官员们，紧随"太子党"其后，也要先富起来，成了政府腐败的第一梯队。

②. 组织、人事等党政部门官员也不甘落后："我们同样是党的宝贵财富，为什么你们管物权和财权的先富起来了，我们管人权的就活该廉洁清贫一辈子？"于是，卖官、卖权、卖头衔、卖职称的组织腐败和人事腐败应运而生迅速走红，以更强劲的生命力"健康发展"起来，成了政府腐败的第二梯队。

③. 接着是公、检、法、监察和"纪检"等，司法机关："你们的

权大，我们的法更大！为什么掌权的撑死，我们执法司法就活该饿死？"于是，"吃了白道吃黑道"的执法腐败和司法腐败，如雨后春笋茁壮成长起来，成了政府腐败的第三梯队。

④. 最后是掌握舆论工具的宣传部门官员们："你们一个个大鱼大肉的富了肥了，总得也让我们喝点儿汤吧？如果够意思，即使天大的丑闻，我们也会装聋作哑秘而不宣。否则，休想宣传伟大政绩树立光辉形象，就等着舆论监督吧！"于是，信息封锁、掩人耳目、假话瞎话、颠倒黑白的舆论腐败，终于搭上了末班车，成了政府腐败的第四梯队。

至此，整个新官僚阶级和各级政府机关，都加入到瓜分社会公产、抢劫老百姓血汗的盛宴里来了，真可谓宾客如云济济一堂。

还不仅如此，中国"以吏为师"的传统历史悠久。"邓中央"导演、"太子党"领舞、官僚阶级共舞的政府腐败，又通过官本主义行政管理，滋生出了医疗腐败、教育腐败、学术腐败等等行业腐败，乃至整个社会的腐败。各个领域的腐败，又反过来为政治腐败，提供了更加广阔坚实的社会基础。政治腐败与社会腐败互为因果相辅相成，交互刺激携手共进，恶性循环振荡放大，共同走上了"可持续发展的光明大道"。

3. "土皇帝"横征暴敛，"苛政猛于虎"

可怜那些贫困地区的县（区）、乡（镇）基层党政官员们，虽然与"邓中央"和上级党政机关的对口单位一个也不少，但是，实际权力和先富起来的机遇却少的可怜，既无紧俏物资可以倒卖，各种"批文"也值不了几个钱，升官发财的美梦成了镜花水月，狼多肉少的"官僚饥饿症"日益严重。

为什么会是这样？为什么从中央到地方的各级大员都脑满肠肥"富得流油"，我基层干部却连工资也不能足额发放？抱怨有什么用呢，总得想个"改变贫穷落后面貌"的办法吧。到上级去要去闹吗？不妥！不仅暴露出自己"能力低下，领导无方"，而且，还有可能因为"不能为上级分忧，反倒给领导添乱"而丢掉乌纱帽。向上伸手此路不通，只能向下伸手对不住乡亲们了，"靠山吃山，靠水吃水"嘛，谁让农民老乡离我们最近而又老实巴交、手无寸铁呢？

从中央到地方，政府腐败上行下效，到了贫困地区县、乡两级，就只有横征暴敛一条路了！这或许就是"农民负担过重"的根源所在，也是"邓中央"留给后代的"宝贵财富"。"减轻农民负担"口号喊了多年，结果却越减越重。……对此，陈桂棣、春桃的《中国农民调查》一书已有详尽披露。此处只想强调如下两点：

①."农民负担过重"的根源是官僚队伍恶性膨胀。历史经验证明：权力重心上移，必然导致经济负担下嫁！只要不从根本上改变官僚专制政治制度，只要不彻底裁减庞大的官僚队伍，就不可能真正减轻农民和国民负担。在官僚专制下，新老官僚的价值追求就是升官发财，其本质属性就是"贪"——贪婪、贪污。他们一旦公权在握，就要"在其位，谋其利；有权不用，过期作废"，不仅要满足自己"先富起来"的需要，而且要千方百计捞取超值回报，以补偿买官时的破费。显然，这种超值回报，不可能向主宰他们命运的上司去讨要，只能向属下讨要和索取。最终，所有经济负担，全部转嫁到了平民阶级尤其是农民身上。

②.中国的根本出路在于政治体制改革。"邓记"分田到户，确实将农民从"专制主义集体化"和"生产队长专制"下解放了出来，曾经得到过农民的拥戴，并被某些御用文人吹嘘为农民的"第二次解放"。然而，仅短短十几年，农民的"第二次解放"，却导致了不堪重负民不聊生，纷纷逃离世世代代赖以生存的故土远走他乡。不少地方的撂荒土地，竟多达数十上百万亩。数千年来史所罕见！根源何在？答案是："苛政猛于虎"，种地成了赔钱营生。事实证明，对于生产力解放，"邓记"经济体制改革的推动作用，远远抵消不了官僚专制和政治腐败等苛政的反动作用。即使 GDP 经济发展了，除去伪造政绩的"数字化"水分和泡沫，剩下的也不可能是真正的"国民经济"增长，而是"官僚经济"增长，是"公款吃、喝、嫖、赌经济"增长。

三、"邓后时代"的官僚腐败

"六四事件"以后,"邓中央"血腥镇压了青年学生"反官倒,反腐败"的爱国民主运动,支持民主改革的中共总书记"儿皇帝"赵紫阳被废黜了。以陈云为代表的"苏联模式正统派"与以邓小平为代表的"欧美派"或"反传统派"几经讨价还价,达成了妥协。结果,双方都不满意又都勉强能接受的地方大员江泽民,登上了"儿皇帝"的宝座,成了"第三代领导核心"。这种迫不得已的折中调和选择,进一步将中国拖进了"越就乎越罗锅儿腰"的泥潭。

要想富民强国,对前任政府的政策必须肯定与否定、继承与发展相统一:肯定与继承,以维护国策与政策的连续性,从而保持社会稳定和人民安居乐业;否定与发展,以纠正失误和缺陷,不断改革不合理上层建筑,谋求社会持续发展。综观古今中外政府的执政经验,概莫能外。如果说,"邓中央"向官僚阶级一边倒的国家法权,是对毛主席继续革命国家法权彻底否定的话,那么,"江三代"就应当实行适度地"否定之否定"路线,强化国家法权权威,对各阶级的权力和利益关系,加强调节控制,适度兼顾广大劳动人民的利益,从而向健康社会或公平社会挪近一步。

作为地方大员,江泽民成为"第三代领导核心",实出本人意外,更想有所作为。便意欲"加强经济宏观调控",以遏制突飞猛进的政府腐败。只可惜,中共两派大佬几经讨价还价而产生的"总书记",既无毛主席顶天立地、与国家荣辱与共的"王气",又无邓小平敢作敢为、"老子说了算"的"霸气"。有的只是精于算计、患得患失的"官气":在下级或弱者面前,专横跋扈,颐指气使,充当主子;在上司或强者面前,摧眉折腰,俯首帖耳,甘做奴才。"太上皇挟军权令中央"的一个"南巡讲话",就像一阵飓风,把中共第三代领导集体乃至整个党中央"加强宏观调控"的决议刮得无影无踪了。整个中国,政治腐败完全失控,进入到官僚腐败的"新时代"。

如果说,"邓时代"官僚阶级的政府腐败,大都是以政府法人的名义存在发展着,非法收入还有相当大比例转化为政府部门的福利,那么,"邓后时代"的官僚阶级,真正获得了彻底解放,政治腐败也以官僚个人的名义,放心大胆、随心所欲地发展起来了。

1. 邓小平"南巡讲话"——推翻"宏观调控"

作为"苏联模式"正统派传人,李鹏自然坚持陈云的政治主张。"六四事件"以后,实践已经检验出"邓理论"的谬误,面对从中央到地方全国性的政府腐败,江泽民也接受了陈云的主张:加强经济宏观调控,遏制权钱交易的公权犯罪。而邓小平,为了"搞活经济""让一部分人先富起来",顽固坚持"完全放开",任由政府官员自由腐败下去。

"两个婆婆"的矛盾不可调和。"第三代领导集体"的"加强经济宏观调控"决策,遭到了以邓小平为代表的官僚阶级强烈反对,或公开抵制,或阳奉阴违,或怠工罢工,轰轰烈烈的"官僚经济"顿显萎靡不振。结果,就有了1992年邓小平的"南巡讲话"。他以"太上皇"的绝对权威,在废黜了中共中央总书记胡耀邦、赵紫阳之后,又彻底推翻了"第三代领导集体"乃至中央全会的决议,为整个官僚阶级的政治腐败争得了一片自由翱翔的万里晴空。

2. "李中堂"与"太上皇"保持高度一致

"李中堂"眼看着"太上皇"圣命难违,加强宏观控制的政策被推翻了;转而与"太上皇"保持高度一致,虚心向"太子""公主""驸马"学习,将国家的电力行业收入囊中,变成了家族企业。先是让中堂夫人掌门,后又背弃"六四"会见学生代表时的信誓旦旦,让"从未办过公司"的李公子接班,成了中国能源垄断公司——"华能集团"的大老板。

从此,中国整个上层建筑,官僚腐败成了引领时尚的主流派;"优秀党员干部"的第一标准,不再是"吃苦在前,清正廉洁",而是"能捞钱,先富起来"。俗曰"有钱能使鬼推磨"更能沟通上司的"爱心",从而保证仕途发达前途无量。否则,莫说晋升,要想保住头上的乌纱帽也难乎其难,甚至被同僚和上流社会所唾弃。例如,早在1993年,笔者家乡山东省乐陵市官场就形成了一条不成文的规则:所有科、局

（乡镇）级干部，凡是捞不够30万元的，"老伙计"们就取消他们的"麻友"资格（本人更没脸往同僚们的麻将桌前凑），口号是："不要三废干部！"——废头，窝囊废，废物点心。

四、朱中堂"深化改革"——"夺民沙皇"

李中堂失宠于"太上皇"，"老右派"（党内反自由化倾向"补课"补上的）朱中堂接掌"总理衙门"。在中外记者招待会上，他慷慨陈词："哪怕是地雷阵和万丈深渊，也要义无反顾！"真可谓"风萧萧兮易水寒"，着实让盼望"青天大老爷"而望眼欲穿的老百姓热血沸腾、热泪盈眶了好一阵子。然而，面对汹涌澎湃的政治腐败浪潮，掷地有声的铮铮誓言变成了一钱不值的一抔沙土！

1. "政治体制改革"——**精简机构闹剧**

朱中堂真不愧为"老右派"，一下子就抓住了政治腐败的要害——官僚机构庞大臃肿，发誓要"精简机构"，并义无反顾"从我做起"带头精简机构，向国务院部委开刀，为地方政府做出示范。他决定：以国家经委和教育部为试点，取得经验后再逐步推开。决策不可谓不正确、不稳妥，就连各级地方政府都感到形势逼人拖延不下去了，不得不"与党中央保持一致"，纷纷制订出精简机构的量化指标和时间进度表。例如，山东省政府机关计划精简1/4—1/3公务员，并限期春节后4月份开始实施……

然而，色厉者多内荏，声高者多手低。他过高估计了自己的权威，过分认真了"党的宝贵财富"们"拥护改革"的誓言，却完全忽视了政治改革的阶级斗争实质。结果，因为不符合"彻底巩固无产阶级专政"的基本原则，遭到了各级大小官僚们阳奉阴违地抵制，乃至明目张胆地对抗。

试点单位刚刚验收合格"成功经验"尚未推开，被精简的官员就提前回流了。例如教育部，机构精简后的官员不仅一个未减少，反倒比精简前多出了80多人。"精简机构"成了一场闹剧！各省、市自治区地方大员们白忙乎了一阵子，绷紧的神经终于放松下来，一哄而散，一笑了之。

朱中堂的信誓旦旦大义凛然化为一钱不值的沙土，只能眼望政治腐败海洋而兴叹，像弃妇怨女那样发几句牢骚："中国，除了政治腐败是真实的，再也没有真事可言！"

不妨再看看俄罗斯的精简机构。普京继2004年3月9日，对联邦政府大刀阔斧精简机构之后，又于3月25日，精简了总统办公厅：撤销4个总局；14个局裁并为12个；9个办公厅主任裁减6人，普京的密友伊万诺夫和亲信谢钦均在裁撤之列。

两相比较，良莠分明！问题的症结在哪里呢？答案：悬在普京头上的是国民的民权——民主选举权和民主监督权；而悬在朱中堂头上的却是"太上皇"擅主废立的君权，外加官僚自由专制的官权。

2."经济体制改革"——夺民！

"朱沙土"的"精简机构"闹剧让他信誓旦旦的颜面扫地后，又"大义凛然"地将铁腕伸向了"经济体制改革"，肆无忌惮地夺民，终于成就了他"经济沙皇"的"英名"。

①."国企改制"（私有化！）——纵官抢劫国有资产。朱中堂另一个"辉煌政绩"是"国企改革"——私有化。其理由冠冕堂皇：与其让国有资产白白闲置自然损耗，不如通过私有化让它们产权明晰发挥应有价值。然而，令人困惑的是："邓式改开"前正常运营了数十甚至上百年的厂矿企业，到了"改革开放好时代"怎么都成了"吃政府补贴"的"亏损企业"？不是说"毛时代"的经济到了"崩溃边缘"吗？"政府补贴"的钱是哪儿来的？

不管老百姓如何困惑，反正是朱中堂"美好"的愿望变成了实在的罪恶：以权谋私、化公为私的非法贪污升级为合法地公开抢劫国有资产！

大大小小的厂长经理和党政有关部门的"掌门人"，一夜之间不费吹灰之力，都成了腰缠万贯的"共产党资本家"。又一个史无前例的天上掉馅饼.其中，各级大小官僚们的分赃盛宴不必细说，各种媒体已有足够的披露报道。例如，浙江黄岩房地产公司，总资产186

股超过 10 亿元，其中 151 股归总经理陈熙所有，8 股归其小儿子所有，爷儿俩占有总资产 10 亿元的 85.48%。即使国家控股的"名义国企"，也将按劳分配"改制"成了"按权分配"。例如，中国航油公司"打工皇帝"陈久霖，年薪高达 2350 万元；而中国平安保险（集团）公司董事长兼 CEO 马明哲，年薪更是高达 6600 万元，后又增加到 8000 万元。

由此，又联想起了俄罗斯的私有化进程：首先，由权威机构对国有资产评估作价，并印制足额股权证，平均分发给全体国民，使他们成为国有企业私有化后的平等股东。诚然，在新官僚资本家垄断收购下，这种股权证曾经一度大幅贬值，最终大都流进了国际资本和买办新贵们的腰包。但是，形式上仍不失"人人平等"的社会主义原则和"公平交易"的资本主义原则。尤其是，它毕竟让平民大众最后一次享受了"国家主人"的荣誉。

相比之下，中国的"国企改革"无异于无偿剥夺了工人阶级的所有权，无偿剥夺了全国人民的所有权，无偿送给了官僚阶级及其"私生子"——以"太子党""驸马党""衙内党"等为主体的新官僚资本家。而工人阶级，一夜之间就由"企业主人"，变成了共产党新官僚资本家的打工仔，任由"先进生产力"的代表们敲骨吸髓。

更有甚者，在把"公务员"（官吏）的"铁饭碗"换成"金饭碗"的同时，数千万国营企业和集体企业工人赖以生存的"铁饭碗"被砸得粉碎，沦落为失业大军，连那点儿最起码的失业救济金也被克扣净尽……

难怪，曾被誉为"老右派，新清官"的朱中堂招致了数千万下岗工人的诅咒和唾骂。究其根源，他受"邓理论"的毒害太深了，根本看不到：中国问题的症结绝非社会主义公有制，而是在官僚专制下管理权与所有权分离对立，使公有制异化蜕变为名义上的公有制实际上的官有制，致使责、权、利分离对立。他反倒把阻碍生产力发展的根源，归罪于社会主义公有制，高举邓小平"深化改革"的理论破旗大搞私有化，把名义上的公有制实质上的官有制，推向了名副其实的官有制。

②."分税制"——"人民政府"千岁(税)万岁(税)!

他又以"税制改革"之名强力推行"分税制"。何为"分税制"?剥去自吹自擂自我歌颂的大忽悠外衣,其实质就是:国家法权纵容、逼迫地方政府持权抢劫,向所有无权无势的平民百姓横征暴敛!

从此,"邓式改开"进入"人民政府千岁(税)万岁(税)"新阶段。有民营房地产开发商爆料:多如牛毛的审批收费不算,即使"有法可依"必须足额缴纳的正式税负就多达 20 多种,并抱怨:把房价飞涨的罪责全推给我们,天大的冤枉!更有民营企业家披露:即使企业盈利了,要从银行兑现最后能住装进自己钱袋的也只有 16%,其他 84%都被五花八门儿的"有关部门""留中"了。这就是中国汽车、燃油、水电等民用商品价格远远高于国际市场的根源。

更有甚者,"分税制"既为"三公消费"(公车私用、公款出国旅游、公款吃喝嫖赌)奠定了坚实的经济基础,又为官僚机构"与时俱进"无限膨胀提供了可靠保障。于是,"拆迁办""馒头办""西瓜办"等等新衙门,如雨后春笋破土而出。据粗略统计,一个县的科局级衙门就多达 190 多个。

然而,"分税制"只能促进绝不能遏制官僚机构恶性膨胀,只能刺激绝不能填满贪官污吏的欲壑。结果,又催生出"地方政府卖地财政"。从此,房价坐上了火箭,翻着跟头冲天飞涨……

③.他对"邓式改革"可谓"政绩卓著,功高盖世"!他在推行国企私有化的同时,又强力推行教育产业化、医疗商业化、住房商品化、股市欺诈化。正是凭借这"一制五化",他把中国 99%的平民大众一生乃至三代人的钱袋洗劫一空。不论"中产"还是"无产",不论白领、蓝领还是"农民工",只要无权无势与"不能说明合法来源的财产"绝缘就无一幸免。

然而,在诸多自诩为公正贤能的学界精英心目中、口头和笔端,如此对官僚强权色厉内荏、对平民百姓浑身血腥的"沙土+沙皇",竟成了争相趋奉追捧的"大清官"。而一生以"改造中国,改造世界"为己任、与"官国"势不两立、对官僚腐败痛下杀手的平民领袖毛泽东却成了"专制独裁无道暴君"。这些人的脑袋究竟是被驴踢扁了还是被自己的肥臀坐扁了？

五、政治腐败法制化

朱中堂的"深化改革"，具有四种（三负一正）历史作用。其一，"国企改制"为政治腐败提供了一条全新的方式和广阔的空间：从非法贪污公款发展为"合法"抢劫国有资产。其二，"精简机构"锻炼了官僚阶级，在操纵"改革"的"伟大胜利"刺激下，更加信心百倍豪情满怀，公权犯罪更加肆无忌惮猖獗横行。其三，平民阶级希望越大失望越大，面对政治腐败大局已定，连关心国家大事的热情也凉透了，开创了"政治麻木新时代"，为政治腐败横行提供了更"安定团结"的社会环境。其四，再次证明：如果不以阶级斗争为纲，如果不依靠广大平民阶级的民权支持，而是固守"阶级斗争熄灭论"，固守官本主义窠臼，在官僚阶级内部搞"以官制官"的权利再分配，那么，任何时代任何社会的任何改革，都必将成为欺世盗名的滑稽闹剧。

朱中堂的"深化改革"，导致了更严重的社会后果：从此，政治腐败由习俗化昂首阔步迈向了制度化乃至法制化。

1. 当今中国，无官不贪

政治腐败法制化的第一个趋势：小官小贪，大官大贪；凡官必贪，无官不贪。德国法律规定：公务员在公务活动中，私自接受超过25马克的礼物而不申报，即构成贪污受贿罪。如果以此为根据，可以大胆断言：当今中国无官不贪！索拿卡要等贪污受贿行为早已成了当代中国官场的普遍惯例和习俗。正如《法制晚报》2004年11月8日报道中所指出的那样："从个案挖出窝案、牵出串案"已经成为腐败案件中的新规律。它告诉我们：贪污受贿等政治腐败绝非个别现象，而是官僚阶级上流社会的普遍现象。而且，彻底巩固"无产阶级专政"的政治需要决定了："邓中央"和"江三代"，对政治腐败一贯是"法不责己，法不责众，法不责强"。以国家法权和法律的名义，包庇纵容贪官污吏和不法豪强。否则，各级大大小小的"党的宝贵财富"们，唯一的去处就只能是监狱或断头台。

2. 贪污数额，没有巨大

政治腐败法制化的第二个趋势：判定"贪污受贿数额特别巨大"的司法裁量标准直线飙升。难怪有人称之为"中国特色橡皮筋儿法律"。例如，1983年"严打"时，济南钢铁厂供销科长贪污受贿10万元，"数额特别巨大"，被"判处死刑，立即执行"。

今天莫说十万元、百万元，即使上千万元也不算"数额特别巨大"。例如，国家自然科学基金会会计卞某，挪用公款2亿多元，贪污2000余万元，都算不得"数额特别巨大"，只判了个"死缓"。

更有甚者，"公正严明"的法律和"铁面无私"的法官，为了保护"党的宝贵财富"，即使早已够上了"数额特别巨大"，也往往会将它一分为二化整为零，将贪污受贿所得化为"不能说明合法来源的财产"。请问：众多贪官污吏的巨额财产，既非工薪收入，又非遗产继承，也非亲友馈赠，更非合法经营所得，除了贪污受贿和权钱交易，还能有别的什么生财之道吗？难道是大风刮来的还是天上掉下来的？

至于那些为了谋取非法政治和经济利益的行贿者就更算不上犯罪，而变成"无奈无辜的受害者"了。

还不仅如此，许多民主政治发达国家有一条司法惯例：同等数额的经济犯罪，对公务员贪污受贿等公权犯罪的量刑，要比普通民众的盗窃罪更严厉。因为，前者是一种职务犯罪，危害性更大，不仅破坏了经济秩序和社会秩序，而且，破坏了政府或法人的公信力。然而，唯独"中国特色社会主义法律"，平民以身体或性命为代价的盗窃，上万元就是"数额特别巨大"；而政府官员贪污受贿的公权犯罪，数千万元乃至上亿都够不上"数额特别巨大"。

"特色社会主义法律"啊，你比"特色社会主义制度"更"优越"！正是在"特色社会主义法律"包庇纵容下，"人民公仆"们贪腐巨款数额突飞猛进、一日千里，先是数以万计，后又数以亿计，如今不得不数以吨计了……

五、官僚阶级资本化

由政治腐败法制化，又导致了当代中国第二个大趋势——官僚阶级资本化。显然，它是官僚阶级不断探索妥善保管非法财产的必由之路和归宿，是权贵政要遵照"邓理论"经过多年"摸着石头过河"而创造出来的"财富永固"创新成果。

1. 非法财产秘密藏匿

秘密藏匿是保存非法财产最古老、最有效的方式。诸如保险柜、夹壁墙、地窖等，都曾经是藏匿非法财产的好地方。但是，它也有突出的缺陷：由于霉变风化、鼠啃虫咬而导致自然损耗；由于容易被查抄、被偷盗而造成人为损失。传媒披露的"盗窃犯偷了大贪官"案件日益增多，又给各位领导增添了新的烦恼。尤其是，随着"特色社会主义"法网的网目急剧扩大，权贵政要的贪污受贿数额也越来越巨大，藏匿非法财产（即使是货币）也越来越成为一项艰巨的"特色社会主义现代化工程"了。例如，河北省外贸厅副厅长李友灿，仅一次受贿就多达1600万元，装了16个旅行包。为了克服困难，他不仅配备了个人专用运钞车，而且花了50万元，在北京某小区购置了专门存放赃款的个人金库。

2. 非法财产在国内转移

伴随着行贿受贿"货币化"和有价证券、存折等文本化，为转移非法财产提供了充分的现实性。更有，金融界"官府化"及其相互间的自由竞争，使"存取款实名制"像其他法规政策一样，成了"聋子耳朵——摆设"，为贪官污吏存取赃款大开方便之门。在现行官本主义专制体制下，整个官场都是"上有政策，下有对策"，何况区区"存取款实名制"。其一，以子女、亲属、朋友名义到银行存取赃款，成了转移非法财产"社会主义初级阶段"。其二，与"特色社会主义狗皮膏药法律"玩儿捉迷藏游戏。银行实行"存取款实名制"后，制造假身份证的"新兴产业"也空前繁荣起来了。

3. 非法财产向国外转移

诸如在瑞士银行存款、购买美国房产和日本庄园等。这种非法财产转移方式，是大官和"太子党""公主党"的发明专利；对于官僚权贵集团来说，则是转移非法财产的"特色社会主义高级阶段"。非法财产向国外转移的动因和动机是：1989年"六四暴乱"提醒了各级领导，要牢记"别看今日闹得欢，小心将来拉清单"，从长计议预留抽身退步的后路。而"邓中央"的英明决策——"深化改革开放，鼓励出国办厂、境外投资"，更是为他们向国外转移非法财产开通了"合法"渠道。

结果，人为制造了两种"特色社会主义"怪现象：其一，贪官污吏及其官僚资本家"私生子"，纷纷将子女送往国外，以"留学生"名义到银行开户，然后将赃款汇入该银行以供挥霍。据旅美回国人员披露，抢购豪华别墅和轿车的青年人大都是中国留学的"衙内"。那种挥金如土一掷万金的豪气，连美国富豪都自叹弗如。其二，一方面各级政府煞费苦心不惜工本地引进外资；另一方面，国内资金无节制地大量外流。北京大学一项专题研究发现，近年来以各种方式非法转移至国外的资金：1997年364亿美元；1998年386亿美元；1999年283亿美元。经济学家樊纲更认为，2000年中国资本外逃已达480亿美元，超过了当年外商对华投资407亿美元。

4. "洗黑钱"

非法财产向国外转移仍然不完美——用钱不方便。于是，又有了"深化改革"的新举措："太子党""衙内党""秘书党""情妇党"等等，纷纷以个人或他人名义注册公司，将非法所得投入"合法"运营。于是，聚敛、保存非法财产的方式创新便诞生了——"老子当官掌权，儿子经商捞钱"。它的优越性不言自明：不仅将非法财产"合法化"了，而且，还能使有限的非法财产，"合法"地无限增值。其实，这不过是从国外黑手党先驱们那里引进的"洗黑钱"成功经验。如果有谁百无聊赖时，可以到深圳、珠海、青岛等沿海大城市开发区进行调查，就不难明白：究竟有多少房地产开发项目不是"太子党""公主党"的？其中又有多少股份不属于各级"衙内党"？

近年来，在南方诸省和香港，"洗黑钱"的地下钱庄也蓬勃发展起来，又为中、小贪官污吏解除了后顾之忧。

5. "官股"或权力入股

由"矿难"（官祸）频发所暴露出来的"官股"或权力入股，是官僚阶级资本化最突出的例证。据报载："凡是有利可图的行业都有'官股'，官员以在种种行业入股的手段捞取钱财，已经达到了无孔不入的地步"；"所谓'官股'，又分'显股'和'干股'两种。……官员不用出钱而以'影响力'帮忙的，名为'干股'。……凡入'官股'者，不是地方长官，便是行业主管部门领导。他们与业主之间，成败相关、盈亏与共。……业主一旦出了事，持有'官股'的官员必然要全力为其摆平。"（"官股"岂止在矿业。南方周末，2005.11.10, B14）

"官股"演变一般可分为三个阶段：其一，它最早发端于"双轨制"时代的"官倒和官商"，各级政府机关纷纷"依法"成立各种公司，利用政府特权聚敛财富。"二等公民搞承包，吃喝嫖赌全报销"，就是本阶段的真实写照。其二，后来，连民办的桑拿浴、洗头房、练歌厅等等色情服务行业，也必须请当地公安、政法机关权力入股充当保护伞。否则，"执法者"们就会借"扫黄打非，综合治理"之名，废寝忘食夜以继日地特别关照，直至关门大吉。其三，即使大型国有企业也概莫能外。请问：哪个大型国有企业巨额亏空的背后，没有政府公权垄断的支撑保护？例如山东轻骑集团，1992年上市时，就早已资不抵债了；2003年拖欠银行贷款已高达147亿元。可以设想：如果没有地方乃至中央政府大员的"官股"，如此企业何以维持至今？再如，审计机关对济南重汽集团的审计结果：67亿元查无下落，消失在"黑洞"里了。如果没有相当级别的大官权力入股，如此"国有企业"，怎么能生存至今并依然保留"中国名牌企业"的光荣称号？

《世界经理人》引述中国官方研究机构调查报告披露：至2006年3月底，私人拥有的财产（不包括转移到境外的），超过一亿元以上者，共计 3220 人，其中 2932 人是高干子女，他们拥有的总资产为 20450 亿元。在金融、外贸、证券、国土开发、大型工程等五大领域中，担任主要职务的，有 85%—90%是高干子女。

从此，中国的新官僚阶级完成了"与时俱进"的转型，成了令全世界老贵族和大富豪艳羡不已的"富贵族"——"一手持权，一手抓钱"或"老子当官掌权，儿子经商捞钱"。它标志着："邓式特色社会主义"政治腐败，已经从官商勾结、权钱交易，正式跨入官商一体、持权抢劫的新阶段。

第五节 "中美国"的崛起——彻底否定文革的恶果之三

"邓式改革开放"功也？过也？罪也？"实践是检验真理的标准"！三十多年的历史已经充分证明："邓式改革"就是彻底否定文化大革命、颠覆社会主义制度的过程；"邓式开放"则是共和国逐步名存实亡、"中美国"迅速崛起的过程。

"中美国"的崛起大体经历了如下三个时期九大步。

一、邓小平的制度设计

1. 第一步：十一届"三中全会"刚刚窃夺国家法权，邓小平就迫不及待地赴美请示汇报，并向"同志加兄弟"的越南开了刀，为美帝国主义"从南部包围中国"失败的图谋报仇雪耻。用两万多军队官兵和数十万越南军民的鲜血和生命，换得了美国的青睐和信赖，换得了"跟着美国富起来"的门票。

另外，他彻底背叛出卖朋友，急不可待地关闭东南亚各国共产党驻中国办事处，向美国新主子敬献了忠心和孝心。

从此，毛主席亲手开创的"三国鼎立"世界新格局被颠覆了，"第三世界旗手"的中国寂灭了，完全沦落为美国世界战略的马仔和走狗，融入了帝国主义群狼的"世界新秩序"，"中美国"诞生了。

2. 第二步：自从决心背叛马列毛科学社会主义道路时起，邓小平就深知：必然会遭到绝大多数人民反对，必须投靠强大的后台。如今，有了新主子——最强大的美国，原本就恶霸成性的他更加有恃无恐了，放心大胆地开始了国内"改革"。

上世纪七十年代末八十年代初，在地、师级以上高干会上，他和"第二大佬"陈云讲话，宣称：对"文革犯"一定要除恶务尽，绝不能让他们再次混入革命队伍。我们的孩子不是他们的对手。……要高度重视培养接班人，（我们的孩子）能从政的要积极培养，不适合从政的就经商，实在不行的就送他们出国留学……

其后，邓小平又率先做出表率："大太子"残疾只能主政"残联"，辛劳奔走于各大国营企业，劫收"自愿募捐"（山东铝厂一次就捐了500 吨高纯铝锭），后又掌控了"红十字会"等慈善机构及其"福利彩票"等资金流。"二太子"和"乘龙快婿"不适合从政就经商，趁"两伊战争"之际，整船地倒卖军火乃至地空导弹；把中国独有的战略资源稀土矿藏抢掠一空，并以"白菜价"卖给日本等国倒入沿岸大海以备日后取用；并在美国主子怀抱中广置房产……

这就是"总设计师"最早的制度设计了，也是"中美国"的制度雏形！不论是"老子当官掌权，儿子经商捞钱"的官僚资本主义，还是"老婆孩子在国外掌管黑钱，自己在国内持权抢劫"的上百万裸官等等，无不是坚决贯彻执行邓小平制度设计的"伟大成果"。据《云南信息报》2010 年 3 月 11 日披露，"从 1995 到 2005 十年里，中国有 118 万官员配偶和子女在国外定居"。……十多年后的今天呢？

为了给这种制度设计开路，1983 年又将共和国宪法"修宪"成了第一部"中美国宪法"，在彻底剥夺了国民罢工和"四大"权利的同时，也将叛国罪、卖国贼、汉奸等所有条款和文字全部删除，为"执政党"彻底卖国解除了后顾之忧。

二、"经济体制改革"——奠定"中美国"经济基础

1. 第三步：在"中美国宪法"保护下，大规模"引进外资"风

起云涌，高喊"用市场换技术"口号，出台了一系列优惠政策，什么"优化法制环境"、军警保驾护航、严禁罢工、减免税收、出口退税等等，"引进外资"成了党政各级官员"政绩"的重中之重。把中国市场无偿拱手送给了帝国主义国际资本，帮助列强实现了曾经用坚船利炮未能完全实现的世界战略——"占领中国市场"，形成了官僚资本与国际资本强强联手、共同主宰中国经济命脉、瓜分中国劳动人民血汗的"分赃经济"。这就是"中美国"半封建半殖民地的经济基础——官僚买办资本主义。

中国缺钱吗？答曰：否！"截至 2003 年 7 月末，城乡居民储蓄存款余额已达 10.61 万亿元，全部金融机构(含外资机构)本、外币并表的各项存款余额为 20.79 万亿元，而各项贷款余额仅为 16 万亿元，存贷差高达 4.79 万亿元。"（中国人民银行网站，2003.8.11）

既然不缺钱，为什么三十多年"坚定不移引进外资"？绝非"发展经济"需要，而是"总设计师"设计的基本国策：只有与最强大的美国主子不分彼此才最安全！我把家人和家底儿托付给你，你把资本投给我，你中有我、我中有你，……看谁还胆敢反对我、推翻我？反对我就是反对美国！再者，即使主子不大满意，看在"伙伴关系""夫妻关系"不分彼此的份儿上，看在我对主子尽忠尽孝一片真情的份儿上，看在我管理奴隶有力且有效的份儿上，也不至于痛下杀手撤换"奴隶总管"吧？

有的左翼网友，依然把国有企业当成"国民经济支柱"，要"打一场国有企业保卫战"，笔者困惑不解：当今的"国有企业"还是当年全民所有的"国营企业"吗？除了垄断资源和价格，对平民百姓还有半点儿关系吗？大官们不把国有资产拱手送给洋人，如何保证他们海外家人和财产的安全？

毫无疑问，所有这一切，在邓小平的"中美国"制度设计时就早已决定了。贱卖国企，既能获得洋主子的青睐，更能获得巨额变现和回扣，何乐而不为？

2. 第四步：到了"第三代"，"中美国"更加快了崛起的步伐。甘愿冒被骂作汉奸的恶名，也要磕头作揖哭着闹着加入了 WTO。从此，国民经济 28 个行业中的 21 个，成了国际资本控股或参股的囊中之物，"中美国"终于奠定了经济基础。"原中国"成了名副其实的"世界加工厂"，形成了"中国人生产，美国人消费；中国人当牛做马，美国人坐收红利"的"世界经济新秩序"。

加入 WTO 的协议条款或文本至今依然是"绝密"，只字不向"人大代表"透露，更别说普通国民了。由此可知，见不得人的卖国秘密交易恐怕数量至多、程度至深！

3. 第五步：到了"第四代"，"中美国"在突飞猛进崛起的同时，也充分展现了其强大生命力。最突出的表现，莫过于在"救美国就是救中国"的口号声中，以 3760 亿美元"两房债券"和 1 万 9750 亿美元外汇储备"白条儿"，为美国经济复苏立下了头功。因此，"温中堂"荣获了美国主子的多次嘉奖，他究竟是"中国总理"还是"中美国总理"？

且不说换成了美国国债"白条儿"的近 2 万亿美元外汇储备，即使已经打了水漂儿的 3760 亿美元"两房债券"，按 2005 年 9 月白银价格计算，可购买白银 381 亿 1 千 6 百万两，相当于《马关条约》对日赔款（2 亿 3 千万两）的 165 倍！而且，美国不费一枪一弹就唾手而得，这是何等壮观的卖国大手笔！

还有，每年美国以专利权、知识产权等名义从世界榨取的"霸权红利"高达 7 万亿美元，其中就有 3.7 万亿美元是"中美国"的"无私奉献"，超过一半……

4. 第六步：自 1992 年"总设计师"南巡讲话开始，"邓式改革开放"就完全按照美国政府的"最高指示"亦步亦趋。什么"美联储""世界银行"等等，统统都是帝国主义国际资本的办事机构！早在 2007 年，美国财长鲍尔森就警告："如果中国停止改革开放，美国绝不会置之不理！"其后，便有了重申"不改革就是死路一条"，掀起了新一轮"继续深入推进改革开放"的热潮，向 28 个行业中剩下的那 7 个行业高歌猛进。

中国老百姓不是要反腐吗？好啊，咱就来个选择性反腐。于是，伴随康日新、刘志军、周滨、周永康等贪官被"深挖"了出来，中国的核工业、铁路、石油天然气、电力能源等等所有 28 个行业，已经或即将完成"向中美国胜利转轨"，"中美国"的经济基础建设正在胜利竣工。

此前，"选择性反腐"只是"邓记中央"清除异己、维护权威的手段（陈希同、陈良宇则是祭刀的牺牲品），从此开始它又担负起了建立健全"中美国"经济基础的重任。

上述六大步，都是在为"中美国"夯实经济基础，以保证"中美共享"中国社会财富——劳动人民血汗和子孙后代的自然资源。

三、"继续深入改革开放"——向"中美共治中国"进军

1. 第七步："继续深入推进改革开放"正在向政治改革转移，以实现"中美共治"中国内政，首先是大官的罢免权，以建成政治与经济、内政与外交相统一名副其实的"中美国"。如此一来，就注定了薄熙来及其"重庆模式"彻底覆灭的命运。

究其根源，薄及"重庆模式"并非败毁于中国官场，而是败毁于美国政府！（"胡温中央"不过是为美国政府的决定盖上个冠冕堂皇的"橡皮图章"，以掩人耳目而已）具体而言，是败毁于基辛格给国会的秘密报告："在美国不能直接公开干预中国内政的选择上，中国最可怕的就是在新旧领导班子任其发展的重庆模式。重庆模式可怕的是使中国增强内部百姓对于中国执政当局的拥护，正如中国解放战争影响了世界一样，重庆模式会深得民心，使中国官方与百姓赢得最少几十年的友好和谐。团结的中国，这是美国战略利益不应该允许的……"

于是便有了：王立军离奇地"叛逃美国领事馆"，薄熙来被"莫须有"地公审重判。

它标志着：美国对中国内政尤其是对大官的罢免，已经拥有了不可动摇的主宰权。虽然还不是"直接公开干预"，但是，对中国官场的震慑力无异于强地震，为"中美国"的政治制度建设"杀开了一条血路"。

2. 第八步：2014年"第十二届全国人民代表大会"，又向"中美国"政治制度建设前进了一大步。其标志是：美国信赖的"中美国"财政部原部长楼xx和中国人民银行原行长周xx继续留任。这既不符合中国官场"一朝天子一朝臣"的惯例，更不符合"从严治党"与"惩治和预防腐败"的誓言。

"原部长"和"原行长"何许人也？他们身为中国金融行业掌门人、"救美国就是救中国"的践行者，却一贯沉默低调埋头苦干，那打了水漂的3760亿美元两房债券和换成白条儿的近2万亿美元外汇储备无不与他们有关。而且，整个金融行业成了首屈一指的腐败行业，他们更是"功不可没"。然而，他们非但没有成为"腐败大老虎"，反倒稳如泰山、继续连任。原因何在？答曰："亲美"！

此事标志着：美国对中国关键岗位大官的任命，已经拥有了不可动摇的主宰权。"中美共治"中国内政稳步前进，"中美国"的政治建设已经初见端倪。

3. 第九步：经过上述八大步，"中美国"的"温暖阳光"普照了中国城市，还有广大的农村和农民也不能不普照啊。奥巴马公开宣称："如果10多亿中国人也过上与美国人和澳大利亚人同样的生活，那将是人类的悲剧和灾难，地球根本承受不了，全世界将陷入非常悲惨的境地"。为了避免"悲剧和灾难"，只有远、近两条路：第一条"根本出路"是大幅清除10多亿中国"垃圾人口"，转基因生物武器是最理想的"文明方式"。第二条"现行之路"是维持并加深绝大多数中国人口的贫困程度，断绝他们"也过上与美国人和澳大利亚人同样的生活"的"中国梦"。这两条路都绕不开农村和农民。于是，"城镇化"和"土地流转"大潮奔涌而来。

如此，两种恶果已不可避免。

其一，归根结底，"城镇化"就是农民被"无产化"，他们将被无形的皮鞭驱赶进城镇成为"农民工"或"待业人员"。唯如此，方能有享用不尽的"人口红利"，方能保证"住房刚需"和房地产业繁荣昌盛，从而保证GDP"政绩"显赫，保证税收财源滚滚，保证官员"吃回扣"的财路越走越宽广。

其二，18亿亩耕地"红线"将不复存在，所有传统农作物都将绝种，国民赖以为生的传统农业被彻底被摧毁，传统农业大国将变成"转基因农业大国"，不论自产还是进口，所有主粮、菜果、肉食等食品将迅速转基因化，为大幅削减和严格控制"垃圾人口"奠定不可逆转的基础。

四、中国面临生与死的考验

如果说毛时代"反帝"与"反修"的矛盾是阻挡中国现代化的"巨石"，那么今天威胁中华民族生存的已变成了"新三座大山"：特色政权贪腐卖国、列强灭绝"黄祸"的布局、"反帝"与"反修"的矛盾。这"三座大山"相互勾连缠绕，扭结成一根钢索紧紧套在了中华民族的脖子上。

左翼温和派不是要"救党保国"吗？那好啊，就让"特色政权"贪腐卖国吧。如此，他们的"小辫子"就会被美国抓得更多更紧，就会更乖乖地为"中美国"尽忠职守，美国"精确演变"的胜算更会大增，清除"10多亿垃圾人口"的布局就会更稳操胜券。

右翼和左翼激进派不是要终结"专制政权"吗？那就更求之不得了：让我们共同唱一出"逼宫戏"吧，狠狠折腾这个最大的"邪恶的专制政权"，让他们更感到政权岌岌可危，从而更老老实实跟着我们的指挥棒转……

真可谓"上天无路，入地无门"，前后、左右、上下任你中国人如何蹦跶，"孙猴子永远也跳不出如来佛（美国）的手心"。

绝望中笔者只能乞灵于"优秀民族传统"了：自古以来"中国人是杀不完灭不绝的！"正像角马、沙丁鱼等"弱肉"一样，人口众多本身就是群体最可靠的安全保障。14亿人纵然80%"被清除"仅剩两三亿，依然不失为"中央大国"，更何况还有六千万散落在世界各地的"龙的传人"呢。再者中国人的忍耐性和承受力原本就冠绝世界，再历经毒空气、毒水源、毒土壤、毒食品、毒疫苗等等日久天长的"毒炼"，以及几代人的"抗毒基因"积累，个个都练就了刀枪不入、百毒莫侵的"不坏金刚体"。浸透奇毒异害的家园丝毫也不会影响我们的"幸福生活",而"洋鬼子"胆敢靠近就非死既残。

笔者被自己的"中国梦"陶醉了……

第六节　文革的历史意义

历史告诫我们：不能以成败论英雄,更不应以成败断是非。正如失败的科学试验为成功铺平道路一样,虽然文化大革命——"无产阶级专政下继续革命"实践探索——失败了,但是,其历史价值必将与世长存烛照后世,为人类文明进化提供宝贵的经验和启示。

一、"试错与证伪"

文化大革命未能遏制国家政权机关官僚化蜕变,反倒加剧了"走资派"——新官僚权贵集团对平民阶级民权的阶级仇视,加快了他们彻底背叛社会主义的速度。它以沉重而惨痛的代价证明：十月革命开创的"苏联模式无产阶级专政和社会主义"此路不通。

对此,毛主席临终前一年里已经心知肚明。

其一,他不止一次问身边的工作人员：你说,社会主义能成功吗？这像是"自信人生二百年"为共产主义奋斗终生的革命领袖之问吗？其实,他心中早已有了明确答案："不能!"这种明知故问,透露出他内心深处多少难言的苦涩和悲凉,还夹杂着像孩子遇险时的迷茫和凄惶……

其二,他独处时多次恸哭失声。作为彻底的唯物主义者,他早已将个人生死荣辱置之度外,早在1966年就做好了被"打的粉碎"精神准备,更不会为自己"人之将死"而生悲。只有一种可能,他确定无疑地预见到了："红旗落地"不可避免,为之奋斗终生的共产主义理想和社会主义道路即将化为泡影,数百万革命烈士的生命和热血都将付诸东流,劳动人民又要"吃二遍苦,受二茬罪"……

二、社会发展阶段无法超越

马克思早已明确指出：共产主义社会是资本主义社会充分发展的必然产物，社会主义社会则是资本主义社会向共产主义社会发展的过渡阶段。其间，资本主义因素不断腐朽衰亡，共产主义因素逐渐发展壮大，最终进入共产主义社会。其间，工人阶级对资产阶级的阶级斗争及其必然结果——无产阶级专政，则是共产主义社会的"助产士"。

可见，资本主义社会是共产主义社会的"母体"。没有资本主义社会的充分发展，就不可能有共产主义社会的诞生，正如没有成熟的孕妇就不可能有健康的新生儿。

作为"帝国主义的薄弱环节"，俄国是"不成熟的资本主义母体"，它所孕育出的"苏联模式"社会主义制度，则是"不成熟的母体"孕育出的"不健康的新生儿"，即使上帝也无力保证它"一定能健康长大成人"。

中国更是如此，当时 90%的人口尚处于自然农牧业经济时代，中共领导的革命只能是"高举马列主义红旗"的农民革命，与历代农民起义并无本质差别。即使决策层中，像毛泽东那样"真懂并践行"马列的伟人同样寥若晨星，诸如"二十八个半布尔什维克"那样苏联模式卫道士和牛金星、刘宗敏式的人物却大有人在。

共和国建国后，积淀了两千多年的官本主义封建文化传统依然根深蒂固，在此基础上建成的"无产阶级专政"和社会主义制度难免带有明显的"封建社会主义"色彩。从中央到地方的共产党新贵们，大都"社会主义、共产主义"口号挂在嘴上，安富尊荣、升官发财欲望藏在心里。尤其，"反右斗争的伟大胜利"使官僚化趋势与官本主义一起恶性膨胀，"人民民主专政"迅速变成了"无产阶级专政"——实则披着共产党红色外衣的新贵族专政。如此"无产阶级专政"，只能通向官本主义，不可能通向资本主义，更不可能通向人本主义——社会主义和共产主义。

正如毛主席对张春桥所说：你太高看他们了！他们懂什么资本主

义？（上台后）只能是半封建半殖民地。请问：连资本主义都不懂的人，怎么可能真正"懂"并真心"干"社会主义、共产主义？且不说官本主义与资本主义和社会主义、共产主义相互排斥，即使能兼容，又怎么能指望小学生搞出成功的核试验？最终只能沦为"邓式特色社会主义"——官僚权贵自由专制的新贵族上层建筑＋官僚买办垄断的半封建半殖民地经济基础。

文革，是毛主席试图拯救"苏联模式社会主义"这个"不健康新生儿"最后的处方和努力，结果失败了。它证明：十月革命无疑是共产党夺取政权的成功之路，但是，它所开创的"苏联模式无产阶级专政和社会主义是通向共产主义的唯一正确道路"这个定论应当重新审视。否则，共和国官与民在文革中付出的惨痛代价就要白白付诸东流了。

三、公者千古！

文化大革命是毛主席继续革命实践探索集大成者，是遏制共产党政权"延安向西安靠拢"的补天壮举，是他为共产主义奋斗终生"最后的斗争"。它以艰难曲折的历程和悲壮惨烈的失败证明：他绝非仅仅是刘邦、朱元璋那样成功的农民起义领袖，亦非仅仅是"秦皇汉武、唐宗宋祖"那样的千古明君，而是绝无仅有的马克思不断革命论的伟大智信者和先行者。

毛主席以天下为公的博大胸怀和高尚情操，生命不息、奋斗不止，勇于探索和自我修正完善。他，为中华民族而生，为平民大众而死，身后既无一个私敌，更无半分私产！

他明明知道妻子儿女最理解并忠于他的继续革命理想，但是，为了避免国家陷于动乱的危险，宁可让他们成为"历史罪人"，也不把国家法人代表的权力交给他们。因为，他更知道阶级力量对比决定了"资本主义复辟"不可避免，不能再让人民群众再遭受血雨腥风的苦难。

他明明知道邓小平"永不翻案，靠不住啊"，但是，为了避免国家重蹈军阀割据混战的浩劫,宁可让他日后把自己"打的粉碎",也不杀他以绝后患。因为,他更知道只有邓小平有能力节制"各路诸侯"老军头,避免新的军阀割据危险。

……

然而,自诩贤能的"特色学人",却跟在复辟的官僚阶级腚后喋喋不休:"文革压根儿就不该搞,白白伤害了那么多无辜……"。正所谓,在灯红酒绿中醉生梦死的红男绿女,不可能理解倒在雪山荒漠里的探险者;在安逸舒适中待宰的肥猪眼里,因搏斗而伤痕累累的雄狮不是疯子就是傻瓜……

另有不少历尽劫难的"老文革"也多有抱怨:"毛伟人坑害了我们……"对此,笔者只想说:毛主席及其家人同样是文革的"殉道者",与你我"文革受难者"并无多少差别,下场甚至比我们更惨烈,他本人被"打的粉碎",又被栽赃诬骂了数十年,妻子儿女更成了"历史罪人"被致残、被自杀。……我等幸存者不去仇恨加害者罪犯,反倒对"同案难友"撕咬不休,未免有点忒不仗义了吧?

公者千古!

毛泽东是中国的,毛泽东思想是世界的。他将永远活在全世界人民心中,激励他们不屈不挠砥砺前行,他的光辉将永远辉映在历史的天空,像照妖镜一样穿透邓小平一类政治骗子的"人民公仆"华丽外衣,让他们原形毕露无处藏身,永远钉死在罪恶耻辱柱上!

文化大革命不能复制,继续革命精神永存

革命死了,革命万岁

后　记

　　本书曾于2006年"五一六通知"发表四十周年前夕自费出版，不满一周即因"非法"而被查抄收追缴。

　　在漫长的修订过程中，曾得到彭伟、东夫、徐海亮、韩爱晶、袁庚华、刘建华等学长以及《史实与求索》群友诸多教正、指点、鼓励和启迪。尤其是，得到彭伟、徐海亮等学长鼎力相助，方才得以再版面世。

　　华文记忆出版社诸公，为本书修订编辑付出了大量心血和劳动。值此，谨致由衷敬意和诚挚谢忱。

作　者
2019. 5. 16

www.ingramcontent.com/pod-product-compliance
Lightning Source LLC
Chambersburg PA
CBHW052041220426
43663CB00012B/2396